高职高专工学结合、课程改革规划教材

交通职业教育教学指导委员会
路桥工程专业指导委员会　组织编写

Suidao Shigong Jishu
隧道施工技术

道路桥梁工程技术专业用

陈小雄　主　编
李红岩　副主编

陈建勋　[长安大学]
朱汉华　[浙江省公路管理局]　主　审

人民交通出版社

内 容 提 要

本书是高职高专工学结合、课程改革规划教材，是在各高等职业院校积极践行和创新先进职业教育理念，深入推进"校企合作，工学结合"人才培养模式的大背景下，在交通职业教育教学指导委员会路桥工程专业指导委员会的指导下，根据新的课程标准编写而成。

隧道施工技术课程以隧道工程施工过程中基层技术人员的日常工作任务为主线，共设置了三个教学模块，第一个模块是入门知识教学，包括5个学习情境；第二个模块是案例实训教学，包括6个学习情境；第三个模块是顶岗实习教学。本书包含前两个模块教学所需的主要学习资料。其他资料，可以从《隧道施工技术》课程网站获取。

本书主要供高等职业院校道路桥梁工程技术专业学生使用，也可作为路桥类工程技术人员的培训教材或自学用书。

本书配有多媒体课件，读者可通过加入职教路桥教学研讨群（QQ群561416324）索取。

图书在版编目（CIP）数据

隧道施工技术/陈小雄主编. —北京：人民交通出版社，2011.6
高职高专工学结合、课程改革规划教材
ISBN 978-7-114-09056-1

Ⅰ.①隧… Ⅱ.①陈… Ⅲ.①隧道施工—施工技术—高等职业教育—教材 Ⅳ.①U455

中国版本图书馆CIP数据核字（2011）第072291号

高职高专工学结合、课程改革规划教材

书　　名：	隧道施工技术
著 作 者：	陈小雄
责任编辑：	任雪莲
出版发行：	人民交通出版社股份有限公司
地　　址：	（100011）北京市朝阳区安定门外外馆斜街3号
网　　址：	http://www.ccpress.com.cn
销售电话：	（010）59757973
总 经 销：	人民交通出版社股份有限公司发行部
经　　销：	各地新华书店
印　　刷：	北京武英文博科技有限公司
开　　本：	787×1092　1/16
印　　张：	16.75
字　　数：	406千
版　　次：	2011年6月　第1版
印　　次：	2020年11月　第12次印刷
书　　号：	ISBN 978-7-114-09056-1
定　　价：	42.00元

（如有印刷、装订质量问题的图书由本社负责调换）

交通职业教育教学指导委员会
路桥工程专业指导委员会

主　任：柴金义

副主任：金仲秋　夏连学

委　员：(按姓氏笔画排序)

　　　　王　彤　　王进思　　刘创明　　刘孟林

　　　　孙元桃　　孙新军　　吴堂林　　张洪滨

　　　　张美珍　　李全文　　陈宏志　　周传林

　　　　周志坚　　俞高明　　徐国平　　梁金江

　　　　彭富强　　谢远光　　戴新忠

秘　书：伍必庆

序

为深入贯彻落实教育部《关于全面提高高等职业教育教学质量的若干意见》及全国普通高等学校教学工作会议的有关精神，积极推行与生产劳动和社会实践相结合的学习模式，把工学结合作为高等职业教育人才培养模式改革的重要切入点，带动教学内容和教学方法改革。交通职业教育教学指导委员会路桥工程专业指导委员会在完成《道路桥梁工程技术专业教学标准和课程标准研究》的基础上，按照职业岗位(群)的任职要求，构建了突出职业能力培养的"教学标准"和"课程标准"，并据此组织全国20多所交通高职高专院校道路桥梁工程技术专业的教师编写了14门课程的工学结合、课程改革规划教材。专业"教学标准"和"课程标准"是全国道路桥梁工程技术专业多年建设成果的总结和提炼。

按照2010年4月路桥工程专业指导委员会所确定的编写原则，本套教材力求体现如下特点：

体系规范。以工学结合、校企合作所开发的教材为切入点，在"教学标准"和"课程标准"确定的框架下，改革教学内容和教学方法，突出专业教学的针对性，选定教材的内容。

内容先进。用新观点、新思想审视和阐述教材内容，所选定的教材内容适应公路建设发展需要，反映公路建设的新知识、新技术、新工艺和新方法。

知识实用。以职业能力为本位，以应用为核心，以"必需、够用"为原则，教材紧密联系生活和生产实际，加强了教学的针对性，能与相应的职业资格标准相互衔接。

使用灵活。体现教学内容弹性化，教学要求层次化，教材结构模块化；有利于按需施教，因材施教。

交通职业教育教学指导委员会
路桥工程专业指导委员会
2010年12月

前　言

本书是为适应我国高等职业技术教育教学改革的发展趋势、职业资格培训需求，根据交通职业教育教学指导委员会路桥工程专业指导委员会组织并审定的课程标准，在总结多年实际教学工作经验的基础上编写而成的。

全书内容与新的教学方案设置的教学任务相对应，共分为十一个学习资料，其中前五个学习资料与入门知识教学任务对应；后六个学习资料与案例实训教学任务对应。

本书由陈小雄主编，李红岩担任副主编，陈建勋、朱汉华主审。湖北交通职业技术学院陈小雄完成了本书总体框架设计、课程标准的制定和全书统稿，并编写了学习资料一、二、五、六，以及实习指导书、实习报告撰写指导书；湖南交通职业技术学院李红岩编写了学习资料十一，并完成了部分资料的编审；湖北交通职业技术学院陈方眸参与了课程标准的审定；湖北交通职业技术学院熊文林编写了学习资料三；四川交通职业技术学院陈华卫编写了学习资料四和考试题库综合试题；湖北交通职业技术学院黄新明编写了学习资料七；湖北交通职业技术学院李清编写了学习资料八；陕西铁路工程职业技术学院刘杰编写了学习资料九、十；四川建筑职业技术学院易丽云编写了考试题库基本试题；湖北交通职业技术学院田文参与了课程标准的制定，并提出了建设性意见（考试题库综合试题和考试题库基本试题详见隧道施工技术课程网站）。

湖北交通职业技术学院地下工程与隧道工程技术专业严俊杰、周国宝、曹瑞峰、龙腾、罗斌、宋新木参与了书稿的检查和校对工作。

衷心感谢交通职业教育教学指导委员会路桥工程专业指导委员会的方向性指导；衷心感谢陈建勋、朱汉华两位主审及时提出了中肯而富有建设性的修改意见；衷心感谢各位参编人员耐心细致和辛勤的编写工作。

由于编者水平有限，书中难免存在错误、疏漏或不妥之处，衷心希望读者对本书的编排结构、内容取舍、资料数据、问题解释、语言表达、文字语法等方面提出宝贵意见。

陈小雄
2011 年 5 月

目　　录

模块一　入门知识教学

学习资料一　了解隧道常识 ······· 3
　资料一　隧道的定义及其结构组成 ······· 3
　资料二　隧道的种类、规模和工程特点 ······· 4
　资料三　隧道工程的几个基本概念 ······· 8
　资料四　隧道工程简史及现状 ······· 9
　资料五　隧道及地下工程理论简介 ······· 13
　资料六　隧道工程的发展方向 ······· 15

学习资料二　认识隧道构造 ······· 19
　资料一　支护的构造 ······· 19
　资料二　洞门的构造 ······· 29
　资料三　明洞的构造 ······· 33
　资料四　附属设施的构造 ······· 35
　资料五　通风设施的构造 ······· 40

学习资料三　认识围岩的稳定性 ······· 43
　资料一　概述 ······· 43
　资料二　岩体的工程性质 ······· 45
　资料三　岩体的原始应力状态 ······· 49
　资料四　围岩的应力历程及稳定性分析 ······· 52
　资料五　围岩的稳定性分级 ······· 56

学习资料四　理解隧道设计 ······· 64
　资料一　隧道横断面设计 ······· 64
　资料二　隧道支护结构设计 ······· 71

学习资料五　认识隧道施工方法 ······· 88
　资料一　施工方法的分类、适用条件及选择原则 ······· 88
　资料二　矿山法 ······· 90

资料三　新奥法 ·· 91
　　资料四　明挖法 ·· 96
　　资料五　盖挖法 ·· 97
　　资料六　盾构法 ·· 98
　　资料七　掘进机法 ·· 101
　　资料八　沉埋法 ·· 102

模块二　案例实训教学

学习资料六　超前地质预报及监控量测技术 ·· 107
　　资料一　超前地质预报 ·· 107
　　资料二　量测目的、仪器、内容和方法 ·· 110
　　资料三　量测方法 ·· 112
　　资料四　量测计划 ·· 119
　　资料五　量测数据分析与反馈 ·· 123

学习资料七　隧道开挖与出渣技术 ·· 129
　　资料一　开挖方法 ·· 129
　　资料二　掘进方式 ·· 137
　　资料三　钻眼机具和爆破材料 ·· 142
　　资料四　爆破方法 ·· 151
　　资料五　出渣运输 ·· 167

学习资料八　初期支护及注浆加固技术 ·· 175
　　资料一　初期支护施工的三大原则 ·· 175
　　资料二　锚杆(锚索) ·· 177
　　资料三　喷射混凝土 ·· 182
　　资料四　钢拱架 ·· 190
　　资料五　超前支护 ·· 194
　　资料六　注浆加固围岩和堵水 ·· 197

学习资料九　防排水与二次衬砌技术 ·· 206
　　资料一　隧道防排水 ·· 206
　　资料二　二次衬砌 ·· 210

学习资料十　风、水、电供应与通风防尘技术 ··· 216
　　资料一　压缩空气供应 ·· 216
　　资料二　施工供水与排水 ·· 219
　　资料三　供电及照明 ·· 223

资料四　通风与防尘……………………………………………………… 228
学习资料十一　洞口施工技术………………………………………………… 238
　　资料一　概述………………………………………………………………… 238
　　资料二　洞口及明洞施工…………………………………………………… 239
　　资料三　明挖法施工………………………………………………………… 242
　　资料四　暗挖法施工………………………………………………………… 245
补充教学资料…………………………………………………………………… 249
入门知识模块教学指导………………………………………………………… 250
案例实训模块教学指导………………………………………………………… 251
参考文献………………………………………………………………………… 253

模块一　入门知识教学

学习资料一　　了解隧道常识

学习目标
1. 了解:隧道及地下工程历史、现状和发展方向,工程特点;
2. 理解:隧道工程基本概念,工程理论要点,技术规范。

任务描述
回答下列问题(口头回答50%,书面回答50%):
1. 隧道的定义是什么?
2. 围岩的定义是什么?
3. 支护的定义是什么?
4. 隧道结构是由哪几部分组成的?
5. 简述隧道的种类、规模和工程特点。
6. 试述隧道及地下工程的两大理论体系的核心内容及二者的区别。
7. 现代隧道施工技术的发展方向表现在哪些方面?

学习引导
1. 观看和听取PPT讲解(见课程网站:http://210.82.57.188:8001/06031/default.aspx),学习本学习资料。
2. 建议采用旋转木马、搭档拼图、扩展小组、关键词标注、传话筒、引导文、三明治、交换答案等教学方法。
3. 建议学时:4学时。

资料一　　隧道的定义及其结构组成

1. 有关隧道的定义

(1)隧道——修筑在地下的通道建筑物。工程中,常将未加支护的毛洞称为坑道。

(2)围岩——隧道周围一定范围内,对隧道稳定有影响的那部分岩体。也可表述为:隧道周围一定范围内,受隧道工程施工和车辆荷载影响的那部分岩体。

(3)支护——为维护围岩稳定而施作的人工结构。

2. 隧道的结构组成

隧道的结构组成是指隧道作为单位工程其结构是由哪些部分组成的,以及每一部分在总体中各起什么作用。按照现代隧道工程理论,隧道结构是由围岩、支护、洞门、附属设施四部分组成的。围岩是天然(且不可替代)的结构部分,也是隧道结构的主体。支护是帮助围岩获得稳定的人工结构部分。支护结构又分为初期支护和二次支护。洞门是明暗交界处的结构部分。附属设施是功能性构造部分,附属设施包括(铁路隧道)大小避车洞、下锚段、人行横洞或

(公路隧道)紧急停车带、人/车行横通道,洞内排水(沟槽)系统,电力电缆(管槽)系统,辅助通风(巷道)系统。隧道结构组成可用图1-1-1来表示。

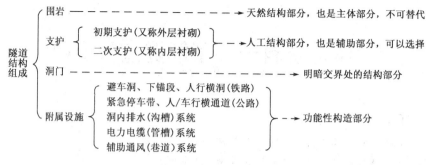

图1-1-1 隧道结构组成

资料二 隧道的种类、规模和工程特点

(一)隧道的种类

隧道的种类很多,从不同的角度可有不同的分类方法。按隧道的作用可将其划分为交通隧道、输水隧道、市政隧道、矿山隧道四类。按隧道所处的地质条件来分,可以分为土质隧道和石质隧道;按埋置的深度来分,可以分为浅埋隧道和深埋隧道;按隧道所在的位置来分,可以分为山岭隧道、水下隧道、水底隧道和地铁隧道等。以下通过具有代表性的实例介绍各种类隧道。

1. 交通隧道

绝大多数隧道是为交通而建的。交通线上的隧道是提供交通运输的地下通道。交通线上的隧道又分为铁路隧道、公路隧道、航运隧道三种。

交通线上的隧道绝大多数是山岭隧道,多数的水底隧道和水下隧道也是为铁路或公路交通而建,地铁隧道则是指建在城市地下铁路线上的隧道。

(1)山岭隧道:是建在铁路、公路交通线上山岭区段的隧道。

绝大多数铁路、公路隧道是位于山岭地区的。我国典型的铁路隧道有京广铁路大瑶山隧道(双线,长14.295km),兰新铁路乌鞘岭隧道(2座单线隧道各长20.050km)等;典型的公路隧道有西康高速公路秦岭终南山公路隧道(东线、西线隧道各长18.020km)。

(2)水下隧道:是建在河床或海床以下地层中的交通隧道。

当交通线需要横跨河道或海峡,但水道通航需要较高的净空,而桥梁受两端引线高程的限制,无法抬起必要的高度而不适合采用桥梁通过时,或者受天气条件限制不宜采用轮渡或桥梁通过时,可采用水下隧道通过。它不但可以避免限制水道通航和天气条件对交通的影响,而且在战时有较好的隐蔽性。

水下隧道多采用盾构法施工或掘进机法施工。盾构法(Shield Method)主要适用于软岩地层施工,掘进机法(TBM)主要适用于硬岩地层施工。

布鲁诺于1843年首次在伦敦泰晤士河下采用6.8m高×11.4m宽的矩形盾构建成了全长458m的世界上第一条水下隧道。1890年,在美国和加拿大之间的圣克莱河下采用直径6.4m的圆形盾构建成了一条长1 800余米的水下铁路隧道。1969年,我国上海采用直径

10.2m的圆形盾构建成全长2 793m的上海第一条黄浦江打浦路越江公路隧道。1984年,上海采用直径11.32m的圆形盾构建成了黄浦江延安东路越江公路隧道。2008年,上海在崇明越江公路隧道采用的直径15.42m的圆形盾构是目前世界上最大直径的盾构,隧道全长7 500m。2008年,武汉长江穿江隧道采用直径11.38m的圆形盾构,成功建成万里长江第一隧,全长2 550m。继此之后,南京又以直径14.96m的圆形盾构,再次穿越万里长江。

日本于1984年在津轻海峡建成53.85km长的海底铁路隧道。英法两国采用隧道掘进机,在英吉利海峡建成了海底铁路隧道(2座铁路隧道,1座服务隧道,各长约50km)。

(3)水底隧道:是用沉埋法建在河床或海床上的交通隧道或输水隧道,也称为沉管隧道或沉埋隧道。

美国波士顿于1894年建成一条城市水底污水隧道,宣告了一种新的隧道建筑形式——沉埋法的成功诞生。底特律于1904年又建成水底铁路隧道。1959年,加拿大迪斯(Deas)隧道工程中,成功地采用水力压接法进行管段水下连接,使得沉埋施工技术变得更加成熟,并很快就被世界各国推广采用。

我国台湾于1984年首先建成了高雄海底沉管隧道。1993年,我国在广州珠江建成第一条沉管隧道(地铁、公路、市政共用,长1.23km),1995年又在宁波甬江建成第二条沉管隧道。我国香港特别行政区穿越维多利亚海湾连接九龙半岛与香港岛的通道中,已建成5座沉管隧道,而没有修建一座桥梁。这样既解决了交通问题,又不影响海湾船舶通航,同时,也很好地保持了海湾自然景观的美感。

(4)地铁隧道:是建在城市地下铁路线上的隧道。

地下铁道可以缓解大城市交通拥挤、车辆堵塞等问题,它能够快速、高效、大量运送乘客。地下铁道主要建在地下,因此,地铁隧道在地铁线路中所占的比重就很大。如我国北京在2008年奥运会前,就建成地铁198km,2010年建成14条地铁线路,总里程300km;2015年将建成19条地铁线路,总里程将达到561km,其中大部分处在地下。又如英国伦敦地铁全长408km,地下长167km;美国纽约地铁全长1 056km,地下长占1/3。

(5)航运隧道:是建在水运交通线上的隧道。

在河道受山岭阻碍迂回曲折,流程较长而落差不大的条件下,可以用隧道穿越山岭,截弯取直河道,缩短船只通航航程。显然,这种隧道既可过水又可过船。

2. 输水隧道

输水隧道是指用于输送水流的隧道,主要用在水利工程中。输水隧道分为引水隧道、尾水隧道、泄洪隧道、排沙隧道。

(1)引水隧道:又分为两种,一种是把江河之水引入用于农业灌溉、城市生活、工业生产或水库蓄能的输水隧道;另一种是把蓄水引入水力发电机组,驱动水力发电机发电的输水隧道,也称为进水隧道。

如陕西省南水北调引乾(佑河)济石(砭峪水库)工程中的秦岭终南山输水隧道,全长18余公里,是目前我国最长的输水隧道。

(2)尾水隧道:是把从水力发电机排出的尾水输送出去的输水隧道。

(3)泄洪隧道:是用于在洪水期间疏导排泄洪水的隧道。

(4)排沙隧道:是利用水流的冲刷携带作用排泄水库中淤积的泥沙或排空水库里的水,以保持水利设施正常工作和便于进行水坝检修的输水隧道。

输水隧道按照水在隧道中的充满状态又分为有压隧道和无压隧道。有压隧道因隧道内部充满水而使隧道衬砌既承受围岩压力又承受向外的水压力;无压隧道因隧道内部未充满水,因此隧道衬砌过水部分既承受围岩压力又承受向外的水压力,不过水部分只承受围岩压力。

3. 市政隧道

市政隧道是城市中为供给城市用水、排放城市污水、安置各种市政设施、战时蔽护人员和重要财产等的地下孔道。市政隧道分为给排水隧道、城市管沟、人行地道及人防隧道。

(1)给排水隧道:给水隧道是用于城市供水的隧道,排水隧道是用于引流排放城市污水的隧道。

(2)城市管沟:城市中供给燃气、暖气的管道,以及电力、通信电缆等,都是放置在地下的管沟中的。这些地下管沟多设置在街道两侧人行道地面以下。城市管沟既可以保护各种管线不被破坏和稳定输送,又简化了城市街道地面公共设施,美化了市容。根据管线功能和安全的需要,可将不同管线安设在不同的管沟中,也可将以上几种管线安设于一个大的"共同沟"中。

(3)人行地道:是建在城市地下专供人员通行的隧道,也称为过街地道。它主要是在城市交通繁忙地区,为改变人车混行状况,保证行人安全,提高车辆通过能力而修建的立体交叉地下人行通道。

(4)人防隧道:是战争时期用于蔽护人员、重要设备和财产免受袭击破坏,建造于城市(或乡村)的隧道。人防隧道工程除设有给排水、通风、照明和通信设备以外,在洞口处还设置有防爆装置,以阻止冲击波的侵入;并且常做成多口连通,互相贯穿,在紧急时刻,可以随时找到出入口的复杂结构形式。

4. 矿山隧道

矿山隧道又称为矿山坑道或巷道,是用于穿越地层通向矿床,以便开采矿体的隧道。矿山隧道主要分为运输巷道和通风巷道。

(1)运输巷道:是从地面向地下开凿的通到矿床的运输通道,通过运输巷道到达矿体后再开辟采掘工作面。运输巷道一般应设置永久支撑,而采掘面只需按采掘工作的需要提供临时支撑。

运输巷道不仅是主要的运输通道,通常情况下给排水管道也安装在运输巷道中,以便送入清洁水供采掘机械使用,并将废水和地下水排出洞外。同时,运输巷道还可以与通风巷道或与通风机加管道构成空气对流的回路。

(2)通风巷道:是为了补充新鲜空气,排除机械废气、工作人员呼出的气体,以及地层中释放的各种易燃、易爆、有毒、有害气体,防止燃烧、爆炸、窒息,保证坑道工作环境条件和人员设备安全而设置的巷道。通风巷道应与运输巷道或与通风机加管道构成空气对流的回路。

(二)隧道的规模

隧道工程的规模大小,一般可从长度和开挖断面两个方面来加以区分。

(1)我国公路(铁路)隧道的长度等级划分为:

①长度在500m及以下为短隧道;

②长度在500~1 000m为中长隧道(铁路隧道500~3 000m);

③长度在1 000~3 000m为长隧道(铁路隧道3 000~10 000m);

④长度在3 000m以上为特长隧道(铁路隧道10 000m以上)。

(2)我国铁路隧道的开挖断面等级划分为:

①断面积在 10m² 及以下为小断面;
②断面积在 10~50m² 为中等断面;
③断面积在 50~100m² 为大断面;
④断面积在 100m² 以上为特大断面。

(三)隧道工程的特点

规划、勘察、设计、施工各部门均应该考虑隧道工程的特点。隧道工程的特点可归纳为如下几点。

(1)隧道工程主体结构埋设于地面以下,因此,隧道周围区域的工程地质和水文地质条件对隧道施工能否顺利进行起着重要的、甚至是决定性的作用。地质条件不同,施工方案会有较大的差异。

例如,瑞士圣哥达铁路阿尔卑斯山隧道在施工中遇到高温(41℃)和涌水(660L/min),给施工带来了很大的困难,最后延期 2 年才完成。我国在渝怀铁路圆梁山隧道工程中,虽然进行了长时间大量的地质勘察和预报,但仍然突发了岩溶性爆喷射型突泥(4 200m³)、突水(14.5万 m³/d,持续 8min)。同样,兰新铁路乌鞘岭隧道也遇到了强流变地层(累计变形量达到 50~70cm),实际采用的初期支护参数比原设计参数要大得多。但是,西康铁路秦岭隧道,虽然工程规模很大,但整个施工过程进展顺利,没有发生坍塌等事故,究其原因,围岩稳定性很好是一个重要方面。

因此,隧道工程必须在勘测阶段做好详细的地质调查和勘探,尽可能准确地掌握隧道工程范围内的岩层性质、岩体强度、完整程度、地应力场、自稳能力、地下水状态、有害气体和地温状况等资料,并根据这些资料,初步选定合适的施工方法,确定相应的施工措施和配套的施工机具。此外,由于地质条件的复杂性和勘探手段的局限性,在施工中出现意外的地质情况是不可避免的,因此,在长大隧道的施工中,还可采取超前试验导洞(如日本青函隧道)、超前水平钻孔、超前声波探测等技术措施,进一步查清掘进前方的地质条件,预先掌握工程地质及水文地质的变化情况,以便及时修改施工方法和采取必要的技术措施。

(2)隧道是一个狭长的建筑物,作业面受限,施工速度比较慢,一些长大隧道的工期往往也比较长,因此,隧道工程多成为新建线路上的控制工程。

隧道工程不像桥梁、线路等工程可以将作业全面铺开。一般情况下,隧道只有进口与出口两个作业面,即使开设辅助坑道增创作业面,也十分有限。如何在有限的施工空间中最大限度地发挥施工管理的作用,是影响施工进度的关键所在。

在隧道施工中,尽可能多地将施工工序沿隧道纵向展开,进行平行作业,并解决好顺序作业与平行作业之间的关系,是节省时间、加快速度、缩短工期的有效途径。而对于长大隧道工程,则可以考虑设置适当数量的平行导坑、横洞、斜井或竖井等辅助坑道来增加工作面,以加快施工速度,缩短总工期。

(3)与桥梁和线路工程相比,隧道施工受昼夜更替、季节变换、气候变化等自然条件的影响较小,因此一般均可以长年全天候稳定地安排施工,但在浅埋区段受地下水影响明显时,应注意规避。

(4)地下工程的施工环境较差,在施工过程中还可能进一步恶化。

例如爆破产生有害气体、喷射混凝土产生粉尘等,必须采取有效措施加以改善;如采用人工通风、照明、防尘、排水等,使施工场地符合卫生条件,以保证施工人员的身体健康,提高劳动生产率。

(5)隧道是一种埋设于地下的大型隐蔽工程,建成困难,建好困难,一旦建成后要更改就更困难。所以,在规划和设计中,应认真研究隧道与线路之间的关系,详细调查隧道区域地质等问题;在施工过程中,要使每一道工序都严格按有关规定进行,确保隧道工程质量达到标准要求,当工期与质量发生冲突时,应优先保证工程质量。

(6)隧道大多穿越崇山峻岭,工地一般都位于偏僻的深山峡谷之中,往往远离已有交通线,运输不便,物资供应困难。

资料三 隧道工程的几个基本概念

1. 隧道工程设计

隧道工程设计是出于开拓并持续安全应用地下通道空间的目的,勘察地形、地质、地物等环境条件,确定隧道位置,并根据隧道围岩自稳能力的强弱,选择确定为保持隧道稳定所需提供帮助的多少,即需要的加固范围,以及选择确定支护的材料种类、结构形式、力学性能、参与时机、施作方法、监测方法、质量标准等支护技术参数,并评估支护的有效性和经济性的一系列工程规划活动。

隧道工程设计阶段可以分为建筑设计、结构设计、施工设计三个阶段。各阶段的设计内容如下:

(1)隧道建筑设计包括选择隧道方案,确定隧道位置、洞口位置,以及隧道平面、纵断面及横断面设计。

(2)隧道结构设计主要是指隧道支护结构设计。

(3)隧道施工设计包括施工方案选择、施工方法选择、施工技术选择、监控量测方法选择、施工程序设计,以及施工质量控制措施、施工安全控制措施、环境保护措施的制订等。

2. 隧道工程施工

隧道工程施工是指按照规定的使用目的、设计要求、技术标准,选用适当的人员、资金、机械、材料,运用适当的施工方法、施工技术和施工管理措施,在指定的地层中修建隧道及地下洞室建筑物的建筑活动。

3. 隧道施工方法

隧道施工方法是开挖和支护等工序的组合。

广义地讲,建筑工程施工方法是为达到规定的使用目的、设计要求、技术标准,按照建筑物的结构组成将其建造过程分解为一系列工序(作业),然后将这些工序按照时间、空间、功能和技术关系进行适当的组合,选用一定的人员、材料、机械、资金,运用一定的技术措施和管理措施,使各项作业按照一定的程序完成,并最终建成建筑物的方法。

不同的地下建筑环境条件,采用的隧道及地下工程建筑形式不同,修建的方法也不同。隧道工程常用的施工方法有:新奥法(NATM)、明挖法、盖挖法、盾构法(Shield Method)、掘进机法、沉埋法。

4. 隧道施工技术

隧道施工技术是指在各种建筑环境条件下隧道施工过程中所需的各项技术手段和措施。如开挖技术(方法)、掘进技术(方式)、出渣运输技术;初期支护(锚杆、喷射混凝土、钢拱架)技术、洞内模筑衬砌技术;隧道施工测量技术、围岩动态量测与监控技术;基坑围护技术;防水技术、供水排水技术、供电用电技术;地质勘探与超前地质预报技术;机械配套和联合作业技术;劳动力组织和各工种的协调技术;材料采购和质量检验技术、成品质量检验和控制技术;施工场地和生活设施规划技术；废水处理技术、防尘排烟技术、隔音降噪技术等环境保护技术；施工安全和职业安全技术等；塌方处理技术；隧道穿越膨胀土、黄土、软土、流沙、岩溶、涌水、瓦斯、高地温、高应力地层等特殊地质地段时所需的特殊技术。如在软弱地层中的注浆加固技术（超前小导管或长管棚帷幕注浆加固围岩和堵水）；在承压水地层中的防突水技术；在含瓦斯地层中的防突瓦斯和防爆技术；在高地温地层中的降温技术；在高应力地层中的应力释放与控制技术等。

5. 隧道施工管理

隧道施工管理是以履行施工合同为目的，建立和运行隧道施工管理体系，并在运行的过程中加以改进的过程方法，即对施工过程的计划、实施、检查、改进（PDCA）的程序和方法。

隧道施工过程中的管理工作一般包括：施工方案选择、施工方法选择、施工技术选择；施工进度控制、施工质量控制、施工成本控制；施工场地布置；施工人员聘用和培训、工程材料及能源采购和供应、施工机械购置和配备；环境保护、职业健康与安全保护等项。隧道施工管理的对象可分为：人事管理、材料管理、机械管理、技术管理、质量管理、经济管理、安全管理等方面。

有道是管理出效益。好的管理可最大限度地发挥出人的劳动积极性和创造力；好的管理可最大限度地发挥出机械的工作效能；好的管理可最大限度地体现出建筑材料的价值；好的管理可最大限度地降低资源消耗；好的管理可有效地保证工程质量、职业健康、施工安全、施工环境；好的管理可最大限度地降低成本和增加收益。

资料四　隧道工程简史及现状

1. 世界隧道工程建设简史

从各国不同时期建成的具有代表性的隧道工程，可以窥见世界隧道工程历史的脉络。在世界隧道工程建设历史上，最著名的隧道有：日本于1984年建成的穿越津轻海峡的青森—函馆的海底铁路隧道（长53.85km，铁路双线＋平行导坑）；英法两国于1991年联合建成的穿越英吉利海峡加来—多佛的海底铁路隧道（长50.54km，2座铁路单线隧道，1座服务隧道）；日本新关门隧道（铁路，长18.77km）。世界上最长的山岭隧道是位于日本上越新干线的大清水隧道（全长22.28km）。瑞士、意大利于1906年和1921年分别建成的米兰—伯尔尼穿越阿尔卑斯山的辛普伦Ⅰ号、Ⅱ号山岭隧道（2座铁路单线隧道，分别长19.80km和19.82km）。目前正在修建的是穿越阿尔卑斯山的哥达基线隧道（Gotthard Base Tunnel，GBT），单条隧道长度超过57km，铁路隧道和公路隧道全长153.5km，建成后将是世界上最长的隧道。

2. 中国隧道工程建设简史

中国隧道工程建设的历史较长，但在1950年以前，仅建成标准轨距铁路隧道238座，总延长89km，隧道设计水平和施工技术比较落后，建成的隧道规模也较小。1889年在台湾的台北至基隆窄轨铁路上修建的狮球岭隧道，长261m，是中国的第一座铁路隧道。此后，又在京汉、中东、正太等铁路修建了一些隧道。1908年，京张铁路关沟段建成4座隧道（五桂头、石佛寺、居庸关、八达岭），这是中国通过自己的技术力量修建的第一批铁路隧道，其中最长的八达岭铁路隧道，长1 091m。

自20世纪50年代以来，隧道修建数量大幅度增加。中华人民共和国成立后，随着各项事业的发展，尤其是20世纪后半叶，随着改革开放政策的实施和经济的发展，在各种复杂地质条件下建成了一大批长大铁路隧道、公路隧道、输水隧道、城市地铁，设计水平和施工技术也有了很大提高,成为世界上铁路隧道最多的国家之一。这标志着我国隧道工程建设无论是设计水平还是施工技术,无论是施工质量还是施工速度,无论是工程成本还是管理能力等都有了长足的进步和发展,并且某些方面已达到世界先进水平,为今后更大规模地开发利用地下空间奠定了坚实的基础。

(1) 公路隧道。

随着我国公路建设的发展,特别是高等级公路在我国的兴起,我国公路隧道在数量与规模上有了很大发展,特别是在复杂地质条件下的修建技术,也有了很大提高。2005年建成的西康高速公路秦岭终南山公路隧道(左、右洞各长18.02km,均为双车道隧道),代表着我国公路隧道修建技术的最新水平,是我国第一长的高速公路隧道。2007年建成的沪蓉高速公路湖北宜昌—恩施段龙潭隧道(左洞8.693km,右洞8.62km,均为双车道隧道),是我国第二长的高速公路隧道。

2005年9月开工修建并于2010年4月建成通车的我国第一条大断面海底隧道——厦门—翔安公路海底隧道,总长6.05km,其中跨海4.2km,最大开挖断面达170.7m^2。

(2) 铁路隧道。

我国拥有的铁路隧道总长已超过4 000km,居世界第一位。1987年竣工的京广铁路大瑶山隧道(双线,长14.295km),1995年开始修建到2003年竣工的西康铁路秦岭隧道(Ⅰ线长18.452km,Ⅱ线长18.456km),2003年竣工的青藏铁路羊八井隧道(高海拔、严寒、永久冻土),2006年8月建成的兰新铁路乌鞘岭隧道(单线长20.05km)等长大隧道,在修建技术上均取得了重大突破。

已动工修建的石家庄—太原高速铁路客运专线太行山隧道长27余公里,设计断面为100余平方米;合肥—武汉客运专线大别山隧道长13.254km,设计断面为93.67m^2;武汉—广州高速铁路客运专线大瑶山隧道设计断面约为100m^2,长10多公里;郑州—西安客运专线张茅隧道长8.46km,设计断面为100m^2。

计划修建的京沪客运专线在跨越或穿越长江时,也将长16.674km的大断面沉管隧道作为过江的比选方案。这些隧道工程建设,必将使我国隧道工程的建设水平提高并接近到世界先进水平。

(3) 地铁隧道。

我国城市地铁建设起步较晚。1965年7月1日,北京市地铁一期线路动工兴建,到1998年,北京、香港、天津、广州、上海已建成了总长132.1km的地下铁道。到2003年,除前述城市继续增建2号、3号线以外,又有深圳、南京正在新建地铁1号线,总长约130km,其中区间隧道和地下车站长度超过线路总长度的60%。目前有青岛、长春、沈阳、重庆、大连、武汉、成都、西安等11个城市正在大规模修建地下铁道,总长超过1 000km,其中区间隧道及地下车站的数量之多、比例之高、规模之大,也是前所未有的。

(4) 输水隧道。

我国北京引滦入京、兰州引大入秦等引水工程和二滩电站、三门峡电站等水电站工程中都建有大量的输水隧道。尤其是正在建设中的陕西南水北调工程(引乾佑河之水入石砭峪水库)中的秦岭终南山输水隧道,虽然断面不到20m^2,但隧洞全长达18多公里,也是罕见的。

总之,伴随着20世纪后半叶世界科学、技术、经济、文化的发展和交通运输、水利水电、地下采矿等大规模的地下工程建设,特别是城市地下交通及地下空间的开发利用等,极大地促进了隧道工程技术的进步,使之达到了令人瞩目的水平(表1-4-1)。

我国部分已建成的公路、铁路长大隧道及水下隧道概况　　表1-4-1

隧道名称		所在线路或所在地	长度(m)	车道×洞数	竣工年月	运营通风、备注
铁路山岭隧道	大瑶山隧道	北京—广州铁路	14 295	2×1	1989.12	双线长度第一
	军都山隧道	大同—秦皇岛铁路	8 460	2×1	1988.5	
	五指山隧道	北京—九龙铁路	11 000	2×1	1995.7	
	长梁山隧道	朔州—黄骅港铁路	12 782	2×1	2000.3	
	秦岭隧道Ⅰ/Ⅱ线	西安—安康铁路	18 456	1×2	2000/2003	单线长度第二,纵向射流
	风火山隧道	青海—西藏铁路	1 338	1×2	2002.10	海拔5 010m,永久冻土
	乌鞘岭隧道	兰州—新疆铁路	20 050	1×2	2005.3	单线长度第一,纵向射流
	太行山隧道	石家庄—太原高铁	27 800	2×1	2007.12	高速双线
	大别山隧道	合肥—武汉客专	13 254	2×1	2008.6	高速双线
	大瑶山隧道	武汉—广州高铁	24 000	2×1	2008.6	高速双线
	大南山隧道	厦门—深圳客专	12 679	2×1	2009.12	高速双线公
公路山岭隧道	秦岭终南山隧道	西康高速陕西西安	18 020	2×2	2004/2005	双车道长度第一
	龙潭隧道	沪蓉高速湖北宜昌	8 693	2×2	2009.12	斜井竖井送排,第二
	乌池坝隧道	沪蓉高速湖北恩施	6 708	2×2	2008	斜井竖井送排,第二
	尖山子隧道	重庆市	4 020	2×2	2001.3	纵向射流
	靠椅山隧道	广东韶关	2 981	3×2	2000.4	纵向射流
	华蓥山隧道	四川	4 706	2×2	1999	纵向射流
	二郎山隧道	四川	4 160	2×1	1999.12	平导半横向
	大溪—湖雾岭隧道	浙江台州	4 116	2×2	1999.11	竖井送排
	支台山隧道	江苏连云港	3 800	2×2	1992	纵向射流
	猫狸岭隧道	浙江温州	3 600	3×2	1999.10	纵向射流
	飞鸾岭隧道	福建	3 155	2×2	1997.12	射流及竖井单吸式
盾构隧道	打浦路隧道	上海市	2 261	2×2	1992/1997	全横向及射流
	延安东路隧道	上海市	2 761	2×1	1985	半横向通风
	崇明越江公路隧道	上海	7 500	3×2	2008	最大直径φ15.42m
	狮子洋隧道	广深港客运专线	10 800	2×1	2007	第一条铁路水下隧道
	长江穿江隧道	湖北武汉	2 550	2×2	2008.12	万里长江第一隧
	长江穿江隧道	江苏南京	2 990		2009.8	φ14.96m
沉埋隧道	珠江隧道	广东广州	1 238	2×2	1993.12	纵向射流
	甬江隧道	浙江杭州	1 019	2×1	1995.11	纵向射流
输水隧道	秦岭终南山输水隧道	陕西西安(引乾济石)	18 000	单洞20m²	2006	钻爆法施工
	Ⅲ标段7号输水隧道	山西万家寨(引黄入晋)	43 700	直径4.94	2001	双护盾TBM施工
海底隧道	翔安隧道	福建厦门	总长6 050 海底4 200	3×2+1	2009.11	中国第一条大断面海底隧道,通风竖井

3. 隧道施工方法现状

与世界隧道工程的现状基本同步,目前我国山岭隧道工程已普遍采用了"矿山法"施工

(如西康铁路秦岭隧道Ⅱ线和在建的兰新铁路乌鞘岭隧道等),在坚硬岩体隧道工程中也已开始采用"掘进机法"施工(如西康铁路秦岭隧道Ⅰ线等)。城市地铁浅埋隧道工程中,其区间隧道已由"浅埋明挖法"施工转为"浅埋暗挖法"、"浅埋盖挖法"施工,并继而转向主要采用"盾构法"施工;地铁车站则有由"浅埋明挖法"施工转为采用"浅埋盖挖法"施工的趋势。值得关注的是,我国已有广州珠江沉管隧道、宁波甬江沉管隧道等数座过江隧道采用了"沉埋法"施工。

4. 隧道施工技术现状

在现代隧道工程中,已广泛使用的施工技术有:爆破控制技术、盾构掘进技术、深基坑围护技术、管段浮运技术、管段沉埋技术、水下地基加固技术、监控量测技术,以及(系统锚杆、超前锚杆)锚杆加固技术、(素喷或加钢筋网、钢纤维)喷射混凝土加固技术、管棚超前支护技术、(超前小导管或长钢管)预注浆加固技术、电渗固结技术、冷冻固结技术等新支护技术及加固技术等。

由于这些施工技术的成功应用,促进了既有施工方法的改进和完善,也促进了新的施工方法的提出和发展。

这些方法和技术为在各种地质条件和建筑环境条件下修建不同功能、不同用途的隧道及地下工程提供了有效的技术保证——无论是穿越山岭地层还是穿越水底地层;无论是水中穿越江河还是穿越海湾;无论是穿越软土地层还是穿越坚硬地层或是冻土地层;无论是穿越地下管线和建筑基础密布的城市地层还是穿越瓦斯和溶洞地层;无论隧道埋置是深还是浅、断面是大还是小、长度是长还是短、形状是曲还是直;无论隧道是单孔还是连拱或多跨;无论是平面分岔还是上下叠置或多层。

5. 隧道施工机械和建筑材料现状

在隧道施工机械和建筑材料方面,由于机械破岩技术、盾构掘进技术和快速衬砌技术的成功应用,使得隧道盾构掘进机能够完成从坚硬石质地层到含水软弱土质地层等多数地质条件下的隧道施工任务。盾构施工具有的适应性、可靠性、安全性、高速度、耐久性及机动性,使其在隧道工程施工中得到日益广泛的应用。

新型高强合金钢柱齿刃冲击钻头、液压凿岩机、全液压凿岩台车的应用,以及高性能炸药、非电导爆管等新型爆破器材的应用,提高了爆破质量和掘进速度。

履带走行、轨道走行或轮胎走行等大功率装渣、运渣机械的应用,提高了出渣运输速度。

注锚机、混凝土喷射机,以及早强剂、预应力锚杆、早强喷射混凝土、钢筋网、型钢拱架或格栅钢架(花钢拱架)的应用,围岩可以快速获得有效支护,使施工安全得以保证。

由于水泥、水玻璃等岩体胶结材料以及深孔钻机和注浆机的应用,可以从根本上改变围岩破碎、松散、软弱性状,增强围岩的稳定性,从而进一步保证施工安全。

整体模板台车、混凝土输送泵、早强模筑混凝土的应用,使得混凝土衬砌结构施工速度大大提高。

大功率轴流式通风机和大直径胶布通风管的应用,以及高性能供电系统的应用,极大地改善了隧道内的工作环境条件。

抗渗混凝土、塑料防水板、无纺渗滤布、弹簧排水盲沟的应用,极大地提高了隧道及地下工程的防水能力。

6. 隧道施工管理现状

伴随着我国建设投资渠道、经营管理模式、招标投标制度、工程监理制度向着现代化、国际化发展的进程,在隧道工程施工管理方面,已全面实行了与上述模式和制度相适应的、以项目为单位进行独立核算的施工企业管理模式,但管理水平与发达国家之间还存在一些差距。

7. 隧道工程理论现状

在隧道工程理论方面,传统的理论是"松弛荷载理论",但在长期的隧道工程实践中,随着人们对地下工程理论和实际问题的不懈探索和理解的加深,也由于在对隧道围岩和支护结构(地质、岩体和结构)的力学研究中应用了弹塑性理论和有限元方法,以及在隧道施工过程中对围岩应力应变动态的量测、分析和总结,已经提出了现代隧道工程"围岩承载理论",基本形成了隧道及地下工程理论体系,并表现出广阔的发展前景和应用空间。现代围岩承载理论是对传统松弛荷载理论的继承和发展。同样地,现代隧道工程施工方法和施工技术等也是对传统方法和技术的改进、继承和发展。

资料五　隧道及地下工程理论简介

(一)隧道工程的两大理论及其发展过程

20世纪以来,人类对地下空间的需求越来越大,因而对地下工程的理论研究有了突飞猛进的发展。在大量的隧道及地下工程实践中,人们普遍认识到:隧道及地下洞室工程施工的核心技术问题,都归结在开挖和支护两个关键工序上,即如何开挖,才能更有利于洞室的稳定和便于支护;如何支护才能更有效地保证洞室稳定和便于开挖。这是隧道及地下洞室工程中两个相互促进又相互制约的问题,其他的工作都可以视为辅助措施。

在隧道及地下洞室工程中,围绕着开挖和支护的实践和研究,在不同的时期,人们提出了不同的工程理论,并逐步建立了不同的理论体系。每一种理论体系都包含和解决了(或正在研究解决)从工程认识到力学原理,从工程措施到施工原则等一系列工程问题,并且得到了广泛的应用和发展。

一种理论是20世纪20年代提出的"松弛荷载理论",称为传统隧道工程理论。其核心内容是:稳定的岩体有自稳能力,不产生荷载;不稳定的岩体则可能产生坍塌,需要用支护结构予以支承。这样,作用在支护结构上的荷载就是围岩在一定范围内由于松弛并塌落(或可能塌落)的岩体重力(即最不利荷载)。其代表性的人物有太沙基(K. Terzaghi)和普氏(M· ромобьяконоб)等人。松弛荷载理论是在总结传统矿山法原理的基础上提出来的,它类似于地面工程考虑问题的思路,已经发展到一个相当高的水平,至今仍被广泛地应用着。

另一种理论是20世纪60年代提出的"围岩承载理论",称为现代隧道工程理论。其核心内容是:围岩稳定显然是岩体自身有承载自稳能力;不稳定围岩丧失稳定是有一个过程的,如果在这个过程中提供必要的帮助或限制,则围岩仍然能够保持稳定状态,如此就更有利于"充分发挥围岩的自承能力"。其代表性人物有腊布希维兹(K. V. Rabcewicz)、米勒·菲切尔(Miller Fecher)、芬纳·塔罗勃(Fenner Talobre)和卡斯特奈(H·Kastener)等人。围岩承载理论是在总结新奥法原理的基础上提出来的,它已经脱离了地面工程考虑问题的思路,而更接近于地下工程实际,近半个世纪以来已被广泛接受和推广应用,并且表现出了广阔的发展前景。

本书简要介绍现代隧道工程"围岩承载理论"的基本概念、力学原理、理论要点,并主要介绍现代隧道"锚喷构筑法(新奥法)"施工的基本原则、基本程序、技术措施。

(二) 两大工程理论的比较说明

经过长期的应用、研究和充实，这两种理论已逐步形成为两大理论体系，并且在原理、措施和方法上表现出不同的特点。表 1-5-1 是对两大理论体系的比较说明。

两大理论体系的比较说明　　　　　　　　　　　　　　　　　　表 1-5-1

比较项	理论	松弛荷载理论	围岩承载理论
认识		围岩虽然有一定的承载能力，但极有可能因松弛的发展而致失稳，结果是对支护结构产生压力作用；视围岩为荷载的来源；采取直观的方法和结构来承受围岩压力，以期维持围岩的稳定； 更注重结果和对结果的处理，不得不被动接受开挖坑道后围岩的任何变化结果	围岩虽然可能产生松弛破坏而致失稳，但在松弛的过程中围岩仍有一定的承载能力，具有"三位一体"特性；视围岩为结构的主体和承载的主体；对其承载能力不仅要尽可能地利用，而且应当保护和增强； 更注重过程和对过程的控制，应主动控制开挖坑道后围岩的变化过程
施工方法		传统矿山法，日本称之为"背板法"	新奥法，我国隧道施工规范称为"锚喷构筑法"
工程措施	支护	根据以往工程对围岩稳定性的经验判断，进行工程类比，确定临时支撑参数；考虑到隧道开挖后，围岩很可能松弛坍塌，常用型钢或木构件等刚度较大的构件进行临时支撑，盾构是临时支撑的最佳形式； 待隧道开挖成型后，逐步将临时支撑撤换下来，而用单层衬砌作为永久性衬砌	根据量测数据提示的围岩动态发展趋势，确定初期支护参数；为了控制围岩松弛变形的过程，维持和增强围岩的自承载能力，获得坑道的稳定，常用锚杆和喷射混凝土等柔性构件组合起来加固围岩，必要时可增加超前锚杆或钢筋网、钢拱架、预注浆，称为初期支护，然后采用混凝土或钢筋混凝土内层衬砌承受后期围岩压力并提供安全储备；初期支护、内层衬砌与围岩共同构成隧道的复合式承载结构
	开挖	常用分部开挖，以便于构件支撑的施作；钻爆法或中小型机械掘进	常用大断面开挖，以减少对围岩的扰动；钻爆法或大中型机械掘进
	优缺点	1. 构件临时支撑直观、有效，容易理解，工艺简单，易于操作； 2. 临时支撑的拆除既麻烦又不安全，不能拆除时，既浪费又使衬砌受力条件不好； 3. 当围岩松散破碎甚至有水时，需满铺背柴，也能奏效； 4. 一般必须在开挖后再支撑，故一次开挖断面的大小受围岩稳定性好坏的限制，因而开挖与支护之间的相互干扰较大，施工速度较慢	1. 锚喷初期支护按需设置，适应性强，工艺较复杂，对围岩的动态量测要求较高； 2. 初期支护无须拆除，施工较安全，支护结构受力状态较好； 3. 当围岩松散破碎甚至有水时，需采用辅助方法（如管棚、注浆）来支持，才能继续施工； 4. 由于采用了一系列初期支护措施，故一次开挖断面可以加大，因而减少了开挖与支护之间的相互制约，给快速掘进提供了较为便利和安全的条件，施工速度较快
力学原理		土力学　视围岩为散粒体，计算其对支撑或衬砌产生荷载的大小和分布状态； 结构力学　视支撑和衬砌为承载结构，检算其内力，并使之受力合理； 建立的是"荷载—结构力学体系"，以最不利荷载作为衬砌结构的设计荷载；但衬砌实际工作状态很难接近其设计工作状态； 以往据此所做的大比例隧道结构—荷载模型试验，并无多大参考价值	岩体力学　视围岩为具有弹—塑性的应力岩体，分析计算围岩在开挖坑道前后的应力—应变状态及变化过程； 并视支护为应力岩体的边界条件，起调节和控制围岩的应力—应变的作用，检验作用的效果并使之优化； 建立的是"围岩—支护力学体系"，以实际的应力—应变状态作为支护的设计状态；实际工作状态较易接近设计工作状态

续上表

理论 比较项	松弛荷载理论	围岩承载理论
理论要点	1. 开挖隧道后，围岩产生松弛是必然的，但产生坍塌却是偶然的，故应准确判断各类围岩产生坍塌的可能性大小； 2. 围岩的松弛和坍塌都向支撑或衬砌施加压力，故应准确判断压力的大小和分布；但在实际中对以上两种判断的准确程度很难把握； 3. 为保证围岩稳定，应根据荷载的大小和分布，设计临时支撑和永久衬砌作为承载结构，并使承载结构受力合理（但实际上只能以最不利荷载作为设计荷载）； 4. 尽管承载结构是按承受最不利荷载来设计的，但它是在开挖后才施作的，故为保证施工的顺利进行，应尽可能地防止围岩的松动和坍塌	1. 围岩是主要承载部分，故在施工中应尽可能地减少对围岩的扰动，以保护其固有承载能力； 2. 初期支护主要用来加固围岩，它应既允许围岩承载能力的充分发挥，又能防止围岩因变形过度而产生失稳；故初期支护应先柔后刚，适时、按需提供； 3. 围岩的应力—变形动态预示着它是否能进入稳定状态，因此以量测作为手段掌握围岩动态，进行施工监控，或据此修改支护参数； 4. 整体失稳通常是由局部破坏发展所致，故支护应该能够既加固局部以防止局部破坏，又全面约束围岩以防止整体失稳，从而使支护与围岩共同构成一个力学意义上的封闭和稳定的承载环

由此不难看出，两种理论的根本区别是：在解决隧道及地下工程问题时，传统的"松弛荷载理论"更注重结果和对结果的处理，即将围岩视为荷载的来源，继而被动接受了开挖坑道后围岩的任何变化结果，并采取直观简单的方法和结构来承受围岩压力，以期维持围岩的稳定。而现代"围岩承载理论"则更注重过程和对过程的控制，即将围岩视为隧道的结构主体和承载主体，继而主动控制开挖坑道后围岩的变化过程，并采取积极有效的方法和措施以加固围岩，以期充分利用围岩固有的自稳能力。

也可以这样来表述两种理论的区别，现代"围岩承载理论"与传统的"松弛荷载理论"的区别在于：在开挖坑道后或预计围岩稳定能力不足时，究竟是对围岩进行外部支撑，还是对围岩进行内部加固。传统的松弛荷载理论由于当时的技术、材料的限制和对围岩认识的不透彻，主要着力研究如何对围岩施加外部的支撑（包括临时性的钢木构件和永久性的混凝土衬砌）。现代围岩承载理论则是由于新技术、新材料的成功应用和对围岩认识的加深，主要着力研究如何对围岩施加内部的加固。

应当注意的是，隧道工程都是在应力岩体中开拓地下空间，在实际隧道工程中，并不介意采用什么理论和方法，而应当根据具体工程的各方面条件综合考虑，选择最经济、最合理的设计和施工方案，甚至是多种理论、方法和措施的综合应用。这是一个受多种因素影响的动态的择优过程。

资料六 隧道工程的发展方向

我国是一个幅员辽阔、地形复杂、地质多变、气候多样的国家，改革开放以来，大规模、现代化、高标准的城市化建设、交通运输建设、水利水电建设、矿物开采建设、工业厂房建设等各项事业方兴未艾、欣欣向荣，对隧道及地下工程界提出了更新和更高的要求。

这些要求主要表现在建筑环境更复杂、技术标准更严格、工程规模更庞大。这些要求也必将促进隧道及地下工程施工技术的进步和工程理论的发展。展望隧道及地下工程施工技术的发展前景和方向，隧道及地下工程界，尤其是隧道施工企业应着重开展研究的工作包括以下几个方面。

1. 加强对施工中隧道地质勘探和预报技术的研究

在隧道设计阶段对隧址地质情况概括性的有限的地质勘察工作,对隧道设计具有重要意义,但这种粗略的地质勘察和描述,还不能很好地指导实际的隧道施工。一般情况下,只有在施工中挖开地层后才能知晓实际的地质条件,但地质条件的多样性,使得施工人员不敢贸然开挖。因此,加强对施工中隧道地质勘探和预报技术的研究和应用,避免发生突水、突泥、塌方等重大、特大工程事故,在今后隧道施工中将更为重要和突出。

我国《客运专线高速铁路隧道工程施工技术指南》要求:施工阶段应将超前地质预测、预报纳入正常施工的工序中,根据地质、水文变化及时调整施工方法和采取相应的技术措施。

目前,常用的超前地质勘探和预报技术有地质素描、地质雷达、地震波法(TSP)、红外探测法、超前钻探法。

2. 加强对围岩动态量测技术及预报分析技术的研究

隧道施工阶段,在凭经验不能准确有效地判断围岩稳定程度及其发展趋势时,量测就是对围岩稳定程度和发展趋势进行准确判断的有效手段,更是预报围岩动态和指导施工、保障安全的可靠依据。因此,施工企业应加强对围岩动态量测技术以及超前地质预报分析技术的研究,并应将其与岩质、岩性、岩体力学、围岩稳定性合并研究。这种研究对于防止隧道施工时(尤其是在城市地铁隧道工程中)发生重大坍塌和人身伤亡工程事故有着重要意义。

3. 加强对隧道施工机械化与成本关系的研究

隧道施工机械化是加快施工进度的重要手段,也是缩小我国与国外隧道施工技术差距的重要方面。如采用新奥法施工时,建立掘进、出渣运输、锚喷支护、模筑衬砌基本作业的常规机械配套原则和机型,可以使新奥法适应性更强;在特长隧道中采用全断面掘进机,以求隧道施工的高速、高效和高质量;在城市地下交通工程中,发展盾构机械化施工;在越江隧道工程中,发展沉管机械施工。

但在我国人力资源丰富的条件下,机械化达到什么程度,才是技术、经济、工期、投资、社会等各方面都可以接受的平衡点,机械化程度与隧道工程投资(或施工成本)的关系如何,是值得深入研究的问题。

4. 加强对山岭隧道掘进技术的研究

山岭隧道钻爆掘进技术主要依赖凿岩机械和爆破材料。因此,加强对凿岩机械和爆破材料的研究,开发更高效、环保、安全的爆破器材,推广应用高效节能的凿岩机械,以及研究更为优化的爆破方法,提高钻爆掘进速度是隧道施工仍需进一步深入研究的课题。

5. 加强对初期支护技术及其耐久性的研究

对细石混凝土的湿喷技术、锚杆支护技术、钢拱架支护技术、超前锚杆预加固技术、超前管棚预支护技术,是现代隧道工程理论的核心技术。因此,加强对初期支护技术的应用研究,尤其是完善初期支护施工工艺(如使用液压凿岩台车钻眼等),提高初期支护的有效性,是保证施工质量、保证施工安全的基本条件。此外,已有学者正在研究将掺入化学纤维的细石混凝土,推广应用到隧道初期支护中,以替代普通喷射混凝土和钢纤维混凝土。但相应喷射工艺的改进,是值得研究的课题。

关于初期支护的耐久性问题,有资料显示,早在20世纪90年代,日本新干线上采用新奥法修建的隧道出现大范围的内层衬砌开裂。说明因初期支护耐久性不足,致使在设计服务期内就已经出现明显的失效,而内层衬砌又不足以抵抗围岩压力,成为内衬开裂的重要原因。这说明:锚喷支护、超前支护和注浆加固各部分,与混凝土内层衬砌一样,都应满足耐久性的要求。在我国高速铁路隧道工程技术讨论中,已明确提出了对初期支护的耐久性问题的要求。在隧道设计、施工中,如何保证结构的可靠度,尤其是如何保证初期支护具有足够的耐久性,已经成为我国隧道工作者面临的一个重要问题。

6. 加强对提高内层衬砌施工速度及其整体性、防水性能的研究

在山岭隧道中,常用就地模筑内层衬砌。虽然其施工精度、整体性和防水性能能够满足要求,但在长大隧道工程中,即使是采用多台整体模板台车分段同时施工,其施工速度仍然不能满足对工期的要求。因此,应开展针对如何提高就地模筑内层衬砌施工速度的研究。如在围岩变形基本收敛后,采用纵向整体滑模施工技术,是值得研究的。

在城市地铁工程中,区间隧道常用盾构法施工,作为配套技术也常用拼装式内层衬砌。但其拼装的精度、整体性、防水性能尚不尽如人意。因此,为满足地铁建设的高标准要求,应开展针对如何减小预制混凝土衬砌块的拼装误差、提高隧道贯通精度、增强其整体性的研究。

在高速铁路和高速公路线上的隧道中,为增强衬砌的整体性,已经不再允许先做墙拱后做仰拱,而是明确要求"完全顺作",即先施作下部仰拱,后施作上部墙拱,也不再允许将仰拱分成左右两幅施作。因此,"仰拱栈桥作业技术"已经在高速铁路隧道中成功应用。该技术既保证了栈桥上方运输通道的畅通,又保证了栈桥下面进行仰拱作业和仰拱结构的整体性。浙江省安吉县天荒坪抽水蓄能电站工程,已在其输水隧道中采用整体滑动模板,将整圈衬砌一次模筑完成。

隧道结构的防水性能不仅与防水材料、防水结构形式有关,更与内层衬砌结构的整体性有着直接关系。因此,在隧道工程中,除应加强对防水塑料、防水混凝土等防水材料及其结构形式的防水性能进行研究外,还应着重研究防水层的施作工艺、如何提高隧道内层衬砌结构的整体性,以及多重防水技术,达到有效防水的目的。

由于隧道穿越地层范围大,地下水的埋藏条件复杂,往往在同一座隧道中的不同区段,地下水的出露情况差异很大。目前,隧道工程中已采用的"分区隔离防排水技术",是一项值得研究的新技术。它是在隧道长度方向将地下水分区隔离(技术),并针对富水地段,重点采取有效的防排水措施,以达到提高全隧道防水效果,降低防排水成本的目的。

7. 加强对注浆加固(地层改良)技术的应用研究

在极度软弱破碎甚至富含有压地下水的围岩条件下,围岩基本上没有自稳能力,且其对扰动反应的灵敏度很高,采用常规的锚喷支护技术或超前支护技术已不能奏效。因此应特别加强对地层改良技术(如注浆加固技术、冷冻固结技术、电渗固结技术、超前小导管或超前管棚注浆加固技术)的应用研究,这对于提高在不良地质条件下隧道施工的安全性,具有十分重要的意义。

8. 加强对隧道施工现代管理方法的应用研究

在隧道施工过程中,采用现代化管理方法,可以提高机械工作效率、减少各种能耗、降低工人劳动强度、提高施工速度、缩短施工工期、确保工程质量、降低施工成本。因此,加强隧道施工现代管理方法的应用研究也是缩小我国隧道工程施工管理水平与发达国家之间差距的重要方面。

9. 促进勘察、设计、施工一体化趋势

现代隧道支护结构体系设计的最大特点是"勘察、设计、施工一体化"。这主要是指对围岩稳定能力的勘察和对支护尤其是初期支护结构体系的设计,应做到与隧道施工紧密配合、相互协调、相互验证、相互校正。它是将勘察、设计工作贯穿到施工的全过程。

在隧道施工过程中，根据实际的围岩来进行动态支护设计当然是最经济、合理和有效的。这是人类在解决隧道及地下工程问题过程中的一大进步，它一改传统的设计、施工相互分离的做法，代之以现代的勘察、设计、施工一体化的做法。这种原则和做法的改变和不同也是区分现代围岩承载理论与传统松弛荷载理论的一个重要特征。这种原则和做法表现在设计方法上，就是多种设计方法并用，并与施工紧密结合，相互协调、相互验证、相互校正。这种原则和做法表现在施工过程中，就是使施工单位对支护结构设计的合理性，享有更多的评价权和建议权。这种原则和做法表现在工程建设管理中，就是总承包的发包模式，这种模式使得勘察、设计、施工成为一个系统化的整体，因而动态的支护设计更容易实现。

学习资料二　认识隧道构造

学习目标
1. 认识:隧道建筑物的结构类型和结构组成;
2. 认识:隧道建筑物的构造特征(包括隧道平面、纵断面、横断面,初期支护、内层衬砌)。

任务描述
认读:隧道设计图。隧道设计图包括01马尾井隧道、03谭家坝隧道、07梅子潭隧道、09土地坡隧道、13斑竹林隧道、15连拱隧道(见课程网站)。

回答下列问题(口头回答50%,书面回答50%):

1. 简述以下内容的含义
(1)单层衬砌;
(2)复合衬砌;
(3)拼装衬砌;
(4)初期支护;
(5)二次衬砌(内层衬砌);
(6)锚喷支护;
(7)超前支护;
(8)地层改良;
(9)锚杆;
(10)喷射混凝土;
(11)钢拱架。

2. 隧道支护结构有哪几种类型? 其力学意义有何区别?
3. 隧道洞门有哪几种形式?
4. 隧道附属设施有哪几种? 隧道附属设施的高程设计要求如何?

学习引导
1. 观看和听取PPT讲解,学习本学习资料,然后认读隧道设计图。
2. 建议采用旋转木马、搭档拼图、扩展小组、关键词标注、传话筒、引导文、三明治、交换答案等教学方法。
3. 建议学时:4学时,或增加课外阅读时间。

资料一　支护的构造

前已述及,围岩是天然结构部分,也是主体部分;支护是人工结构部分,也是辅助部分。隧道支护结构的构造与围岩的地质条件、隧道结构条件和隧道施工条件密切相关。隧道工程中常将人工修筑的隧道支护结构称为"衬砌"。不同条件下,衬砌的构造也不尽相同。一般将人工支护结构分为单层衬砌、复合衬砌和拼装衬砌三种结构类型(图2-1-1)。以下主要介绍人工支护结构以及附属设施的构造。

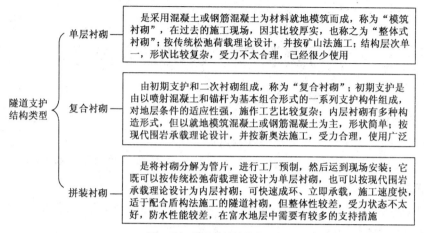

图2-1-1 隧道支护结构类型

所有人工支护结构——衬砌的断面形状(弧度)和厚度,都是按照"成拱作用原理"和"结构受力条件"设计的,其净空大小则是按照建筑界限要求设计的。这是隧道支护结构设计的基本思路。

一、单层衬砌

单层衬砌是在隧道内架立模板架和模板,然后浇筑混凝土而成。它是作为永久性支护结构,从外部支撑围岩的。单层衬砌是按传统松弛荷载理论设计的,其结构层次单一、直观、易于理解和施作,在20世纪90年代以前的隧道工程中应用较多。但其形状(弧度)和厚度比较复杂,变化较多,受力不太合理,经济性也较差,现在已经很少使用。

由于单层衬砌主要是通过调整衬砌断面形状(弧度)和厚度来适应不同的围岩级别和围岩压力分布情况的,因而,单层衬砌的形状(弧度)和厚度变化较多。就形状而言,单层衬砌常分为"直墙式衬砌"和"曲墙式衬砌"两种形式;就厚度而言,单层衬砌厚度薄则40~60cm,厚则可达到100cm以上。

1. 直墙式衬砌

在地质条件比较好的Ⅱ、Ⅲ级围岩情况下,岩体坚硬完整,围岩压力以竖向为主,水平侧向压力较小时,可采用直墙式衬砌。从横断面上来看,直墙式衬砌由上部拱圈、两侧直边墙和下部底板(公路习惯称为调平层)三部分组合而成,如图2-1-2所示。整个结构在下部是敞口的,并不闭合,仅在底部以素混凝土铺底形成底板(调平层),以便铺设轨道或路面。

上部拱圈以大小不等的半径分别作成三段圆形弧线,正中约90°范围内用较小的半径,两边用较大的半径,总体看来,其矢跨比较大。早年为了施工方便,上部拱圈多采用半圆形,但有不少拱圈出现内缘开裂现象,为改善结构受力状况,后改为尖拱。

拱圈是等厚的,所以外弧的半径是各自增加了一个拱圈厚度的尺寸。由于它们是同心圆弧,所以内外半径的圆心是重合的。两侧边墙是与拱圈等厚的竖直墙,与拱圈平齐衔接。因洞内一侧设有排水沟,所以有水沟一侧的边墙要深一些。

在地质条件较好、侧压力不大、但又不宜采用半衬砌时,为了节省边墙圬工,可以简化边墙。简化的方法有两种,一种是降低边墙建筑材料的等级,如将混凝土边墙改为石砌边墙;另一种是采用柱式边墙或连拱式边墙,统称为花边墙。柱式边墙是做成一排均匀间隔的立柱,其间是孔洞,立柱的高度一般不宜小于3m,柱间间隔不宜大于3m。连拱墙做成带支墩的连拱形式,支墩的纵向尺寸不小于2m,墙上拱形孔洞的纵向跨度不宜大于5m,墙拱顶至拱圈起拱线的距离不宜小于100cm。

在地质条件好、岩层坚硬完整且没有地下水侵入的情况下,边墙部位围岩水平侧压力很小,可省去两侧边墙衬砌,只设上部拱圈衬砌,称之为半砌。此时,为了保证洞壁岩体有足够的能力以支承拱圈衬砌传来的压力,在洞壁顶上应留15~20cm的平台。如不设边墙,则应把两侧岩壁表面喷浆敷面,以保护岩面不受风化作用的剥蚀,也可以阻止少量地下水的渗透。

2. 曲墙式衬砌

如图2-1-3所示,在地质比较差的III~V级围岩情况下,岩体松散破碎,围岩压力比较大,又有地下水时,可采用曲墙式衬砌。

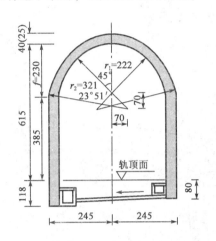

图2-1-2　直墙式衬砌(铁路单线,尺寸单位:cm)　　　图2-1-3　曲墙式衬砌(铁路单线,尺寸单位:cm)

曲墙式衬砌由上部拱圈、两侧曲边墙和下部仰拱(或底板)组合而成。上部拱圈的内轮廓与直边墙衬砌的一样,但拱圈截面厚度是变化的,拱顶处薄而拱脚处厚。因此,不但拱部的外弧与内弧的半径不同,而且它们各自的圆心位置也是相互不重合的。侧墙内轮廓是一段圆弧,半径较大;侧墙外轮廓上段也是一个圆弧,但半径更大,其下段变为直线形,稍稍向内偏斜。

对于IV~V级围岩,有地下水,可能会产生基础下沉的情况,则必须设置仰拱,且曲墙底面应予加宽(厚度),以抵抗上臌力,防止结构整体下沉。仰拱是用另一个半径作出的弧段。在V~VI级围岩,且有地下水时,竖向压力和水平压力都很大,上臌力较大时,则衬砌宜设成近圆形(蛋形)或圆形断面。在III~IV级围岩,无地下水,基础不产生沉陷的情况下,无上臌力时,可以不设仰拱,只设底板。

二、复合衬砌

复合衬砌是由初期支护和内层衬砌组成。因此,复合衬砌对不同地层条件的适应性很强,而且其形状(弧度)简单,内层衬砌厚度变化较小(多为等厚30~50cm),在20世纪90年代以后已在各类隧道工程中广泛使用。

初期支护是现代隧道工程中帮助围岩获得稳定的基本手段。由于复合衬砌主要是采用喷射混凝土和锚杆作为基本组合形式,并通过调整初期支护参数来适应围岩级别以及围岩松弛范围和松弛程度变化的,所以,初期支护层次较多,变化较多,施作工艺比较复杂。

内层衬砌主要作为安全储备,用于承受后期围岩压力。考虑到隧道投入使用后的服务年限很长,为了满足承受后期围岩压力,降低洞内空气阻力,满足洞内功能性构造要求和美观要求,以及保证隧道在服务过程中的稳定、耐久,现代隧道工程中一般均设计有内层衬砌。内层衬砌有多种材料和构造形式,但以就地模筑混凝土或钢筋混凝土为主,也有采用拼装式钢筋混凝土作为内层衬砌的。内层衬砌多采用等厚度截面,变化较少,构造较简单。

(一)复合衬砌的构造及优点

1. 复合衬砌的构造

复合衬砌不同于单层衬砌,它是把支护结构分成多层,在不同的时间先后施作的。顾名思义,它可以是两层、三层或更多层,但目前一般将其分为"初期支护"和"二次衬砌"两部分,如图 2-1-4 和图 2-1-5 所示。

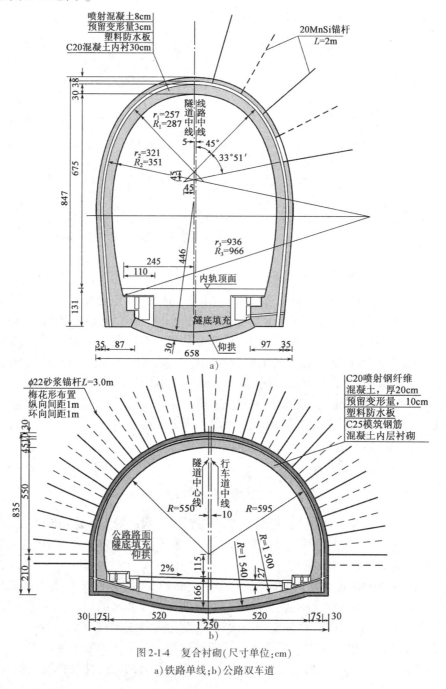

图 2-1-4 复合衬砌(尺寸单位:cm)

a)铁路单线;b)公路双车道

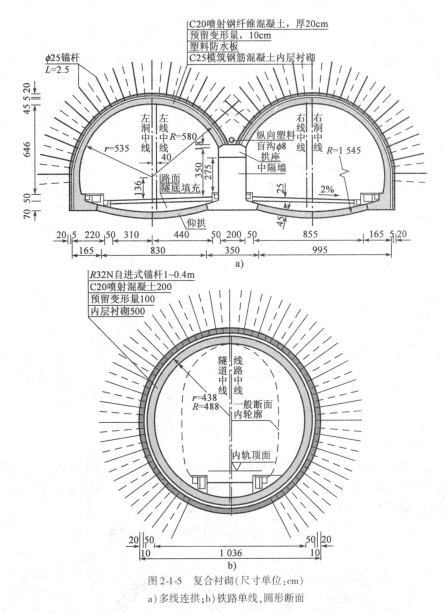

图 2-1-5 复合衬砌(尺寸单位:cm)
a) 多线连拱;b) 铁路单线,圆形断面

初期支护是帮助围岩获得初步稳定,并保证隧道施工期间的安全,以便挖除坑道内岩体的一系列支护结构和工程措施。锚喷支护就是锚杆(系统锚杆和局部锚杆)加喷射混凝土(素喷、网喷或钢纤维喷射混凝土),有时加设钢拱架(型钢拱架或格栅钢架)的组合。锚喷支护是初期支护最基本的结构形式,也是在常规条件下隧道工程中使用最多的工程措施。因此,人们也常将"锚喷支护"称为"常规支护"。

初期支护也可以泛指包括"锚喷支护(锚杆、喷混凝土、钢拱架)"等常规支护,以及"超前支护(超前锚杆、超前管棚)"、"注浆加固(超前小导管预注浆及超前深孔帷幕注浆)"等"特殊"支护的一系列支护结构和工程措施。这些支护形式和工程措施可以单独使用,也可以组合使用。组合使用时,各部分的比例可以根据实际需要选择和调整。

内层衬砌主要是承受后期围岩压力并提供安全储备,保证隧道的长期稳定和行车安全。内层衬砌一般多采用就地模筑混凝土或钢筋混凝土,也可以采用喷射混凝土或喷射钢纤维混凝土,还可以采用拼装衬砌。

2. 复合衬砌的优点

根据铁道科学研究院和隧道工程局共同进行的模型试验和有限元分析,以及多年应用和研究结果表明,复合衬砌是比较合理的结构形式。具体表现在以下几个方面:

(1)复合衬砌的总体形状比较简单,内层衬砌厚度变化不大(多数在30~40cm之间),且多为等厚度内衬,施工方便。

(2)复合衬砌是将整个人工支护结构分解为"初期支护"和"内层衬砌"两大部分,各部分分别起到了不同的作用,两部分分别参与并与围岩共同工作,但其支护作用又各有侧重。因而,复合衬砌比较符合隧道——地下工程结构体系的力学变化过程和变化规律。

(3)复合衬砌主要靠初期支护来维护围岩稳定和安全,并通过调整初期支护参数来适应地质条件的变化,即适应不同的围岩级别以及围岩松弛范围和松弛程度的变化。这种适应性既能充分调动并利用围岩自我承载、自我稳定的能力,又可以充分发挥支护结构的承载能力和支护材料的力学性能。

(4)复合衬砌中的内层衬砌主要作为安全储备而设置,一般要求在施作初期支护并趋于稳定后,再施作内层衬砌,并借用防水层作为结构隔离层,使得内层衬砌的受力状态得以改善。但在必要时,还可以提前施作内层衬砌,以调用其承载能力,保障安全。

(5)与传统的同等厚度的模筑混凝土单层衬砌相比,复合衬砌的受力状态更好,承载能力更高。有研究资料显示,在Ⅳ~Ⅴ级围岩的隧道中,采用锚喷作为"初期支护"加上模筑混凝土"内层衬砌"构成的复合衬砌,与单层衬砌相比,工程投资可减少5%~10%,极限承载能力可提高20%~30%。

(二)锚喷支护(常规支护)

锚喷支护常用的材料和结构形式有喷射混凝土(有时加钢筋网或钢纤维)、锚杆和钢拱架三种。一般可根据地质条件和结构条件的变化组合使用。组合使用时,各部分的比例应根据各自的适应性和实际需要选择或调整,见图2-1-6。

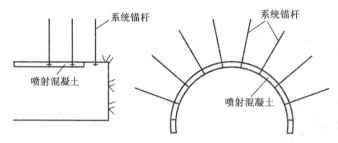

图2-1-6 锚喷支护(系统锚杆+喷射混凝土+钢筋网)

1. 喷射混凝土

喷射混凝土是以压缩空气为动力,将掺有速凝剂等外加剂的混凝土拌和料与水汇合成为浆状,喷射到坑道的岩壁上并迅速凝结而成的细石混凝土。细石混凝土喷射工艺分为干(潮)喷、湿喷和混合喷三种。以湿喷工艺较优,混凝土质量较好,实际工程中应用较多。

喷射混凝土层是喷敷于坑道壁上的。为了使喷层厚度均匀、表面平顺和便于铺设防水层,无论是采用什么方法开挖坑道,都要尽量使开挖后的洞壁平顺。

常用喷射混凝土厚度一般在5~20cm之间,有时也用到25cm。喷层的厚度一般最薄不应小于5cm,这样,遇有局部岩体突出,也足以覆盖。最厚应不大于25cm,再厚则失去了柔性衬砌的特点。喷射混凝土强度等级为 C15～C20。

在比较松散软弱的岩层中,为了加强喷层的抗剪强度和韧性,可以加金属网或钢纤维,使之结合成一体,变为钢筋混凝土层或钢纤维混凝土薄层,称为"钢筋网喷射混凝土"或"钢纤维喷射混凝土"。钢筋网的钢筋直径一般为 6～10mm,网格孔间距为 200mm。网与岩面绑扎焊接牢固后,即可喷射混凝土。

2. 锚杆

锚杆或锚索是用金属或其他高抗拉性能的材料制作的一种杆状构件,并使用某些机械装置或黏结介质,通过一定的施工操作,将其安设在隧道及地下工程的围岩体中或其他工程结构体中,利用杆端锚头的膨胀作用,或利用灌浆黏结,增加岩体的强度和抗变形能力,从而提高围岩的自稳能力,实现对围岩体或工程结构体的加固的工程措施。见图 7-1-1～图 7-1-4 及图 7-2-1。

锚杆按其对围岩加固的区域来分,可分为:系统锚杆、局部锚杆和超前锚杆三种。常规支护中的锚杆主要指的是系统锚杆和局部锚杆。

(1) 系统锚杆是指在坑道范围内的岩体被挖除后,沿横断面的径向安装于围岩内部的锚杆群。系统锚杆强调的是多根锚杆的联合作用,以形成对围岩承载环的加固,即"群锚效应"。

(2) 局部锚杆是指只在一定的区域和方向安装的少量锚杆,如锁脚锚杆。局部锚杆强调的是维护围岩的局部稳定或对初期支护的局部加强。有时,其也可以用于解决洞内模板的安装和稳定问题。

(3) 超前锚杆是指沿开挖轮廓线,以稍大的外插角,向开挖面前方围岩内安装的锚杆群。超前锚杆强调的是超前支护,即形成对前方围岩的预加固,使能够在提前形成的围岩加固圈的保护下进行开挖作业。

锚杆参数请见锚喷支护参数表 4-2-8～表 4-2-12。锚杆长度一般为 2.5～6.0m,锚杆间距一般不宜大于其长度的一半,Ⅳ～Ⅴ类围岩中的锚杆间距宜为 1.0m 左右,且不得大于规范规定的最大间距。另外,对于大跨度隧道,为节省钢材,可以采用长短相间的锚杆支护形式。

3. 钢拱架

钢拱架因其整体刚度和强度均较大,对围岩松弛变形的限制作用更强,可及时阻止有害松动,也可以承受已发生的松弛荷载,保证隧道稳定与安全,还可以作为超前支护的反支点。钢拱架有花钢拱架和型钢拱架两种结构形式,见图 2-1-7。

花钢拱架(或称为格栅钢架)是采用螺纹钢筋焊接而成的拱形钢桁架。花钢拱架一般在工地加工,现场拼装。由于花钢拱架与混凝土及其他材料有更好的相融性,所以其在现代隧道工程中广泛用作初期支护。

型钢拱架是采用型钢(工字钢、钢管、U 形钢)弯制而成的拱形钢架。型钢拱架一般是在工厂加工,现场拼装。由于型钢拱架的表面积较小,与混凝土及其他材料的相融性较差,所以现代隧道工程中其一般只在工程抢险和塌方处理时作为临时支撑使用。

常用的钢拱架设计参数见表 8-4-1～表 8-4-3。钢拱架的截面高度一般为 100～200mm。当隧道断面较大或围岩压力很大时,钢拱架的截面高度可取 200～250mm;当隧道断面很大,围岩压力也很大时,钢拱架的截面高度可取 250～300mm。

(三) 超前支护

在工作面不能自稳的条件下,需要先采取适宜的工程措施使工作面保持稳定,然后再开挖坑道范围内的岩体。这类针对掌子面前方围岩(包括将被挖除的岩体)而采用的一系列支护措施,称为超前支护,见图 8-6-1 和图 8-6-2。

超前锚杆是指沿开挖轮廓线,以稍大的外插角,向开挖面前方围岩内安装的锚杆。超前锚杆主要形成对掌子面前方围岩的预锚固;必要时,也对将被挖除的岩体临时实施加固,以暂时维持较好的纵向成拱作用,然后在提前形成的围岩锚固圈的保护下进行开挖等作业。超前锚杆强调的是支护的超前性。超前锚杆是一种最为简单的超前支护形式,主要适用于不太稳定的围岩条件。

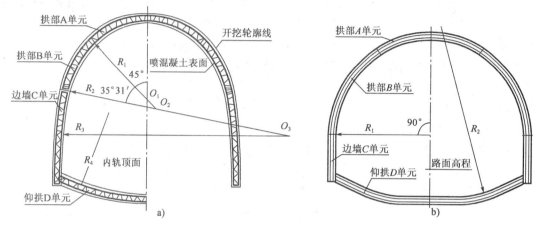

图 2-1-7 钢拱架
a) 花钢拱架;b) 型钢拱架

超前管棚指沿开挖轮廓线,以较小的外插角,向开挖面前方围岩内安装长钢管,并随着开挖逐榀架设钢拱架而形成的承载棚架。超前管棚形成对掌子面前方围岩的预支承,主要适用于稳定性很差的围岩条件。这种支承作用并不改变围岩的固有特性,而只是从外部抵抗围岩变形,防止围岩坍塌。超前管棚强调的是支承的超前性,其施工工艺也较为复杂,其中长钢管的安装需要专用机械。若围岩极度软弱、易破碎,则可以在此基础上改进为深孔帷幕注浆。

(四)注浆加固

注浆加固是为了改良松散地层的工程力学性能,而将适宜的胶结材料按一定的注浆工艺注入到松散地层中的工程措施,也称为"地层改良",见图 8-6-1 和图 8-6-2。

胶结材料在松散地层中凝结后,一定区域内的松散岩体就变得完整而坚硬起来,使其力学性能得以改善。这部分经过改良的岩体作为隧道围岩,其稳定能力就得以增强。就结构和构造而言,改良后的岩体很容易转化为隧道承载结构,相应地,就不需要采取过多的其他工程措施,便可以获得洞室的稳定。

隧道工程中常用的注浆加固措施,按工艺的不同分为"超前小导管注浆"和"超前深孔帷幕注浆"两种。此外,还有一种特殊的暂时性的注浆加固措施,即冻结法。冻结法是利用含水地层在冻结状态下的结构稳定能力获得围岩的暂时稳定,继而完成隧道开挖和衬砌,获得永久稳定的隧道施工方法。

(五)防水层

在有水地层条件下,为了防止地下水渗流进入隧道内,其内层衬砌一般均采用防水混凝土,并常在外衬与内衬之间敷设一层防水塑料板,构成两道洞内防水层。

(六)二次衬砌

内层衬砌一般是在施作初期支护并使围岩变形基本稳定后再施作的。内层衬砌的构造形式与单层衬砌基本相同,内层衬砌材料主要采用就地模筑混凝土或钢筋混凝土,也有采用预制钢筋混凝土衬砌块拼装内层衬砌的。在稳定性很好且无地下水的Ⅰ、Ⅱ级围岩条件下,可省略模筑混凝土内层衬砌,或改为喷射混凝土内层衬砌。

内层衬砌厚度不仅与围岩变形速度和变形量有关,更与其施作时机和建筑材料有关。内层衬砌一般均为等厚截面,变化较少,构造较简单,必要时只需将两侧边墙下部稍作加厚,以降低基底应力。铁路隧道设计规范和公路隧道设计规范都提出了内层衬砌圬工截面最小厚度要求。

"最小厚度"是一个限制性要求,而不是设计值。铁路、公路隧道混凝土及钢筋混凝土内层衬砌最小厚度一般为单线(单车道)25cm,双线(双车道)30cm。高速铁路双线隧道和公路三车道隧道断面尺寸较大,内层衬砌最小厚度值应较大。

修建隧道衬砌的混凝土材料,应满足强度和耐久性要求,在某些环境中,还必须满足抗冻、抗渗和抗腐蚀要求。此外,还应满足就地取材、价格低廉、施工方便及易于机械化施工等要求。

隧道工程常用的衬砌建筑材料有以下几种。

1. 混凝土与钢筋混凝土

隧道衬砌所用的混凝土强度等级,对于直墙式衬砌不低于C15,曲墙式衬砌及Ⅲ类围岩直墙式衬砌不低于C20。钢筋混凝土材料主要用在明洞衬砌及地震区、偏压、通过断层破碎带或淤泥、流沙等不良地质地段的隧道衬砌中,其强度等级不低于C20。在特殊情况下,可采用旧钢轨或焊接钢筋骨架进行加强。

2. 片石混凝土

片石混凝土主要用于仰拱填充及超挖回填,其他部位不允许采用片石混凝土。按施工规范规定,片石混凝土中片石应选用坚硬的石料,其抗压强度不应低于30MPa,严禁使用风化片石。片石掺量不得超过总体积的20%,并采用"抛石法"分层掺入,片石之间要有10cm左右的间距,不得有空洞。

3. 喷射混凝土

在普通铁路隧道工程中,喷射混凝土材料可用作中内层衬砌,但其强度等级不得低于C20,使用的水泥强度等级不低于32.5级,并优先选用普通硅酸盐水泥,细集料采用坚硬耐久的中砂或粗砂,细度模量宜大于15,砂的含水率宜控制在5%~7%。粗集料采用坚硬耐久的卵石或砾石,粒径不应大于15mm。我国高速铁路隧道施工指南规定不使用喷射混凝土作为内层衬砌。

(七)建筑材料

隧道建筑材料要求如下:

(1)一般规定。

隧道工程常用的各类建筑材料,可选用下列强度等级:

混凝土:C15、C20、C25、C30、C40、C50;

喷射混凝土:C20、C25、C30;

片石混凝土:C15、C20;

水泥砂浆:M7.5、M10、M15、M20;

石材:MU40、MU50、MU60、MU80、MU100;

钢筋:HPB235(Q235)、HRB335(20MnSi)。

(2)衬砌建筑材料的强度等级应满足耐久性要求,见表2-1-1的规定。

铁路隧道衬砌建筑材料的强度等级要求（不低于） 表2-1-1

材料种类 工程部位	混凝土	钢筋混凝土	喷混凝土	
			喷锚衬砌	喷锚支护
拱圈	C25	C30	C25	C20
边墙	C25	C30	C25	C20
仰拱	C25	C30	C25	C20
底板	—	C30	—	—
仰拱填充	C20	—	—	—
水沟、电缆槽身	C25	—	—	—
水沟、电缆槽盖板		C25	—	—

注：1. 砌体包括粗料石砌体和混凝土块砌体，用M10水泥砂浆砌筑。
2. 严寒地区洞门用混凝土整体灌筑时，其强度等级不应低于C20。
3. 片石砌体的胶结材料采用小石子混凝土灌筑时，其最低强度等级相应的适用范围与水泥砂浆相同。

三、拼 装 衬 砌

1. 拼装衬砌的优缺点

虽然就地模筑的混凝土衬砌在我国应用已很广泛，但是，它在浇注以后不能立即承受荷载，必须经过一个养生时期，因而施工进度受到一定的限制。随着工业化和机械化的不断发展，隧道施工也出现了拼装式的隧道衬砌，称为拼装衬砌。这种衬砌将若干在工厂或现场预先制备的构件，运入坑道内，用机械将它们拼装成一环接一环的衬砌。

国外早在19世纪就已开始试用拼装衬砌。我国在宝兰铁路线上曾试用过拱部为半圆形的拼装衬砌，在黔桂铁路线上试用过"T"字形镶嵌式拼装衬砌，目前在地下铁道工程中采用较多。随着其技术的不断改进和完善，拼装衬砌将是一种很有发展前途的衬砌形式。

拼装衬砌具有下列优缺点：

（1）一经拼装成环，不需养生时间，即可承受围岩压力。

（2）预制的构件可以在工厂成批生产，在洞内可以机械化拼装，从而改善了劳动条件。

（3）拼装时，不需要临时支撑，如拱架、模板等，从而节省了大量的支撑材料及劳力。

（4）拼装速度因机械化而提高，缩短了工期，还有可能降低造价。

（5）拼装衬砌既可以按传统隧道工程理论作为单层衬砌设计和使用，也可以按现代隧道工程理论作为内层衬砌设计和使用。

（6）但拼装衬砌的整体性较差，受力状态不太好，尤其是接缝多，防水性能较差，必须单独加设有效的防水层，在富水地层中应用时需要有较多的支持措施。

2. 拼装衬砌的构造要求

（1）组装后，必须具有良好的整体性，能立即承受荷载，并具有足够的强度和耐久性。

（2）管片形状简单，尺寸统一，便于工厂预制。

（3）管片类型少、规格少、配件少，大小和质量合适，便于机械拼装。

（4）必须加设有效的防水层及排水设施。

资料二 洞门的构造

一、洞门的作用

1. 洞门的作用

隧道两端洞口处的结构部分称为"洞门"。洞门有以下几方面的作用：

(1) 减少洞口土石方开挖量。洞口外范围内的路堑是根据边坡岩体的稳定性按一定的坡度开挖的，设置隧道洞门，既可以起到挡土墙的作用，又可以减少路堑土石开挖量。

(2) 稳定边坡、仰坡。由于边坡上的岩体不断受到风化，坡面松石极易脱落滚下。边坡太高，难于自身稳定，仰坡上的石块也会沿着坡面向下滚落，有时会堵塞洞口，甚至砸坏线路轨道，对行车造成威胁。修建了洞门就可以减小引线路堑的边坡高度，缩小正面仰坡的坡面长度，从而使边坡及仰坡得以稳定。

(3) 引离地面流水。地表流水往往汇集在洞口，如排除不及时，将会侵害线路，妨碍行车安全。修建洞门，可以把流水有组织地引入侧沟，保证洞口处于干燥状态。

(4) 装饰洞口。洞口是隧道唯一的外露部分，是隧道正面的外观，修建洞门也可以算是一种装饰。在城市附近的隧道，尤其应当配合城市景观要求，予以美化处理。

2. 洞门的设计原则

洞门有洞口环框、端墙式洞门、翼墙式洞门三种基本形式。实际应用中，应遵循"早进晚出"的设计原则，根据洞口范围地表原始形态和环境保护要求等具体情况，选择适当的洞门形式。值得注意的是，洞门的结构和构造形式已出现多样化的趋势，如浙江某高速公路灵溪隧道用假石将洞口装饰成天然洞口，景观效果很好。

由于洞口段地质条件是千差万别的，又由于洞口段结构的复杂，使得洞门结构的受力状态尤其复杂。洞口段衬砌和洞门结构，除了受竖向和侧向压力以外，还受仰坡纵向推力作用。所以，隧道施工规范规定：洞口段 5m 范围内应比中段衬砌有所加强，并宜与洞身衬砌整体砌筑。

3. 洞门建筑材料

隧道洞门建筑材料的强度等级不应低于表 2-2-1 的规定。

洞门建筑材料　　　　　　　　　表 2-2-1

工程部位 \ 材料种类	混凝土或钢筋混凝土	片石混凝土	砌　体
端墙	C15	C15	M10 水泥砂浆砌片石，块石镶面或混凝土预制块镶面
顶帽	C15	—	M10 水泥砂浆砌粗料石
翼墙和洞口挡土墙	C15	C15	M7.5 水泥砂浆砌片石（严寒地区用 M10 水泥砂浆砌片石）
侧沟、截水沟、护坡等	—	—	M5 水泥砂浆砌片石（严寒地区用 M7.5 水泥砂浆砌片石）

二、端墙式洞门

端墙式洞门是只在隧道口正面设置一面能抵抗山体纵向推力的端墙。端墙的作用相当于挡土墙的作用,主要抵抗洞口正面上的仰坡土压力;此外,还可将从仰坡流下来的地面水汇集到排水沟中去,如图 2-2-1 所示。

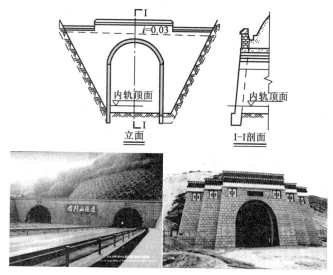

图 2-2-1　端墙式洞门实例(雁列山隧道、青藏铁路拉萨柳梧隧道)

端墙的构造一般是采用等厚的直墙。直墙圬工体积比其他形式都小,而且施工方便。墙身微向后倾斜,斜度约为 1∶10,这样可以受到较竖直墙小的土石压力,而且对端墙的倾覆稳定有好处。

端墙构造要求如下:

(1)端墙的高度应使洞身衬砌的上方尚有 1m 以上的回填层,以减缓山坡滚石对衬砌的冲击;洞顶水沟深度应不小于 0.4m,为保证仰坡滚石不致跳跃超过洞门落到线路上去;端墙应适当上延,形成挡渣防护墙,其高度从仰坡坡脚算起,应不小于 0.5m,在水平方向不宜小于 1.5m;端墙基础应设置在稳固的地基上,其深度应根据地质条件和冻害程度确定,一般应在 0.6~1.0m。按照上述要求,端墙的高度约为 11.0m。

(2)端墙厚度应按挡土墙的方法计算,但不应小于:

浆砌片石——0.4m;

现浇片石混凝土——0.35m;

预制混凝土砌块——0.3m;

现浇钢筋混凝土——0.2m。

(3)端墙宽度与路堑横断面相适应。下底宽度应为路堑底宽加上两侧水沟及马道的宽度。上方则依边坡坡度按高度比例增宽。端墙两侧还要嵌入边坡以内约 30cm,以增加洞门的稳定。

三、削竹式洞门

削竹式洞门是在环框式洞门的基础上变化而成的,它是直接将洞身衬砌接长,伸出洞外,并斜截成削竹形式,同时取消端墙。削竹式洞门在公路隧道中使用较多。我国高速铁路隧道洞口在此基础上将洞口断面加大,形成喇叭口削竹式洞门,主要是为了缓和高速列车进洞时的气动冲击力,如图 2-2-2 所示。

图 2-2-2　削竹式洞门实例及喇叭口式洞门模拟图

四、柱式洞门

当洞口仰坡较陡,岩体稳定性较差,山体纵向推力较大,仰坡有下滑的可能性,但受地形条件限制,不能设置翼墙时,可以在端墙中部设置两个断面较大的柱墩,以增加端墙的稳定性,如图 2-2-3 所示。这种洞门墙面有凸出线条,较为美观,适宜在城市附近或风景区内采用。

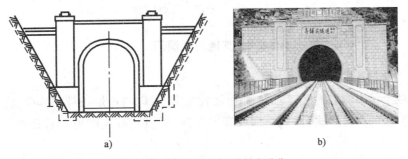

图 2-2-3　柱式洞门实例(寺铺尖隧道)

五、翼墙式洞门

当洞口边仰坡稳定性较差,山体纵向推力较大时,可以在端墙式洞门以外,增加单侧或双侧的翼墙,称为翼墙式洞门。翼墙与端墙共同抵抗仰坡纵向推力,增加洞门的抗滑走和抗倾覆的能力,如图 2-2-4 所示。

正面端墙一般采用等厚的直墙,微向后方倾斜,斜度为 1:10。翼墙前面与端墙垂直,顶面斜度与仰坡坡度一致。墙顶上设流水凹槽,将洞顶上的水从凹槽引至路堑边沟内。翼墙基础应设在稳固的地基上,其埋深与端墙基础相同。

洞门顶上,端墙与仰坡坡脚之间的排水沟一般采用60cm宽、40cm深的槽形,沟底应有不小于3%的排水坡。排水沟的排水方向视洞口的地形和洞门构造形式而定,较多使用的是单向顺坡排水,把水引到洞门一侧以外的低洼山体处,或引到路堑侧沟中。当地形不允许向一侧排水时,则可采用双向排水,把水引到端墙两侧,水从端墙后面沿预留的泄水孔(称为"龙嘴")流出墙外后,进入翼墙顶上的凹槽(称为"吊沟"),流入路堑边沟。若洞口外路堑较深较长,翼墙常变为挡土墙,并沿挡土墙设置泄水沟。

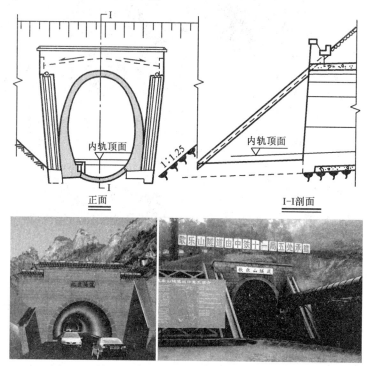

图 2-2-4　翼墙式洞门实例(青海九里隧道、重庆歌乐山隧道)

六、其他形式洞门

1. 台阶式洞门

当洞门处于傍山侧坡地区,洞门一侧边坡较高时,可以与地形条件相适应,将端墙一侧顶部做成逐步升级的台阶形式,以减小仰坡高度及外露坡长,减少仰坡土石开挖量,如图2-2-5所示。

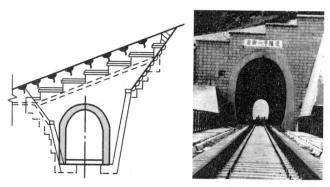

图 2-2-5　台阶式洞门实例(内昆铁路岩角1号隧道)

2. 调光洞门

公路隧道为降低"黑洞现象"和"亮框现象"给驾乘人员带来的不良影响,结合结构稳定要求将洞门设计成逐步减光的半封闭形式,也具有较好的建筑装饰作用,如图2-2-6所示。

图2-2-6 调光洞门实例(厦门仙岳山市政隧道、深圳罗沙公路梧桐山隧道)

3. 洞口环框

当洞口石质坚硬、地形陡峻、坡面稳定又无排水要求时,可以将洞口段衬砌加厚,形成洞口环框。洞口环框主要对洞口段衬砌起加固作用,同时也可以减少雨水对洞口段的侵蚀作用。环框微向后倾,其倾斜度与顶上的仰坡一致。环框的宽度与洞口外观相匹配,一般不小于70cm,突出仰坡坡面不小于30cm,使仰坡上流下的水不致从洞口正面淌下,如图2-2-7所示。但其安全保障不足,目前已较少使用。

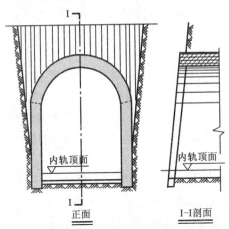 

图2-2-7 环框式洞口实例(风火山隧道)

4. 斜交洞门

当线路方向与地形等高线斜交时,可使洞门端墙与线路斜交(即与地形等高线方向一致),端墙顶处在同一高度。由于斜交洞门及衬砌斜口段的受力情况复杂,施工也不方便,所以,只有在十分必要时才采用。斜交洞门端墙与线路中线的交角 α 不应小于45°,斜交洞门端墙应与洞口段衬砌整体砌筑。

资料三 明洞的构造

明洞是用明挖法修建的隧道,即当隧道埋置很浅时,先露天挖出沟槽,然后修建结构物,然后再回填覆盖土石。在山岭隧道中,洞口段多为浅埋,因此,明洞多用于深路堑或隧道洞口高边坡上有落石、塌方等危及安全的洞口段。明洞是隧道洞口或线路上起到防护作用的重要建筑物,在我国山区铁路线上,曾广泛采用。明洞的构造形式,常因地形、地质条件和危害程度的不同而异,采用最多的是拱式明洞和棚式明洞。

一、拱 式 明 洞

拱式明洞的内轮廓和结构形式与一般隧道基本相似,也是由拱圈、边墙和仰拱或铺底组成。但是,由于是采用明挖法施工,其周围土石是在结构完成后回填的,没有自然成拱作用,围岩压力比暗挖隧道还要大,因而结构的截面尺寸要略大一些。拱式明洞可以抵抗较大的推力,适用范围较广。按照它所处的地形条件可以分为路堑拱式明洞和半路堑拱式明洞两种。

1. 路堑拱式明洞

路堑拱式明洞主要用在两侧都有高边坡的路堑中或洞口段。其衬砌两侧墙外填以浆砌片石使透水,上面填以土石,表面夯填黏性土或以浆砌片石覆盖,防止地表水下渗,并设置排水沟槽,排除地表水,如图2-3-1所示。

2. 半路堑拱式明洞

半路堑拱式明洞主要用在浅埋且傍山隧道地段。由于其靠山一侧受到压力,且外侧压力较小,所以,将外侧边墙相对地加厚、加深,基础放在稳固的基岩上,以其衬砌横断面结构轴线的不对称,来适应内外压力的不对称。

当外侧地形低,覆盖浅薄,外墙暴露时,为减缓落石对衬砌结构的冲击作用,可以将外墙加高,形成耳墙,并在洞顶回填土石。回填土表面夯填黏性土或以浆砌片石覆盖,并设置向外的排水坡,排除地表水,防止地表水下渗,如图2-3-2所示。

若外侧边坡低下,或墙下地基承载力不足,则可做成深基础,形成长腿式拱形明洞。也可以在保证结构稳定的条件下,将外墙做成连拱形式(形成侧洞),以节省圬工,降低对地基承载力的要求,使洞外光线可以射进来,空气也可以流进来,从而使洞内条件得以改善。

拱形明洞衬砌结构多采用就地模筑钢筋混凝土(拱圈、内边墙)。半路堑拱式明洞的外边墙体积大,可以用混凝土、片石混凝土或浆砌片石砌筑。

明洞顶上回填土石是为了缓冲落石对衬砌的冲击,它的厚度应视落石下坠的实际情况,通过计算而定,一般不应小于1.5m。在填土面上应留有不小于1:1.5的排水坡。

拱形明洞应设置环向伸缩缝,其纵向间隔为6~20m,可视实际情况而定。如设置有侧洞,伸缩缝应避开侧洞位置。

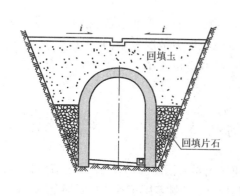

图2-3-1 路堑拱式明洞

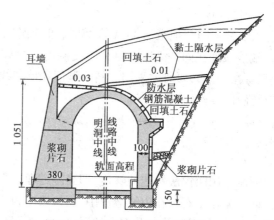

图2-3-2 半路堑拱式明洞(尺寸单位:cm)

二、棚式明洞

当外侧边坡陡峻,不能安置外墙时,可以将外墙改为纵梁加立柱的形式,或取消外墙,修建成棚式明洞。棚式明洞主要用在地形特别困难的情况下,目前铁路已很少使用。

棚洞是一种框架结构。棚洞的顶上不是拱圈而是搁置在外墙纵梁和内墙上的棚板,或是悬挑于内墙上的挑梁(板)。棚洞的内墙一般为重力式墩台结构,抵抗山体的侧向压力。它的基础必须置于稳固的基岩上。棚板或挑梁(板)上也有回填缓冲层和卸载排水坡。

资料四 附属设施的构造

为了使隧道能够正常使用,保证列车通过的安全,除了上述主体建筑物以外,隧道内还要设置一些附属建筑物。

较长的公路隧道中,需要设置紧急停车带作为避让车道,避免抛锚车辆长时间占据行车道。在长大隧道中,如果是两洞并行,则还需要在两洞之间设置行人横洞和行车横洞,作为紧急疏散和救援通道。

铁路隧道的附属设施主要包括:安全避让设施(大小避车洞)、排水设施和电力及通信信号的安放设施等。还有一些专门的构造设备,如洞门的检查梯、仰坡的截水沟、洞内变压器洞库、电力牵引接触网的绝缘梯车间、无人值守增音室等。一般应按照具体需要予以布置。

一、紧急停车带和避车洞

1. 公路隧道紧急停车带

紧急停车带就是专供紧急停车使用的停车位置。在隧道中,尤其在长大隧道中,当行驶的车辆发生故障时,故障车必须尽快离开行车道,避让至紧急停车带,以减少交通阻塞,避免发生交通事故。因此,高速公路、一级公路的特长隧道和长隧道,应根据需要设置紧急停车带。对于10km以上的特长隧道,还应考虑设置方向转换场地(或称回车道设施),使车辆能在发生火灾时避难或退避。

紧急停车带的间隔主要根据故障车的可能滑行距离和人力可能推动的距离而定。一般很难断言其距离的大小,如小客车较货车滑行的距离长,人力推动也较省力;下坡方向较上坡方向滑行的距离长,推动时也省力。依据经验,隧道内紧急停车带的间距一般可取$500 \sim 800 \mathrm{m}$。

我国目前参照国际道路常设委员会(PIARC)的隧道委员会推荐值来确定紧急停车带的有关参数,即超过2km以上的隧道必须考虑设置宽2.5m、长$25 \sim 40 \mathrm{m}$的紧急停车带,间隔约为750m,见图2-4-1。

在区段范围内,隧道横断面加大,围岩相对稳定性降低,施工时应注意选择适当的开挖方法。

2. 铁路隧道避车洞

为了保证在隧道内工作的检查、维修人员能避让行驶中的列车,并存放必要的备用材料和停放小型维修机具,应在隧道全长范围内按一定间距设置避车洞。避车洞分为小避车

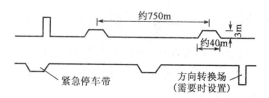

图 2-4-1　紧急停车带及方向转换场设置示意图

洞和大避车洞两种。专供洞内作业人员待避的称为小避车洞;既供洞内作业人员待避,又供停放、堆放一些必要的材料和线路维修小型机具的称为大避车洞。如图 2-4-2 所示为小避车洞。

《公路隧道设计规范》(JTG D70—2004)规定,大、小避车洞应在隧道全长范围内,在两侧边墙上交错设置。其间距以一侧计:对碎石道床每隔 300m,对整体道床每隔 420m 设大避车洞一处。不分道床种类,每隔 60m 设小避车洞一处。小避车洞的净空尺寸为宽 2m,凹入边墙 1m,上为拱形,中心高 2.2m。大避车洞净空尺寸宽为 4m,凹入边墙深 2.5m,上为拱形,中心高 2.8m。

一般来说,隧道长度在 300m 以下时,可以不设大避车洞。长度在 300～400m 范围内,可在隧道中央设一处大避车洞。如隧道邻近有农村市镇,或曲线半径不大、视距较短时,可以适当增加小避车洞。

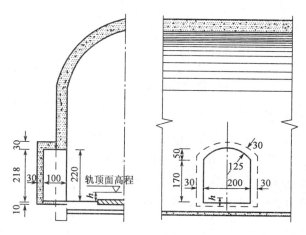

图 2-4-2　小避车洞(尺寸单位:cm)

由于避车洞的修建,使得衬砌构造变得复杂,所以,为保证避车洞部位隧道衬砌的整体性,使其受力良好,避车洞洞壁应采用同级混凝土与隧道衬砌同时浇筑。避车洞不宜设在衬砌的伸缩缝或沉降缝的断面上,也不宜设在衬砌断面变化的衔接处。避车洞的地面应与道床及侧水沟的盖板顶面等高齐平,以使维修人员及小车可以平顺进入。为便于人员在光线暗淡的隧道内易于寻找,得以迅速地奔向最近的避车洞,且可不跨越线路,在避车洞内及其周边应用石灰浆刷成白色,并在两侧距离为 10m 处的边墙上各绘一个白色的指向箭头,保证使避车洞的这些标志在运营期间鲜明醒目。

二、隧道防水设施

隧道防水设施分为模筑混凝土衬砌结构防水、塑料板防水、止水带防水、注浆堵水(超前预注浆、围岩注浆、衬砌背后注浆、衬砌内注浆)等,以结构防水为主,塑料板防水为辅,且塑料板防水是以结构防水为依托的。

1. 模筑混凝土衬砌防水

内层衬砌所采用的就地模筑混凝土本身就具有较好的防水性能,称为结构防水。但由于施工工艺的原因而存在施工缝,由于施工质量问题而存在混凝土不够密实时,其防水性能就会显著降低。在防水要求较高时,一般应采取改善施工质量、提高混凝土抗渗等级或增设塑料板辅助防水层的方法。在防冻要求较高时,还应结合防水要求设置保温隔热层,避免冰水冻融对衬砌结构的破坏。

2. 塑料板防水

塑料板辅助防水是指在内、外层衬砌之间敷设软聚氯乙烯薄膜、聚异丁烯片、聚乙烯片等防水卷材的辅助防水层措施。明洞衬砌结构则可在其外喷涂乳化沥青等防水剂作为防水层。塑料板辅助防水层可以很好地弥补结构防水的不足。塑料板厚度一般为1.2mm。

在喷层表面有凹凸不平时,须事先以砂浆敷面,做成找平层,使岩壁与防水层密贴。防水层接缝处,一般用热气焊接,或用电敏电阻焊接,亦可用适当的溶剂作熔解焊接,以保证其防水的质量。铺装好的防水板见图2-4-3。

图2-4-3 隧道内铺装好的防水板

3. 分区隔离防水

隧道穿越地层范围大,地下水的埋藏条件复杂,往往在同一座隧道中的不同区段,地下水的出露情况差异很大。目前隧道工程中多采用"分区隔离防排水技术",即在隧道长度方向将地下水分区隔离(技术),并针对富水地段,重点采取有效的防排水措施,以达到提高全隧道防水效果,降低防排水成本的目的。

4. 注浆堵水

采用超前小导管或超前长钢管将适宜的胶结材料压注到地层节理、裂隙、孔隙中,不仅可以加固围岩,同时也起到了堵水作用,更可以防止地下水大量流失,较好地保护地下水环境。在隧道内层衬砌施作完成后,若因内层衬砌混凝土质量等问题而产生渗漏,也可以向衬砌与围岩之间的缝隙压注胶结材料,以实现堵水。

5. 明洞防水

明洞建筑于露天空旷地区,一般有地表径流的影响,如不设法截拦、排走,容易引起冲刷坡面,产生坍塌或流入回填土体内部,浸泡回填料,增加明洞负荷。为了保证建筑物的安全稳定,规范规定明洞顶部应设置必要的截、排水系统。图2-4-4所示为明洞回填土表面隔水层示意图。

当衬砌背后有地下水来源时,在靠山侧边墙顶或边墙后应设置纵向和竖向盲沟,将水引至边墙进水孔,排入洞内排水沟。衬砌外缘应敷设外贴式防水层。隧道口及明洞顶截水沟的设置按中华人民共和国铁道部标准图《隧道防排水一般设计》(专隧02-1020-I)及《单线明洞衬砌标准图》(贰隧02-0047)执行。

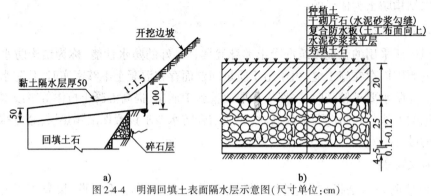

图 2-4-4 明洞回填土表面隔水层示意图(尺寸单位:cm)
a)黏土隔水层;b)复合隔水层

三、隧道排水设施

在隧道内,若经常有地下水渗漏进来,就会使得隧道内变得潮湿,路面湿滑,或使钢轨及扣件锈蚀,木枕腐烂,设备的使用寿命缩短。水量较大时,容易发生漏电事故和金属的电蚀现象。在严寒地区,冬季渗入洞内的水结成冰凌,倒挂在衬砌上,覆盖路面或轨面,侵入限界,将危及行车安全,增加养护维修费用。

在实际隧道工程中,尤其是在有压水地层条件下,很难做到完全堵住地下水。因此,适当排放地下水,降低水压,是避免地下水渗漏到隧道内的有效措施。

除了长度在100m以下,且长年干燥无水的地层以外,一般水文地质条件下的隧道均应设置排水设施,汇集、引流并将其排放到洞外。

隧道内主要排水设施有中心水沟(管)、纵向盲管、竖向盲管、环向盲管、边墙侧沟等。隧道内的主要排水设施有排水沟和泄水渡槽。

1. 盲沟(管)

盲沟(管)是在衬砌与围岩之间设置的汇水、过水通道。它主要用于引导较为集中的局部渗流水,可根据需要设置纵向或环向盲沟(管),但必须将水流引入衬砌墙脚的泄水孔中。

我国较为传统的盲沟有灌砂木盒、灌砂竹筒。因其加工、安装均较麻烦,且接头处易被混凝土阻塞,所以现在逐步被新型柔性盲管所替代。

柔性盲沟(管)通常由工厂加工制造。它具有现场安装方便,布置灵活,连接容易,接头不易被混凝土阻塞,过水效果良好,成本较低等优点。

目前使用较多的是弹簧软管盲沟和化学纤维渗滤布盲沟,其构造形式有以下几种:

(1)弹簧软管盲沟。这种盲沟一般是采用10号钢丝缠成直径5~8cm的圆柱形弹簧或采用硬质又具有弹性的塑料丝缠成半圆形弹簧,或带孔塑料管,以此作为过水通道的骨架,安装时,外覆塑料薄膜和铁窗纱从渗流水处开始沿环向铺设并接入泄水孔,见图2-4-5a)。

(2)化学纤维渗滤布盲沟。这种盲沟是以结构疏松的化学纤维布作为水的渗流通道,其单面有塑料敷膜,安装时使敷膜朝向混凝土一面,可以阻止水泥浆渗入滤布。这种渗滤布式盲沟质量轻,便于安装和连续加垫焊接,宽度和厚度也可以根据渗排水量的大小进行调整,是一种较理想的渗水盲沟,见图2-4-5b)。

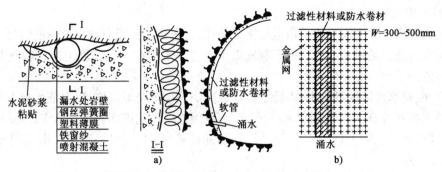

图 2-4-5 弹簧软管盲沟引排局部渗水、渗滤布盲沟汇集引排大面积渗水

2. 泄水孔

泄水孔是设于衬砌边墙下部的出水孔道,它将盲沟流来的水直接泄入隧道内的纵向排水沟,如图 2-4-6 所示。

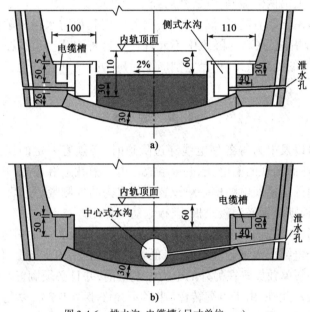

图 2-4-6 排水沟、电缆槽(尺寸单位:cm)
a)侧式水沟;b)中心式水沟

3. 排水沟(管)

隧道内纵向排水沟(管)有单侧、双侧、中心式三种形式,它是根据线路坡度、路面形式、水量大小等因素确定的,如图 2-4-6 所示。

侧式水沟设在线路的一侧或两侧。当为单侧时,应设在来水的一侧;如为曲线隧道,则应设在曲线内侧。双侧水沟隔一定距离应设一横向联络沟,以平衡两侧不均匀的流量。这种排水沟便于检查而不受行车的干扰,主要适用于公路隧道和多数铁路隧道。

中心式水沟设在线路中线的下方,或设在两线之间。中心式水沟的清理或检修必须在行车间隔时间内进行,不甚方便。其主要适用于采用整体道床的隧道中和双线隧道设有仰拱时,或者排水流量较大时。公路隧道一般不设置中心式水沟。

水沟总的过水断面大小,根据排水量的大小而定。一般底宽不应小于40cm,深度不小于35cm。为保持沟深不变,沟底纵向坡度宜与线路坡度一致。隧底填充面的横向排水坡不应小于2%,且不应大于3%。

隧道内纵向排水沟沟身均采用混凝土现地模筑,水沟上面设有预制的钢筋混凝土盖板,平时可作为人行道。盖板顶面应与避车洞底面平齐。排水沟在一定长度上应设检查井,以便随时清理残渣。

在严寒、高寒地区的隧道中,需特别设计保温隔热层等防冻设施,以保证水流不冻,防止因流水冻结而堵死沟身,或因结冰影响行车安全,或因冻融作用破坏衬砌。防冻设施一般是将水沟加深,并用轻质混凝土做成上、下两层,分别铺设盖板,上层用保温材料密实填充,厚度在30~70cm之间。

4. 渡槽

当隧道内层衬砌已施作完成,但有少量渗漏时,可在隧道衬砌的内表面,每隔一定的距离,开凿一道竖向的环形凹槽引排渗水。槽的大小依水量而定。槽内填以卵石,槽的外表面仍以混凝土封盖。环槽下端连接到预留的水管,通到侧排水沟。地下水从外方流到隧道衬砌的周边,便进入渡槽,自顶上沿两侧流到槽底,然后经水管排到边沟去。

渡槽排水方式多用于既有隧道,漏水较大,已无法用其他防水措施解决时,作为事后整治衬砌漏水病害的处理措施,在新建隧道中不允许使用这种方式。值得注意的是,渡槽引排渗水,虽然可以取得较好的处理效果,但是它削弱了衬砌的强度和整体性,处理不好还会进一步加剧渗漏。

四、电缆槽

照明、通信、信号以及电力等各种电缆穿过隧道时,必须有一定的保护措施,以防止因潮湿、腐烂以及人为破坏而出现的漏电、触电等事故。电缆槽就是沿着衬砌边墙下方设置的用于放置和保护各种电缆的沟槽。电缆槽一般设置在排水沟的外侧紧邻边墙脚的位置。电缆槽槽身为混凝土现浇,盖板则是钢筋混凝土板,盖板起防护作用。

电缆槽又分为通信电缆槽和电力电缆槽,二者必须分开设置。通信电缆或公路、铁路信号电缆可以放在同一个电缆槽内细砂垫层面上,也可以搁置在槽内支架上,但电缆间距应不小于100mm。电力电缆必须单独放置在另外的电力电缆槽内,并且必须搁置在槽内支架上,支架的间隔按设计要求安装。此外,由于电缆转弯(半径不允许小于1.2m,以免弯曲折断)和维修接续,电缆槽每隔一定长度,还应设置电缆余长腔。

资料五 通风设施的构造

隧道通风可分为施工期间的通风和运营期间的通风。施工期间的通风是临时性的,详见学习资料十。这里主要介绍运营通风设施的构造。

在运营期间,隧道内行驶的施工机械和汽车、火车,都会排出大量有害气体和烟尘,并散发出许多热量。这些有害气体和烟尘,主要是一氧化碳、二氧化碳、氮氧化物和可吸入颗粒物。如果地层中含有有毒有害气体,如天然气等,它就会从衬砌缝隙渗透出来。这些有毒有害气体,如果不能得到及时排出,长时间积聚起来,浓度就会越来越大,使隧道内的空气变得潮湿、闷热、污浊和缺氧,使过往机车、车辆的燃油发动机功效降低,人员呼吸困难,工作效率降低,健康受到威胁,洞内结构和设备也容易被腐蚀。

公路和铁路隧道设计规范都明确规定了隧道内空气的卫生标准:公路隧道一氧化碳含量

洞内工作室不超过24ppm,正常运营不超过150ppm,发生事故15min以内不超过250ppm;烟尘含量,高速公路和一、二级公路不超过$0.0075m^{-1}$,二、三、四级公路不超过$0.009m^{-1}$。铁路列车通过隧道15min以后,空气中的一氧化碳的浓度应在$30mg/m^3$以下,氮氧化物换算成一氧化碳的浓度应在$8mg/m^3$以下,气温不宜超过25℃。

要达到这一标准,除了减少汽车、火车的废气排放量、提高运行速度和降低洞内风阻以外,还应采取有效的通风换气措施,及时排除隧道内积聚的有毒有害气体,保持空气新鲜和适宜温度,保证隧道内行车安全,保证驾乘人员和洞内维修人员身体健康。

通风方式分为自然通风、机械通风和混合通风三种。我国公路和铁路系统总结了多年实践经验,并在隧道设计规范中规定了隧道通风方式选择的一般要求:

(1)单向行车公路隧道长度在500m以下,可不设置机械通风。

(2)铁路单线隧道,内燃机车牵引的长度在2km以上、电力机车牵引的长度在8km以上,宜设置机械通风。若行车密度较低、自然通风条件较好时,可适当放宽。

(3)双向行车的公路和铁路隧道应根据行车密度、自然条件等具体情况,确定需要设置机械通风的隧道长度,并选定适宜的通风方式。双向行车的公路隧道,当$L·N \geq 600$时,应设置机械通风或混合通风,当$L·N < 600$时,可用自然通风,内燃机车牵引的双线铁路隧道,当$L·N \geq 100$时,应设置机械通风或混合通风。其中,L为隧道长度(km),N为行车密度(对/d)。

一、自然通风

自然通风是利用洞口两端气压差在洞内形成的自然风流和汽车或列车运行所引起的活塞风流来达到通风换气的目的。它是一种简单而又节约能源的通风方式,在选择通风方式时,应优先考虑。利用自然通风的隧道,一般不需要增加通风设施。

自然通风是由隧道两个洞口的大气条件(气压、温度、风速等)和高差引起的压头差值所引起的,为保证和改善自然通风效果,一般应尽量将隧道设计成直线隧道和坡道,并将洞内衬砌表面做得平整光滑一些,以减少对风流的阻碍。

影响自然通风效果的因素很多,通风效果不稳定,目前还没有准确可靠的自然通风设计计算方法,故在实际应用中,仍然主要以实践经验为准,来确定是否需要采用更有效的通风方式。

二、机械通风

在长大隧道中,自然通风往往不能满足洞内空气质量要求,因此,需考虑采用更有效的机械通风。

机械通风是设置一系列通风机械,送入新鲜空气或吸出污浊空气,达到通风换气、保持洞内空气新鲜的目的。通风机械一般采用纵向轴流式通风机。轴流风机的出口风速可达30m/s左右,对隧道内空气的纵向流动可以起到"引射作用",故也称为射流通风。轴流风机的特点是体积小、风力大、风向可逆、设备费用低,但噪声大。

轴流风机的安装位置,通常是悬吊于拱顶部位,也有设置在侧墙部位的,一般都要占用隧道断面空间,因此在确定隧道净空时,必须考虑到风机的安装位置,保证风机不侵入建筑限界。轴流风机的纵向布置形式有两种,一种是将风机集中布置在洞口段,但由于风机离洞口较近,"短路"现象较明显,通风效率较低,故主要只适用于中长隧道。另一种是沿隧道纵向等距离布置,其间距宜在 100～150m 之间,每个设置断面上设 1～2 台风机,这种布置形式可以保证洞内风流均匀稳定,主要适用于长大隧道。

三、混 合 通 风

在长大隧道中,其形状也往往比较复杂,比如平面曲线、纵面人字坡。单一的自然通风或机械通风难以排除洞内污浊空气。此时可考虑在隧道中适当位置设置适当数量的竖井、斜井、横洞等辅助坑道作为通风道,并把风机安置在辅助坑道中,借助于辅助坑道的"负压作用"和风机的"引射作用",加大洞内空气流速和流量,排出污浊空气,保证空气新鲜,称为混合式通风,如图 2-5-1 所示。

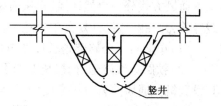

图 2-5-1　竖井、斜井式通风

实际应用中,由于行车方向的不同,以及汽车或火车行驶到不同位置时,隧道及辅助坑道内的空气流向会发生改变,致使通风换气功效降低。对此问题,应通过通风道位置的选择,风机功率、风压和流量的选择,以及风流方向控制来加以改善。

学习资料三　认识围岩的稳定性

学习目标

1. 认识:围岩的工程性质、岩体结构类型;
2. 理解:岩体强度特性、岩体变形特性、围岩破坏失稳形态;
3. 掌握:围岩稳定性分级及判定方法。

任务描述

回答下列问题(口头回答50%,书面回答50%):
1. 影响围岩稳定的因素有哪些?什么是自然成拱作用?
2. 岩体力学性质的影响因素有哪些?是如何影响的?
3. 岩体的力学性质反映在哪几个方面?
4. 何谓岩体的流变特性?何谓岩体的强度特性?
5. 岩体的结构分为哪几类?其破坏特征如何?
6. 岩体垂直应力一般特性有哪些?岩体水平应力一般特性有哪些?
7. 围岩的破坏失稳形态有哪几种?
8. 对围岩稳定性的定性解释有哪几个方面?
9. 围岩的稳定性分级的目的和原则是什么?
10. 《铁路隧道设计规范》(TB 10003—2005)和《公路隧道设计规范》(JTG D70—2004)将隧道围岩稳定性分为几级?《锚杆喷射混凝土支护技术规范》(GB 50086—2001)将隧道围岩稳定性分为几级?

学习引导

1. 观看施工录像2、听取PPT003讲解(见课程网站),学习本学习资料。
2. 建议采用旋转木马、搭档拼图、扩展小组、关键词标注、传话筒、引导文、三明治、交换答案等教学方法。
3. 建议学时:4学时。

资料一　概　　述

隧道是否稳定安全,与隧道周围一定范围内的岩体是否稳定有很大关系。要判断围岩是否稳定,就需要从认识围岩所处的地质环境条件入手,研究围岩的工程性质,分析影响围岩稳定的因素,研究这些因素是如何影响围岩稳定的,以及影响的程度大小。

一、成洞的三种情形及影响围岩稳定的因素

人们在长期的隧道工程实践中发现,在开挖隧道的过程中,围岩的表现无外乎三种情形:

有时不需要任何支撑就可以获得稳定的洞室;有时则需要加以支撑才能获得稳定的洞室;有时由于支撑不及时或不足而导致围岩坍塌。

显然,从安全和经济的角度考虑,以上第一种情形是我们所希望的;第二种情形是经常要做的;第三种情形则是要尽可能避免发生的。然而,在实际隧道工程中,究竟会出现哪种情况是受多种因素影响的。这些影响因素归纳起来有以下三个方面:

(1)围岩工程地质条件:主要是指围岩所处的原始应力状态;围岩的破碎程度和结构特征;围岩的强度特性和变形特性;地下水的作用等条件。

(2)隧道工程结构条件:主要是指隧道所处的位置;隧道的形状(尤其是顶部形状);隧道的大小(跨度和高度)等条件。

(3)隧道工程施工条件:主要是指施工方法(即对围岩的扰动程度);施工速度(即围岩的暴露时间);支护的施作时间(即其发挥作用的时机);支护的力学性能及其与围岩的接触状态。

二、围岩与岩体的区别

1. 围岩

前已述及,围岩指隧道周围一定范围内,对隧道稳定有影响的那部分岩体。也可表述为:隧道周围一定范围内,受隧道工程施工和车辆荷载影响的那部分岩体。

围岩范围的大小应视具体的工程条件即前述三类影响因素的影响程度而定。显然,围岩的内边界就是坑道的外周边。从工程应用和力学分析的角度来看,围岩的外边界应划在因隧道施工引起应力变化和位移小到可以忽略不计的地方。但从区域地质构造的角度来看,围岩的范围则大一些。岩体力学应用弹塑性理论的分析方法,已经可以给出简化条件下围岩的范围大小和形状(定量数值—半径),它对隧道工程设计和施工有着重要的指导意义。

2. 岩体

岩体是在漫长的地质历史中,经过造岩、构造变形和次生蜕变而成的地质体。它被许多不同方向、不同规模、不同性质的地质界面切割成大小不等、形状各异的块体。工程地质学中将这些地质界面称之为结构面,将这些块体称之为结构体,并将岩体看作是由结构面、结构体及填充物组成的具有结构特征的地质体。在日常生活中,人们所说的岩石通常是指结构体,是岩体的组成部分。

3. 围岩与岩体的区别

由于在地层中开挖隧道,因此将地层岩体划分为三部分:第一部分是隧道范围内将被挖除的岩体,第二部分是围岩,第三部分是围岩以外的原状岩体。围岩是岩体,但岩体不一定是围岩。

对于隧道范围内要被挖除的那部分岩体,主要研究其挖除的难易程度和开挖方式。对于围岩,主要研究其稳定能力、稳定影响因素,以及为保持围岩稳定所需要的支护、加固措施等。相比较之下,围岩是否稳定比隧道范围内的岩体是否易于挖除更为重要。因此,人们对围岩的研究更为深入和细致。对于围岩以外的原状岩体,因其与隧道工程无直接关系,一般不予研究,但当其与隧道工程有地质关联时,也应作相应研究。

资料二 岩体的工程性质

一、岩体工程性质的影响因素

岩体的工程性质主要包括变形特性、强度特性和结构特征三个方面。

实践和研究表明:岩体的工程力学性质如何,不仅受其自身变形特性、强度特性的影响,以及受地应力、地下水等地质环境因素的影响,更主要受其自身结构特征的影响。实际隧道工程中的岩体工程力学性质都必然是诸多因素综合作用的结果。

从对岩体的变形特性、强度特性和结构特征的分析研究可知:岩体既不是简单的弹性体,也不是简单的塑性体,而是较为复杂的弹塑性体。整体性较好的岩体,其力学性质较接近弹性体;破碎及松散岩体,其力学性质则偏向于塑性体。具体表现在以下几点:

(1)岩体的变形特性既不同于岩石(结构体),也不同于结构面,而是呈现为"四个阶段"。

(2)岩体的变形都不是瞬间完成的,而是表现为或强或弱的"流变特性"。

(3)岩体的抗压强度比岩石的抗压强度低得多,且具有明显的"各向异性"。

(4)岩体的抗剪强度主要受岩体内结构面的性质和形态所控制。

(5)岩体的结构特征对其力学性质有着重要影响,继而影响着岩体的破坏形态。

二、岩体的变形特性

1. 岩体的受拉变形特性

岩体受拉后,立即沿结构面发生断裂或脱离,表现为抗拉能力很低或者根本没有抗拉能力。这种特性显然不能为工程所应用,故不必过多研究,但它对工程是有害的,因此应极力避免应用。

2. 岩体的受压变形特性

岩体的受压变形特性,可以用它在受压时的应力—应变关系曲线来说明。图3-2-1是岩体在单轴受压时的典型全应力—应变曲线。作为比较研究,同时也给出了岩石、软弱结构面在单轴受压时的典型全应力—应变曲线。

从图3-2-1中可以看出:在受压条件下,岩石的应力—应变呈较明显的线性关系,说明它是以弹性变形为主。软弱结构面的应力—应变呈较单调的非线性关系,说明它是以塑性变形为主。而岩体的应力—应变关系就要复杂得多。岩体的典型全应力—应变曲线可以分为以下四个阶段。

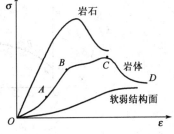

图3-2-1 典型应力—应变曲线

(1)压密阶段(OA)。在受压作用初期,压力不大,岩体变形主要表现为结构面的闭合和填充物的压缩,称为压密阶段。其应力—应变关系呈凹状非线性曲线,变形模量小,总压缩量的大小取决于结构面的性质和形态。

(2)弹性阶段(AB)。随着压力的增长,并充分压密后,岩体中结构体受压,岩体变形主要表现为结构体的弹性变形,称为弹性阶段。其应力—应变呈线性关系,变形模量大,总的弹性压缩量是岩体的结构面和结构体共同变形产生的。

(3)塑性阶段(BC)。压力继续增长,并超过其弹性强度极限后,岩体便出现强度破坏,岩体变形主要表现为塑性变形,进入塑性阶段,但并不立即丧失抗压能力。此时,岩体的塑性变形受结构面和结构体的变形特性共同影响。但整体性好的岩体在出现强度破坏后,产生的塑性变形不大，延展性并不明显。而整体性较差的破碎岩体在出现强度破坏后，产生的塑性变形较大，延展性很明显，有的甚至不经过弹性阶段，从压密阶段直接发展到塑性阶段。

(4)破坏阶段（CD）。岩体出现强度破坏后，并不立即丧失抗压能力，即仍然有一定的承载能力，表现为破裂面的逐步发展。但当压力达到峰值后，岩体抗压能力迅速下降，表现为破裂面的迅速发展，岩体全面崩溃，形成整体破坏。

从岩体的典型全应力—应变分析可知，岩体既不是简单的弹性体，也不是简单的塑性体，而是较为复杂的弹塑性体。整体性较好的岩体，其受压变形特性较接近弹性体；破碎及松散岩体，其受压变形特性则偏向于塑性体。

一般情况下，建筑物施加于岩体的荷载远远达不到岩体的极限抗压强度值，往往是岩体的变形成为工程设计的控制因素。因此，工程中常用岩体的变形模量（E）来表示岩体的应力—应变特性。它是岩体工程力学性质的重要指标之一。

3. 岩体的受剪变形特性

岩体受剪时的变形特性主要受结构面控制。根据结构体和结构面的具体性质和形态，岩体的受剪变形表现为三种方式：

(1)结构体不参与作用，沿结构面滑动。此时，结构面的变形特性即为岩体的变形特性，易于变形。

(2)结构面不参与作用，沿结构体断裂。此时，结构体的变形特性起主导作用，变形发展不显著。

(3)在结构面的影响下，结构体被剪断。此时，岩体的变形特性介于上述两者之间。

实践和研究还发现，无论是受压还是受剪，岩体的变形都不是瞬间完成的，而是随着时间的增长逐渐达到最终值的。岩体变形的这种时间效应，称之为岩体的"流变特性"。

岩体的流变特性包括两个方面：一方面是指作用的应力不变而应变随时间增长，即所谓"蠕变"；另一方面是指应变不变而应力随时间降低，即所谓"松弛"。如图3-2-2所示。

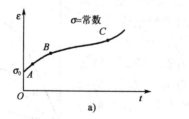
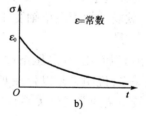

图 3-2-2 岩体的蠕变和松弛
a)蠕变曲线；b)松弛曲线

具有流变特性的岩体大致有两类：一类是极度软弱破碎的岩体（包括软硬互存的层状岩体），另一类是含有大量泥质软弱填充物的一般破碎岩体。而整体状、块状和坚硬的层状岩体，其流变性并不明显。但是，当这些岩体中有软弱结构面时，其流变性增强，有时对岩体的整体稳定起控制作用。

在隧道工程设计和施工中，对于具有较强流变性的岩体，必须慎重对待，认真研究解决方案和处理措施。例如，成渝铁路复线上的金家岩隧道，埋深120m，围岩为泥岩。开挖后，围岩基本上是稳定的，并及时进行了初期支护（喷混凝土 d20cm，锚杆 ϕ22mm，长2.5～3.0m，钢筋网为环向 ϕ12mm，纵向 ϕ6mm，网格 0.2m×0.2m）。但在初期支护施作后的第250天，拱顶下沉达40.2cm，侵入建筑限界，只好扩挖重做。同样地，兰新复线乌鞘岭隧道（单线）也出现大变性,改用 6m 超长锚杆,并加密安装才得以控制。

三、岩体的强度特性

1. 岩体的抗压强度

岩体的受压破坏机理与岩石的受压破坏机理有较大的差异。前者是受宏观的结构面所控制,而后者是受岩石内部的微裂隙所控制。岩体的抗压强度特性表现为以下两个方面。

(1) 岩体的抗压强度比岩石的抗压强度低得多。一般情况下,岩体的抗压强度只有岩石的 70%~80%。结构面发育的岩体,其抗压强度仅为岩石的 5%~10%。只有当岩体的结构面规模较小,结合力很强时,其抗压强度才能与岩石的抗压强度相接近。

(2) 岩体的抗压强度具有明显的各向异性。例如,志留纪层状泥岩的单轴抗压试验表明:岩体的抗压强度不仅因层面倾角的增大而降低,而且其破坏形式也发生变化。倾角大于 50°时,为层间剪切破坏;小于 32°时,为轴向劈裂破坏;介于 32°~45°时,为混合形式破坏,如图 3-2-3 所示。

2. 岩体的抗剪强度

与其抗压强度一样,岩体的抗剪强度也是主要受岩体内结构面的性质和形态所控制,即结构面的产状、分布、规模、密集程度、空间组合形式和表面形态,以及填充物的性质和充填状况含水情况等,均直接而显著地影响着岩体的抗剪强度。此外,国内若干工程中,关于岩体强度的试验结果还表明,岩体的岩性、构造、风化程度、含水性等因素对岩体的抗剪强度也有一定的影响。

(1) 当剪切力使得岩体主要沿结构面滑移时,岩体表现为塑性破坏,其抗剪强度较低。

(2) 当剪切力使得岩体主要沿结构体剪断时,岩体表现为脆性破坏,其抗剪强度较高。

(3) 当剪切力使得岩体既有沿结构面滑移,又有沿结构体剪断时,其抗剪强度介于上述两者之间,如图 3-2-4 所示。

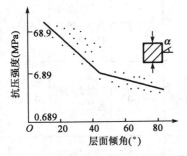
图 3-2-3 岩体的抗压强度与层面倾角的关系

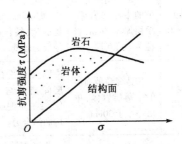
图 3-2-4 岩体、岩石、结构面的抗剪强度包络线

四、岩体的结构特征及其分类

1. 岩体的结构特征

岩体的结构特征是指结构体、结构面及填充物的特征总和,具体包括结构体的形状、大小,结构面的产状、分布、规模、密集程度、空间组合形式和表面形态,填充物的性质和充填状况、含水情况等。

不同结构类型的岩体,其工程力学性质表现不同,破坏形态也不同。因此,明确区分岩体的结构类型,是认识岩体的工程力学性质表现和破坏形态的关键。

2. 岩体的结构分类

根据以上分析可知,岩体的结构特征,尤其是结构面的特征,对岩体的工程力学性能有着重要影响,继而影响着岩体的破坏形态。因此,工程地质学中,以结构面的特征为主要分类指标,并考虑结构体的特征、水文地质特征、地质背景条件(地质成因)等因素的影响,将岩体结构分为四大类型,见图 3-2-5 及表 3-2-1。

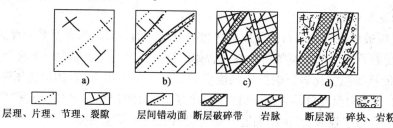

图 3-2-5 岩体的结构类型
a)整体块状;b)层状;c)碎裂;d)散体

中国科学院地质所岩体的结构分类表   表 3-2-1

结构分类		地质背景	主要结构面特征				结构体特征		水文地质特征
大类	亚类		地质特征	$\tan\varphi$ 值	组数	间距(cm)	形状与大小	σ_c(MPa)	
整体块状结构	整体结构	构造变动轻微的巨厚层与大型岩体,岩性均一	主要是节理,延展性差,紧闭,粗糙,结构面间连接力强	≥0.6	<2	>100	巨大块状	>60	含水很少
	块状结构	构造变动中等以下的厚层与大型岩体,岩性均一	主要是节理,多闭合,少量充填,结构面间有一定联结力	0.4~0.6	3	100~50	较大块柱状与菱形体	>30	沿裂隙有水
层状结构	层状结构	构造变动中等以下的中厚层岩体,单层厚>30cm,岩性单一或互层	以层、片、面为主,带层间错动面,延展远,结构面间结合力较低	0.9~0.5	2~3	50~10	较大的厚板状,块状柱状体	>30	多层水文地质结构,水动力条件复杂
	板状结构	构造变动稍强烈的中薄层岩体,单层厚小于30cm	层、片理发育,具层间错动与小断层,多充填泥质,结构面结合力差	0.3	2~3	<30	较大的薄板状	30~20	多层水文地质结构,水动力条件复杂
碎裂结构	镶嵌结构	压碎岩带	节理裂隙发育,但延展性差;结构面粗糙,闭合且充填少,彼此穿插切割	0.4~0.6	>3	几~几十	大小不一,形状多样,多具棱角	>80	为统一含水体,但透水性与富水性不强
	层状碎裂结构	软硬相间,完整性较好,与破碎带相间等,前者为骨架,后者为松软带	主要结构面大致平行,骨架内具裂隙	0.2~0.4	>3	<100	骨架中呈块状,松软带中呈块状、岩粉与泥状	30	层状水文地质结构,松软带为隔水体,骨架为含水体
	碎裂结构	构造变动强烈,岩性复杂,具有明显风化	小断层与节理裂隙发育,多充填泥质,结构面平整,彼此切割得支离破碎	0.2~0.4	>4~5	<50	呈碎块状,形状多样	<20~30	为统一含水体,地下水作用活跃

续上表

结构分类		地质背景	主要结构面特征				结构体特征		水文地质特征
大类	亚类		地质特征	tanφ值	组数	间距(cm)	形状与大小	σ_c(MPa)	
散体结构		构造变动最强烈的断层破碎带,岩浆侵入破碎带,剧烈风化带	节理裂隙极多,分布杂乱无章,岩体呈松散土体状		无数	很小	碎块,岩粉与泥状	接近土体	起隔水作用,其两侧富水

注:φ-结构面内摩擦角;σ_c-饱和单轴抗压强度。

五、岩体的破坏形态

由于岩体的结构特征对其工程力学性能有着重要影响,继而影响着岩体的破坏形态。因此,研究并认识不同结构特征岩体的破坏形态,以及岩体的变形规律和应力传播规律,对于理解在隧道工程中开挖坑道后围岩可能发生的破坏失稳形态和防止围岩破坏失稳有着重要的指导意义。

实践和研究表明,岩体的破坏形态有以下三种类型:

(1)整体和巨块结构的岩体,其变形主要是结构体的变形,其重要特征是横向应变与纵向应变之比小于0.5。破坏前的变形是连续的,在低围压作用下多为脆性破坏,高围压时多为塑性剪切破坏。应力传播遵循连续介质中的应力传播规律,具有较好的连续性。

(2)块状和层状结构的岩体,其变形主要是结构面的变形。故其变形特性一般不用变形模量E而用刚度系数G来表示。岩体的破坏则是沿软弱结构面滑动,应力传播具有明显的不连续性。

(3)碎裂和散体结构的岩体,其变形,开始是将裂隙或孔隙压密,随后是结构体变形,并伴随有结构面错动、张开。破坏形式主要为剪切破裂和塑性变形。应力传播与岩体结构特征关系十分密切,并具有不连续性。但这种不连续性是有限的,随着应力的提高很快就消失,随之转化为连续的。

资料三 岩体的原始应力状态

工程实践和研究表明,地层中任何一点的岩体都受到"应力"的作用,即岩体肯定总是存在于一定的"应力状态"之中。工程中,将岩体存在的应力状态称为"应力场";而将存在于应力场中的岩体称为"应力岩体"。

在隧道工程施工过程中,开挖坑道前,围岩处于相对稳定和平衡状态之中,称为"原始应力状态"。开挖坑道后,围岩在开挖边界处的部分约束被解除了,失去了原有的平衡。其结果是围岩产生应力状态的改变,并主要表现为围岩的"松弛"和向着坑道方向的"位移"。这种松弛和位移是由于岩体"卸载"而发生回弹变形引起的。

不难看出,在开挖坑道后,围岩出现的松弛和位移、甚至坍塌破坏等现象,虽然与岩体的力学性质有关,但究其原因,则与岩体的原始应力状态有着更为密切的关系,都是岩体的原始应力存在和作用的表现和结果。因此,研究岩体原始应力状态对围岩稳定性的影响是十分必要的,也应当予以充分重视。

一、岩体原始应力的组成及其基本特征

岩体是自然天成之物,无不经历了漫长的形成(造化)过程。因此,其造化过程和产物(地质体)必然受到地球引力、地壳构造运动、温度变化、岩体变质等各种因素的作用和影响。如岩体原始应力场即是各种因素综合作用和影响的结果。

研究表明,岩体原始应力主要是自重应力和构造应力的共同作用,即自重应力场和构造应力场的叠加。虽然,由于岩体力学性质的多面性和地壳构造运动的多样性,使得岩体原始应力场的叠加尤其复杂,但我们仍然可以通过现场实测和理论分析来认识岩体原始应力场的变化规律。

国内外对 0~3 000m 深度范围内岩体的原始应力的实测资料表明,岩体的原始应力随深度的增加而增大。这是岩体原始应力分布状态的基本规律。

为了进一步研究岩体原始应力在各个方向的分布规律,我们将岩体单元所受应力分解为垂直(z)和水平(x,y)三个方向的分量,并将压应力取为正,如图 3-3-1 所示。

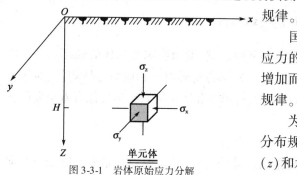

图 3-3-1 岩体原始应力分解

二、垂 直 应 力

岩体垂直应力随深度的增加而增大,并且主要表现为自重压应力。垂直压应力的大小可以按弹性理论的几个假设条件进行近似计算,即大致等于上覆岩体的重力(按平均重度计算),其表达式为:

$$Z = \gamma H = 0.27H \quad (\text{MPa}) \tag{3-3-1}$$

根据我国对深度在几米至 500m(大多数在 100~200m)范围内的岩体的实测资料显示:垂直应力的实测值相对于平均值线的分散度在 5% 以内。其中,垂直应力在 $(0.8~1.2)\gamma H$ 的测点仅占 13.7%,这些点主要处在未经过强烈构造运动,岩层产状比较平缓的地层中;小于 $0.8\gamma H$ 的测点占 17.3%;而大于 $1.2\gamma H$ 的测点占 69%。也有个别地点的实测值超出 γH 的 0.5~2.0 倍,甚至几十倍,这些点主要处在构造运动强烈、岩层产状复杂的地层中。

以上实测资料与近似计算的比较分析表明:垂直应力的大小不一定能用 γH 来计算。或者说,近似计算不能很准确地反映实际的垂直应力,而只能作为一般条件下的近似参考。

我国《铁路隧道设计规范》(TB 10003—2005)通过统计分析实际隧道工程中的塌方高度,得到了围岩垂直匀布作用为:

$$q_k = \gamma_k \cdot h \tag{3-3-2}$$

$$h = 0.410\,631 \times 1.840\,9^S \quad (\text{MPa}) \tag{3-3-3}$$

式中:q_k——垂直匀布围岩压力标准值,kN/m;

γ_k——围岩重度标准值,kN/m³;

h——围岩塌方高度计算标准值,m;

S——围岩级别,如 Ⅲ 及围岩,$S = 3$。

其他参见《铁路隧道设计规范》(TB 10003—2005)条款说明 4.2。

三、水 平 应 力

岩体水平应力随深度的增加而增大,并且主要表现为自重应力引起的水平分量与构造应力引起的水平分量的叠加。图 3-3-2 是我国国土范围内最大水平主应力的方向与区域地质构造分布关系图。由于有构造应力的作用和影响,使得岩体原始应力的水平分量具有以下几个特征:

图 3-3-2 我国国土范围内最大水平主应力的方向与区域地质构造分布关系

(1) 水平应力有明显的区域性。从国内外实测资料来看,大部分地区的地层属一般构造应力区,有少数地区属低构造应力区。

对深度 H 在 100~200m 范围内岩体的原始应力,按照水平应力的大小进行划分,可分为三个等级:高构造应力区,水平应力大于 15MPa,相当于大于 $3\gamma H$ 的情况;一般构造应力区,水平应力在 5~15MPa 之间,相当于在 γH~$3\gamma H$ 之间的情况;低构造应力区,水平应力小于 5MPa,相当于小于 γH 的情况。

(2) 水平应力有强烈的方向性。水平应力多数是以一个方向的主应力占优势,很少有相等的情况,这表明现代构造应力是水平应力的主要成分。

(3) 水平应力大多数为压应力,且随深度的增加而增大。有资料将水平应力的大小表示为:

$$100/(H+0.3) < 水平应力/垂直应力 < 1500/(H+0.5) \tag{3-3-4}$$

实测资料还显示,水平应力在深度方向上的变化情况是:多数地区,H 小于 500m 时,水平应力大于垂直应力;H 大于 1000m 时,水平应力逐渐趋向于与垂直应力相等。但是在单薄山体、谷坡附近,及未受构造变形和现代构造运动作用的岩体中,也会出现水平应力小于垂直应力,或最大水平应力亦小于垂直应力的情况,甚至可能有水平应力等于 0 的情况。

资料四　围岩的应力历程及稳定性分析

一、围岩的应力历程

开挖坑道前,围岩处于相对应力平衡和稳定状态之中。这种状态是"原始应力状态",我们将原始应力状态称为"一次应力场"。

开挖坑道后,围岩在开挖边界处的部分约束被解除了,其结果是围岩失去原有的应力平衡,产生应力状态的改变,并逐渐形成新的应力状态。我们将这种应力状态的改变称为"应力重分布",将改变过程中的应力状态称为"二次应力场"。

开挖坑道后,无论是围岩自己稳定,还是在人工支护结构的帮助下获得稳定,都是不同于原始应力状态的另一种新的应力平衡和稳定状态。我们将这种符合工程目的的新的应力状态称为"三次应力场"。

由上可知,围岩的"应力历程"就是指在隧道施工过程中,应力岩体从一次应力场经历二次应力场,到达三次应力场这样一个应力状态改变的过程。

应当指出的是,一次应力场是客观存在的原始状态和自然条件;三次应力场是人们出于工程目的和希望得到的结果;二次应力场则是围岩从原始的应力平衡和稳定状态,进入到另一种新的应力平衡和稳定状态所必须经历的变化状态。

如果围岩的二次应力场是应力平衡和稳定的,表明围岩具有足够的自我稳定能力,隧道工程的工作也就简便得多,这当然是人们所希望的。因为从效用上讲,既然围岩已达到稳定,也就没有必要去理会其应力的大小和变形量的多少,剩下的就是考虑如何增加安全度、构造和美观等方面的问题了。

如果围岩的二次应力场是不平衡和不稳定的,表明围岩的自我稳定能力不足,必须提供有效的人工支护,以帮助围岩获得新的应力平衡和稳定。这也意味着人们需要付出更多的时间和精力,来研究其不平衡和不稳定的程度及发展趋势,进而研究提供人工支护的有效性等一系列问题。尽管这是人们所不希望的,但在实际的隧道工程中,人们经常要遇到并面对这种情况。

因此,不仅应当在实践中认识、总结和分析:哪些围岩是稳定的或不够稳定的,不稳定围岩的失稳形态如何,哪些因素会影响和如何影响围岩的稳定等问题,而且应当在理论上对这些工程现象和工程措施作出切合实际的工程力学解释,并找到解决问题的方法和措施。

二、围岩的破坏失稳形态

根据长期的工程实践观察,开挖坑道后围岩发生的破坏失稳大致有以下五种表现形态,见图3-4-1。当然,实际工程中往往因各种因素的影响,使围岩破坏失稳的形态要复杂得多。

1. 脆性破坏

整体状和巨块状岩体,其结构完整,岩质坚硬,在一般工程开挖条件下,大多表现出很强的稳定能力,仅偶尔产生局部掉块。当地应力很高时,则可能发生坑道周边岩石呈大小不等的碎片状射出,并伴有响声,工程中将这种现象成为"岩爆"。岩爆属于脆性破坏。如图3-4-1a)所示。

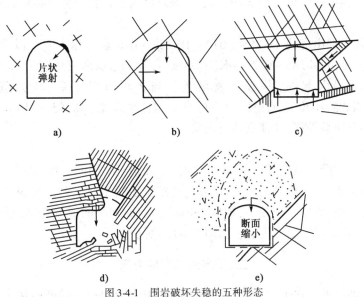

图 3-4-1 围岩破坏失稳的五种形态

a)脆性破坏;b)块状运动;c)弯曲折断;d)松动解脱;e)塑性变形

例如,西康铁路秦岭隧道Ⅱ线平导,DK72+484,埋深1200m,围岩属于Ⅰ级混合片麻岩,曾发生过多次大大小小的岩爆,并砸坏凿岩台车的钻臂。

2. 块状运动

块状或层状岩体,受少数结构面切割,其块间或层间结合力较弱,在二次应力作用甚至在自重应力作用下,有向坑道方向运动的趋势。有时可能逐渐形成块体滑动、转动,以及块体挤出、塌落、倾倒等失稳现象。塌落的往往只是局部,其规模一般不会太大。如图3-4-1b)所示。

例如,大秦线摩天岭隧道,围岩属Ⅱ级花岗岩,某里程坑道顶曾突然掉落约20m³的大石块,造成人员伤亡。若作用于支护或衬砌,则产生巨大的集中荷载。

3. 弯曲折断

层状岩体,尤其是有软弱夹层的互层岩体,结构面较发育,层间结合力差,易于错动,抗弯折性能较低。洞顶岩体受自重应力作用易产生下沉弯曲,进而张裂、折断,形成塌落;边墙岩体在侧向水平应力作用下向坑道方向变形挤入甚至滑塌。若作用于衬砌,则产生较大的不均匀荷载,荷载的不均匀性与岩层的产状有关。围岩塌落或滑塌的形态不仅与岩层的产状、层厚及互层组合形式有关,也与二次应力的作用有关,而且其规模一般比块状运动失稳的规模要大一些,尤其是顺层开挖时。如图3-4-1c)所示。

例如,西延线云南河隧道,某里程,围岩属Ⅲ级泥质板岩,曾因前方开挖面的爆破震动,坑道顶部突然塌落2m×1.5m×0.5m的层状岩块,轻伤一人。

4. 松动解脱

碎裂结构或散体结构的岩体,破碎严重,结构松散,甚至呈粉状或泥土状。表现为随挖随塌,或不挖自塌,怕扰动,灵敏度很高,几乎没有空间效应,基本不能自稳。即使利用初期支护使其勉强不坍塌,但其塑性变形也长时间不能停止,具有很强的流变性。

若不能对其变形加以及时控制或控制不当,则很可能由于变形积累拱顶下沉、边墙挤入、底鼓、洞径缩小,甚至塌方。在有压地下水作用下,还会造成流沙、突泥。工程中一旦发生这类失稳,其规模之大,有时甚至波及地表,造成山体开裂或塌陷洞穴,如图3-4-1d)所示。在隧道工程历史上,此种类型的失稳是很多的,而且处理难度大,人力、资金、材料、时间的消耗和浪费巨大。

例如,大秦线军都山隧道 DK285+070～DK285+096 段大塌方。该段围岩属 V 级黏砂土,无水。大塌方是由 DK285+072～DK285+092 段左侧边墙部位开挖后,支护不及时且不充分而发生局部坍塌引起的,并很快发展到拱部。塌方发生后,较大范围受到影响,DK285+032～DK285+070 段喷射混凝土层有开裂掉块现象;DK285+110～DK285+115 段右侧钢拱架下部有明显外移,并伴有掉石现象。

5. 塑性变形

岩体极度发育并严重风化,但有一定胶结时,呈硬塑至软塑泥土状,其强度较低,表现为有一定空间效应和膨胀性,对扰动的灵敏度不高,开挖坑道后不至于产生大规模坍塌,但其塑性变形长时间不能停止,致使洞径缩小,即"大变形"。前面列举的成渝铁路复线上的金家岩隧道,就属于此种性质的塑性变形失稳。如图 3-4-1e)所示。

三、围岩的二次应力场

虽然在实际的隧道工程中,开挖坑道后,不同的围岩表现出不同的破坏失稳形态,但无论何种形态的破坏或失稳都必然是力的存在和作用的结果,即围岩原始应力重分布的结果。因此,有必要运用土力学,尤其是现代岩体力学的方法,从理论上进一步深入研究围岩二次应力场,认识围岩在二次应力作用下的动态变化规律。这种研究和认识,不仅仅是对工程现象的理论解释,而且是支护设计和隧道施工的指导原则。

围岩二次应力场的研究,是应用莫尔—库仑理论及弹塑性理论研究方法,在一定的假设条件下,建立力学模型——无限平面中的轴对称孔洞问题,并将支护视为孔洞的边界,推导出几种典型原始应力条件下围岩的二次应力分布状态和变形状态的表达式,并指出围岩的塑性应力区、弹性应力区及原始应力区的形状和范围。

由此不难看出,现代隧道工程的设计和施工主要应针对如何控制围岩塑性区的发展来进行。有关隧道岩土力学的研究方法和内容,参见《隧道结构设计》(李志业主编,西南交通大学出版社)、《隧道力学概论》(关宝树主编)和《新奥法》(白井庆治(日)著铁道部西南研究所出版)等。

四、围岩稳定性分析

围岩二次应力及其强度特性(能力)、变形特性(能力)和结构特征(能力)都是客观存在的。开挖坑道后,围岩稳定与否,是围岩自身能力与外界影响因素相互作用的结果。

由于相互作用的复杂性,使得我们对于开挖坑道后围岩是否稳定这样一个问题,目前还没有从理论上建立起一个具体的判别方法或定量指标。但根据实践经验和理论分析,还是能够对围岩的稳定性(能力)作出一些定性的解释和判断,这对于隧道工程的设计和施工,无疑是有一定指导意义的。对围岩的稳定性的定性解释和判断有以下五个方面。

1. 二次应力对围岩稳定状态的影响

实践和研究表明,当围岩的二次应力超过岩体的强度时,就能造成岩体的破坏,随之围岩出现塑性变形和位移,但隧道围岩是高次超静定结构,有限的变形和位移并不一定导致围岩坍塌失稳。可见,二次应力的作用是围岩变形和位移的原因,而围岩的变形和位移是二次应力作用的结果和岩体强度破坏的外在表现。岩体的"强度破坏和有限的变形",只是围岩坍塌失稳的"必要条件"。

2. 二次应变对围岩稳定状态的影响

实践和研究表明,岩体强度破坏造成的有限变形,并不一定会导致围岩的坍塌失稳,而只是围岩坍塌失稳的前兆。除非渐进的强度破坏引起的变形积累超过其变形能力,才会导致围岩的坍塌失稳。因此,"变形过度"才是围岩坍塌失稳的"充分条件"。

一些隧道在施工中,发生不同规模的围岩坍塌失稳,正是对变形积累没有加以有效控制的结果。因此,对于流变性岩体,尤其是流变性很强的岩体,在施工中要特别注意及时量测和掌握其变形动态,并对其变形量和变形速度加以及时、有效控制,以保证围岩的稳定与安全。

3. 局部破坏对围岩稳定状态的影响

工程实践表明,整体性较好的围岩,其空间效应较好,可能因各种因素的影响而使局部岩块塌落,但一般不会导致围岩整体坍塌失稳。镶嵌结构的块状围岩,其空间效应的可变性较强,常常由于"关键岩块"的塌落,带动邻近岩块塌落,并迅速发展为围岩整体失稳。有一定空间效应的散体结构围岩,虽然会产生比较大的变形,并长时间不能停止,但却可以保持较长一段时间不坍塌。只有完全没有空间效应的散体结构围岩,才会表现为随挖随塌,或不挖自塌,基本不能自稳。

围岩的局部稳定性与整体稳定性的关系,并不是单纯的必然关系,而是受多重因素共同作用的极其复杂的关系。开挖坑道后,围岩是否稳定,不仅取决于围岩二次应力作用与强度、变形能力和结构特征的比较,更受到隧道工程结构条件和施工条件等多方面因素的影响。只有当岩体的"强度破坏"造成的"局部塑性变形"发展为"整体变形过度",才会导致围岩整体失稳。由此看来,在一定的工程结构条件下和一定的施工条件下,岩体的"强度破坏和整体变形过度"才是围岩整体坍塌失稳的"充要条件"。

4. 结构条件对围岩稳定状态的影响

隧道结构条件对围岩稳定性的影响,主要表现在坑道横断面的形状和大小两个方面。

(1)坑道横断面形状与围岩稳定性的关系。

坑道横断面形状(尤其是顶部形状)与围岩稳定性的关系,可以用围岩的"自然成拱作用"来解释,即自然界地层中的天然洞室,其顶部形状都趋向于形成穹隆形(拱形)。工程实际中,为了符合自然成拱条件,一般将坑道横断面设计为"马蹄形"。当水平应力不大时,坑道横断面两侧可简化为直边墙。当坑道底部无上臌力时,坑道横断面底部可简化为直底板。

(2)坑道横断面大小与围岩的稳定性的关系。

坑道横断面大小与围岩的稳定性的关系,可以用"围岩的相对稳定性"来解释,即坑道横断面越大,围岩的相对稳定性越低;反之,则相对稳定性提高。工程实际中,主要是用开挖方法即开挖成型方法来解决和协调这一关系的。

5. 施工条件对围岩稳定状态的影响

在对隧道围岩进行稳定性分析时,为了方便而对其所处的建筑环境条件作了一些简化,且基本上没有考虑施工方法和施工过程(时间因素)的影响。然而,实际的隧道围岩所处的建筑环境条件要比假定的条件复杂得多,而且施工方法和施工过程的影响也是客观存在和不可避免的。

因此,在进行隧道围岩稳定性分析时,不仅要尽可能使假设条件与围岩所处的建筑环境条件相接近、与围岩的力学特性相接近、与围岩的原始应力状态等静态因素相接近,而且要充分考虑隧道施工方法、施工过程和应力重分布等动态因素的影响。隧道施工方法和施工过程因素对围岩稳定性的影响有以下几个方面。

(1) 开挖方法的影响。开挖方法即隧道的开挖成型方法。显然,开挖方法不同,则围岩应力重分布的次数就不同,应力重分布的次数越多对围岩的稳定越不利。从隧道横断面上来看,全断面一次开挖时,围岩是一次进入二次应力状态,应力重分布的过程较为简捷,对围岩的稳定比较有利;而分部开挖时,围岩应力重分布的过程就要复杂得多,对围岩的稳定不利。因此,现代隧道围岩承载理论及新奥法主张,隧道施工应尽可能地采用大断面开挖,以简化围岩应力重分布的过程,减少对围岩稳定性的不利影响。

(2) 开挖面的支承作用的影响。在隧道纵断面方向上,隧道的开挖是分段逐次进行的。显然,下一次开挖会造成已开挖区段围岩的又一次应力重分布,这说明掌子面前方未被挖除的岩体对已开挖区段围岩的二次应力场有影响,即掌子面前方未被挖除的岩体对已开挖区段的围岩有约束作用。但随着开挖的推进,这种约束作用会渐次消失,即具有暂时性。

根据理论分析和实测结果来看,这种影响的范围大致在 2~3 倍的洞径以内,见图 7-1-1。软弱破碎围岩,影响范围短一些;坚硬完整围岩,影响范围长一些。在隧道施工过程中,开挖面的支承作用虽然具有暂时性,但仍然是可以并且应当加以利用的。实际隧道施工中,应尽可能地对"开挖面的支承作用"加以充分利用。

(3) 掘进方式的影响。掘进方式是隧道开挖的破岩方式。显然,破岩时的冲击和振动强度越大,对围岩的扰动程度就越大,对围岩的稳定性越不利。而且,围岩越软弱破碎,这种不利影响就越严重。

因此,隧道工程中,掘进方式的选择,应视围岩条件尽可能地选用对围岩扰动小的破岩方式。选定一种破岩方式后,应尽可能地降低对围岩的扰动强度,如钻眼爆破掘进时,应严格进行爆破控制,尽量减少对围岩的冲击和振动强度,避免因爆破冲击和振动造成围岩坍塌失稳。

(4) 施工速度的影响。施工速度的快慢显然对围岩的稳定与否有着重要的影响。若开挖快、支护慢,围岩自由变形时间长,变形积累对围岩的稳定不利;反之则是有利的。因此,施工中应对开挖后已暴露的围岩及时施作初期支护,控制围岩变形,尽量避免围岩长期自由变形。上一循环的支护未做好,不得进行下一循环的开挖,开挖速度与支护速度要协调一致。

(5) 风化作用的影响。围岩尤其是软弱破碎且易风化的围岩,风化后其稳定性就会降低。围岩暴露时间越长,其稳定性降低越严重。因此,在隧道施工过程中,应尽可能早地封闭围岩表面,缩短围岩暴露时间,避免围岩急速风化,保持围岩的稳定能力。

资料五 围岩的稳定性分级

一、分级的目的和原则

1. 分级的目的

岩体所处的地质环境是千差万别的,围岩给隧道工程带来的问题也是各式各样的。人们对地下空间的要求是各不相同的,但对每一种特定要求下的地质环境和工程问题,不可能都有现成的经验,也没有必要逐一进行从理论到实验的全方位研究。因此,为了工程应用的便利,有必要将围岩按其稳定性的好坏(能力的强弱)划分为有限个级别,以便于针对不同的级别,确定支护参数和施工方法。

2.分级的原则

由于围岩稳定与否是多种因素共同作用的结果,而且各因素之间还有一定的相互影响。因此,为了使分级合理,而分级方法又不至于太复杂,在对围岩稳定性进行分级时,不是同时将所有影响因素都考虑在分级之中,而是以几个主要影响因素作为分级指标,将围岩稳定性划分为几个基本级别。然后在此基础上,根据各次要因素和不确定因素对围岩稳定性的影响程度,对围岩稳定性的基本级别进行调整处理。

隧道工程围岩稳定性分级的原则有如下几点:

(1)分级目的明确、形式简单、级数适中。
(2)分级指标清晰、便于识别、易于区分。
(3)分级数据易得、便于定量、易于划分。

二、隧道围岩稳定性分级

(一)公路、铁路隧道围岩稳定性分级方法及分级表

我国公路交通部门颁行的《公路隧道设计规范》(JTG D70—2004)对围岩稳定性的级别划分趋于与我国铁路部门颁行的《铁路隧道设计规范》(TB 10003—2005)一致。《铁路隧道设计规范》(TB 10003—2005)推荐的围岩稳定性分级方法是:以围岩的结构特征、完整状态、岩体强度和围岩的弹性波速度(v_p)作为基本分级指标,将围岩划分为Ⅰ~Ⅵ共六个基本级别;然后适当考虑地下水和地应力对围岩稳定性的影响程度,对基本级别予以适当修正,确定出围岩稳定性的最后级别,见表3-5-1~表3-5-3。对施工阶段围岩稳定性级别的判定,则按施工阶段围岩稳定性级别判定卡来进行,见表3-5-4。

铁路、公路隧道围岩稳定性基本分级表   表3-5-1

围岩级别	围岩主要工程地质条件		围岩开挖后的稳定状态(单线隧道断面)	围岩弹性纵波速度 v_p(km/s)
	主要工程地质特征	结构特征和完整状态		
Ⅰ	硬质岩,饱和单轴抗压强度 $R_c>60$MPa,受地质构造运动影响轻微,节理不发育,无软弱面或夹层,层状岩体为厚层,层间结合良好	呈巨块状整体结构	围岩稳定,无坍塌,可能产生岩爆	>4.5
Ⅱ	硬质岩,$R_c>30$MPa,受地质构造运动影响较重,节理较发育,有少量软弱面(或夹层)和贯通微张节理,但其产状及组合关系不致产生滑动,层状岩体为中层或厚层,层间结合一般,很少有分离现象,或为硬质岩石偶夹软质岩石	呈大块状砌体结构	暴露时间长,可能会出现局部小坍塌,侧壁稳定,层间结合差的平缓岩层,顶板易塌落	3.5~4.5
Ⅱ	软质岩,$R_c≈30$MPa,受地质构造运动影响轻微,节理不发育,层状岩体为厚层,层间结合良好	呈巨块状整体结构		
Ⅲ	硬质岩,$R_c>30$MPa,受地质构造运动影响严重,节理发育,有层状软弱面或夹层,但其产状及组合关系尚不致产生滑动,层状岩体为薄层或中层,层间结合差,多有分离现象,或为硬、软质岩石互层	呈块、碎(石)状镶嵌结构	拱部无支护时,可产生小坍塌,侧壁基本稳定,爆破震动过大易坍塌	2.5~4.0
Ⅲ	软质岩,$R_c=5$~30MPa,受地质构造运动影响较重,节理较发育,层状岩体为薄层、中层或厚层,层间结合一般	呈大块状砌体结构		

续上表

围岩级别	围岩主要工程地质条件		围岩开挖后的稳定状态（单线隧道断面）	围岩弹性纵波速度 v_p (km/s)
	主要工程地质特征	结构特征和完整状态		
IV	硬质岩，$R_c > 30$MPa，受地质构造运动影响很严重，节理很发育，层状软弱面或夹层已基本被破坏	呈碎石状压碎结构	拱部无支护时可产生较大的坍塌，侧壁有时失去稳定	1.5~3.0
	软质岩，$R_c = 5~30$MPa，受地质构造运动影响严重，节理发育	呈块、碎（石）状镶嵌结构		
	土：1. 略具压密或成岩作用的黏性土及砂类土； 2. 一般钙质、铁质胶结的碎、卵石土和大块石土； 3. 黄土（Q_1,Q_2）	1、2 呈大块状压密结构，3 呈巨块状整体结构		
V	石质围岩位于挤压强烈的断裂带内，裂隙杂乱，呈石夹土或土夹石状	呈角（砾）碎（石）状松散结构	围岩易坍塌，处理不当会出现大坍塌，侧壁经常出现小坍塌，浅埋时易出现地表下沉（陷）或坍塌至地表	1.0~2.0
	一般第四系的半干硬~硬塑的黏性土，及稍湿至潮湿的一般碎、卵石土，圆砾、角砾及黄土（Q_3,Q_4）	非黏性土呈松散结构，黏性土及黄土呈松软结构		
VI	软塑状黏性土及潮湿的粉细砂等	黏性土呈易蠕动的松软结构，砂性土呈潮湿松散结构	围岩极易坍塌变形，有水时土砂常与水一起涌出，浅埋时易坍塌至地表	<1.0（饱和土<1.5）

注：1. 表中"围岩级别"和"围岩主要工程地质条件"栏，不包括膨胀性围岩、多年冻土等特殊岩土。
2. 关于隧道围岩分组的基本因素和围岩基本分组及其修正，可按国家现行《铁路隧道设计规范》(TB 10003—2001) 附录 A 确定。说明如下：
①本分级表适用于采用钻眼爆破掘进的隧道工程中。其中"级别"和"主要工程地质条件"栏不适用于膨胀岩、冻土等特殊地质条件；"围岩开挖后的稳定状态"栏只适用于洞径在 15m 以下的隧道。
②关于围岩的结构特征和完整状态、围岩受地质构造影响程度划分、围岩节理（裂隙）发育程度划分、岩石强度划分可参见有关地质资料。
③遇有地下水时，按表 3-5-2 调整围岩级别。

地下水对围岩稳定性的影响与级别修正 表 3-5-2

地下水状态 \ 基本分级	I	II	III	IV	V	VI
无水、岩体干燥	I	II	III	IV	V	VI
有少量水或水量较大	I 或 II①	II 或 III②	IV	V	VI	—

注：①水量较大时，围岩级别调整为 II；有少量水时，围岩级别调整为 I。
②水量较大时，围岩级别调整为 III；有少量水时，围岩级别调整为 II。

地应力对围岩稳定性的影响与级别修正 表 3-5-3

地应力状态 \ 基本分级	I	II	III	IV	V	VI
高应力	I	II	III	IV 或 V①	VI	已考虑
极高应力	I	II	III 或 IV②	VI	已考虑	

注：①围岩为较破碎的极硬岩、较完整的硬岩时，围岩级别调整为 III；围岩为完整的较软岩、较完整的软硬互存岩时，围岩级别调整为 IV。
②围岩为较破碎的极硬岩、较破碎及破碎的硬岩时，围岩级别调整为 IV；围岩为完整或较完整的软岩、较完整或较破碎的较软岩时，围岩级别调整为 V。

施工阶段围岩稳定性级别判定卡　　　　表 3-5-4

工程名称			位置(里程)		～			评定
			距洞口距离(m)					
岩性指标	岩石类型(名称)			黏聚力 c(MPa); φ				极硬岩 硬岩 中硬岩 较软岩 软岩 极软岩 土
	单轴抗压极限强度 R_c(MPa)			点荷载强度 I_x(MPa)				
	变形模量 E(MPa)			泊松比 ν				
	天然重度 γ(kN/m³)			其他				
岩体完整状态	地质构造影响程度		轻微	较重	严重	极严重		完整 较完整 较破碎 破碎 极破碎
	地质结构面	间距(m)	>1.5	0.6～1.5	0.2～0.6	0.06～0.2	<0.06	
		延伸性	极差	差	中等	好	极好	
		粗糙度	明显台阶状	粗糙波纹状	平整光滑有擦痕	平整光滑		
		张开性(mm)	密闭<0.1	部分张开 0.1～0.5	张开 0.5～1.0	无充填张开 >1.0	黏土充填	
	风化程度		未风化	风化轻微	风化颇重	风化严重	风化极严重	
	简要说明							
地下水状态	渗水量 L/(min·10m)		<10 干燥或湿润	10～25 偶有渗水	25～125 经常渗水			干燥或湿润 偶有渗水 经常渗水
初始应力状态	埋置深度 $H=$　　(m)							
	地质构造应力状态							
	其他							
围岩级别			Ⅰ	Ⅱ	Ⅲ	Ⅳ	Ⅴ	Ⅵ
备注								
记录者			复核者			日期		

(二)对分级中不便考虑的影响因素的处理

上述铁路、公路隧道围岩稳定性分级中,主要考虑的是工程地质等客观因素对围岩稳定性的影响,而未考虑人为因素的影响。对这些在分级中不便确定的影响因素,应按如下办法考虑和处理。

1. 坑道横断面大小对围岩稳定性级别的影响

工程实践和对二次应力场的研究证明,在同级围岩中,坑道横断面(主要是跨度)越大,围岩稳定性表现越差,这种差异在分级时是不便考虑的。我国铁路部门也是仅以"单线隧道断面大小"为基准,进行围岩稳定性级别划分的。故隧道工程中,一般是将坑道横断面大小对围岩稳定性的影响放在确定围岩的应力、变形以及支护结构的类型、尺寸时考虑。同时规定分级表适用的坑道横断面尺寸范围,并要求施工时注意坑道横断面的增大或减小对围岩稳定性的影响,即应注意:隧道设计断面越大,围岩的相对稳定性越低;反之,则相对稳定性提高。

2. 坑道横断面形状对围岩稳定性级别的影响

工程实践和对二次应力场的研究证明,圆形或椭圆形坑道,围岩应力以压应力为主。这对发挥围岩的抗压性能和维护围岩的稳定是有利的。而矩形或梯形坑道,在顶板处的围岩中将出现较大的拉应力,极容易导致围岩的张裂破坏而失稳。这种差异在分级时也是不便考虑的。故在隧道设计时应遵循自然拱的成拱作用规律,将隧道横断面(尤其是隧道顶部)设计为圆形或近圆形,并要求施工中尽量做到使坑道周边圆顺。

3. 施工方法对围岩稳定性级别的影响

前已述及,隧道施工条件对围岩的稳定性影响是比较显著的,这种差异在分级时更是不便考虑的。所以,目前,大多数的分级方法是建立在相应的施工方法的基础上的。我国铁路隧道围岩稳定性分级,就是以钻眼爆破掘进和暗挖法施工为条件。若将此分级应用于采用盾构法、掘进机法或明挖法施工的工程中,则是偏于安全的。

三、《锚杆喷射混凝土支护技术规范》(GB 50086—2001)围岩分级法

《锚杆喷射混凝土支护技术规范》(GB 50086—2001)围岩分级,见表3-5-6。其使用说明如下:

(1)本分级适用于矿山、铁路、水电、建工和军工等部门的地下工程锚喷支护设计。

(2)本分级采用多因素定性与定量指标相结合的分级方法。分级表中没有给出岩体质量系数,但给出了岩石单轴抗压强度和岩体完整性指标,所以,实际上也等于给出了岩体质量系数($S_m = K_V R_c / \sigma_{max}$)。

(3)岩体结构类型的划分,主要考虑了岩体结构体的块度尺寸,见表3-5-5。

块状岩体按结构体块度的划分表(m) 表3-5-5

岩体结构类型	整体状结构	块状结构	碎裂镶嵌与碎裂状结构	散体状结构
块度尺寸 (以结构面平均间距表示)	>0.8	0.4~0.8	0.2~0.4	<0.2

(4)地质构造影响程度和结构面发育情况参见有关表格。

(5)对Ⅲ、Ⅳ级围岩,当地下水较发育时,应根据地下水类型、水量大小、软弱结构面多少及其危害程度,适当降级。

(6)对Ⅱ、Ⅲ、Ⅳ级围岩,当洞轴线与主要断层或软弱夹层夹角小于30°时,应适当降级。

(7)划分围岩级别通常分为两个阶段:勘察阶段初步划分围岩级别,施工阶段详细划分围岩级别。勘察阶段初步划分围岩级别,主要内容是根据隧洞开挖前获得的地质资料选定的洞轴线,并根据沿洞轴线的地质剖面图,按分级表中的定性指标与岩石强度,初步确定各段围岩级别。施工阶段详细划分围岩级别,可参照以上方法,并结合实际围岩情况划分。

四、其他分级方法

用于隧道及地下工程的围岩分级方法,还有以下几种,需用时可查阅有关资料。

(1)岩石坚固性系数(f)分类法和岩体坚固性系数(f_m)分类法。

(2)泰沙基岩体荷载高度(h_q)分类法。

(3)岩石质量(RQD)分类法和岩体质量(Q)分类法。

(4)围岩自稳时间(T_s)分类法。

(5)弹性波速度(V_p)分类法。

(6)岩体质量应力比(S)分类法(总参工程兵1984年9月《坑道工程》围岩分类)。

国家标准《锚杆喷射混凝土支护技术规范》(GB 50086—2001) 围岩分级表

表 3-5-6

围岩级别	岩体结构	主要工程地质特征		岩石强度指标		岩体声波指标		岩体强度应力比	毛洞稳定情况
		岩体结构	构造影响程度;结构面发育情况和组合状态	单轴饱和抗压强度(MPa)	点荷载强度(MPa)	弹性纵波速度(km/s)	完整性指标 K_v		
I	整体状及层间结合良好的厚层状结构	构造影响轻微,偶有小断层;结构面不发育,仅有两到三组,平均间距大于0.8m,以原生和构造节理为主,多数闭合,无泥质充填,不贯通;层间结合良好,一般不出现不稳定块体		>60	>2.5	>5	>0.75		毛洞跨度 5～10m 时,长期稳定,一般无碎块掉落
II	同 I 级围岩结构	同 I 级围岩特征		30～60	1.25～2.5	3.7～6.2	>0.75		毛洞跨度 5～10m 时,围岩能较长时间(数月至数年)维持稳定,仅出现局部小块掉落
	块状结构和层间结合较好的中厚层或厚层状结构	构造影响较重,有少量断层,结构面较发育,多数为三组,平均间距0.4～0.8m,有少量软弱结构面,层间错动和层面张开现象		>60	>2.5	3.7～5.2	>0.5	>2	
III	同 II 级围岩结构和层间结合较好的中厚层或厚层状结构	同 II 级围岩特征		30～60	1.25～2.5	3.0～4.5	>0.75	>2	毛洞跨度 5～10m 时,围岩能维持一个月以上的稳定,主要出现局部掉块、塌落
	层间结合良好的薄层和软硬岩互层、层状结构	构造节理为主,节理面多闭合,偶有三组,一般间距0.2～0.4m,以构造节理为主为硬岩或硬岩,少见软弱夹层,层间错动和层面张开现象		>60,软层>20	>2.5	3.0～4.5	0.5～0.75	>2	
	碎裂镶嵌结构	构造影响严重,结构面发育,以构造节理为主,节理面多为闭合,一般为三组以上,平均间距 0.2～0.4m,以构造面多数有泥质充填,块体间牢固咬合		>60	>2.5	3.0～4.5	0.3～0.5	>2	

61

续上表

围岩级别	主要工程地质特征		岩石强度指标		岩体声波指标		岩体强度应力比	毛洞稳定情况
	岩体结构	构造影响程度；结构面发育情况和组合状态	单轴饱和抗压强度（MPa）	点荷载强度（MPa）	弹性纵波速度（km/s）	完整性指标 K_v		
IV	同II级围岩结构合较好的中厚层或厚层状结构和结构面结合较好的中厚层或厚层状结构特征	同III级围岩块状结构和结构面结合较好的中厚层或厚层状结构特征	10~30	0.42~1.25	2.0~3.5	0.5~0.75	>1	毛洞跨度5m时，围岩能维持数日到一个月的稳定，主要失稳形式为冒落或片帮
	散块状结构	构造影响严重，结构面发育，一般为三组以上，以构造节理为主，风化裂隙较多，构成力弱，咬合力弱，夹泥，部分张开，多张动明显	>30	>1.25	>2.0	>0.15	>1	
	层间结合不良的薄层、中厚层及软硬岩互层结构	构造影响严重，结构面发育，一般为三组以上，大部分微张（0.5~1.0mm），多数夹泥，层间结合不良，层间错动明显（>1.0mm），有泥质充填	>30，软层>10	>1.25	2.0~3.5	0.2~0.4	>1	毛洞跨度5m时，围岩能维持数日到一个月的稳定，主要失稳形式为冒落成片帮
	碎裂状结构	构造影响严重，多数为断层影响带或强风化带，结构面发育，一般为三组以上，平均间距0.2~0.4m，大部分微张（0.5~1.0mm），有泥质充填，形成许多碎块体	>30	>1.25	2.0~3.5	0.2~0.4	>1	
V	散状结构	围岩破碎很严重，多数为破碎带、全、强风化带，结构面及其交汇部位，构造及风化节理密集，节理杂乱，基至呈土夹石或石夹土状			<2.0			毛洞跨度5m时，围岩稳定时间很短，数小时至数日

注：1. 本表声波指标分级定量指标孔测法试值为准。
2. 本表声波指标以孔测法测值为准。如果用其他测试方法时，可通过对比试验，进行换算。
3. 层状岩体按单层厚度划分：厚层>0.5m，中厚层为0.1~0.5m，薄层<0.1m。
4. 一般条件下，确定围岩级别时，应以岩石单轴湿饱和抗压强度为准，确定围岩强度应力比，洞跨小于5m，服务年限短于10年的工程，可采用点荷载强度或其他简易方法取代岩块单轴饱和抗压强度，并可不做弹性波测试。
5. 测定岩石强度指标，做单轴抗压强度试验后，可不做点荷载试验。
6. 1MPa=1×10⁶ N/m²≈100N/cm²。

需要说明的是:岩石坚固性系数(f)分类法因不能准确反映围岩稳定性,已经不适用。岩石质量(RQD)分类法和岩体质量(Q)分类法是在岩石坚固性系数(f)分类法的基础上改进的,它引入了结构面对围岩稳定性影响的概念,但只适用于石质围岩。

围岩自稳时间(T_s)分类法因时间跨度太大也不实用。

泰沙基岩体荷载高度(h_q)分类法虽然简单、直观、易于理解,但经验性很强,也不够精确和严密。这种分类法奠定了松弛荷载理论的基础。

弹性波速度(V_p)分类法数字化分类指标,不直观,专业要求较高。

岩体质量应力比(S)分类法是比较完善的分类法,它既考虑到了岩体质量,即岩体结构特征和强度特性的影响,又考虑到岩体所在的地层应力的客观存在和影响。

学习资料四　理解隧道设计

学习目标
1. 理解:隧道位置选择的基本原则、结构设计的基本原则;
2. 熟悉:隧道支护结构基本参数。

任务描述
回答下列问题(口头回答50%,书面回答50%):
1. 隧道在线路上的作用表现在哪几个方面?
2. 隧道总体平面、纵断面、横断面设计的原则有哪些?
3. 为什么要进行曲线隧道净空加宽?铁路曲线隧道的净空加宽方法有哪些?
4. 试述隧道衬砌断面的拟定方法。
5. 试述隧道支护设计原则、设计程序、结构类型。
6. 试述工程实际中锚喷支护的规范《锚杆喷射混凝土支护技术规范》(GB 50086—2001)提供的支护参数表的作用是什么?
7. 《公路隧道设计规范》(JTG D70—2004)及《铁路隧道设计规范》(TB 10003—2005)提供的工程类比设计参数取值范围是多少?选择原则是什么?

学习引导
1. 观看、听取PPT004讲解,学习本学习资料。
2. 建议采用旋转木马、搭档拼图、扩展小组、关键词标注、传话筒、引导文、三明治、交换答案等教学方法。
3. 建议学时:4学时。

资料一　隧道横断面设计

在有关隧道设计的教材或资料中,已述及隧道在线路上的作用。铁路、公路交通线路上的隧道的作用有三个方面:穿越分水岭,缩短线路长度;降低线路拔起高度,减缓线路坡度;穿过稳定山体,避开不良地质条件地段,获得线路稳定。隧道平纵横设计原则:平面"宜直不宜弯",纵断面"宜坡不宜平",尽可能采用单坡型。洞口位置选择原则:早进晚出,避开沟心,避开不良地质条件,尽可能地设在山体稳定、地质较好、地下水不太丰富的地方。

前已述及,隧道设计可分为建筑设计、结构设计和施工设计。

隧道建筑设计:根据其交通线上的作用,根据地形、地质条件,及其与线路之间的关系,选择隧道位置,并进行隧道平面、纵断面和横断面设计。

隧道结构设计:在隧道位置选定,平面、纵断面和横断面设计已完成的基础上,根据隧道所穿越地层的工程地质条件即围岩的稳定能力的强弱,拟定相应的支护参数,并提出相应的施工方案。其中,隧道横断面设计就是根据车辆限界确定隧道建筑限界。隧道结构参数包括隧道衬砌的内轮廓(即净空)、结构轴线、截面厚度、结构形式、材料种类、施工方法(工艺)等。本部分简要介绍隧道横断面设计、隧道支护结构设计的有关内容。

隧道施工设计见学习资料一。

一、隧道建筑限界和净空

1. 铁路机车车辆限界和公路汽车限界

以铁路为例,我国对全国铁路线上正在运行的各种型号机车和车辆,均作了全面的调查和统计,将这个需要保证的横断面规定为"机车车辆限界"。即机车车辆限界是在统计了机车和车辆横断面最大轮廓尺寸的基础上,考虑机车车辆技术改造预留空间需要,以及考虑列车装载规章允许的扩大货物后,不允许超出的界限。

公路汽车限界同理。

$$机车车辆限界 A = 机车车辆最大轮廓尺寸 + 机车车辆技术改造预留空间$$

2. 铁路、公路建筑接近限界

针对铁路上各种建筑物和设备,规定了"铁路建筑接近限界"。这个限界是指全国铁路线上所有的建筑物和设备(包括电力、通风、照明、安全、监控及内装等附属设施)都不允许侵入的范围,以保证列车往来行驶绝无刮碰,并安全通过。

$$建筑接近限界 B = A + 线路铺设误差 + 线路变形和位移 + 列车运行振动、摇动、摆动幅度 + 允许的货物超限尺寸$$

同理,根据各种车道与公路设施之间的空间关系,《公路工程技术标准》(JTG B01—2003)也规定了公路隧道的建筑接近限界,即公路线上所有的建筑物和设备都不允许侵入的范围,以保证车辆往来行驶绝无刮碰,并安全通过。

3. 铁路、公路隧道建筑限界

隧道是交通线上的永久性建筑物,一旦建成,就不便改动。考虑到在"直线建筑接近限界"与隧道衬砌之间,需要为照明、通信和信号等设备的安装提供一个足够的空间。因此,隧道建筑限界是指铁路/公路线上所有的建筑物不得侵入的范围,以保证提供足够的设备的安装空间和列车(汽车)往来行驶绝无刮碰并安全通过。隧道建筑限界可用如下公式表示:

$$隧道建筑限界 C = B + 设备最大尺寸 + 设备安装误差 + 衬砌施工误差 + 衬砌变形和位移$$

2001年,铁道部颁布了《铁路隧道设计规范》(TB 10003—2001),重新规定了铁路直线隧道建筑限界的形状和尺寸,以提供足够的设备安装空间,并作为设计隧道支护结构的依据。如图4-1-1a)、图4-1-1b)所示。

对于新建或改建,行驶蒸汽机车或内燃机车的单线和双线隧道,分别采用隧道建筑限界"隧限1-甲"和"隧限1-乙"。对于新建或改建行驶电力机车的单线和双线铁路隧道,分别采用隧道建筑限界"隧限2-甲"和"隧限2-乙"。

《公路隧道设计规范》(JTG D70—2004)第2.6.2条也对各级公路隧道建筑限界作了一般规定。公路隧道建筑限界由行车道宽度(W)、路缘带(S)、侧向宽度(L)、人行道(R)或检修道(J)等组成,当设置人行道时,含余宽(C),如图4-1-1c)、图4-1-1d)所示。

4. 铁路、公路隧道净空

铁路(公路)隧道净空是指轨面(路面)以上衬砌内轮廓线所包围的空间。隧道净空的大小应以不侵入隧道建筑限界为准。在此条件下,要使隧道净空有较高的面积利用率,宜小不宜大,以够用为度。而且要使隧道衬砌结构受力合理,并尽量简化断面形状,以便于施工。因此,在隧道横断面设计和施工时,实际隧道净空尺寸均比规定的建筑限界略大一些,形状也简单一些。

$$直线铁路(公路)隧道净空 D = C + 结构受力合理 + 形状便于施工$$

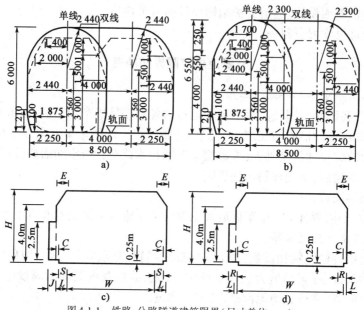

图 4-1-1 铁路、公路隧道建筑限界(尺寸单位:mm)
a)铁路隧限 1-甲、乙;b)铁路隧限 2-甲、乙;c)专用公路;d)一般公路

5. 高速铁路、高速公路隧道的建筑限界、净空

高速铁路隧道的建筑限界,一般应符合动态的标准建筑限界和扩大标准建筑限界。我国拟采用的高速铁路/高速公路隧道建筑限界基本尺寸及轮廓如图 4-1-2 所示。见《京沪高速铁路设计暂行规定》(铁建设〔2004〕157 号)。

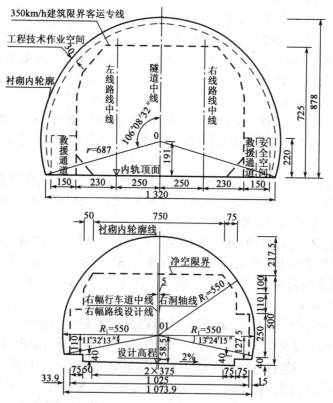

图 4-1-2 高速铁路和高速公路隧道建筑限界及净空图示(尺寸单位:cm)

高速铁路隧道横断面净空大小,是在满足隧道建筑限界和上述各项空间要求的基础上,增加考虑降低隧道—列车—空气动力效应,适当加大隧道横断面的大小;同时考虑衬砌结构受力合理,而适当调整衬砌形状,最后获得合理的隧道横断面。

直线高速铁路(公路)隧道净空 $E = C +$ 结构受力合理 + 形状便于施工 + 降低空气动力效应

根据上述准则,我国《京沪高速铁路设计暂行规定》(铁建设〔2004〕157号)初步确定的350km/h客运专线双线隧道横断面(净空)面积不宜小于100m², 单线隧道净空面积不宜小于70m²。

由于高速铁路的曲线半径均较大,且已设置了紧急疏散通道,故位于曲线上的隧道,原则上不考虑曲线隧道净空加宽。

二、曲线隧道的净空加宽

铁路隧道若设计为曲线隧道时,由于曲线外轨超高,致使车体内倾和平移,使得所需横断面面积有所增加。因此,为了保证列车在曲线隧道中安全通过,隧道曲线段的净空必须加大,且主要是加宽(一般不需要加高)。

同理,公路曲线隧道的净空也要加宽。但在中长及短隧道中,常将整座隧道的净空均按加宽断面设置。这样做大大简便了施工,且工程量增加并不显著。

$$曲线隧道净空 F = D + 曲线隧道净空加宽$$

(一)公路曲线隧道净空加宽值

公路隧道依据《公路工程技术标准》(JTG B01—2003)第3.0.12的规定,按公路等级进行加宽:当隧道位于平面曲线半径等于或小于250m的地段时,应在曲线内侧加宽。双车道路面的加宽值如表4-1-1所列;单车道路面加宽按表4-1-1所列数值的1/2采用。四级公路和山岭重丘区的三级公路采用第1类加宽值;其余各级公路采用第3类加宽值。对不经常通行集装箱运输半挂车的公路,可采用第2类加宽值。

公路平曲线隧道加宽取值(m)　　　　　　表4-1-1

加宽类别	汽车轴距加前悬	曲线半径								
		250~200	200~150	150~100	100~70	70~50	50~30	30~25	25~20	20~15
1	5	0.4	0.6	0.8	1.0	1.2	1.4	1.8	2.2	2.5
2	8	0.6	0.7	0.9	1.2	1.5	2.0	—	—	—
3	5.3+8.8	0.8	1.0	1.5	2.0	2.5	—	—	—	—

(二)铁路曲线隧道净空加宽范围及其中线偏移

《铁路隧道设计规范》(TB 10003—2001)中,对曲线部分加宽段的范围,作了如下的规定:

位于曲线地段的隧道加宽的范围,除圆曲线部分按 $d_总$ 加宽以外,缓和曲线部分被视为既非直线、又非圆曲线,所以把它分为两段,一段属于接近直线的性质,另一段属于接近圆曲线的性质,分别给以不同的加宽值,如图4-1-3所示。具体的起止点、相应的加宽值以及中线偏移量如下:

自圆曲线终点至缓和曲线中点,并向直线方向延伸13m,这一段用圆曲线的加宽断面,即加宽 $d_总$,隧道结构中线向曲线内偏移量为 $d_偏$。缓和曲线的其余半段,自缓和曲线终点向直线方向延伸22m,这一段采用圆曲线加宽值的一半,即 $d_总/2$,隧道结构中线向曲线内偏移量为 $d_偏/2$。

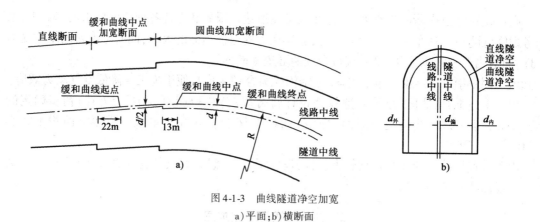

图 4-1-3 曲线隧道净空加宽
a) 平面；b) 横断面

上述规定的理由是：当列车由直线进入曲线，车辆前转向架跨进缓和曲线的起点以后，由于曲线外轨已经开始有了超高，车辆随之开始倾斜，车辆后端亦开始偏离线路中线，所以，车辆前转向架到车辆后端点的范围内，就该予以加宽，但可取一半定值。此长度为两转向架间距 18m 加转向架中心到车辆后端部点的距离 4m，故为 22m。当车辆的一半进入缓和曲线中点时，其车辆后端偏离中线，应按前面转向架所在曲线的半径及超高值决定加宽值 $d_{总}$。此时，前面转向架中心已接近圆曲线，故车辆后半段，即车长之半（26/2＝13m）的范围内，应按圆曲线的加宽值 $d_{总}$ 予以加宽。

在直线段上，隧道衬砌的断面是一致的，到了曲线段则要加宽。因此，断面各自不同。在衔接处，可以用错台的方式突然变换，也可以在短距离内渐变变换。错台变换施工方便，但突变台阶增大了隧道内风流的阻力，对通风不利。

(三) 加宽原因及加宽计算

铁路曲线隧道的净空加宽值是由两个方面的需要来决定的。

1. 由于曲线外轨超高引起车体内倾所要求的加宽值

曲线上为了抵消向外的离心力，外轨需要抬起一个高度，称之为外轨超高 E。E 值的大小依曲线半径 R 的大小和行车速度 V 的快慢而定。规范规定 E 值按铁路远期运行速度 $V_{远}$ (km/h) 和曲线半径 R (m) 以下式计算：

$$E = 0.76V^2/R \tag{4-1-1}$$

但最高值不得大于 15cm。

由于外轨有了超高，使车体向内倾斜。车体中线由原来的竖直变为向内倾斜。隧道建筑限界"肩部"控制点 J 向内偏离线路中线一个水平距离 $d_{超内}$，即为净空应向内的加宽量值。计算公式为：

$$d_{超内} = H \cdot E/150 \tag{4-1-2}$$

式中：$d_{超内}$——由于外轨超高，曲线隧道内侧应予加宽的量值，cm；

　　　E——曲线外轨超高，cm；

　　　H——隧道建筑限界控制点 J 自轨面算起的高度，cm。

以上公式的推导过程及图示见《铁道工程概论》有关章节。

在我国新编标准设计中，$d_{超内}$ 系将相应的隧道建筑限界绕内侧轨顶中心转动 cot(E/150) 角度来求得，其值可近似地取为

$$d = 2.7E \tag{4-1-3}$$

2. 由于车体平移所要求的加宽值

车辆行经曲线时,车底的前后两个转向架中心点是沿着曲线线路前进的。但是,车体却是刚性体,因而车辆中部向曲线内侧平移,详见《铁道工程概论》有关章节。其值为 $d_{曲内}$,而车体前后端却向曲线外侧平移,其值为 $d_{曲外}$。它们的值可以由下式计算:

$$d_{曲内} = l^2/8R \tag{4-1-4}$$

$$d_{曲外} = (L^2 - l^2)/8R \tag{4-1-5}$$

式中:$d_{曲内}$——由于曲线而要求的内侧加宽值,cm;

$d_{曲外}$——由于曲线而要求的外侧加宽值,cm;

L——车辆的长度,m;

l——车辆前后转向架中心间距,m。

我国车辆的尺寸可以归纳为 $L=26\mathrm{m}, l=18\mathrm{m}$。于是:

$$d_{曲内} = 4\,050/R \tag{4-1-6}$$

$$d_{曲外} = (26^2 - 18^2)/8/R = 4\,400/R \tag{4-1-7}$$

由此可知,曲线隧道的总加宽值应为:

$$d_{总} = d_{超内} + d_{曲内} + d_{曲外} = H \cdot E/150 + 8\,450/R \tag{4-1-8}$$

从式(4-1-6)和式(4-1-7)可以看出,曲线隧道内、外侧的加宽值是不相等的。内侧加宽值 $d_{曲内}$ 总是小于外侧加宽值 $d_{曲外}$。所以,曲线隧道的结构中心线与线路中心线是不重合的。结构中心线总是向曲线内侧偏离一个距离 $d_{偏}$,它的量值是:

$$d_{偏} = (d_{内} - d_{外})/2 \tag{4-1-9}$$

双线的曲线隧道,除了两侧需要的加宽以外,即除了外线外侧的加宽和内线内侧的加宽以外,两线的中间间距也要由规定的直线间距4m加大一个水平距离。这是由于外线车辆的中部向两线中间有平移,而内线车辆的端部又向两线中间伸出,于是,两线之间的间距必须也随之加大,才能保持互不刮碰的空隙。此外,如果外线的超高值大于内线的超高值,即外线车体向中间倾斜的程度大于内线车体向内倾斜的程度,因而两线的距离必须再加大。所以,双线隧道两线间距应加宽 $d_{中}$,其值可以由下式计算:

$$\begin{aligned}d_{中} &= d_{曲内} + d_{曲外} + H(E_{外} - E_{内})/150 \\ &= 8\,450/R + H(E_{外} - E_{内})/150\end{aligned} \tag{4-1-10}$$

双线隧道的净空断面即可由相应加宽了的内、外两个半单线隧道断面,当中插入 $d_{中}+4\mathrm{m}$ 求得。

三、内层衬砌、单层衬砌断面的拟定

1. 隧道内层衬砌或单层衬砌断面的拟定原则、内容和方法

内层衬砌或单层衬砌断面的拟定原则、设计方法是相同的。但值得注意的是,内层衬砌或单层衬砌断面的形状和厚度不仅决定着其本身结构受力的合理性,其外轮廓线的形状也决定着坑道断面的形状,并继而影响着围岩的稳定与否。

建筑限界确定以后,隧道内层衬砌或单层衬砌断面净空,应大小适中,以够用为度,满足各项功能性构造要求,即内轮廓线应以不侵入隧道建筑限界为准,衬砌断面的形状应满足结构受力合理的要求,并尽量简化外形(内轮廓线形状),以便于施工(模板形状简单)。概括地说,就是以大小够用为度,形状受力合理,施工简单方便。

采用工程类比方法拟定隧道衬砌结构断面形状和尺寸,需要作出三个方面的选择:第一是

选定衬砌断面的大小,即确定所需内轮廓(即净空)的尺寸大小,保证车辆安全通过;第二是选定衬砌(指单层衬砌或内层衬砌)断面计算轴线的形状,调整并保证衬砌结构受力合理且形状简单;第三是选定单层衬砌或内层衬砌的厚度,检算并保证衬砌结构有足够的强度、刚度和稳定性。

内层衬砌按承受后期围岩压力来设计,单层衬砌按承受全部围岩压力来设计。现代隧道工程中,仍然主要采用工程类比设计法来进行内层衬砌的设计,即比照以往隧道工程的经验,先拟定一种结构断面形状和尺寸,按照这个断面尺寸来检算在围岩压力作用下的内力。如果截面强度不足,或是截面富余太多,就得调整断面形状和尺寸,重新计算,直至合适为止,如图4-1-4所示。

图 4-1-4 内层衬砌、单层衬砌断面的拟定示意图

由于隧道衬砌是处在地下的超静定结构,加之工程地质条件的多样性和受施工因素的影响,致使围岩压力的大小和分布状态具有不确定性,使得人们在实际隧道工程的设计和施工中,不能直接用结构力学方法计算出合适的结构尺寸,也就很难满足以上要求,有时甚至相去甚远。这是传统松弛荷载理论难以解决的问题。现代围岩承载理论也仍然存在内层衬砌受力是否合理的问题,只是由于初期支护的改进,才使得内层衬砌的受力状态有较大程度的改善。

2. 内轮廓线(横断面净空)

衬砌的净空必须保证车辆安全通过,即衬砌结构的内轮廓的任何部位都不得侵入隧道建筑限界以内。同时又应尽量减小坑道土石的开挖量和衬砌结构的圬工量。因此,衬砌结构的内轮廓线总是在隧道建筑限界以外但不侵入限界,贴近限界但不随着限界曲折。圆顺的内轮廓,既可以简化结构外形,使施工简单方便,又可以在避免凹陷处产生应力集中,使结构受力均匀合理。

3. 结构轴线(横断面形状)

衬砌横断面的形状是用结构轴线来表示的。因此,结构轴线的形状不仅决定着衬砌横断面的形状及衬砌结构受力的合理性,也影响着坑道横断面的形状及围岩的二次应力状态和稳定状态。

前已述及,就坑道而言,工程实际中,为了符合自然成拱条件,一般将坑道横断面设计为马蹄形,这样围岩的二次应力状态最有利于稳定。相应的支护结构则为高拱形受压结构。这里所谓的高拱形受压结构,主要指以混凝土或钢筋混凝土为材料的内层衬砌或单层衬砌。也可以广义地将其理解为包括围岩在内的整个隧道"结构承载环"。

高拱形结构的轴线应尽可能地与在荷载作用下所决定的压力线相符合。若是两线重合,结构的各个截面都只承受压力而无拉力,这样最有利于拱形结构的稳定和混凝土材料高抗压性能的发挥。

但是,由于围岩与衬砌之间接触应力的复杂性和多变性,使得实际上很难做到两线完全重合。因此,只能要求结构轴线尽可能地接近于荷载压力线,使各个截面上主要承受压应力,而尽可能少地出现拉应力,即使出现也是比较小的。

根据工程实践和以上要求:当衬砌承受径向分布的静水压力时,结构轴线以圆形为最合适;当衬砌主要承受竖向荷载和不大的水平荷载时,衬砌结构轴线上部宜采用圆弧形或尖拱形,两侧可以做成直线形(即直边墙);当衬砌在承受竖向荷载的同时,又承受较大的水平荷载时,衬砌结构的轴线上部宜采用圆弧形或平拱形,两侧可采用凸向外方的圆弧形(即曲边墙);如果还有底鼓压力,则衬砌结构轴线底部还应有凸向下方的仰拱为宜。

当然,除主要通过调整衬砌结构轴线形状来满足拱形结构的受力要求以外,还可以通过调整衬砌结构的截面厚度来满足拱形结构的受力要求(辅助性调整)。

4. 截面厚度(截面强度能力)

衬砌各截面的厚度是结构轴线确定以后的重点设计内容,要判断在设定的厚度下的截面是否有足够的强度。从施工的角度出发,截面的厚度不允许太薄,太薄将使施工操作困难且不易保证质量。隧道设计规范中,列举了衬砌各部分最小厚度的数值,可供参考,见表4-1-2。最小厚度是一个限制性要求,而不是设计值。

关于内层衬砌和单层衬砌设计的力学原理和方法见隧道支护结构设计的有关资料。应当注意到的是,复合衬砌的内层衬砌厚度一般比单层衬砌的厚度要小一些,而且目前已经很少采用浆砌片石。内层衬砌的最小厚度可参照表4-1-2执行。实际厚度,应按其承受后期围岩压力的大小来确定。

圬工截面最小厚度表(cm)　　　　　　　　　　　　　表4-1-2

建筑材料种类	隧道衬砌和明洞			洞门端墙、翼墙和洞口
	拱圈	边墙	仰拱	挡土墙
混凝土	20	20	20	30
片石混凝土			50	50
浆砌粗料石或混凝土块	30	30		30
浆砌块石		30		30
浆砌片石		50		50

资料二　隧道支护结构设计

一、支护的作用和结构设计的基本原则

在隧道及地下工程中,人们对围岩的认识是:围岩具有"三位一体"特性。所谓围岩的"三位一体"是指:围岩既是产生围岩压力的原因(岩体处于应力场中),又是承受压力的结构(应力岩体的自承载作用),而且是构成这个结构的天然材料(非人工材料)。

基于对围岩的这种认识,人们又进一步认识到围岩与支护的基本关系是:围岩是工程加固的对象,支护只是加固的手段;围岩是隧道结构体系的基本承载部分,支护是隧道结构体系的辅助承载部分;围岩是不可替代的天然的结构主体,支护是可以选择的人工的结构部分。这个认识,确立了"围岩"作为隧道结构体系的基本承载部分且不可替代的主体地位,同时也确立了"支护"作为隧道结构体系的辅助承载部分且可以选择的次要地位(而各种附属设施则应根据隧道的种类及功能需求配置)。在隧道结构设计和施工时,将围岩作为隧道结构的主体,首先判定其稳定能力,然后选择相应的支护加固措施。这正是现代隧道围岩承载理论解决隧道工程问题的思路(这个思路与传统松弛荷载理论有着根本的区别)。

基于对围岩"三位一体"特性和对"围岩与支护的基本关系"的认识,人们针对围岩稳定能力不足的工程实际,提出了利用"支护"来帮助"围岩"获得稳定的工程措施。并进一步总结出

提供支护帮助的基本原则:围岩不稳,支护帮助,遇强则弱,遇弱则强,按需提供,先柔后刚,量测监控,动态调整。这就是现代围岩承载理论关于隧道支护结构设计的基本原则。

这个基本原则的含义是:

在围岩稳定性很好,能够满足可靠度要求时,开挖坑道后,只需做必要的安全防护,而不需设人工支护结构。此时,围岩就是隧道支护结构,即围岩表现出完全三位一体特性。

在围岩稳定能力不足,不能满足可靠度要求时,就必须加设人工支护结构,以帮助围岩获得稳定,保证隧道安全可靠。提供帮助的多少(支护的刚柔),主要取决于围岩稳定能力的强弱。对稳定性好的围岩,可提供少一些、弱一些的支护;而对稳定性差的围岩,则应提供多一些、强一些的支护。

提供人工支护结构的时机、过程、结构形式、材料品种、支护性能,均可以根据围岩的需要来选择和调整。提供支护的过程也可以分次施作,先柔弱后刚强。对支护参与围岩共同工作的状态和效果,采用量测技术手段来加以监视、控制和评价,以指导提供支护的时机和支护参数的调整,并最终形成稳定的"承载环"或"加固区"。

二、支护结构的设计程序

现代围岩承载理论关于隧道支护结构设计的基本程序为:

(1)根据隧道使用年限及重要性,确定安全系数。

(2)在满足直线建筑限界要求、功能要求和构造要求,保证隧道净空大小够用的条件下,依据围岩稳定能力的强弱、岩体结构类型、围岩压力的作用和分布状态,应用工程类比方法,初步拟定支护结构的横断面几何形状和尺寸等各项支护参数。

(3)然后应用理论计算方法检算支护结构内力及围岩内应力,并调整横断面几何形状和尺寸,使支护受力状态及围岩应力分布均趋于合理。

(4)在施工过程中对"围岩—支护"结构体系的力学动态进行必要而有效的现场监控量测,以验证各项参数的合理性,发现和控制施工过程中出现的不良状况,并依据实际状况的变化对相应的支护参数乃至施工方案予以及时调整和修改。

三、支护结构的设计方法

现代隧道工程围岩承载理论的一个最大特点是"勘测、设计、施工一体化"。这主要是指支护的设计应做到勘测、设计、施工紧密配合,不分离。在隧道施工过程中,根据实际的围岩动态来进行支护设计是最经济、合理和有效的。它是将勘测、设计工作贯穿到施工的全过程。这是人类在解决隧道及地下工程问题过程中,由传统的设计、施工概念向现代概念的一大跃进,也是在解决隧道及地下工程问题的思路上区别于地面工程的一个重要特征。这种"一体化思想"体现在设计方法上,就是多种方法并用、互相补充、互相验证,并与施工紧密相结合,即通过"三法并用"来完成支护结构体系设计的,以使支护结构更接近隧道工程实际,更趋于经济、合理。

值得注意的是,无论是初期支护还是后期支护,它们一旦参与工作,就与围岩共同构成了一个完整的复合结构体系。只是由于要求它们发挥的作用有所侧重,两者所采用的材料不同、力学性能不同、承受荷载大小不同、参与工作的时机不同,以及参与方式(融合程度)不同等,使得初期支护和后期支护两部分设计时,在所建立的力学模型、力学分析方法和计算方法上有些区别。

1. 工程类比设计法

工程类比设计法主要是在编制围岩分级(铁路)或分类(公路)表的基础上,比照已建类似工程的锚喷支护参数、内层衬砌参数,以及施工方法和工艺流程等经验,结合拟建工程的围岩等级与工程尺寸等条件,直接确定拟建工程的初期支护参数、内层衬砌参数,并同时提出施工方法和工艺流程的建议的设计方法。

工程类比设计法发展最早,在应用传统的松弛荷载理论进行隧道整体式衬砌(即单层衬砌)设计时,工程类比设计法用得最多。目前,工程类比设计法仍然是隧道支护设计中应用最广泛和最实用的设计方法。国内有关初期支护—锚喷支护规范[如《锚杆喷射混凝土支护技术规范》(GB 50086—2001)]仍以此法为主,同样,后期支护—内层衬砌的设计也采用工程类比设计法。

工程类比设计法与设计者的实践经验关系很大,更与拟建隧道工程与已建类似工程在技术经济指标、工程地质条件等方面的差异关系很大。所以,要进行严格的类比也是比较困难的。

2. 现场监控设计法

现场监控设计法又称信息设计法,它是以现场量测为手段、以量测信息为设计依据,来确定支护参数、支护时机、施工方法和工艺流程的设计方法。

这种设计方法,将量测的结果反馈到设计施工中,使得支护的设计和施工工艺流程更符合或接近隧道及地下工程的现场实际,也能够更好地适应多变的地质条件和各种不同的施工条件,因而它比工程类比设计法和理论计算设计法更为实用可靠,这也是当前此法在软弱地层设计中迅速发展的原因。

然而,根据量测信息来判断围岩的动态的经验性很强,且受量测地段的选择、量测数据的处理、量测技术的水平、施工条件的变动等多重因素的影响,使得对围岩动态判断的准确程度难以把握和评价,加之量测工作量大、耗资多、对施工有一定干扰,因此其推广受到一些阻碍。

3. 理论计算设计法

理论计算设计法是在测得岩体和支护力学参数的前提下,根据围岩和支护的力学特性及共同工作关系,应用弹塑性理论和有限单元分析方法,建立力学模型,通过计算确定支护参数的设计方法。其力学模型见图 4-2-1。

其力学关系为:在支护阻力 P 作用下,保证围岩不至于失稳的允许周边位移 $[u]$ 与支护的变形相等,即寻求一个最佳共同工作点,及最佳共同工作状态下的支护阻力 P_E 和相应的支护参数。其数学表达式为:

$$[u] = F(P_E) = f(P_E) \tag{4-2-10}$$

围岩—支护的共同工作关系,可以用围岩位移特性曲线 $u = F(P_i)$ 和支护特性曲线 $u = f(P_i)$ 表达,如图 4-2-2 所示。

这种设计方法是基于岩体力学的发展,考虑围岩与支护共同作用而逐渐形成的。其具体的力学模型和计算方法主要是根据岩体的力学特性和结构类型而定。当前有近似的解析计算法和借助电子计算机的有限元、边界元等数值解法。后者能考虑弹性各向异性、节理裂隙等多方面因素,因而在工程设计中已逐步被采用。

但理论计算的发展尚很不成熟,这主要是因为围岩地质状况复杂多变,其力学模型和岩体力学参数不易准,支护作为边界条件的不确定性等原因,加之计算方法中很难反映施工方法、支护时机等因素的影响,使得理论计算设计法一般只作为辅助设计方法,其计算结果仅作为参考。

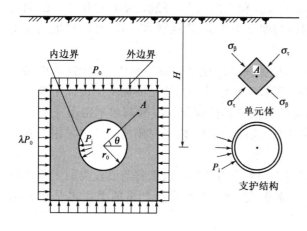

图 4-2-1　围岩—支护共同工作力学模型　　　图 4-2-2　围岩—支护共同工作 P_i-u 关系示意图

4. 综合设计法

综上所述,隧道支护结构设计的三种方法各有利弊,单独每一种方法都有其局限性。从实际的发展情况来看,三种方法并用将是今后发展的方向,从而形成了"综合设计法"。目前正在国内外蓬勃兴起的反分析计算法,就是监控设计法和理论设计法的融合,它既较好地解决了岩体力学参数和地应力参数难以取准的问题,又进一步完善了监控设计法的反馈工作,当然,其初始参数的确定仍借助于工程类比和工程设计经验。

三种方法并用即综合设计法的设计程序是:用工程类比法先行初步设计(依据有关支护规范);再根据工程实际情况(主要是围岩力学特性和结构特征),选择适当的理论计算方法,分析洞室稳定性,验算初步设计的支护参数是否合理;然后在施工中对"围岩—支护"结构体系的力学动态进行必要而有效的现场监控量测,以其提供的信息和围岩地质详勘结果(必要和可能时结合理论电算分析),把原设计和施工中与实际不符部分立即予以变更,使之与实际情况相符。

在上述三法并用的设计程序中,三种方法的作用有所不同。工程类比法所确定的支护参数作为理论验算和现场监控设计的初选值,同时也作为编制工程预算和制订施工方案的初步依据;理论计算法作为对工程类比设计方案的理论论证,同时为分析支护的作用效果提供一些定性的或半定量的理论参考;现场监控量测作为对初选值和实际效果的现场检验,并据此对初选的支护参数加以调整,使之更合理、可靠、经济。当然在具体的设计中,根据围岩地质、力学特点的不同,三种方法的结合可以有所侧重。这就是综合设计法的特点。

四、支护的结构组成

前已述及,根据现代围岩承载理论关于隧道支护结构设计的基本原则,现代隧道工程设计和施工时,将隧道支护结构体系中为帮助围岩获得稳定的人工支护结构分为"初期支护(外层衬砌)"和"后期支护(内层衬砌)"两部分,即外层衬砌加内层衬砌,构成"复合衬砌"。

虽然人工支护结构的两个部分都是帮助围岩获得稳定,但其各自的作用又有所侧重,各自的结构形式和材料、工艺也有较显著的区别,见表 4-2-1,并分述如下。

隧道支护的结构组成 表 4-2-1

隧道支护（复合衬砌）	初期支护（外层衬砌）	锚喷支护（常规支护）	喷射混凝土（加固围岩）	素喷射混凝土
				钢筋网喷射混凝土
				钢纤维喷射混凝土
			锚杆（加固围岩）	系统锚杆
				局部锚杆
			钢拱架（支护围岩）	花钢拱架（格栅钢架）
				型钢拱架
		超前支护（特殊支护）	超前锚杆（加固前方围岩）	
			超前管棚（支护前方围岩）	超前小导管（短管棚）
				超前大管棚（长管棚）
				超前插板（背板）
		地层改良（特殊措施）	注浆加固（加固围岩和堵水）	超前小导管注浆
				超前深孔帷幕注浆
			深层搅拌桩（加固围岩）	
			冷冻固结法（临时固化围岩和地下水）	
	后期支护（内层衬砌）（二次衬砌）	（常规支护）	混凝土衬砌（就地模筑）	
			钢筋混凝土衬砌（就地模筑）	
			喷射混凝土或喷射钢纤维混凝土	
			拼装衬砌	

（一）初期支护（外层衬砌）

初期支护的作用主要是承受"早期围岩压力"，帮助围岩达成"基本稳定"，以便安全、顺利地挖除坑道内岩体，保证隧道在施工期间的稳定和安全。

按照初期支护的作用机理和适用的地层条件来分，初期支护可以分为锚喷支护、超前支护、地层改良三种类型。其中，锚喷支护称为常规支护或常规稳定措施，超前支护和注浆加固称为特殊支护或特殊稳定措施，见表 4-2-1。

值得注意的是，锚喷支护、超前支护和地层改良各部分，与混凝土内层衬砌一样，都应满足耐久性的要求。有资料显示，早在 20 世纪 90 年代，日本新干线上采用新奥法修建的隧道出现大范围的内层衬砌开裂，说明因初期支护耐久性不足，致使在设计服务期内就已经出现明显的失效，而内层衬砌的储备能力又不足以抵抗围岩压力，成为内衬开裂的重要原因。关于这个问题，我国在高速铁路隧道工程中，已明确提出了现实的要求。

1. 锚喷支护（常规支护）

锚喷支护是初期支护最基本的结构形式，也是隧道工程中使用最多的"常规支护"结构和工程措施。常规的锚喷支护泛指锚杆（主要指系统锚杆）、喷射混凝土（素喷、网喷或钢纤维喷射混凝土）和钢拱架[花钢拱架（格栅钢架）或型钢拱架（工字钢架）]的组合。

常规的锚喷支护主要适用于围岩稳定性较好，开挖坑道后掌子面能基本稳定的情况。在此条件下，对开挖面一般只需要做常规的锚喷支护，就可以解决围岩的稳定问题，施工也可以顺利进行。这种"先开挖而后支护"的施工程序称为"顺序施作"。

虽然锚喷支护是一种有效而经济的支护方式,但不等于所有地质条件和场合都能应用。一般规定,对于下列地质条件暂不宜直接使用锚喷支护。在这些特殊地质条件下,需要采用特殊工法(如超前小导管注浆工法)予以处理以后,才可以应用。

①强膨胀性地层;
②未胶结的松散地层;
③软土地层;
④严重湿陷性黄土地层;
⑤大面积淋水、涌水地层;
⑥能引起严重腐蚀的地层;
⑦严寒地区的冻胀地层;
⑧特浅埋或有显著偏压时。

锚杆按其对围岩加固的区域来分,可分为系统锚杆、局部锚杆和超前锚杆三种。

(1)系统锚杆——是指在一个掘进进尺范围内的岩体被挖除后,沿隧道横断面的径向安装于围岩内的锚杆,以形成对已暴露围岩的锚固,并在已加固且稳定的坑道中进行下一个循环的开挖等作业。系统锚杆强调的是联合作用,即群锚效应。

(2)局部锚杆——是指只在一定的区域和方向安装的锚杆,如锁脚锚杆。局部锚杆强调的是维护围岩的局部稳定或对初期支护的局部加强。

(3)超前锚杆——是指沿开挖轮廓线,以稍大的外插角,向开挖面前方围岩内安装的锚杆,形成对前方围岩的预锚固,在提前形成的围岩锚固圈的保护下进行开挖等作业。超前锚杆强调的是支护的超前性,详见超前支护部分。

2. 超前支护(特殊支护)

超前支护是指在围岩稳定性较差的条件下,对掌子面前方未暴露的围岩实施预加固或预支护的工程措施。

超前支护分为超前锚杆和超前小导管(短管棚)、超前大管棚(长管棚)、超前插板(背板)几种形式。超前锚杆的作用在于加固前方围岩,超前管棚和插板的作用在于支护前方围岩,但都是维护开挖面稳定的措施。超前支护与开挖后施作的锚喷支护和内层衬砌共同构成复合衬砌。

在围岩稳定性较差,表现为自稳时间很短或随挖随坍,甚至不挖自坍完全不能自稳的条件下,若强行开挖,则掌子面随时可能出现坍塌失稳,见图 8-5-1,因此,应在开挖前,对尚未暴露的围岩部分实施预先加固或预支护,保证开挖面的基本稳定,见图 8-5-2。然后再进行开挖,才能使施工顺利进行。这就是超前支护的适用条件。这种"先支护后开挖"的施工程序称为"逆序施作"。

超前支护工艺复杂,且造价较高,只适用于少数特殊的围岩条件,故超前支护又称为"特殊稳定措施"。超前支护的各项技术参数需要根据围岩的松散破碎程度及隧道断面大小等条件进行特殊设计。

3. 改良地层(特殊措施)

改良地层是指在围岩稳定性极差的条件下,开挖前对未暴露围岩部分实施适宜的工程措施,将松散岩土胶结为整体,达到改良地层工程力学性能、增强围岩稳定能力的目的的工程措施。

用于改良地层的工程措施有"注浆加固"、"深层搅拌桩"、"临时冻结"等。注浆加固不仅可以起到加固围岩的作用,而且还有堵水作用。注浆加固是从根本上改善并增强围岩稳定性的工程措施。注浆必须在开挖前进行,注浆完成后才能开挖。深层搅拌桩有干喷和高压旋喷两种工艺。注浆加固和深层搅拌桩是从根本上改善并增强围岩稳定性的工程措施,临时冻结(法)则是在施工期间固化围岩和地下水,以保证围岩在施工期间的临时稳定的工程措施。

由于在实际隧道工程中,注浆加固工艺复杂,且造价很高,只适用于少数特殊的围岩条件,故注浆加固与超前支护同样被称为"特殊稳定措施"。按一次注浆范围大小和工艺的不同,隧道工程中常用的注浆加固措施分为"超前小导管注浆"和"超前深孔帷幕注浆"两种。选用何种注浆加固措施,需要根据围岩的松散破碎程度、地下水情况及隧道断面大小等条件进行特殊设计。

在渗透系数较大的无地下水或水量和压力较小的一般软弱破碎岩体的地层条件下,可采用超前小导管注浆。单循环超前小导管注浆的加固范围(深度和厚度)虽然有限,但易于调整和控制。

在水量和压力均较大的破碎岩体的地层条件下,可采用超前深孔帷幕注浆。单循环超前深孔帷幕注浆的加固范围较大,但调整和控制较困难。深孔帷幕注浆,已成为隧道及地下工程中改良地层,增强软弱岩体的稳定性,封堵地下水的有效措施和常用手段。

在含水率较大而颗粒较细的黏土地层、软土地层中,还可以采用超前深孔劈裂注浆。

(二)内层衬砌(二次衬砌)

内层衬砌的作用主要是承受后期围岩压力,并提供"安全储备",以及满足构造、美观、降阻和耐久等方面的要求,保证隧道在服务期的长期稳定和安全。

工程中,常将用于保证围岩处于长期稳定状态的刚度较大的人工支护结构称为内层衬砌或二次衬砌。内层衬砌多采用就地模筑混凝土或钢筋混凝土,也可以采用喷射混凝土或喷射钢纤维混凝土,还可以采用拼装衬砌,即工厂预制、现场拼装。其结构形状和尺寸可根据限界要求、成拱作用和结构受力要求予以调整。除自稳能力特别好的围岩以外,在普通铁路隧道和公路隧道中均应设置就地模筑混凝土或钢筋混凝土内层衬砌,但高速铁路隧道只允许采用就地模筑混凝土或钢筋混凝土内层衬砌。

五、初期支护的选择原则及组合形式

1. 初期支护的选择原则

隧道支护,仅仅是帮助围岩达成稳定的手段,隧道的稳定和可供使用才是隧道工程的直接目的。因此,无论是设计还是施工都应围绕这个目的来解决支护的有效性、安全性、经济性等问题。究竟采用何种形式的支护结构和多大的支护参数,应视实际隧道工程(围岩)地质条件、工程结构条件和工程施工条件来确定。

围岩承载理论关于"围岩不稳,支护帮助,遇强则弱,遇弱则强,按需提供,先柔后刚,监控量测,动态调整"的基本原则,也是根据围岩条件选择支护结构组合形式应遵循的基本原则。

一般而言,开挖坑道后,若围岩完全能够自稳,则无须人工支护。若围岩不能满足工程稳定和安全的要求,则必须加以人工支护结构,才能使其进入基本稳定状态。围岩自稳能力强的,支护就要弱,围岩自稳能力差的,支护就要强;且应优先采用柔性支护,以充分利用围岩固有的自稳能力。若能达成围岩稳定,就不必增加支护强度和刚度;若不能达成围岩稳定,就必须及时增加支护强度和刚度,直至采用混凝土或钢筋混凝土等刚性衬砌;支护的强度和刚度大小应与围岩的稳定能力相适应,应与围岩的变形动态相适应。

表4-2-2所示为在不同围岩条件下隧道初期支护的结构类型选择原则。

初期支护的结构类型选择原则参考表 表4-2-2

	结构类型		构造形式	适用条件				
初期支护	锚喷支护(常规支护)	喷射混凝土(加固围岩)	素喷射混凝土	围岩稳定性好	围岩稳定性较好	围岩稳定性一般	围岩稳定性较差	围岩稳定性极差
			钢筋网喷射混凝土					
			钢纤维喷射混凝土					
		锚杆(加固围岩)	系统锚杆					
			局部锚杆					
		钢拱架(支护围岩)	花钢拱架(格栅钢架)					
			型钢拱架(工字钢架)					
	超前支护(特殊支护)	超前锚杆(加固前方围岩)	全长黏结锚杆					
			迈式锚杆					
		超前管棚(支护前方围岩)	超前小导管(短管棚)					
			超前长管棚					
	地层改良(特殊措施)	注浆(加固围岩和堵水)	超前小导管注浆					
			超前深孔帷幕注浆					
		深层搅拌桩(加固围岩)		饱和软黏土及粉细砂地层				
		冷冻固结法(临时固化围岩和地下水)		适用于饱和含水地层				

2. 初期支护的组合形式

各种单一支护材料和结构,各有其性能特点,尤其喷混凝土、锚杆、钢筋网和钢拱架四种基本支护材料和结构具有很强的兼容性。因此,在实际隧道工程中,为适应地质条件和结构条件的变化,常将各种单一支护材料和结构,按照适当的施工工艺进行恰当组合,共同构成较为合理的、有效的和经济的初期支护结构体系。这种组合形式的初期支护结构体系也是一种复合结构形式,可以称为"联合支护"。组合使用时,各部分的比例应根据各自的适应性和实际需要选择和调整。

对稳定性较好的坚硬完整围岩,一般采用喷混凝土或锚喷支护。对层状围岩,宜采用锚喷或喷混凝土支护,有可能失稳的层状岩体及软硬互层岩体,则必须以锚杆为主。对块状岩体,宜采用锚杆钢筋网喷混凝土或钢筋网喷混凝土支护。

对稳定能力很差的散体状和软弱围岩,则应在以上常规支护的基础上,增设钢拱架和临时仰拱,必要时,还可以增加采用"超前锚杆或短管棚技术(必要时注浆)"、"长管棚技术(必要时注浆)"等特殊技术措施,来构成有效的初期支护。

不同围岩条件下初期支护的结构组合见参考表4-2-3。还可参照西南交通大学出版社出版、李志业教授编写的《地下结构设计原理与方法》,第4章第2节和第4章第3节。

不同围岩条件下初期支护的组合形式参考表　　　　　表 4-2-3

围岩条件	支护作用和主要目的	常规的支护	必要时增加
裂隙少的硬岩，围岩强度应力比大的软岩	防止围岩剥落，使围岩保持永久稳定	①喷混凝土；②局部锚杆	金属网（仅限于锚杆时）
裂隙多的硬岩（裂隙缝明显，一般为块状）	①承受部分初期围岩压力，防止坍塌；②作为永久结构物，提高内层衬砌安全度	①喷混凝土；②有时采用局部锚杆	①钢支撑；②超前支护
裂隙多的硬岩（裂隙缝内夹有黏土或极小的小块），围岩强度应力比小的软岩	①承受部分初期围岩压力，防止塌方冒顶；②承受部分后期围岩压力（取决于初期支护构件的承载能力），提高内层衬砌安全度	①喷混凝土；②系统锚杆或局部锚杆；③有时兼用钢支撑和超前支护	①钢支撑；②超前支护
围岩强度应力比小的软岩或膨胀性围岩	①承受部分初期围岩压力，防止塌方冒顶；②需要初期支护构件承受部分后期围岩压力，以控制围岩变形，且必须提供内层衬砌	①喷混凝土；②系统锚杆；③钢支撑	①钢支撑；②锚杆加固开挖面；③注浆加固
土砂（覆盖层小）	①承受部分初期围岩压力，防止塌方冒顶；②需要初期支护构件承受部分后期围岩压力，且必须提供内层衬砌，以控制围岩变形、地表沉陷和隧道下沉	①喷混凝土；②有时边墙部位也设置系统锚杆	①钢支撑；②超前支护；③注浆加固

六、锚喷支护工程特点、作用和效果

（一）锚喷支护的工程特点

锚喷支护是在洞壁表面上先喷射一层混凝土，有时也同时施加锚杆，凝固以后形成一个薄层的柔性支护结构。它允许围岩产生有限度的变形，充分发挥出围岩自身的承载能力，并与围岩共同构成基本稳定的结构体系。因而，锚喷支护与传统的钢木构件临时支撑相比较，在工程材料、施工工艺和受力的合理性等方面表现出明显的特点和优越性能。

1. 灵活性

锚喷支护是由喷射混凝土、锚杆、钢筋网等支护部件进行适当组合的支护形式，它们既可以单独使用，也可以组合使用。其组合形式和支护参数可以根据围岩的稳定状态、施工方法和进度、隧道形状和尺寸等加以选择和调整。它们既可以用于局部加固，也易于实施整体加固；既可一次完成，也可以分次完成。充分体现了"先柔后刚，按需提供"的原则。

2. 及时性

锚喷支护能在施作后迅速发挥其对围岩的支护作用。这不仅表现在时间上，即喷射混凝土和锚杆都具有早强性能，需要它时，它就能起作用；而且表现在空间上，即喷射混凝土和锚杆可以最大限度地紧跟开挖而施工，甚至可以利用锚杆进行超前支护。虽然构件支撑的最大优点是即时承载，而锚喷支护同样具有即时维护甚至超前维护作用，且能容纳必要的支撑构件

(如格栅钢架)参与工作。

3. 密贴性

喷射混凝土能与坑道周边的围岩全面、紧密地黏结,使锚杆和钢筋网的点约束作用得以分配和改善,使其发挥协同作用。更可以填补洞壁的凹穴,使洞壁变得圆顺,减少应力集中,抵抗岩块之间沿节理的剪切和张裂,增强支护对围岩的有效约束,体现出"围岩—支护"一体化的力学分析和结构设计思想。

4. 深入性

锚杆能深入围岩体内部一定深度,对围岩起约束作用。这种作用尤其以适当密度的径向锚杆群(称为系统锚杆)的效果最为明显。系统锚杆在围岩中形成一定厚度的锚固区,锚固区内的岩体强度和整体性得以提高和加强,应力分布状态也得以改善。其承载能力和稳定能力显著增强。此时,隧道的稳定性实际上就是指锚固区的承载能力和稳定能力。

在围岩中加入锚杆并锚固,相当于在混凝土中加入钢筋形成钢筋混凝土,可以称为"钢筋岩体"(简写为铠),或加筋土(简写为纴)。

另外,沿隧道轴线方向有一定外插角的超前锚杆或钢管,同样具有深入岩层内部对围岩起预支护作用。它们也经常与系统锚杆、喷射混凝土一起发挥协同作用。这对于处理一般的工作面不稳定的问题颇有效果。

5. 柔韧性

锚喷支护具有"既能允许围岩产生有限变形,又能限制过度变形且自身不被破坏"的特性——柔韧性。这主要是由于其施工工艺上的原因:一方面,钢筋网、锚杆具有很好的延展性,喷射混凝土也能喷得很薄,而且对它们是分批次安装、分层次喷射的,因此表现出很好的柔性,从而与围岩协同变形,允许围岩塑性区产生适度变形,使围岩发挥出其自承能力。另一方面,锚杆可以深入到围岩内部,钢筋网与之连接,并通过喷射混凝土使之相互联合,进而与围岩紧密结合,表现出很好的韧性,即使产生较大的变形,也不会遭到破坏(协同作用),避免因变形过度而导致坍塌。

6. 封闭性

喷射混凝土能全面及时地封闭围岩,这种封闭不仅阻止了洞内潮气和水对围岩的侵蚀作用,减少了膨胀性岩体的潮解、软化和膨胀,这是一种空间意义上的封闭。而且锚喷支护能从围岩表面到内部与围岩紧密结合,及时并方便地对坑道周围薄弱部位的围岩进行加固处理,能够有效地阻止围岩变形过度,使围岩较早地进入变形收敛状态,形成无薄弱部分的承载环(加固区),这是一种力学意义上的封闭。

(二)锚喷支护的作用和效果

目前,对于锚喷支护作用机理的试验和理论分析还有待进一步探索和完善,但至少可以明确锚喷支护具有以下作用和效果,这也是进行锚喷支护设计的原理和依据。

1. 锚杆(表 4-2-4)
2. 喷射混凝土(表 4-2-5)
3. 钢筋网及钢纤维(表 4-2-6)
4. 钢拱架(表 4-2-7)

锚杆的作用和效果　　　　　　　　　　　　　　　表 4-2-4

锚杆的作用和效果	概 念 图
①加固围岩,形成承载环 　　由于系统锚杆能限制约束围岩变形,并向围岩施加压力,使围岩尤其是松动区岩体的节理裂隙、破裂面等得以联结,使松动区的破碎岩体形成整体,使之保持和恢复三轴应力状态,从而阻止围岩强度的恶化,保持和增强锚固区围岩的强度(即 c,φ 值),提高围岩的稳定性,称为锚杆的"加固作用";被加固区域称为"加固带"或"加固区"	（加固带示意图）
②提高层间摩阻力,形成"组合梁" 　　对于水平或缓倾斜的层状围岩,用锚杆群能把数层岩层连在一起,增大层理间的摩阻力,从结构力学观点来看,就是形成"组合梁"	（组合梁示意图）
③"悬吊"作用 　　所谓"悬吊"作用是指为防止个别危岩的掉落或滑落,用锚杆将其同稳定围岩联结起来,这种作用主要表现在加固局部失稳的岩体	（悬吊示意图）

喷射混凝土的作用与效果　　　　　　　　　　　　表 4-2-5

喷射混凝土的作用与效果	概 念 图
①填平补强围岩,减缓围岩松动 　　喷射混凝土可以填补围岩表面的凹穴,降低坑道周边围岩的集中应力,减缓围岩松动和强度恶化;还可以黏结岩块,增强岩块之间的摩阻力,阻止不稳定块体的滑塌	（剪切、黏结示意图）
②"卸载作用"和变形观察 　　由于喷射混凝土具有一定的柔性,能使围岩在受控状态下,产生一定程度的变形,但不出现有害变形,同时喷层也不至于因应力过大而遭到破坏,称为"卸载作用"; 　　若围岩变形过大;就会使喷射混凝土开裂,则可以直观地检查、发现和报警	（卸载作用示意图）
③融合锚杆、钢筋网、钢拱架,传递支护内应力 　　通过喷射混凝土把应力传给锚杆、钢筋网、钢拱架包裹融合在一起,使支护结构受力均匀	（传递应力示意图）
④覆盖围岩表面,防止围岩风化 　　喷层直接粘贴岩面,形成风化和止水的防护层,并阻止节理裂隙中充填物流失	（防止潮气示意图）

钢筋网及钢纤维的作用及效果 表 4-2-6

钢筋网及钢纤维的作用及效果	概 念 图
①改善喷层的变形性能,增强喷层的韧性,减少喷射混凝土开裂	
②提高喷层抗剪能力,抗弯能力和抗拉能力,增强对围岩裂隙变形的限制能力	
③使喷层应力得到均匀分布,增强锚喷支护的整体性,提高支护的抗震能力	

钢拱架的作用和效果 表 4-2-7

钢拱架的作用和效果	概 念 图
①限制围岩有害变形 因钢拱架的刚度较大,它对围岩松弛变形的限制作用更强硬,可及时阻止有害松动	
②承受部分松弛荷载 因钢拱架的强度较大,它可以承受已发生的松弛荷载,保证坑道稳定与安全	
③作为超前支护的反支点	

七、隧道设计规范提供的初期支护工程类比设计及选择原则

常用喷混凝土厚度一般在 5~20cm 之间,有时也用到 25cm。锚杆间距见表 4-2-8,锚杆间距一般不宜大于其长度的一半,Ⅱ~Ⅲ级围岩中的锚杆间距宜为 1.0m 左右,且不得大于规范规定的最大间距。另外,对于大跨度隧道,为节省钢材,可以采用长短相间的锚杆支护形式。

锚喷初期支护的设计参数,以及锚喷衬砌的设计参数,可参照表 4-2-8 采用,并在施工过程中通过量测进行反馈修正。钢拱架的设计参数,见表 8-4-1~表 8-4-3。

1.《公路隧道设计规范》(JTG D70—2004)提供的工程类比设计参数

公路隧道锚喷初期支护的设计参数见表 4-2-8,锚喷衬砌的设计参数见表 4-2-9 和表 4-2-10。

公路隧道锚喷初期支护的设计参数 表 4-2-8

围岩级别	单 车 道	双 车 道
Ⅲ	喷射混凝土厚 5~10cm,设置锚杆长度为 2.0m,间距 1.0~1.2m,必要时,局部设置钢筋网	喷射混凝土厚 10~15cm,设置锚杆长度为 2.5m,间距 1.0~1.2m,必要时,配置钢筋网
Ⅳ	喷射混凝土厚 10~15cm,锚杆长度为 2.0~2.5m,间距 1m,必要时,配置钢筋网	喷射混凝土厚 15cm,锚杆长度为 2.5~3.0m,间距 1m,设置钢筋网

续上表

围岩级别	单车道	双车道
V	喷射混凝土厚15cm,锚杆长度为2.5m,间距0.8~1.0m,设置钢筋网,应施作仰拱	喷射混凝土厚20cm,锚杆长度为3.0~3.5m,间距0.8~1.0m,设置钢筋网,必要时,设置钢拱架,应施作仰拱
VI	喷射混凝土厚20cm,锚杆长度为3.0m,间距0.6~0.8m,设置钢筋网,必要时,设置钢拱架,应施作仰拱	通过试验确定

注:采用格栅拱架比型钢拱架为宜,钢拱架外喷射混凝土保护层不应小于4cm。

公路隧道锚喷衬砌的设计参数　　　　　　　　　　　　　表4-2-9

围岩级别	单车道	双车道
I	喷射混凝土厚6cm	喷射混凝土厚6~10cm;必要时,设置锚杆,锚杆长1.5~2.0m,间距1.2~1.5m
II	喷射混凝土厚6~10cm;必要时,设置锚杆,锚杆长1.5~2.0m,间距1.2~1.5m	喷射混凝土厚8~12cm;设置锚杆长2.0~2.5m,间距1.2m;必要时,配置局部钢筋网
III	喷射混凝土厚8~12cm;设置锚杆长2.0~2.5m,间距1~1.2m,必要时,配置钢筋网	喷射混凝土厚10~15cm;设置锚杆长2.5~3.0m,间距1m,配置钢筋网

注:1. III类及以下围岩采用锚杆衬砌时,设计参数应通过试验确定。
  2. 边墙喷射混凝土的厚度可取表列参数的下限值,如边墙围岩稳定,可不设置锚杆和钢筋网。
  3. 配置钢筋网的网格间距一般为15~30cm,钢筋网保护层不小于2cm。

××高速公路双车道隧道支护参数　　　　　　　　　　　　　表4-2-10

衬砌类型	围岩级别	超前支护	初期支护			内层衬砌	
			锚杆	钢拱架	喷射混凝土	混凝土厚度(cm)	主筋
S3	III	—	砂浆锚杆 φ22@120/120 L300 n9/L400 n10	—	C20 d15	35 调平层15	—
S4	IV	超前小导管 φ42 注浆 @150/50 L350 n28+7	中空锚杆 φ22@75/100 L300 n16/L400 n9	14 花钢拱 φ22@75	C20 d22	45 有仰拱最深144	16
S4-1	IV 浅埋						
S5/SD5	V	超前小导管 φ42 注浆 @100/40 L350 n39+9	中空锚杆 φ25@50/80 L350 n18/L400 n11	18 工字钢 @50 全圆	C20 d26	50 有仰拱最深171	22
S0	V	超前管棚 φ108 注浆 @50 L3000 n35	中空锚杆 φ25 @50/80 L350 n29	18 工字钢 @50 全圆	C20 d26	60 有仰拱最深171	25

注:钢筋网规格、间距略;主筋为一级钢筋;超前管棚洞口套拱厚度为40cm。

2.《铁路隧道设计规范》(TB 10003—2001)提供的工程类比设计参数

铁路隧道复合衬砌的设计参数见表4-2-11,锚喷衬砌的设计参数见表4-2-12。

铁路隧道复合衬砌的设计参数　　　　表4-2-11

隧道断面	围岩级别	初期支护							内层衬砌厚度(cm)	
		喷射混凝土厚度(cm)		锚杆			钢筋网	钢架	拱墙	仰拱
		拱墙	仰拱	位置	长度(m)	间距(m)				
单线隧道	II	4	—						25	—
	III	6		局部设置	2.0	1.2~1.5			25	—
	IV	10	10	拱、墙	2.0~2.5	1.0~1.2	必要时设置	—	30	30
	V	14	14	拱、墙	2.5~3.0	0.8~1.0	拱墙、仰拱	必要时设置	35	35
	VI	通过试验确定								
双线隧道	II	5	—	局部设置	2.0~2.5	1.5	—	—	30	—
	III	10	10	拱、墙	2.0~2.5	1.2~1.5	必要时设置	—	35	35
	IV	15	15	拱、墙	2.0~3.0	1.0~1.2	拱墙、仰拱	必要时设置	35	35
	V	20	20	拱、墙	2.5~3.0	0.8~1.0	拱墙、仰拱	必要时设置	40	40
	VI	通过试验确定								

铁路隧道锚喷衬砌的设计参数　　　　表4-2-12

围岩级别	单线隧道	双线隧道
I	喷射混凝土厚5cm	喷射混凝土厚8cm,必要时设置锚杆,长1.5~2.0m,间距1.2~1.5m
II	喷射混凝土厚8cm,必要时设置锚杆,长1.5~2.0m,间距1.2~1.5m	喷射混凝土厚10cm,锚杆长2.0~2.50m,间距1.0~1.2m,必要时设置局部钢筋网

注:1.边墙喷射混凝土厚度可略低于表列数值,如边墙围岩稳定,可不设置锚杆和钢筋网。
　2.钢筋网的网格间距宜为15~30cm,钢筋网保护层厚度不应小于2cm。

3.《锚杆喷射混凝土支护技术规范》(GB 50086—2001)提供的隧道锚喷支护工程类比设计参数

《锚杆喷射混凝土支护技术规范》(GB 50086—2001)提供的隧道锚喷支护参数,可作为我国隧道工程初期支护设计进行工程类比的重要参考,见表4-2-13和表4-2-14。

隧洞和斜井的锚喷支护类型和设计参数 表 4-2-13

毛洞跨度(m) 围岩类别	$B \leq 5$	$5 < B \leq 10$	$10 < B \leq 15$	$15 < B \leq 20$	$20 < B \leq 25$
Ⅰ	不支护	5cm厚喷射混凝土	①8～10cm厚喷射混凝土；②5cm厚喷射混凝土，设置2.0～2.5m长的锚杆	10～15cm厚喷射混凝土，设置2.5～3.0m长的锚杆，必要时，配置钢筋网	12～15cm厚钢筋网喷射混凝土，设置3.0～4.0m长的锚杆
Ⅱ	5cm厚喷射混凝土	①8～10cm厚喷射混凝土；②5cm厚喷射混凝土，设置1.5～2.0m长的锚杆	①12～15cm厚喷射混凝土，必要时配置钢筋网；②8～10cm厚喷射混凝土，设置2.0～3.0m长的锚杆，必要时配置钢筋网	12～15cm厚钢筋网喷射混凝土，设置2.5～3.5m长的锚杆	15～20cm厚钢筋网喷射混凝土，设置3.0～4.0m长的锚杆
Ⅲ	①8～10cm厚喷射混凝土；②5cm厚喷射混凝土，设置1.5～2.0m长的锚杆	①12～15cm厚喷射混凝土，必要时，配置钢筋网；②8～10cm厚喷射混凝土，设置2.0～2.5m长的锚杆，必要时配置钢筋网	10～15cm厚钢筋网喷射混凝土，设置2.0～3.0m长的锚杆	15～20cm厚钢筋网喷射混凝土，设置3.0～4.0m长的锚杆	
Ⅳ	8～10cm厚喷射混凝土，设置1.5～2.0m长的锚杆	10～15cm钢筋网喷射混凝土，设置2.0～2.5m长的锚杆，必要时，采用仰拱	15～20cm厚钢筋网喷射混凝土，设置2.5～3.0m长的锚杆，必要时，采用仰拱		
Ⅴ	12～15cm厚钢筋网喷射混凝土，设置1.5～2.0m长的锚杆，必要时采用仰拱	15～20cm厚钢筋网喷射混凝土，设置2.0～3.0m长的锚杆，采用仰拱，必要时，加设钢拱架			

注：1. 表中的支护类型和参数，是指隧洞和倾角小于30°的斜井的永久支护，包括初期支护和后期支护的类型和参数。
2. 围岩类别是按 GB 50086—2001 规范规定的围岩分类，以后凡涉及 GB 50086—2001 的问题，均按此分类。
3. 服务年限小于 10 年及洞跨小于 3.5m 的隧洞斜井，表中的支护参数，可根据工程具体情况，适当减小。
4. 复合式衬砌的隧洞和斜井，其初期支护采用表中参数时，应根据工程具体情况，予以减小。
5. 急倾斜岩层中的隧洞或斜井易失稳的一侧边墙和缓倾斜岩层中的隧洞或斜井顶部，应采用表中第二种支护类型和参数，其他情况，两种支护类型和参数均可采用。
6. Ⅰ、Ⅱ类围岩中的隧洞和斜井，当边墙高度小于 10m 时，边墙的锚杆和钢筋网可不予设置，边墙喷射混凝土厚度可取下限值；Ⅲ类围岩中的隧洞和斜井，当边墙高度小于 10m 时，边墙的锚喷支护参数可适当减小。

静荷载锚喷支护类型及参数表

表 4-2-14

围岩类别	毛洞跨度 (m)	喷混凝土支护 喷层厚度 (cm)	锚喷支护 喷层厚度 (cm)	锚喷支护 锚杆 直径 (mm)	锚喷支护 锚杆 长度 (m)	锚喷支护 锚杆 间距 (m)	喷网支护 喷层厚度 (cm)	喷网支护 钢筋网 直径 (mm)	喷网支护 钢筋网 网格 (mm)	锚喷网支护 喷层厚度 (cm)	锚喷网支护 锚杆 直径 (mm)	锚喷网支护 锚杆 长度 (m)	锚喷网支护 锚杆 间距 (m)	锚喷网支护 钢筋网 直径 (mm)	锚喷网支护 钢筋网 网格 (cm)
I	<3.0	喷浆 2~3													
I	3~5	3(或喷浆 3)													
I	5~8	5~7													
I	8~12	7~10	5~8	14~16	1.8~2.2	1.2~1.5									
I	12~16	10~13	8~12	16~18	2.0~2.6	1.2~1.5									
I	16~20		12~16	18~20	2.4~2.8	1.0~1.2									
I	20~24		15~20	20~22	2.8~3.5	1.0~1.2				14~18	18~22	2.5~3.2	1.2~1.5	6	(25~35)×(25~35)
II	<3	5(或喷浆 2~3)													
II	3~5	5~7	5~7	14~16	1.8~2.2	1.0~1.2									
II	5~8	7~9	6~8	16	2.0~2.2	1.0~1.2	5~7	6	(25~35)×(25~35)						
II	8~12	9~12	7~10	16~18	2.2~2.5	1.0~1.2	6~8	6	(25~30)×(25~30)						
II	12~16	12~15	10~13	18~20	2.4~3.0	1.0~1.2	8~10	6	(25~30)×(25~30)						
II	16~20		13~16	20~22	2.8~3.5	1.0~1.2	10~13	6~8	(20~25)×(20~25)	12~15	18~22	2.5~3.2	1.2~1.5	6~8	(25~35)×(25~35)
II	20~24						13~16	6~8		15~20	20~25	2.8~3.5	1.0~1.2	6~8	(25~30)×(25~30)
III	<3	6~8	5~7	14~16	1.8~2.0	1.0									
III	3~5	8~10	6~8	16	2.0~2.2	1.0									
III	5~8	10~12	8~10	16~18	2.2~2.5	1.0~1.2									
III	8~12	12~15	10~13	18~20	2.4~2.8	1.0~1.2									
III	12~16		13~16	20~22	2.6~3.2	1.0				12~15	18~22	2.4~2.8	1.0~1.2	6	(25~30)×(25~30)
III	16~20									15~18	22~25	2.6~3.2	1.0~1.2	6~8	(20~30)×(20~30)
III	20~24									18~22	25~28	3.0~3.8	1.0~1.2	8~10	(20~30)×(20~30)

续上表

围岩类别	毛洞跨度(m)	喷射混凝土支护	锚喷支护				喷网支护				锚喷网支护						
		喷层厚度(cm)	喷层厚度(cm)	锚杆			喷层厚度(cm)	钢筋网			喷层厚度(cm)	锚杆			钢筋网		
				直径(mm)	长度(m)	间距(m)		直径(mm)	网格(mm)			直径(mm)	长度(m)	间距(m)	直径(mm)	网格(cm)	
IV	<3	8~11	7~10	16	1.8~2.0	1.0	7~10	6	(20~30)×(20~30)		7~9	14~16	1.8~2.0	1.0~1.2	6	(25~35)×(25~35)	
	3~5	10~13	9~12	18	2.0~2.4	1.0	9~12	6~8	(20~30)×(20~30)		8~11	16~18	2.0~2.2	1.0~1.2	6	(25~30)×(25~30)	
	5~8	13~16	11~14	18~20	2.4~2.8	1.0	11~14	6~8	(20~25)×(20~25)		10~13	18	2.2~2.6	1.0~1.2	6	(25~30)×(25~30)	
	8~12		14~18	20~22	2.5~3.2	0.8~1.0	14~18	8	(20~25)×(20~25)		13~15	18~22	2.4~2.8	1.0	6~8	(20~30)×(20~30)	
	12~16										15~20	22~25	2.6~3.2	1.0	8~10	(20~25)×(20~25)	
	16~20																
	20~24																
V	<3		11~14	20~22	2.0~2.5	1.0	11~14	8	(20~25)×(20~25)		10~13	16~18	1.8~2.0	0.8~1.0	6~8	(25~30)×(25~30)	
	3~5		13~16	20~22	2.0~2.5	1.0	13~16	8~10	(20~25)×(20~25)		12~15	18~20	2.0~2.4	0.8~1.0	8	(25~30)×(25~30)	
	5~8		16~20	22~25	2.5~3.2	0.8	16~20	10	(20~25)×(20~25)		15~18	20~22	2.4~2.8	0.8~1.0	8~10	(20~30)×(20~30)	
	8~12		(待 定)								18~22	22~25	2.6~3.2	1.0	8~10	(20~25)×(20~25)	
	12~16										(待 定)						
	16~20																
	20~24																

注：1. 表中给出四种基本支护类型及参数。应先确定支护类型，后选用相应参数。不能理解为此四种类型是在相同条件下是等效的，而可任选一种。
2. 支护类型须根据围岩的结构类型而定。整体状结构宜选用喷混凝土或锚喷支护；层状结构宜选用喷混凝土或锚喷或锚喷网支护；碎裂结构宜选用锚喷网或锚喷网支护；散块状结构宜选用锚喷网或喷网支护。
3. 表中参数示有上、下限。一般工程或次要部位取偏小值，重要工程或重要部位取偏大值；跨度小者取偏大值，跨度大者取偏小值；块状结构取偏小值，层状结构取偏大值，特殊工程另行考虑。
4. 当墙高度较大时，侧墙部位的参数可取小一些；当墙高度不大而相应跨度较大时，供部参数可取大一些。
5. 表中参数 x~(m) 系指不含前者而不含后者，后者归入下一档中。
6. 加框之参数系为参考值。
7. 对于V类围岩，必要时可做成仰拱形式。
8. 与预应力大锚杆配合使用的支护类型及参数须另行考虑。

87

学习资料五　认识隧道施工方法

学习目标

1. 认识:隧道的基本(常规)施工方法、基本程序和技术要领;
2. 掌握:隧道施工技术工作的基本内容;
3. 了解:隧道施工组织和管理的基本准则;
4. 了解:特殊地质条件下隧道施工的基本准则。

任务描述

回答下列问题(口头回答50%,书面回答50%):

1. 传统矿山法(背板法)基本的施工程序是什么?其优缺点及基本原则有哪些?
2. 新奥法(NATM)施工的基本程序是什么?基本原则有哪些?
3. 需要采用超前支护或预先进行地层改良的情形有哪些?
4. 明挖法分为哪几种?适用条件如何?
5. 试述盖挖法的种类、优点、施作顺序及其适用条件?
6. 试述盾构的种类、优缺点及其适用的地层条件。
7. 掘进机法的工作原理、优缺点是什么?
8. 试述掘进机的种类及其适用的地层条件。
9. 试述沉埋法的主要施工程序、适用条件及优点。

学习引导

1. 观看施工录像26、27、28、200,听取PPT005讲解,学习本学习资料。
2. 认读案例:厦门翔安海底隧道施工组织设计。
3. 建议采用旋转木马、搭档拼图、扩展小组、关键词标注、传话筒、引导文、三明治、交换答案等教学方法。
4. 建议学时:4学时。

资料一　施工方法的分类、适用条件及选择原则

一、隧道施工方法的分类

隧道及地下工程的施工方法是开挖和支护等工序的组合。或者定义为,为达到规定的使用目的、设计要求、技术标准,选用一定的人员、资金、机械、材料,运用一定的技术措施和管理措施,遵循一定的作业程序,修建隧道及地下洞室建筑物的方法。

按照开挖成型方法、破岩掘进方式、支护结构施作方式或空间维护方式的不同,以及隧道穿越地层的不同,目前一般可以将隧道施工方法分类如下:

(1)矿山法,又称为钻爆法;
(2)新奥法,我国称为"锚喷构筑法";
(3)明挖法;
(4)盖挖法;
(5)盾构法;
(6)掘进机法;
(7)沉埋法,又称为沉管法。

本书以现代隧道工程"围岩承载理论"为主要线索,重点介绍现代隧道"新奥法"施工的基本原则、基本程序、技术措施。其他的施工方法只作简要介绍。

二、隧道施工方法的适用条件

以上各种方法与地层条件、埋深条件、建筑环境条件的适应性见表5-1-1。

隧道施工方法及其适用条件　　　　表5-1-1

地层条件 \ 隧道施工方法	矿山法（背板法）	新奥法（锚喷构筑法）	明挖法	盖挖法	盾构法	掘进机法	沉埋法
山岭隧道	适用	适用、最常用	浅埋段适用		软岩段适用	适用	
浅埋隧道(软岩、土质)	可用	加特殊措施适用	适用	适用	适用		
水下隧道(水下地层中)		硬岩段适用			软岩段适用		
水底隧道(水下河床上)							适用

三、隧道施工方法选择的原则

围岩工程地质条件,即隧道所处的地下建筑环境条件,主要表现为围岩的自稳能力和抗扰动能力、被挖除岩体的抗破坏能力、地下水储藏条件、地应力大小、地温、易燃易爆有害物质以及这些条件的变化情况。隧道工程结构条件主要表现为隧道长度、隧道断面大小、形状、洞室的组合形式以及支护结构类型等情况。隧道工程施工条件主要表现为施工对围岩的扰动、支护对围岩提供帮助或限制的有效性、施工作业对空间的要求、提高施工速度的要求、控制施工成本的要求、保证工程质量的要求、保证施工安全的要求、减少环境污染的要求、施工队伍技术水平、施工人员素质、施工队伍的管理水平。

从工程技术的角度来看,隧道围岩工程地质和水文地质条件,是影响施工方法选择的最关键因素。针对具体的隧道工程,采用何种施工方法,不仅取决于围岩工程地质和水文地质条件,也必然受到隧道工程结构条件和工程施工条件的影响。

隧道施工方法选择的原则是:应根据实际隧道工程上述三个方面的条件,尤其是围岩工程地质条件,充分研究、综合考虑,选择适当的施工方法,并根据各方面条件的变化及时调整和改变施工方法。

所选施工方法必须与围岩的自稳能力和被挖除岩体的坚硬程度相适应,并尽量减少对围岩的扰动、保持围岩的自稳能力不显著降低、利用围岩自稳能力、保证围岩稳定。所选施工方法必须与工程地质条件的变化相适应。所选施工方法必须与隧道断面大小、形状,以及洞室的组合情况相适应。所选施工方法必须与施工技术水平相适应,并能够满足施工安全、作业空间、施工速度、施工成本控制、工程质量、环境保护、施工组织和管理方面的要求。

应当指出的是，隧道工程施工是在应力岩体中开拓地下空间。由于地质条件的复杂性和多变性，以及地质勘探、施工技术和人们对工程问题认识的局限性，使得人们在隧道施工过程中不可避免地会遇到预料之外的地质条件，甚至发生如流变、塌方、流沙、突泥、涌水、岩爆等工程事故。所以，隧道施工人员，一方面应当根据隧道工程各方面的具体条件加以综合考虑、反复比较，选择最经济、最合理的施工方法，一般是多种方法、多种技术的综合应用；另一方面应密切关注施工过程中的各种因素变化，及时根据实际情况调整施工方案、施工方法、施工技术和施工进度等各项计划。这是一个受多种因素影响的动态的择优过程。

在长大山岭隧道工程中，采用小直径掘进机（TBM，直径 3~4m），先行完成导坑开挖，然后再采用钻爆法扩大为正洞，已成为推荐的组合型施工方法。

资料二 矿 山 法

一、矿山法概述

"矿山法"因其最早应用于坑道采矿而得名。因其采用"钻眼爆破"方式破岩，故隧道工程中也称之为"钻爆法"。它是采用纵向分段、横向全断面或分部开挖，每一部分开挖成型后即对暴露围岩加以适当的支撑或支护，继而提供必要的永久性人工结构，以保持隧道长期稳定的施工方法。矿山法由于支撑或支护结构和材料的不同，人们习惯上将采用钢、木构件作为临时支撑的施工方法称为"传统矿山法"，日本隧道界则称之为"背板法"。

早期的传统矿山法主要采用木构件作为临时支撑，施作后的木构支撑只是作为维护围岩稳定的临时措施，待隧道开挖成型后，再逐步地将其拆除，并代之以砌石或混凝土衬砌。由于木构支撑的耐久性差和对坑道形状的适应性差，尤其是支撑撤换工作既麻烦又不安全，且对围岩有进一步扰动，因此已很少采用。

后来，由于材料的改进和钢材产量的增加，传统矿山法发展为主要采用钢构件承受早期围岩压力，以维护围岩的临时稳定，然后在此基础上再施作内层衬砌，以承受后期围岩压力，并提供安全储备。钢构件支撑具有较好的耐久性和对坑道形状的适应性等优点，施作后的钢构件支撑无需拆除和撤换，也更为安全。至今，这种方法仍在沿用。

二、矿山法施工的基本程序

矿山法是采用木构件或钢构件作为临时支撑，抵抗围岩变形，承受围岩压力，获得坑道的临时稳定，待隧道开挖成型后，再逐步地将临时支撑撤换下来，而代之以永久性单层衬砌的施工方法。它是人们在长期的施工实践中逐步自然发展起来的一种传统施工方法。矿山法施工的基本程序可用图 5-2-1 所示的框图表示。

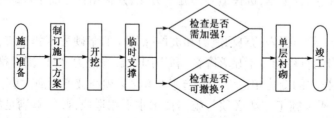

图 5-2-1 传统矿山法施工程序

三、矿山法的优缺点

矿山法将围岩与单层衬砌之间的关系等同于地上工程的"荷载(围岩)—结构(衬砌)"力学体系。它作为一种维持坑道稳定的措施,是很直观和奏效的,也容易被施工人员理解和掌握。

因此,直至现在,这种方法常被应用于不便采用锚喷支护的隧道中,或处理塌方等。传统矿山法的一些施工原则也得以继承和发展。曾经使用过的"插板法"和现在经常使用的"超前管棚法"及"顶管法",可以说是传统矿山法改进和松弛荷载理论发展的极致。

但由于衬砌的实际工作状态很难与设计工作状态达成一致,以及存在临时支撑难以撤换等一些问题,在一定程度上限制了它的发展和应用。

四、矿山法施工的基本原则

矿山法施工的基本原则可以归纳为"少扰动、早支撑、慎撤换、快衬砌"。

少扰动,是指在进行隧道开挖时,要尽量减少对围岩的扰动次数、扰动强度、扰动范围和扰动持续时间,这与新奥法施工的要求是一致的。采用钢支撑,可以增大一次开挖断面跨度,减少分部次数,从而减少对围岩的扰动次数。

早支撑,是指开挖后应及时施作临时构件支撑,使围岩不致因变形松弛过度而产生坍塌失稳,并承受围岩松弛变形产生的压力,即早期松弛荷载。定期检查支撑的工作状况,若发现变形严重或出现损坏征兆,应及时增设支撑予以加强。作用在临时支撑上的早期松弛荷载大小可比照设计永久衬砌的计算围岩压力大小来确定。临时支撑的结构设计亦采用类似于永久衬砌的设计方法,即结构力学方法。

慎撤换,是指拆除临时支撑而代之以永久性模筑混凝土衬砌时要慎重,即要防止撤换过程中围岩坍塌失稳。每次撤换的范围、顺序和时间要视围岩稳定性及支撑的受力状况而定。若预计到不能拆除,则应在确定开挖断面大小及选择支撑材料时就予以研究解决。使用钢支撑作为临时支撑,则可以避免拆除支撑的麻烦和危险。

快衬砌,是指拆除临时支撑后要及时修筑永久性混凝土衬砌,并使之尽早承载参与工作。若采用的是钢支撑,又不必拆除,或无临时支撑时,亦应尽早施作永久性混凝土衬砌。

资料三 新 奥 法

一、新奥法及其施工的基本程序

"新奥法"是奥地利隧道学家腊布希维兹教授在总结锚喷支护技术的基础上首先提出的,简称为 NATM(New Austrian Tunnelling Method)。它是采用锚杆和喷射混凝土作为初期支护,达成围岩的基本稳定,待隧道开挖成型后,再逐步地施作内层衬砌作为安全储备,以保持隧道长期稳定的施工方法。我国隧道施工技术规范称之为"锚喷构筑法"。

新奥法主要采用锚杆和喷射混凝土作为维护围岩稳定的初期支护,以帮助围岩获得初步稳定,施作后的锚喷支护即成为永久性承载结构的一部分而不予拆除,然后,在此基础上再施作内层衬砌作为安全储备,称为二次衬砌。初期支护、二次衬砌与围岩三者共同构成了永久的隧道结构体系。

新奥法施工的基本程序可用图 5-3-1 所示的框图表示。

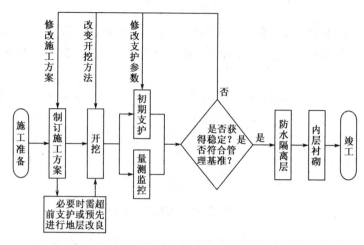

图 5-3-1 新奥法施工的基本程序

值得注意的是：虽然新奥法和传统矿山法都是采用钻眼爆破方式掘进，但二者的支护方式有着显著的不同，且二者的施工原则和理论解释也不同。这种差异，反映了人们对隧道及地下工程问题认识的进步和工程理论的发展。新奥法是目前我国山岭隧道工程中广泛使用的施工方法，从隧道工程的发展趋势来看，新奥法仍将是今后隧道工程最常用的施工方法。

锚杆、喷射混凝土和钢拱架等初期支护直接参与围岩共同工作，也不受隧道断面尺寸和形状的限制，可以适用于大多数的地质条件，对某些特殊地质条件，在辅助工法的支持下仍然适用。从而使隧道施工的安全性和隧道结构的可靠度均大大增加。

由于锚喷支护技术的应用和发展，也使隧道及地下工程的设计和施工更符合地下工程实际，即实现了"隧道及地下洞室建筑结构体系的"的设计理论—施工方法—工作状态三者在原则、程序和效果方面的基本一致协调和贯穿统一。因此，新奥法作为一种施工方法，已在世界范围内得到了广泛的应用。更为重要的是，它引发了人们对锚喷支护作用机理的广泛研究，从而促成了隧道及地下工程理论迈入到现代隧道及地下工程理论的新时代，导致了现代隧道工程理论体系的形成和"围岩承载理论"的提出。

若采用机械化施工，其流程图见 5-3-2，主要机械配置见表 5-3-1。

隧道机械化施工主要机械配置表　　　　表 5-3-1

项　目	机械名称	规格型号	台数	主要技术性能
开挖	凿岩台车	RB353E	2	全液压控制，轮胎行走，工作范围 11.5m×15.3m
	铣挖机	ER1500-S	3	适用于软弱、风化岩（最大硬度≤120MPa）的开挖，用于处理局部欠挖，开挖沟槽更方便
出渣运输	挖斗式装渣机	ITC312H4	3	履带行走，高速 3.6km/h，低速 1.6km/h；装渣能力 300m³/h；挖掘高度 6 450mm，挖掘深度 1430mm
	铲斗式装渣机	CAT966G	3	可侧卸，轮胎行走，3.5m³
		ZLC50C	3	可侧卸，轮胎行走，2.3m³
	普通挖掘机	EC290BLS	1	履带式行走，1.5m³
		CAT320C	2	履带式行走，1.0m³
	双向自卸汽车	VOLOV A25DTS	8	双向行驶，载质量 25t，铰接车身
	单向自卸汽车	VOLOV FM9	5	单向行驶，载质量 20t，转弯半径 16m
		ND3320	4	单向行驶，载质量 21t，转弯半径 16m

续上表

项 目	机械名称	规格型号	台数	主要技术性能
超前支护	管棚钻机	KR80512	1	履带行走,主臂可360°回转定位,钻孔高度4.5m,可套管与钻杆同时跟进冲击钻进,深度达50m,钻孔直径89~250mm,回转扭矩4~16KN·m
	深孔钻机	MK-5S	2	钻孔深度可达400m,钻孔直径75mm
	注浆泵	ZMP726E	4	最大注浆压力21MPa
初期支护	强制式混凝土搅拌机	JS500	2	$25m^3/h$
	混凝土湿喷机	KOS1030-HA30	3	$12m^3/h$
二次衬砌	衬砌模板台车	穿行式	3	全断面,全液压,分体移动,一次模筑长度10m
	混凝土输送泵	HBT60	4	$60m^3/h$
	混凝土搅拌运输车	RB353E	1	$6m^3$
高压供风	内燃空压机	CVFV-12/7	2	$12m^3/min$
	电动空压机	L-22/7	6	$22m^3/min$
通风排水	轴流式通风机	SDF©-No12.5	2	2级变速,110kW×2
	多级离心水泵	8BA-18	15	20kW

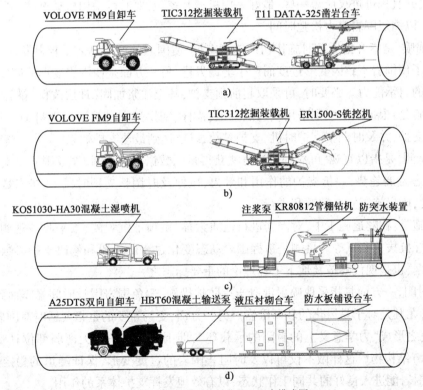

图 5-3-2 隧道机械化施工配套模式图

a)行车隧道开挖机械配置;b)全强风化层及风化深槽开挖机械配置;c)隧道支护作业线机械配置;d)混凝土二次衬砌机械配置

二、新奥法施工的基本原则

根据对隧道及地下工程基本问题——"开挖与支护的关系"的认识,对围岩的"三位一体特性"的认识,以及对支护的"加固和维护作用"的认识,现代"围岩承载理论"认为"围岩是工程加固的对象,是不可替代的;支护是加固的手段,是可以选择的。"

围岩承载理论在"新奥法"成功应用的基础上,运用岩体力学分析方法,充分考虑围岩在施工过程中的动态变化,逐步形成了"以维护和利用围岩的自承能力为基本出发点、锚杆和喷射混凝土为主要支护措施、对围岩和支护的变形和应力进行量测为监视控制手段,来指导隧道和地下工程设计、施工"的基本思路,并进一步总结出提供支护帮助的基本原则,即"围岩不稳,支护帮助,遇强则弱,遇弱则强,按需提供,先柔后刚,量测监控,动态调整"。

根据以上解决问题的基本思路和支护设计的基本原则,作为一种施工方法,新奥法施工的基本原则可以归纳为"少扰动、早锚喷、勤量测、紧封闭"。这四项基本原则的具体含义解释如下:

(1)少扰动,是指在进行隧道开挖时,要尽量减少对围岩的扰动次数、扰动强度、扰动范围和扰动持续时间。因此,隧道施工应根据围岩级别,选择合理的开挖方法、掘进进尺和作业循环。

具体措施是:能用机械开挖的就不用钻爆法开挖;采用钻爆法开挖时,要严格地进行控制爆破;尽量采用大断面开挖,以减少对围岩的扰动次数;对自稳性差的围岩,宜采用分部开挖、小循环作业,并且掘进进尺应短一些;最好采用机械开挖,必要时可采用松动爆破;支护要尽量紧跟开挖面,以缩短围岩应力松弛时间。

(2)早锚喷,是指开挖后及时施作初期锚喷支护,使围岩的变形进入受控制状态。这样做一方面是为了使围岩不致因变形过度而产生坍塌失稳;另一方面是使围岩变形适度发展,以充分发挥围岩的自承能力。必要时,可采取超前预支护,甚至注浆加固(地层改良)措施。

具体措施是:根据围岩级别采用喷射混凝土、锚杆、钢拱架和模筑混凝土衬砌等不同组合形式的初期支护,并及时调整支护时机、支护参数,以求达到最佳支护效果。

(3)勤量测,是指以直观、可靠的量测方法获得量测数据来判断围岩(或围岩+支护)的稳定状态及动态发展趋势,评价支护的作用和效果,以便及时调整支护时机、支护参数、开挖方法、施工速度,确保施工安全和顺利进行。

具体措施是:在隧道施工中,对围岩进行地质素描、拱顶下沉观测、水平收敛观测、仰拱隆起观测及锚杆抗拔力测试等。量测是掌握围岩动态变化过程的手段和修改支护参数、调整施工措施的依据,也是现代隧道及地下工程理论的重要标志之一。

(4)紧封闭,一方面是指采取喷射混凝土等防护措施,避免围岩因长时间暴露而致强度和稳定性衰减,尤其是对于易风化的软弱围岩。另一方面,更为重要的是指要适时对围岩施作封闭形支护,使之形成"力学意义上的封闭的承载环",即围岩+支护=无薄弱部位且整体稳定的环状(筒状)结构物。这样做不仅可以及时阻止围岩的过度变形,保证隧道的稳定,而且可以使支护和围岩能进入良好的共同工作状态,以有效地发挥支护体系的作用。

具体措施是:在一般破碎围岩地段的施工中,及时加固薄弱部位;而在软弱破碎围岩地段的施工中,采用短台阶或超短台阶法开挖,及时修筑仰拱,使初期支护尽早形成封闭的承载环。

值得注意的是,在一般围岩条件下,模筑混凝土内层衬砌,原则上是在初期支护与围岩共同工作并已达成基本稳定(变形收敛)的条件下修筑的。因而内层衬砌的作用是承受围岩后期压力和提供安全储备。但在围岩自稳能力很弱并具有较强流变特性时,及时采用刚度较大的强支护措施就显得非常必要。

三、新奥法的优缺点

(1) 各工序的组合和调整的灵活性很大,尤其是当地质条件发生变化时,它依然表现出很强的适应性。长期的实践已使人们积累了丰富宝贵的施工经验,已形成了较为科学合理、完整成熟的施工方案,这些是普遍认同的优势。

(2) 与传统矿山法的钢木构件临时支撑相比较,新奥法的锚喷初期支护具有显著的灵活性、及时性、密贴性、深入性、柔韧性、封闭性等工程特点。

(3) 施工机械和设备的配套比较灵活,且多数是常规设备,其组装简单、转移方便,重复利用率高。

(4) 现代隧道工程使用的钢拱架和内层衬砌是力学意义上的承载环,其设计计算方法仍沿用并改进了传统松弛荷载理论的设计计算方法。

但值得注意的是,就功效而言,钢拱架、超前管棚、混凝土或钢筋混凝土等刚性构件,其作用简明直观、行之有效,且具有较好的耐久性。而锚喷初期支护的支护能力和功效虽然并不亚于刚性构件,但其理论需要专门的培训,对其实施准则的认识和掌握还需要在实践中加以总结和积累。就耐久性而言,因为锚喷支护毕竟是一种松散结构,其耐久性并非是最理想的,而且在不同的围岩条件下,其功效大小也不尽相同,还需要用时间来检验。

四、需要采用超前支护或预先进行注浆加固、冷冻固结的情形

遵循现代隧道工程围岩承载理论的基本思想,以及现代隧道支护设计的基本原则和新奥法施工的基本原则,当隧道围岩坚硬完整时,或者围岩虽然比较软弱破碎,但地应力不很大,埋置深度较大时,隧道上覆岩体的自然成拱作用较好,工作面稳定,既不易受地面条件的影响,围岩松弛变形也不至于波及地表。采取常规支护,并按"先开挖、后支护"的顺作程序进行施工,就可以获得围岩的稳定和安全。

但当隧道围岩软弱破碎,而地应力也很大时,无论是浅埋还是深埋,围岩都表现为较强的流变性,随时会发生坍塌,有时甚至不挖自坍,工作面不稳定,难以形成自然拱。此时,若仍然采用常规支护措施和顺作程序,不但不能有效地控制围岩的变形和阻止坍塌,而且围岩的松弛变形还会进一步向围岩深层发展,造成更大范围的围岩松弛,改变地层状态和地下水环境,严重时还会波及地表,改变地面形态,危及地面建筑物的稳定和安全。

针对软弱破碎围岩条件下的工作面稳定问题,可以采用的特殊稳定措施有"超前支护"、"注浆加固"和"冷冻固结"三大类。由于有这些特殊稳定措施的支持,使得在软弱破碎地层中进行隧道施工变得更及时、有效、快速,也更安全和具有可预防性。

超前支护又分为超前锚杆加固前方围岩和超前管棚支护前方围岩,它主要适用于松散破碎的石质围岩条件。注浆加固又分为超前小导管注浆和超前深孔帷幕注浆,它主要是适用于松散未胶结的砂性地层条件。注浆不仅可以加固围岩,也可以起到堵水作用。冷冻固结主要是针对饱和软黏土地层条件,利用水作为介质,通过冷冻结冰,将围岩固化,形成稳定性较好的冻土,再在冻土层中完成隧道施工的一种特殊施工技术。

以上措施可视情况依次选用,即优先选用简便方法,并应视围岩工程地质条件、地下水情况、施工方法、建筑环境要求等具体情况,尽量与常规稳定措施相结合,进行充分的技术经济比较,选择最为适宜的特殊稳定措施。

总之,在软弱破碎围岩条件下,采用特殊稳定措施进行隧道施工的基本原则是"先护后

挖,逆序施作",具体说来就是先支护/先加固、后开挖,逆序施作;短进尺、慎开挖,万勿冒进;强支护、快衬砌,及时封闭;重观察、勤量测,莫等塌方。

五、洞口施工与进洞方法

山岭隧道洞口,或长或短有一段埋深比较浅,称为"浅埋段"。因此,洞口段施工除应遵循以上施工原则以外,还要研究进洞方法。进洞方法主要是研究如何维护边坡、仰坡的稳定,保证安全、顺利进洞。

一般而言,不论洞口位置边、仰坡陡缓情形和基岩稳定性好坏,都必须先行做好截水天沟等洞口防排水设施,减少或避免雨水对边、仰坡的危害,然后才可以安排进洞施工。

如果洞口仰坡比较陡,表明浅埋段较短,基岩(围岩)稳定性较好。可在清除地表虚土并施作简单的防护后,直接开挖进洞。但应注意采用短进尺、弱爆破、强支护,并随时加密观测支护的工作状况和地表松动变形或下沉情况。

如果洞口仰坡比较平缓,或者洞口傍山斜交,表明浅埋段较长,基岩(围岩)稳定性较差或存在偏压,边、仰坡易于坍塌,应遵循"先护后挖"准则,做好进洞施工。此种条件下,应首先对边、仰坡实施加固处理,必要时应采用"超前支护"等特殊稳定措施,来维护边、仰坡(围岩)的稳定,方可开挖进洞。且应注意采用短进尺、弱爆破、强支护,并随时加密观测支护的工作状况和地表松动变形或下沉情况。常见的做法有两种:一种是"超前小导管进洞",另一种是"超前管棚进洞"。无论采用哪一种超前支护进洞方法,都必须先在洞口位置设置钢筋混凝土"套拱",并在套拱中按设计要求预埋导管,以便向洞内施作小导管或长钢管(必要时注浆),形成超前支护。

资料四 明 挖 法

当隧道埋置较浅时,可将上覆一定范围内的岩体及隧道内的岩体逐层分块挖除,并逐次分段施作隧道衬砌结构,然后回填上覆土。这种施工方法称为浅埋"明挖法"。采用明挖法修建的隧道(或区段)称为"明洞"。

明挖法的优点是施工程序简单、明确,容易理解,便于掌握,主体结构受力条件较好,在没有地面交通和环境等限制时,应是首选方法。

按照对边坡维护方式的不同,浅埋明挖法可分为放坡明挖法、悬臂支护明挖法、围护结构加支撑明挖法。应当注意的是,当采用悬臂支护明挖法或围护结构加支撑明挖法时,工程的重点和难点就转化为深基坑的围护问题。

一、放坡明挖法

放坡明挖法是指根据隧道侧向土体边坡的稳定能力,由上向下分层放坡开挖隧道所在位置及其上方的土体至设计隧道基底高程后,再由下向上顺作隧道衬砌结构和防水层,最后施作结构外回填土并恢复地表状态的施工方法。放坡明挖法施工的隧道亦称为明洞,其施工顺序与地上工程相似,故不再赘述。

放坡明挖法主要适用于埋置特浅,边坡土体稳定性较好,且地表没有过多的限制性条件的隧道工程中。放坡明挖法虽然开挖土方量较大,且易受地表和地下水的影响。但可以使用大型土方机械,施工速度快,质量也易得到保证,作业场所环境条件好,施工安全度较高。放坡明挖法是浅埋隧道的首选施工方法。边坡局部稳定性较差时,可采用喷射混凝土进行坡面防护或采用锚杆加固边坡土体。

二、悬臂支护明挖法

悬臂支护明挖法是将基坑围护结构插入基底高程以下一定深度,然后在围护结构的保护下开挖基坑内的土体至设计隧道基底高程后,再由下向上顺作隧道主体结构和防水层,最后施作结构外回填土并恢复地表状态的施工方法。

悬臂支护明挖法常用的围护结构有打入木桩、钢桩、钢筋混凝土预制桩、就地挖孔或钻孔灌注钢筋混凝土桩、钻孔灌注钢筋混凝土连续墙等。以上各种措施也可联合采用。悬臂支护明挖法主要适用于埋置较浅,边坡土体稳定性较差,且地表有一定的限制性要求的隧道工程中。

悬臂围护结构处于悬臂受力状态,靠围护结构插入基底以下一定深度部分的抗倾覆能力和围护结构的抗弯刚度来平衡其基底以上部分所受外侧土压力。其优点是,由于有围护结构的保护,开挖土方量小,且基坑内无支撑,便于基坑内土体开挖和主体结构施工的机械化作业,也易保证工程质量。缺点是围护结构施工较复杂,工程造价较高。

三、围护结构加支撑明挖法

围护结构加支撑明挖法是当基坑深度较大、围护结构的悬臂较长时,在不增加围护结构的刚度和插入深度的条件下,在围护结构的悬臂范围内架设水平支撑以加强围护结构,共同抵抗较大的外侧土压力;在主体结构由下向上顺作的过程中,按要求的时序逐层分段拆除水平支撑,完成结构体系转换,最后施作结构外回填土并恢复地表状态的施工方法。

围护结构加支撑明挖法主要适用于埋置不太浅,边坡土体稳定性较差,外侧土压力较大,且地表有一定的限制性要求的隧道工程中。

水平支撑的强度、刚度、间距、层数及层位等技术参数,应根据对水平支撑与围护结构的共同工作状态、结构体系转换过程和施工工艺的要求进行力学分析计算确定。施工中必须经常检查支撑状态,必要时对其应力进行量测和监控。采用水平支撑的优点是:墙体水平位移小,安全可靠,开挖深度不受限制。

水平支撑常用的形式有横撑、角撑和环梁支撑。平面矩形围护结构的基坑拐角或断面变化处用角撑,短边方向一般用横撑,平面环形围护结构也可采用环梁支撑。开挖基坑宽度较大,水平支撑刚度不足时,还可考虑加设中间支柱来保持其稳定性。水平支撑结构以钢管、型钢及型钢组合构件为好,因其拆装方便,占据空间较小,回收利用率高,故在实际工程中应用较多。

资料五 盖 挖 法

一、盖 挖 法

当隧道埋置较浅时,可考虑采用"盖挖法"。盖挖法是在隧道浅埋时,由地面向下开挖至一定深度后,施作结构顶板,并恢复地面原状,其余的绝大部分土体的挖除和主体结构的施作则在封闭的顶板掩盖下完成的施工方法。

二、盖挖法的种类和施作顺序

按照盖板下土体挖除和主体结构施作的顺序,浅埋盖挖法可以分为盖挖顺作法和盖挖逆作法。

盖挖顺作法是在盖板的保护下，由上至下逐层分块挖除并逐次分段施作隧道衬砌结构。

盖挖逆作法是在盖板的保护下，逐层分块挖除并逐次分段施作隧道衬砌结构。

顺作法需要采用大量的大直径钢管作为临时水平支撑，但结构主体是由下而上顺序施作，墙柱混凝土施工缝易于处理，且质量容易保证。逆作法无需占用大量水平支撑，但结构主体是由上而下逆序施作，墙柱混凝土施工缝处理工艺复杂，质量不易保证，且结构受力状态不好。

三、盖挖法的优点

由于优先安排盖板施作，可以快速恢复地面原状，从而最大限度地减少施工对地面交通和生活的干扰；又由于有盖板的保护，从而使得地下施工更为安全。

四、盖挖法的适用条件

盖挖法主要适用于城市地铁特浅埋隧道及地下工程中，尤其适用于地铁车站等地下洞室建筑物的施工。其中，盖挖顺作法主要适用于单层地铁车站施工；盖挖逆作法主要适用于多层地铁车站施工。但应当注意的是，采用盖挖逆作法施工时，应特别注意结构体系受力状态的转换，以保证结构受力状态良好。

资料六 盾 构 法

一、盾构法及其工作原理

盾构法是以盾构这种施工机械在地面以下暗挖隧道的施工方法。盾构是一种集推进、挖土、衬砌等多种作业于一体的大型暗挖隧道施工机械。目前，在软弱地质条件下的浅埋隧道工程中，盾构法已经得到很普遍的应用。

盾构施工首先要修建预备竖井，在竖井内安装盾构，然后边推进、边挖土、边衬砌。盾构推进的反力开始是由竖井后背墙提供，进入正洞后则由已拼装好的衬砌环提供。盾构挖掘出的土体由竖井通道送出洞外。挤压式盾构不出土。盾构每推进一环距离，就在盾尾支护下拼装一环衬砌。

盾构机的前端设置一个环形的活动钢筒结构，其作用是承受地层压力和提供地下作业空间。钢筒内的前端设置有支撑和挖掘土体的装置；中段安装有顶推千斤顶，使钢筒可以在地层中推进；尾部设置一个直径略小于前端钢筒直径的钢套筒，前筒推进后，由盾尾套筒（护盾）临时支护围岩。盾尾套筒向前收缩时是否注浆，及其与拼装衬砌的工艺配合，则视地层条件和盾构类型（有水无水、有压无压）的不同而不同。有压、有水须边推进边压注水泥浆，无压无水且围岩可暂时自稳时则可在衬砌后压注豆砾石、水泥浆。压注水泥浆，可使衬砌与围岩保持紧密接触，既阻止地面沉陷，又可起到防水作用。

二、盾构法的优缺点

由于有盾构的保护，挖掘和衬砌等工作比较安全，这是盾构法的最大特点。其安全性不仅表现为工作人员的安全，更表现为能够有效避免围岩坍塌和涌水、流沙等工程事故。盾构的推进、出土、拼装衬砌等全过程可实现机械化、自动化作业，施工速度快，工人劳动强度低。穿越城市地层时，施工噪声和振动很小，对地面环境影响较小。穿越水下地层时，不影响河道航运。

施工本身基本上不受季节、风雨等气候条件影响。因此，在松软含水地层中修建长隧道时，盾构法具有技术和经济方面的优势。

但盾构法也存在一些不足，如在隧道曲线半径过小时，盾构转向控制比较困难；地层软硬不均匀时，盾构姿态控制较困难；洞顶覆盖土层太薄且为有压含水松软土层时，需要采取一些辅助技术措施防止地表沉陷。完全防止地表沉陷还比较困难；拼装式衬砌的整体防水性能较差，要采用较多的辅助防水措施，才能达到防水要求；当采用全气压盾构法施工时，工人在高气压条件下作业，须采取特别的劳动保护措施。这些缺点还有待于在今后实践中进一步研究解决。

三、盾构的种类及适用的地层条件

盾构的类型很多，可按盾构的断面形状、挖掘方式、盾构前部构造和排水与稳定开挖面方式进行分类。

按盾构断面形状可分为：圆形、拱形、矩形、马蹄形和复圆形等。圆形因其抵抗地层中的土压力和水压力较好，衬砌拼装简便，可采用通用构件，易于更换，因而应用较广泛。

按挖掘方式可分为：手工挖掘式、半机械挖掘式和机械挖掘式三种。

按盾构前部构造可分为：敞胸式和闭胸式两种。

按排除地下水与稳定开挖面的方式可分为：人工井点降水、泥水加压、土压平衡式的无气压盾构；局部气压盾构；全气压盾构等。

随着隧道与地下工程的发展，盾构机械的种类越来越多，适用性也越加广泛。一般而言，盾构法主要适用于在软弱地质条件下进行暗挖法施工，最适于在松软含水地层中修建隧道，如在江河中修建水底隧道，在城市中修建地下铁道及各种市政设施。有资料显示，盾构法一般适宜于长隧道施工，对于短于 750m 的隧道，被认为是不经济的。常用盾构的性能和适用的地层条件见表 5-6-1。

常用盾构的性能和适用的地层条件 表 5-6-1

构造类型	挖掘方式	盾构名称	出土措施及开挖面稳定措施	适用的地层条件	备注
敞胸式盾构	手工挖掘	普通盾构	临时挡板支撑千斤顶	稳定性尚可的松散地层	根据需要加以气压、人工井点降水及其他地层加固等辅助措施
		棚式盾构	将开挖面分成几层，利用砂的安息角和棚的摩擦阻力使开挖面稳定	无压水砂性土地层	
		网格式盾构	利用土和钢制网状格棚的摩擦阻力使开挖面稳定	硬塑性黏土、淤泥	
	半机械挖掘	反铲式盾构	手掘式盾构装上反铲式挖土机出土	稳定性较好的硬土地层	
		旋转式盾构	手掘式盾构装上软岩掘进机出土	石质软岩	
		旋转刀盘式盾构	面板加单刀盘或多刀盘破岩	较稳定的软岩、硬土地层	
		插刀式盾构	千斤顶顶推插板，机械或人工挖土	稳定性尚可的硬土地层	
闭胸式盾构	手工挖掘	半挤压盾构	胸板局部开孔，依靠千斤顶推力使土砂从开孔中挤出或自然流出	软塑状黏土、淤泥	需要时可增加辅助措施
		全挤压盾构	盾构胸板无孔，不进土，完全挤入淤泥地层中	流塑状软土、淤泥	
	半机械挖掘	局部气压盾构	面板与隔板间加气压	有压水松软地层	不再加设其他辅助措施
		泥水加压盾构	面板与隔板间加有压泥水	有压水冲积层、洪积层	
		土压平衡盾构	面板与隔板间充满土砂，产生的压力和开挖处的地层压力保持平衡	软塑状淤泥、淤泥夹砂	需要时可增加辅助措施
		网格式挤压盾构	胸板为网格，土体通过网格孔挤入盾构	软塑状～流塑状淤泥	

四、盾构法发展及现状

1. 国外盾构法发展及现状

用盾构法施工的构思是由法国工程师布鲁诺(Brunel)在船板上蛀虫钻孔的启示下于1818年提出的。1825年~1843年,布鲁诺首次在伦敦泰晤士河下采用6.8m(高)×11.4m的矩形断面盾构修建了全长458m的世界上第一条用盾构法施工的隧道。1869年,英国人巴劳(Barlow)首次采用圆形盾构在泰晤士河底建成外径为$\phi2.21m$的隧道。

英国人格雷特海德(Greathead)综合了以往盾构施工和气压法的技术特点,较完整地提出了气压盾构法的施工工艺,首创了在盾尾后的衬砌外围空隙中压浆的施工方法,为盾构施工法的发展起了重大推动作用,并于1874年在伦敦地下铁道南线的黏土和含水砂砾地层中成功地应用气压盾构法建造了内径为3.12m的隧道。1880年~1890年,在美国和加拿大之间的圣克莱河下用盾构法建成一条直径6.4m、长1 800余米的水底铁路隧道。

20世纪初,盾构施工法已在美、英、德、法等国推广,30~40年代,这些国家已成功地使用盾构建成直径3.0~9.5m的多条地下铁道及过河公路隧道。仅在纽约就采用气压盾构法建成了19条重要的水底隧道,其用途有道路、地下铁道、煤气和上下水道等。20世纪60年代起,盾构施工法在日本得到迅速发展,除大量用在城市地下铁道施工外,在城市下水道等市政工程中其也得以广泛应用。日本并为此研制了大量新型盾构,如局部气压式、泥水加压式和土压平衡式盾构等,以适应在各种地层中施工。据统计,日本现有2000多个盾构,其中90%用于修建以地下水道为主的各种市政公用设施。同时,与盾构施工配套的设施与管理技术也获得了发展。

2. 国内盾构法发展及现状

我国在第一个五年计划期间,东北阜新煤矿采用直径2.6m的盾构修建疏水巷道。1957年,在北京下水道工程中也用过直径为2.0m和2.6m的盾构。

1963年,上海开始在第四纪软弱含水层中进行直径为4.2m盾构隧道工程试验,盾构为手掘式,有16个千斤顶,总推力为1.96×10^4kN,并备有正面支撑千斤顶,隧道衬砌为单层防水钢筋混凝土肋型管片,并采用沥青环氧树脂为接缝防水材料,试验中曾采用降水法和气压法疏干地层的辅助措施。1965年又采用2个直径5.8m,总推力为3.724×10^4kN的网格式盾构,在覆土约12m厚的淤泥质黏土层中进行试验,采用气压式推进(气压值为8.82×10^4~11.76×10^4Pa)建成2个试验隧道。1967年~1969年,采用10.2m直径盾构及单层钢筋混凝土管片建成上海第一条黄浦江打浦路越江道路隧道,盾构穿越地面以下深度为17~30m的淤泥质黏土层和粉砂层,在两岸不同地段采用降水法全出土、全闭胸挤压、气压全出土以及局部挤压方法施工,在河中段还采用了无气压全闭胸挤压法施工。1984年,上海又制造了直径11.32m的盾构,成功地建成了黄浦江延安东路水底道路隧道。

20世纪70年代以来,上海、北京、江苏、浙江、福建等地采用不同类型盾构修建了各种不同用途的隧道,仅上海就用盾构施工法在长江边及海边建成6条外径4.3m的排水及引水隧道。此外,上海、广州等地采用盾构修建地铁和地下通道,上海地铁1号线14.81km长的区间隧道采用7台盾构进行施工,广州地铁1号线也采用3台盾构进行6个区间的隧道施工。随着我国经济建设的发展,特别是城市建设的发展,盾构施工法的应用具有越来越广阔的前景。

2008年3月,武汉长江穿江隧道(市政公路)左右洞全部贯通,该隧道分为上下行两个双车道隧道,长$2\times2~550m$,单洞净空断面直径为10m,均采用复合刀盘泥水加压式盾构。它标志着"万里长江第一隧"工程的成功。

自1818年布鲁诺首次提出盾构施工法至今已有近200年,世界各国已制成数千个盾构,盾构法已广泛用于城市中修建上下水道,电力、电缆沟隧道,地下铁道,水底隧道等地下工程。各国用盾构法施工的隧道中,大约70%是用于修建上下水道,15%用于地下铁道和水底隧道。目前,各国采用盾构施工法建造的水底公路隧道已有20多条,随着交通事业的发展,用大直径盾构建造的水底公路隧道将会日益增多。

资料七　掘进机法

一、掘进机法及其工作原理

掘进机法(TBM)是在20世纪30年代开始应用于隧道工程的。它是用特制的破岩机在一个步距内连续破岩,进行隧道掘进,多个循环完成隧道掘进的施工方法。

破岩机的工作原理是:利用立足于洞壁上的支撑提供顶推反力,在顶推压力条件下旋转刀盘,带动盘刀在岩面上滚动,并以静压方式切削破岩,并在循环掘进过程中同步完成对已暴露围岩的初期支护。

二、全断面掘进机法的优缺点

虽然钻爆法仍是当前山岭隧道施工的最普遍的方法,而且是掘进机法不能取代的。但随着掘进机技术的发展和机械性能的改进,掘进机法也表现出钻爆法不可比拟的优点。与矿山法等其他施工方法相比,掘进机法的特点是其掘进、出渣、初期支护、管片衬砌可以同步进行,施工过程是连续的,具有"工厂化"的特点。因此,掘进机法具有施工速度快、机械化程度高、工序简化紧凑、对地层扰动小、超欠挖量最小、洞内作业环境条件好、施工安全度高、工人劳动强度较小等优点。

但掘进机法受地质条件的限制较大,它主要适用于岩体完整性较好的地层中;隧道断面形状限制为圆形;一次性设备投资大;一台掘进机能够开挖的断面尺寸(直径)固定,不可改变;整套机械的使用寿命有限;需要在现场组装、拆卸,转移不便;需要有熟练的技术工人,对管理水平的要求也较高。

三、掘进机的种类及适用的地层条件

山岭隧道全断面掘进机按护盾形式分为开敞式、单护盾和双护盾三种。目前使用较多的主要是开敞式和单护盾全断面掘进机,且主要应用于硬岩地层的隧道掘进。

开敞式掘进机主要适用于围岩稳定性较好的坚硬完整石质岩体地层的隧道中。开敞式掘进机只在机械前端设置刀盘定位支撑系统,不设护盾;在掘进中,依靠撑于岩壁上的支撑提供反力,使刀盘获得破岩推力和扭矩;开挖后的坑道周边只需做必要的局部锚喷支护。

单护盾掘进机主要适用于围岩稳定性不太好的一般破碎的软岩地层或硬土地层的隧道中。单护盾掘进机在机械前端设置护盾可对围岩起临时防护作用和对前端主机部分起保护作用;在掘进中,利用安装在其尾部的顶推系统(千斤顶)顶推已安装好的衬砌管片,使刀盘获得破岩的推力和扭矩;开挖过程中,在护盾长度范围内的围岩不暴露,在护盾与管片之间的围岩短时间暴露,并在此期间施作喷射混凝土或钢筋网喷射混凝土初期支护。

双护盾掘进机在硬岩及软岩中都可以使用,尤其在围岩稳定性较差的破碎的软岩地层或硬土地层的隧道中,其优越性更突出。它是在单护盾掘进机的基础上增加了一个后护盾。在软岩中施工时,也可以利用尾部的顶推系统顶推已安装好的衬砌管片,提供支撑反力,使刀盘获得破岩推力和扭矩。衬砌管片安装可与破岩掘进循环进行,因此,双护盾掘进机施工速度仍然较高。

总之,开敞式全断面掘进机法主要适用于中硬以上石质地层条件,尤其要求岩体具有较好的完整性,已被许多长大隧道工程作为主要施工方案进行比选。但双护盾式全断面掘进机在适应性方面则有待改进。

四、掘进机法发展及现状

由于具有以上优点,掘进机法在工程建设中得到了广泛的应用。据不完全统计,全世界用掘进机法施工的隧道已有1 000余座,总长度在4 000km左右。特别是在欧美国家,由于劳动力昂贵,掘进机施工已成为进行施工方案比选时必须考虑的一种方案。

近年来,用掘进机完成的大型隧道,如英法两国用3年多的时间,并于1991年联合建成的英吉利海峡加来—多佛的海底铁路隧道,其2座铁路单线隧道、1座服务隧道共3座平行的隧道,各长约50km,使用了11台掘进机。又如瑞士已于1997年建成的,长度19km的费尔艾那隧道,其中有约9.5km用掘进机施工。瑞士拟议建设的穿越阿尔卑斯山的新圣哥达(Gotthard)铁路隧道,长约57km,也将采用掘进机施工。美国芝加哥的一项庞大的污水排放和引水地下工程——TARP工程,有排水隧道大约40多千米,全部采用掘进机施工。

我国于20世纪80年代,首先在甘肃引大入秦工程中,引入日商承包建设30A号水工隧道,采用了一台直径5.5m的双护盾掘进机,完成了11.6km的掘进,最高月掘进速度突破了1 000m。随之在山西万家寨引水工程中,引入了外商意大利CMC公司,采用掘进机法施工,承包建设引水隧道获得成功。

1997年年底,我国铁道部首次引入德国维尔特(WIRTH)公司TB880E型掘进机(TBM)2台套,进行西安至安康铁路工程秦岭Ⅰ线隧道施工。该铁路隧道长18.5km,开挖直径8.8m,已于2000年贯通。可以预言,随着掘进机技术性能的不断完善,今后在特长隧道中采用掘进机法施工的案例会越来越多。

资料八 沉 埋 法

一、沉埋法及其主要施工程序

沉埋法又称沉管法(Immersed Tube Tunnelling),是修筑水底隧道的主要方法。采用沉管法施工的水底隧道又叫沉管隧道。

沉埋法是先在隧址附近修建的临时干坞内或利用船厂的船台预制管段,预制的管段用临时隔墙封闭起来;同时在设计的隧道位置挖好水底基槽;然后将管段浮运到隧道位置的上方;定位并向管段内灌水压载,使其下沉到水底基槽内;将相邻管段在水下连接起来并作防水处理;最后进行基础处理并回填覆土,打通临时隔墙即成为水底隧道。

二、沉埋法发展及现状

采用沉埋法修筑水底隧道,最早是英国人于1810年在伦敦进行了施工试验,该试验隧道的两个孔道由砖石圬工砌成,外径3.4m,沉于泰晤士河河底,但由于未能解决好管段防水问题使这一试验未能成功。

自从美国波士顿于1894年建成一条城市水底污水隧道,便宣告了一种新的隧道建筑形式——沉埋法的成功诞生,底特律于1904年又建成水底铁路隧道。1959年加拿大迪斯(Deas)隧道工程中,成功地采用水力压接法进行管段水下连接,使得沉埋施工技术变得更加成熟,并很快就在世界各国推广采用。

我国应用沉埋法修筑水底隧道起步较晚,最早是台湾于1984年首先建成了高雄海底沉管隧道,1984年广州和宁波也开始进行采用沉埋法修建珠江和甬江水底隧道的论证,并对沉埋法的各项关键技术进行了大量的基础理论研究及关键工序的施工工艺研究。1993年在广州珠江建成我国第一条沉管隧道(地铁、公路市政管道共用,长1.23km),1995年又在宁波甬江建成我国第二条沉管隧道。这两座沉管隧道的建成为我国进一步在长江、黄河、海峡修建沉管隧道积累了丰富的经验。我国香港特别行政区穿越维多利亚海湾连接九龙半岛与香港岛的通道中,已建成5座沉管隧道,而没有修建一座桥梁。这样既解决了交通问题,又不影响海湾船舶通航,同时,也很好地保持了海湾的自然景观的美感。

三、沉埋法的适用条件及优点

(1)沉管法施工条件好。沉管隧道施工时,除接缝防水处理需要少数潜水工进行水下作业外,管段预制在岸上或船坞上作业,其余基槽开挖、管段浮运、管段沉放、基础处理、覆土回填等主要工序都属于水上或水中作业,无需气压作业,因此施工条件好,施工较为安全,从而避免了在水下地层中进行坑道开挖和支护作业及其各项困难,这一点是其他施工方法不可比拟的。

(2)沉管隧道可浅埋,与两岸道路衔接容易。由于沉管隧道可浅埋,与埋深较大的盾构法施工的隧道相比,沉管隧道路面高程可抬高,这样,与岸上道路很容易衔接,无需做较长的引道,纵断面线形较好,线路条件也好。

(3)对河床地质条件、水文条件适应能力强。由于沉管受到水浮力,作用于地基的荷载较小,因而对各种地质条件适应能力较强。因此,沉埋法施工的隧道所需的基槽深度较浅,相应的基槽开挖和基础处理的施工技术比较简单。即使是在深水中进行基槽开挖、管段浮运、沉放和基础处理作业,以及保证隧道的结构稳定,对于潮差和流速的影响也不难解决,如美国旧金山海湾地铁隧道的水面至管段基底深达40.5m,比利时安特卫普斯尔德隧道处水流速度达3m/s,依然成功修建沉埋隧道。

(4)沉管隧道可做成大断面多车道结构。由于采用先预制后浮运沉放的施工方法,故可将隧道横向尺寸做大,一个公路隧道横断面可同时容纳4～8条车道,而盾构隧道施工时受盾构尺寸的影响不可能将隧道横断面做得很大,一般为公路双车道隧道或铁路单线隧道。

(5)沉管隧道防水性能好。由于每节预制管段很长,一般约100m左右(而盾构隧道预制管片每一环长度仅为1m左右),管段接缝数量很少,漏水的可能性与盾构管片相比成百倍的减少。而且沉管接头采用水力压接法后,可达到滴水不漏的程度,这一特点对水底隧道的运营至关重要。

(6)沉埋隧道施工工期短。由于岸上管段预制和水下基槽开挖可同时进行;而且每节预制管段很长,管段数量少,一条沉管隧道只用几节预制管段(广州珠江隧道只用5节预制管段,每节长22～120m不等),管段浮运沉放也较快,对水上航运的干扰较小,这就使沉管隧道的施工工期与其他施工方法相比要短得多。特别是在水上航运繁忙的河道上建设水底隧道,而管段预制地点又离隧道位置较远时,仍具有优势。

(7)沉管隧道造价低。由于沉管隧道水底挖基槽的土方数量少,而且比地下挖土单价低;管段预制整体制作与盾构隧道管片预制相比所需费用也低;管段接缝少,接缝处理费用就低。因此,沉管隧道与盾构隧道相比,每延米综合单价低。而且由于沉管隧道埋置较浅,隧道总长比深埋地下的隧道要短得多,这样工程总造价可大幅度降低,运营费用也较低。

四、沉埋隧道管段的结构外形

沉埋隧道横断面的形状,即管段的结构外形分为圆形和矩形两大类。

(1)圆形管段。圆形管段横断面的内轮廓为圆形,外轮廓有圆形、八角形和花篮形。在造船厂船台上制造的管段一般为圆形管段,因而圆形管段又称船台型管段。这种管段制造时先在船台上预制钢壳,制成后沿船台滑道滑行下水成为浮体,在漂浮状态下浇筑钢筋混凝土管段。这种圆形管段内只能设两条车道;在建造四车道时,需制作二管并列的管段。这种制作方式在早期沉管隧道中用得较多。

(2)矩形管段。钢筋混凝土矩形管段一般在临时的干坞中制作,制成后在干坞内灌水使之浮起,拖运至隧址沉放。一个矩形断面可以同时容纳 4~8 条车道。

模块二　案例实训教学

学习资料六　超前地质预报及监控量测技术

学习小组	班级＿＿＿＿＿　组别＿＿＿＿＿＿　组长＿＿＿＿＿＿ 组员＿＿＿＿＿＿＿＿＿＿＿＿＿＿＿＿＿＿＿＿＿＿	
学习目标	1.认识:超前地质预报方法; 2.理解:超前地质预报意义; 3.掌握:监控量测方法	
学习任务	1.认读 TSP 超前地质预报报告; 2.认读地表沉降观测记录; 3.认读洞内监控量测记录	完成并提交成果
学习资料	1.施工录像 1、15;PPT 课件 006、021; 2.00 基层技术工作实务训练安排; 3.案例六:沪蓉西高速公路谭家坝隧道 TSP 预报	
学习引导	建议采用情境化案例实训、现场观摩、演示试验等教学法; 情境化案例实训教学过程是:观看施工录像→PPT 课件讲解→布置实训任务→阅读理解案例→阅读隧道设计图→模仿案例完成任务并提交成果	
建议学时	6 学时	

资料一　超前地质预报

现代隧道工程施工要求将超前地质预测预报纳入到正常的施工工序中,并根据预测预报的地质、水文条件及其变化,实时调整各项施工技术措施。

我国《客运专线铁路隧道工程施工技术指南》(TZ 214—2005,中铁一局集团有限公司主编)要求:在高速铁路隧道工程施工过程中,超前地质预测预报应参照《京沪高速铁路工程地质勘察暂行规定》(铁建设【2003】13 号)、铁道部现行《铁路工程物理勘探规程》(TB 10013—2004)及现行国家标准《岩土工程勘察规范》(GB 50021—2001)等有关规定执行。尤其是在地质复杂的长大隧道施工中,应在对区域性地质资料进行分析的基础上,采用综合预测手段,以期更准确地预报地质条件及其变化情况。

自 20 世纪 50 年代以来,由于对地下工程结构受力特点及其复杂性认识的加深,国际上开始通过对地下工程的现场量测来监视围岩和支护的稳定性,并根据现场量测结果修正支护参数,调整施工措施,称为量测与监控。量测是监控的手段,监控是量测的目的。量测除在初始设计阶段进行地质初勘和各项静态测试外,更重要的是在施工阶段进行地质详勘和各项动态测试。因此,可以理解为设计修正是贯穿在整个施工过程中并与施工同时进行的,它是对初始设计的完善和修正,也是对施工的指导和调整。

近年来,随着岩体力学和测试技术的研究和进步,现场量测又与工程地质、力学分析紧密配合,逐渐形成监控设计的原理和方法,较好地反映和适应了地下工程的动态变化规律。尽管这种方法目前还很不完善,但无疑是今后发展的方向。监控设计充分体现了地下工程中设计和施工一体化的思想,也是区别于地上工程设计与施工相对分离的一个重要特征。因此,它要求设计和施工人员在技术、施工组织和工程管理等方面进行更为广泛密切的合作。

一、地质预测、预报的内容

隧道施工期间的地质预测、预报至少应包括以下内容:
(1)不同岩性、围岩级别变化的界面位置;
(2)断层及其影响带的位置、规模及其性质;
(3)软弱夹层的位置、规模及其性质;
(4)岩溶的位置、规模及其性质;
(5)含水构造的位置、规模及其性质;
(6)工程地质灾害可能发生的位置和规模。

二、地质预测、预报的方法

目前,超前地质预测、预报常用的方法有:常规地质法、物理勘探法、钻探法。常规地质法预测、预报简单直观,但需要有较多的地质经验,且范围有限;物理勘探法预测、预报范围较大,占用施工循环时间较少,但需要专业的地质判读经验;钻探法直接、可靠,超前性最好,是较好的预报手段,但费用较高。施工中应该根据实际情况综合考虑、合理应用、相互补充和印证。

1. 常规地质法(地质素描)

常规地质法是爆破开挖后及时查看掌子面地质状况(包括支护状况),描绘地质图,通常称为地质素描,并通过与设计资料的对比,提供地质情况预报,地质素描图应归入竣工资料。若设有平行导坑时,先行提供的地质资料对施工更有指导作用。常规地质法适用于为近期开挖、支护提供预报(设平行导洞时视超前正洞的长度)。

常规地质法(地质素描)是隧道设计和施工过程中不可缺少的一项重要地质详勘工作,是对围岩工程地质特性和支护措施合理性最直观、最简单、最经济的描述和评价。配合量测工作对代表性断面的地质素描,应详细准确,如实反映情况。一般应包括对以下内容的描述:

(1)代表性测试断面的位置、形状、尺寸及编号。
(2)岩石名称、结构、颜色。
(3)层理、片理、节理、裂隙、断层等各种软弱面的产状、宽度、延伸情况、连续性、间距等;各结构面的成因类型、力学属性、粗糙程度、充填物质的成分和泥化、软化情况。
(4)岩脉穿插情况及其与围岩接触关系,软硬程度及破碎程度。
(5)岩体风化程度、特点、抗风化能力。
(6)地下水的类型、出露位置、水量大小、携带物及其对锚喷支护施工的影响等。
(7)溶洞等特殊地质条件描述。
(8)围岩松动、弯折、变形、岩爆、掉块、坍塌的位置、规模、分布和持续时间等情况。
(9)施工情况,包括开挖方式、方法、锚喷支护参数,以及施工循环时间。
(10)初期支护喷射混凝土层开裂、起膨、剥落情况,钢拱架变形情况。
(11)地质断面展示图(1:20~1:100),或纵横剖面图(1:50~1:100);必要时应附彩色照片。

2. 物理勘探法

物理勘探法是用爆破、激振装置发生并向围岩内发射弹性波或电磁波,同时用仪器接收从围岩不同界面反射回的波,通过专业分析,判断并预报隧道前方的工程地质、水文地质情况。物理勘探法主要用于探测掌子面前方和周围较大范围内的地质构造、洞穴、隐伏含水体等工程地质、水文地质条件。

但物理勘探法要求被探测对象与周围介质之间具有明显的物理性质差异;被探测对象具有一定的规模,且地球物理异常明显。因此,应根据被探测对象的埋深、规模及其与周围介质的物性差异,选择有效的物理勘探方法。判释物理勘探成果时,区分有用信息与干扰信号,应注意考虑其多解性。必要时,应采用多种方法探测,进行综合判释,并应有已知物探参数或一定数量的钻孔验证。

隧道工程中常用的物理勘探方法及适用的探测内容见表6-1-1。

常用的物理勘探方法及适用范围　　　　　　　表6-1-1

方　法　名　称		适　用　范　围
电法	直流电法	超前探测隧道掌子面和侧邦的含水构造
	高密度电阻法	探测岩溶、洞穴、地质界线
电磁法	地质雷达	1. 探测隐伏断层、破碎带; 2. 探测地下岩溶、洞穴; 3. 探测地层划分
	甚低频	1. 探测隐伏断层、破碎带; 2. 探测岩体接触带; 3. 含水构造及地下暗河等
地震波法和声波法	折射波法	1. 划分隧道围岩级别; 2. 测定岩体的纵波速度
	反射波法	1. 划分地层界线; 2. 探测隐伏断层、破碎带; 3. 探测地下洞穴; 4. 测定含水层分布
	地震波法(TSP)	1. 划分地层界线; 2. 查找地质构造; 3. 探测不良地质体的厚度和范围
	瑞雷波法	1. 探测隐伏断层、破碎带; 2. 探测岩溶、地下洞穴
红外线地下水探测		1. 探测局部地温异常现象; 2. 判断地下脉状流、脉状含水带、隐伏含水体等所在的位置

3. 钻探法

钻探法是在工程建筑物的设计位置钻孔探查,来分析、判断地层变化、岩性差异、地层含水率等信息,进而预报工程地质条件,指导建筑设计和施工方案的制订。钻探法是最直观、最可靠的超前预报手段。

实际应用中,可根据需要预报具体情况,采用不同钻探方法(钻芯取样分析法、钻孔窥视仪观察法)或根据钻进的速度变化和出水量进行地质分析。铁路系统和公路系统对钻探法都制定了规范,如《铁路瓦斯隧道技术规范》(TB 10120—2002)规定:

钻探口径和钻具规格应符合现行国家标准的规定;成孔口径应满足取样、测试和钻进工艺的要求。

应严格控制非连续取芯钻进的回次进尺,使围岩分界精度符合要求。

岩芯钻探的岩芯采取率,对完整和较完整岩体不应低于80%,对较破碎和破碎岩体不应低于65%;对需重点查明的部位(滑动带、软弱夹层等),应采用双层岩芯管连续取芯。

当需确定岩石质量指标RQD时,应采用75mm口径(N型)双层岩芯管和金刚石钻头。

对富水隧道应及时探明地下水的储量及分布,探水的方法主要采用钻探法,另辅以电法、红外线法等。

资料二　量测目的、仪器、内容和方法

一、量测目的和仪器

1. 量测目的

(1)提供监控设计的依据和信息,包括:①掌握围岩力学形态的变化和规律;②掌握支护的工作状态。

(2)指导施工,预报险情,包括:①作出工程预报,确立施工对策;②监视险情,安全施工。

(3)校核工程理论,完善工程类比方法,包括:①为理论解析、数值分析提供计算数据与对比指标;②为工程类比提供参考指标;③为地下工程设计与施工积累经验资料。

(4)工程运营期间的监控手段,包括:①掌握工程运营中的安全状况;②及时发现险情,并采取相应的补救措施。

2. 量测仪器

现场量测项目,有的可以直接量测,有的则需要通过物理量的转换量测。根据转换的物理效应不同,量测仪器可分为以下几种类型:

(1)机械式:如百分表,千分表,挠度计,测力计等;

(2)电测式:电阻型,电感型,电容型,差动型,振弦型,压电型,电磁型;

(3)光弹式:光弹应力计,光弹应变计;

(4)物探式:弹性波法——地震波,超声波,红外线,形变电阻率法等。

二、量测内容

(1)现场观察,包括:①开挖面附近的稳定性;②围岩构造情况;③支护变形与稳定情况;④校核围岩分类。

(2)岩体(岩石)力学参数测试,包括:①抗压强度R_b;②变形模量E;③黏聚力c;④内摩擦角φ;⑤泊松比μ。

(3)应力应变测试,包括:①岩体原始应力;②围岩应力、应变;③支护结构的应力、应变;④围岩与支护及各种支护之间的接触应力。

(4)压力测试,包括:①支撑上的围岩压力;②地下水渗透压力(包括水量、水质测试)。

(5)位移测试,包括:①围岩位移及地表沉降;②支护结构位移及变形。

(6)温度测试,包括:①岩体(围岩)温度;②洞内气温;③洞外气温。

(7)物理探测,包括:①弹性波(声波)测试,包括纵波速度V_p、横波速度V_s、动弹性模量E_d、动泊松比μ_d;②视电阻率测试P_s。

三、隧道施工技术规范规定的量测项目、方法及频率

在工程实际中,常将以上量测内容按其重要性划分为必测项目和选测项目。我国交通运输部颁发的《公路隧道施工技术规范》(JTG F60—2009)、铁道部颁发的《铁路隧道施工规范》(TB 10204—2002)对此作出了较为明确的规定,见表6-2-1。

隧道现场量测项目及量测方法   表6-2-1

项目分类	序号	项目名称	方法及工具	布置	量测间隔时间 1~15天	16天~1个月	1~3个月	大于3个月
必测项目	1	地质和支护状况观察	岩性、结构面产状及支护裂缝观察或描述;地质罗盘等	开挖后及初期支护后进行	每次爆破后进行			
	2	周边位移	各种类型收敛计	每10~50m一个断面,每个断面2~3对测点	1~2次/天	1次/2天	1~2次/周	1~3次/月
	3	拱顶下沉	水准仪、水准尺、钢尺或测杆	每10m~50m一个断面	1~2次/天	1次/2天	1~2次/周	1~3次/月
	4	锚杆或锚索内力及抗拔力	各类电测锚杆、锚杆测力计及拉拔器	每10m一个断面,每个断面至少3根锚杆				
选测项目	5	地表下沉	水准仪、水准尺	每5~50m一个断面,每个断面至少7个测点,每隧道至少2个断面,中线每5~50m一个测点	开挖面距量测断面前后<2B时,1~2次/d;开挖面距量测断面前后<5B时,1次/d;开挖面距量测断面前后>5B时,1次/周;B为洞室跨度			
	6	围岩体内位移(洞内设点)	洞内钻孔中安设单点、多点杆式或钢丝式位移计	每5~100m一个断面,每个断面2~11个测点	1~2次/天	1次/2天	1~2次/周	1~3次/月
	7	围岩体内位移(地表设点)	地表钻孔中安设各类位移计	每代表性地段一个断面,每断面3~5个钻孔	同地表下沉要求			
	8	围岩压力及两层支护间压力	各种类型压力盒	每代表性地段一个断面,每断面宜设15~20个测点	1~2次/天	1次/2天	1~2次/周	1~3次/月
	9	钢支撑内力及外力	支柱压力计或其他测力计	每10排拱架支撑设一对测力计	1~2次/天	1次/天	1~2次/周	1~3次/月
	10	支护及衬砌内应力、表面应力及裂缝量测	各类混凝土内应变计、应力计、测缝计及表面应力解除法	每代表性地段一个断面,每断面宜为11个测点	1~2次/天	1次/天	1~2次/周	1~3次/月
	11	围岩弹性波速度测试	各种声波仪及配套探头	在有代表性地段设置				

注:表1~4项为必测项目,5~11项为选测项目。选测项目应根据围岩地质条件、隧道结构、隧道施工及环境条件进行选择。另外,对于特殊地质条件,应提出特殊量测要求,如底鼓量测。

资料三 量 测 方 法

下面对隧道施工过程中几项主要量测项目的量测方法进行介绍。

一、水准仪测拱顶下沉或地表下沉

隧道开挖后,围岩位移是围岩动态的最显著表现,其最能反映出围岩(或围岩加支护)的稳定状态和动态发展趋势。因此,对坑道周边位移进行量测,并据以判断围岩(或围岩加支护)的稳定状态,是最直接、最直观、最经济、最常用和最有意义的方法。

1. 量测方法

由已知高程的临时或永久水准点(通常借用隧道高程控制点),使用较高精度的水准仪,就可观测出隧道拱顶或隧道上方地表各点的下沉量(绝对位移值)及其随时间的变化情况。隧道底鼓也可用此法观测。拱顶下沉、地表下沉及底鼓量测值均为绝对位移值。

值得注意的是,拱顶点是坑道周边上的一个位置特殊点,它最能代表围岩位移情况,因此在实际工作中应高度重视拱顶点。

2. 注意事项

(1) 开挖后尽快埋设测点,并测取初始值,要求 12h 内完成。

(2) 测点(测试断面)应尽可能靠近开挖面,要求在 2m 以内。

(3) 读数应按精密水准仪操作说明进行。

(4) 量测频率应视围岩条件、工程结构条件及施工情况而定,一般应按表 6-2-1 的要求来定。

(5) 整个量测过程中,应做好详细记录,并随时检查有无错误。记录内容应包括测点所在断面桩号、前后视读数、当时温度,以及开挖面距量测断面的距离等。

3. 数据整理

量测数据整理包括数据计算、列表或绘图表示各种关系。

(1) 拱顶下沉计算式为:

$$\Delta_i = h_0 - h_i \tag{6-3-1}$$

式中:h_0——拱顶点初始观测值,即拱顶点与基点之间的高差;

h_i——第 i 次观测值;

Δ_i——第 i 次观测时,拱顶点相对于基点的沉降值,向下为正。

(2) 量测过程中应及时计算出拱顶下沉值、下沉速率,并列表或绘图,以直观表示,必要时应观测、记录拱顶下沉与开挖断面之间的距离,并绘制相应关系曲线。常用的几种关系曲线图形式如图 6-3-1、图 6-3-2 所示。

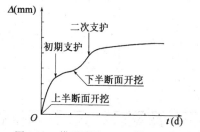

图 6-3-1 拱顶下沉(Δ)—时间(t)关系曲线

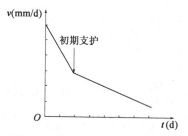

图 6-3-2 位移速度(v)—时间(t)关系曲线

二、收敛计测坑道水平相对位移

1. 量测方法

为量测简便起见,一般均用收敛计量测坑道侧壁两点之间的水平相对位移值。对于典型倾斜围岩隧道和小净距隧道,水平相对位移值能很好地反映坑道侧壁围岩位移动态。

2. 收敛计

(1) 收敛计一般由带孔钢尺、数显测微千分表、张力调节器、测点连接器组成。测点连接器常采用单向挂钩式。

(2) 测点常用长度为 20~30cm 的 $\phi 10$ 钢筋锚固于岩壁内,外设挂钩,其位移即可代表岩壁测点的位移。

(3) 图 6-3-3 为我国北京恒奥德仪器仪表有限公司生产的 JSS30A 型数显收敛计示意图。

(4) 量测方法及注意事项按仪器使用说明进行。数据整理同拱顶下沉。

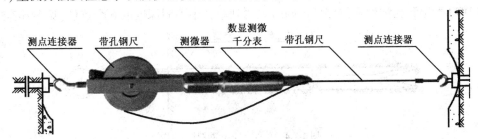

图 6-3-3 JSS30A 型数显收敛计示意图

3. 数据整理

(1) 水平相对位移计算式为:

$$u_i = R_i - R_0 \tag{6-3-2}$$

式中:R_0——初始观测值;
　　R_i——第 i 次观测值;
　　u_i——第 i 次量测时,两测点之间的相对位移值。

(2) 若持续观测时间较长,温差较大时,要进行温度修正。其计算式为:

$$\Delta u t_i = \alpha L(t_i - t_0)$$
$$u_i = R_i - R_0 - \Delta u t_i \tag{6-3-3}$$

式中:α——钢尺的线膨胀系数(一般取 $\alpha = 1.2 \times 10^{-5}/℃$);
　　L——量测基线长;
　　t_0、t_i——分别为初始量测时的温度和第 i 次量测时的温度。

(3) 其他同拱顶下沉量测。

三、位移计测围岩内部位移

1. 量测方法

围岩内部各点的位移同坑道周边位移一样是围岩动态的表现。它不仅反映了围岩内部的松弛程度,而且更能反映围岩松弛范围的大小,这也是判断围岩稳定性的一个重要参考指标。

在实际量测工作中,使用位移计量测围岩内部位移的方法是,先向围岩钻孔,然后安装位移计,用位移计量测钻孔内(即围岩内部)各点相对于孔口(岩壁)一点的相对位移。

2. 位移计

(1)位移计有两种类型,一类是机械式,另一类是电测式。其构造由定位装置、位移传递装置、孔口固定装置、百分表或读数仪等部分组成。

(2)孔口固定装置。一般测试的是孔内各点相对于孔口一点的相对位移,故需在孔口设固定点或基准面。

(3)定位装置是将位移传递装置固定于钻孔中的某一点,则其位移代表围岩内部该点位移。定位装置多采用机械式锚头,其形式有楔缝式、支撑式、压缩木式等。

(4)位移传递装置是将锚固点的位移以某种方式传递至孔口外,以便测取读数。传递的方式有机械式和电测式两类。其中,机械式位移传递构件有直杆式、钢带式、钢丝式;电测式位移传感器有电磁感应式、差动电阻式、电阻式。

(5)直杆式位移计结构简单,安装方便,稳定可靠,价格低廉;但观测精度较低,观测不太方便,一般只能观测1~2个测点,见图6-3-4。钢带式和钢丝式位移计则可单孔观测多个测点,如DWJ-1型深孔钢丝式位移计可同时观测到单孔中不同深度的6个点位,见图6-3-5。

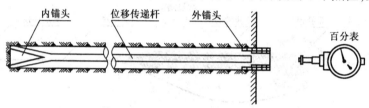

图6-3-4 单点直杆式位移计示意图

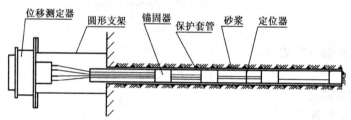

图6-3-5 DWJ-1型深孔六点位移计示意图

(6)电测式位移计的传感器需有读数仪来配合输送、接收电信号,并读取读数。电测式位移计多用于进行深孔多点位移测试,其观测精度较高,测读方便,且能进行遥测,但受外界影响较大,稳定性较差,费用较高,见图6-3-6。

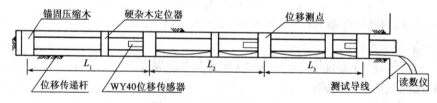

图6-3-6 电阻式多点位移计

3. 测试方法及注意事项

围岩内部位移测试方法及注意事项基本上与坑道周边相对位移测试方法相同。

4. 数据整理

数据整理方法基本同前,可整理出:

(1)孔内测点($L_1,L_2\cdots$)位移(u)—时间(t)关系曲线。

(2)不同时间($t_1,t_2\cdots$)位移(u)—深度($L_1,L_2\cdots$)关系曲线。

四、钢筋计测锚杆内应力及拉拔器测锚杆抗拔力

(一)钢筋计测锚杆内应力

1. 量测原理

系统锚杆的主要作用是限制围岩的松弛变形。这个限制作用的强弱,一方面受围岩地质条件的影响,另一方面受锚杆的工作状态的影响。锚杆的工作状态的好坏主要以其受力后的应力来反映。因此,如果能采用某种手段测试锚杆在工作时的应力值,就可以知道其工作状态的好坏,也可以由此判断其对围岩松弛变形的限制作用的强弱。

实际量测工作中,是采用与设计锚杆强度相等,且刚度基本相等的各式钢筋计来观测锚杆的应力—应变的。

这里要特别说明的是,如果将观测锚杆的刚度设计为与围岩的刚度相等,则其观测结果就是围岩的应变值,所以围岩的应变观测亦用此法,此处不再重复。

2. 钢筋计

(1)钢筋计多采用电测式,其传感器有电磁感应式、差动电阻式、电阻片式几种。

(2)根据测试要求,可将几只传感器连接或粘贴于锚杆不同的区段,观测出不同区段的应力—应变。

(3)读数仪可自动率定接收到的电信号,并显示应力—应变值。

电磁感应式钢筋计又称钢弦式钢筋计,它需使用电脉冲发生器(周期仪)测试,这种钢筋计的构造不太复杂,性能亦较稳定,耐久性较好,其直径接近设计锚杆直径,经济性较好,是一种比较有发展前途的钢筋计(图6-3-7)。

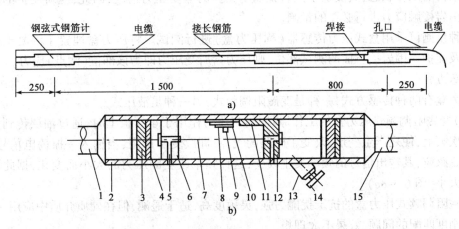

图6-3-7 钢筋计(尺寸单位:mm)
a)钢弦式量测锚杆;b)JD-1型钢弦式钢筋计

1-拉杆;2-壳体;3-端封板;4-橡皮垫;5-定位螺栓;6-夹线柱;7-钢弦;8-线圈架;9-铁芯;10-线圈;11-支架;12-支承堵头;13-密封圈;14-引线嘴;15-拉杆

差动式钢筋计性能较稳定,耐久性也较好,但其直径较大,且构造复杂,价格较高,因此使用较少。

电阻片式钢筋计实际上是将传感用的电阻片粘贴于实际的锚杆上,并做好防潮处理。其构造简单,安装、测试方便,价格低,故工程测试中常应用。

3. 测试方法及注意事项

(1)电感式和差动式钢筋计,需用接长钢筋(设计锚杆用钢筋)将其对接于测试部位(区段),制成测试锚杆,并测取空载读数。对接可采用电弧对接,操作中应注意不要烧坏和损伤引出导线,并注意减少焊接温度对钢筋计的影响。

(2)电阻式钢筋计是取设计锚杆,在测试部位两面对称车切、磨平后,粘贴电阻片,做好防潮处理,制成测试锚杆,并测取空载读数。

(3)测试锚杆安装及钻孔均按设计锚杆的同等要求进行,但应注意安装过程中不得损坏电阻片、防潮层及引出导线等。

(4)测试频率及抽样的比例、部位应按表6-2-1执行。

(5)做好各项记录,并及时整理。

4. 数据整理

(1)不同时间锚杆轴力N(或应力σ)与深度l关系曲线。

(2)不同深度各测点锚杆轴力N与时间t关系曲线。

(二)拉拔器测锚杆抗拔力

拉拔器可检测锚杆的抗拔力。抽样测试比例应按表6-2-1执行,但应注意仪器调校,测试过程中应做好各项记录,并及时整理。

五、压力盒测支护与围岩之间的接触应力

1. 量测原理

支护(喷射混凝土或模筑混凝土衬砌)的内应力及其与围岩之间的接触应力大小,既反映了支护结构的工作状态,又反映了围岩施加于支护的形变压力情况,因此,应对支护的内应力及其与围岩接触应力进行必要的量测。

这种量测可采用盒式压力传感器(称压力盒)进行测试。将压力盒埋置于混凝土内的测试部位及支护—围岩接触面的测试部位,则压力盒所受压力即为该部位(测点)应力。

2. 压力盒

压力盒有两种传感方式,一种是变磁阻调频式,另一种是液压式。

(1)变磁阻调频式压力盒的工作原理是:当压力作用于承压板上时,通过油层传到传感单元的二次膜上,使之产生变形,改变了磁路的气隙,即改变了磁阻,当输入一振荡电信号时,即发生电磁感应,其输出信号的频率发生改变,这种频率改变因压力的大小而变化,据此可测出压力的大小[图6-3-8a)]。

变磁阻调频式压力盒的抗干扰能力强,灵敏度高,适于遥测,但在硬质介质中应用,存在着与介质刚度匹配的问题,效果不太理想。

(2)液压式压力盒又称格鲁茨尔(Glozel)压力盒,其传感器为一扁平油腔,通过油压泵加压,由油泵表可直接测读出内应力或接触应力[图6-3-8b)]。

液压式压力盒减少了应力集中的影响,其性能比较稳定可靠,是较理想的压力盒,国内已有单位研制出机械式油腔压力盒。液压式压力盒的液压系统较复杂,故较少使用。

3. 测试方法及注意事项

(1)将压力传感器按测试应力的方向埋设于测试部位。在喷射混凝土或模筑混凝土的振捣过程中,应注意不要损伤导线或导管。

(2)液压式压力盒系统还应在适当部位安设管路连接头及阀门。

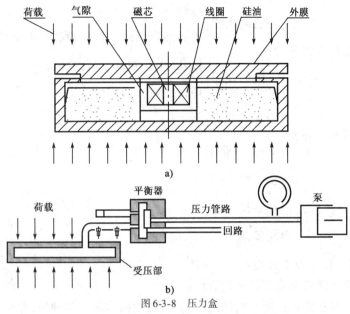

图 6-3-8 压力盒
a)变磁阻调频式土压力传感器;b)格鲁茨尔压力盒

(3)测试频率应按表 6-2-1 的要求执行。

4.数据整理

测试过程中,应随时做好各项记录,并及时整理出有关图表,如接触应力分布图。

六、声波测围岩的弹性波速度

1.量测原理

声波测试是地球物理探测方法的一种。它是在岩体的一端激发弹性波,而在另一端接收通过岩体传递过来的波,弹性波通过岩体传递后,其波速、振幅、频率均发生改变。对于同一种激发弹性波,穿过不同的岩层后,发生的改变各不相同,这主要是由于岩体的物理力学性质各不相同所致。因此,弹性波在岩体中的传播特征就反映了岩体的物理力学性质,如动弹性模量、岩体强度、完整性或破碎程度、密实度等。据此可以判别围岩的工程性质,如稳定性,并对围岩进行工程分类。其原理见图 6-3-9。

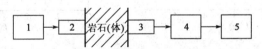

图 6-3-9 声波测试原理示意图
1-振荡器;2-发射换能器;3-接收换能器;4-放大器;5-显示器

目前,在工程测试中,普遍应用声波在岩体中传播的纵波速度(V_p)来作为评价岩体物理力学性质的指标。其一般有以下规律:

(1)岩体风化、破碎、结构面发育,则波速低、衰减快、频谱复杂。

(2)岩体充水或应力增加,则波速高、衰减慢、频谱简化。

(3)岩体不均匀和各向异性,则其波速与频谱也相应表现出不均一和各向异性。

2.测试方法及注意事项

(1)声波测试方法较多,从换能器的布置方式、波的传播方式、换能器的组合形式等三个方面可分为:

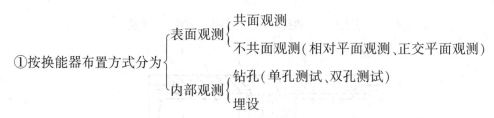

(2)声波测试应注意以下几点：

①探测区域的选择要有典型性和代表性；

②测点、测线、测孔的布置要有明确的目的性，要根据实际工程地质情况、岩体力学特性及建筑形式等进行布设；

③声波测试一般以测纵波速度（v_p）为主，但应根据实际要求，可测其横波速度（v_s），记录波幅，进行频谱分析。

3. 数据整理

隧道工程中多采用单孔平透折射波法测试围岩在拱顶、拱脚、墙腰几个部位的径向纵波速度。根据测试记录，应及时整理出每个测孔的 v_p-L 曲线。常见的曲线形式可以归纳为以下四种类型（图6-3-10）。

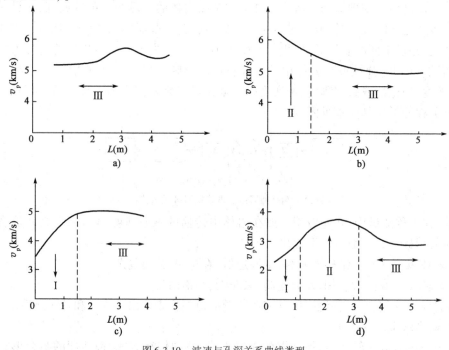

图6-3-10 波速与孔深关系曲线类型
a)"一"形；b)"L"形；c)"厂"形；d)"凸"形

(1)"一"形,无明显分带,表示围岩较完整。
(2)"L"形,无松弛带,有应力升高带,表示围岩较坚硬。
(3)"厂"形,有松弛带,应当分析区别是由于爆破引起的松动还是围岩进入塑性后的松动。
(4)"凸"形,松弛带、应力升高带均有。

以上所述只是一般情形,但有时波速高并不反映岩体完整性好,如有些破碎硬岩的波速就高于完整性较好的软岩,因此,国家标准《锚杆喷射混凝土支护技术规范》(GB 50086—2001)中还采用了岩体完整性系数 $K_v = (v_{mp}/v_{rp})^2$ 来反映岩体的完整性(v_{mp}为岩体的纵波速度,v_{rp}为岩块的纵波速度)。K_v越接近1,表示岩体越完整。

另外,在软岩与极其破碎的岩体中,有时无法取出原状岩块,不能测出其纵波速度,这时可用相对完整系数 K_x 来代替 K_v。

资料四 量 测 计 划

现场量测是现代隧道及地下工程中的一项重要工作,它必须是在初步调查的基础上,依据实际工程地质条件、施工方法、环境要求、经济条件等编制有明确量测目的的现场量测实施计划。现场量测实施计划应包括:量测项目的选择,测试断面、测线、测点、测孔的布设,量测频率及量测期间的确定。

一、量测项目的选择原则

我国公路、铁路隧道施工规范均给出了隧道工程现场量测的内容,并规定了应测项目和选测项目。至于量测项目的选择原则,一般应满足规范要求,也可参照国内外的一些做法。如我国铁路部门制定的《新奥法设计施工指南》(草案)中,按围岩条件确定量测项目的重要性,可作为参考,见表6-4-1。

不同围岩条件量测项目的重要性　　　　表6-4-1

量测项目的 重要性 围岩条件	应测项目				选测项目					
	洞内观察	净空变位	拱顶下沉	地表和围岩内下沉	围岩内部位移	锚杆轴力	衬砌应力	锚杆拉拔试验	围岩试件试验	洞内测弹性波
硬岩(断层等破碎带除外)	◎	◎	◎	◎	△*	△*	△	△	△	△
软岩(不发生强大塑性地压)	◎	◎	◎	◎	△*	△*	△*	△	△	△
软岩(发生强大塑性地压)	◎	◎	◎	◎	◎	◎	○	△	△	△
土、砂	◎	◎	◎	◎	○	△*	△*	○	◎ 土质试验	△

注:1. ◎-必须进行的项目;○-应进行的项目;△-必要时进行的项目。
2. △*-这类项目的量测结果对判断是增强还是减弱支护有参考价值。

另外,还应考虑到量测仪器的选择。一般应选择简单、可靠、耐久、经济的量测仪器,并且要求被测物理量概念明确,量值显著,量程较大;测试数据便于分析,易于实现对设计、施工的反馈。

二、测试断面、测线、测点、测孔的布设

1. 测试断面的布置

测试断面有两种,一是单一测试断面,二是综合测试断面。把单项量测内容布设在一个测试断面,了解围岩和支护在这个断面的动态变化情况,这种测试断面称为单一测试断面。另外一种,把几项量测内容组合布设在一个测试断面,使各项量测结果、各种量测手段互相校验,对该断面的动态变化进行综合分析和判断,这种测试断面称为综合测试断面。

隧道工程现场量测的测试断面一般均沿隧道纵向间隔布设。由于各量测项目的要求不同,则其测试断面的间距亦不相同。测试断面的间距规定大致有以下三种情况。

(1) 拱顶下沉和周边位移一般布设在同一断面,其测试断面间距可按《锚杆喷射混凝土支护技术规范》(GB 50086—2001)规定,见表6-4-2,其中 B 为洞室跨度。

拱顶下沉、周边位移测试断面间距   表6-4-2

条件	洞口附近	埋深小于2B	施工进展200m前	施工进展200m后
断面间距(m)	10	10	20,土砂围岩减小到10	30,且围岩变化一次至少设一断面

(2) 地表下沉量测与埋深关系很大,其测试断面间距可参照表6-4-3执行。

地表下沉测试断面间距   表6-4-3

埋深 h 与洞室跨度 B 的关系	$2B < h$	$B < h < 2B$	$h < B$
断面间距(m)	20~50	10~20	5~10

(3) 其他量测项目一般都可布置在综合测试断面上,称为代表性测试断面,其断面间距和数量视具体需要而定。在一般围岩条件下,200~500m 设一个综合测试断面。

此外,测试断面应尽可能接近开挖面。一般要求不超过2m,实际上有的已安设在距开挖面仅 0.5m 的断面上,其观测效果更好,但应注意加强对测点和器具的保护。

2. 周边位移的测线布置

坑道周边相对位移的测线可参照图 6-4-1 及表 6-4-4 布置。

每一台阶 3 条拱顶下沉量测的测点,一般可与周边位移测点共用,这样既节省了安设工作量,更重要的是使测点统一,测试结果能互相校验。

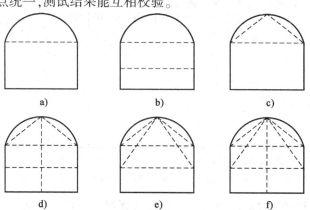

图 6-4-1 围边位移测线布置

a) 一条测线;b) 二条测线;c) 三条测线;d) 五条测线;e) 六条测线;f) 七条测线

周边位移测线数　　　　　　　　　表6-4-4

开挖方法＼地段	一般地段	特殊地段			
		洞口附近	埋深小于2B	有膨胀压力或偏压	实施选测项目代表性地段
全断面开挖	1条水平测线		3条或5条	3条或5条	3条或5条、7条
短台阶开挖	2条水平测线	3条或6条	3条或6条	3条或6条	3条或5条、6条
多台阶开挖	每台阶1条水平测线	每一台阶1条	每一台阶3条	每一台阶3条	每一台阶3条

注：B为洞室跨度。

3. 围岩内位移的测孔布置

围岩内部相对位移的测孔，一般与周边位移测线相应布置，以便使两项测试结果能够互相验证、协同分析和应用(图6-4-2)。

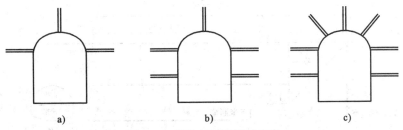

图6-4-2　围岩内部位移测孔布置
a)三测孔；b)五测孔；c)七测孔

4. 轴力量测锚杆的布置

轴力量测锚杆在断面上的布置位置，要根据工程设计的支护锚杆位置来确定，一般可参照围岩内位移测孔布置。

5. 支护—围岩接触应力的测点布置

一般情况下，支护—围岩接触应力量测应在有代表性的部位布置测点，如拱顶、拱腰、拱脚、墙顶、墙腰、墙脚等部位，并应考虑与锚杆应力量测作对应布置(图6-4-3)。另外，在有偏压、底鼓等特殊情况下，应视具体情形，调整测点位置和数量。

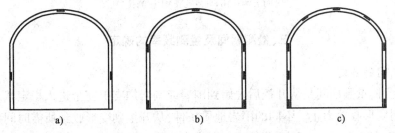

图6-4-3　支护—围岩接触应力的测点布置
a)三测点；b)六测点；c)九测点

6. 地表、地中沉降的测点布置

地表、地中沉降的测点，主要应布置在洞室中轴线上方的地表或地中(钻孔中)，在主点的横向上也应布置必要数量的测点。应当注意的是，在沉降区以外还应设置不受隧道施工影响的固定点作为参照(图6-4-4)。

7. 声波测孔布置

声波测孔宜布置在有代表性的部位(图6-4-5)。另外，还要考虑到围岩层理、节理的方向与测孔方向的关系。可采用单孔、双孔两种测试方法；或在同一部位，呈直角相交布置三个测孔，以便充分掌握围岩结构对声波测试结果的影响。

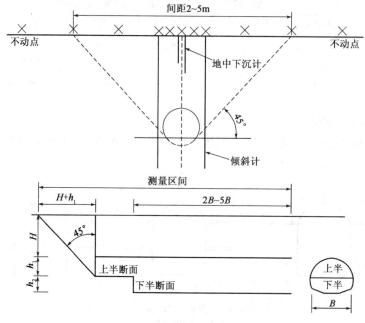

图6-4-4 地表下沉量测范围及地中沉降测点布置

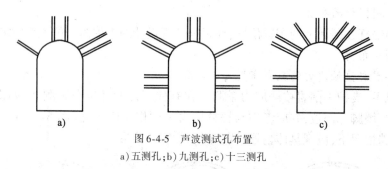

图6-4-5 声波测试孔布置
a）五测孔；b）九测孔；c）十三测孔

三、量测期间及量测频率的确定

1. 量测期间的确定

从理论上讲，量测期间是从开挖后开始到围岩或围岩加支护完全进入稳定状态为止，从变形来看就是到变形收敛为止。不同的围岩地质条件，从开挖到变形收敛所需时间各不相同，因此，量测期间就有长有短。在稳定性较好的围岩中，其变形收敛快，一般量测7天就可以判断围岩的稳定状态；而在塑性流变性岩体中，其变形收敛时间长，有时可达两个月以上，这时需进行较长时间的观测。

确定量测期间的一般原则是：对变形量小、收敛快的，其量测期间可短些；对变形量大、持续时间长的，其量测期间就要长一些；量测的开始时间应尽量提早。一般要求，初始读数的测取，最好是在开挖后的12h以内完成，最迟不宜超过24h，且应保证在下一次开挖之前完成。

2. 量测频率的确定

在整个量测期间，量测频率并不是均匀的。原则上，应当是：变形速度快，则量测频率要高;变形速度慢,则量测频率可低。

坑道开挖后,围岩的早期变形速度快,量测频率要高,应每日量测1~2次;后期变形速度减缓,量测频率可低,如每月1~2次。表6-4-5给出了周边位移和拱顶下沉量测频率与位移速度和量测断面到开挖面的距离之间的关系。其他项目的量测频率可参照表6-4-5。

周边位移和拱顶下沉的量测频率　　　　　表6-4-5

量测断面到开挖面的距离	0~1B	1B~2B	2B~5B	5B以上
位移速度	10mm/d以上	5~10mm/d	1~5mm/d	1mm/d以下
量测频率	1~2次/d	1次/d	1次/2d	1次/周

注:B为洞室跨度。

资料五　量测数据分析与反馈

通过对量测数据的分析和判断,指导隧道设计和施工,是现代隧道工程的重大进步和重要特征。但由于工程地质条件的多样性和隧道结构的复杂性,目前还没有成熟的分析方法和完整的分析体系。当前采用的量测数据反馈设计的方法主要是定性的,即依据经验和理论上的推理来建立一些准则。根据量测的数据和这些准则,判断围岩稳定性及支护系统的可靠性,继而调整施工措施和修正设计支护参数。

量测数据反馈设计、施工的理论法,目前正在蓬勃兴起,那就是将监控量测与理论计算相结合的反分析计算法。有关这方面内容将在《隧道设计》课程中详细介绍,这里,仅简要介绍根据对量测数据的分析来修正设计参数和调整施工措施的一些准则。

一、地质预报

地质预报就是根据地质素描来预测预报开挖面前方围岩的地质状况,以便考虑选择适当的施工方案调整各项施工措施。包括:

(1)根据已暴露的围岩状态,检验和修正初步的围岩分类。

(2)根据修正的围岩分类,修正初步设计的支护参数。

(3)根据实际的工作状态,检验和修正初期支护参数。

(4)根据已暴露围岩的地质特征,并结合对已作初期支护实际工作状态的评价,推断和预报前方一定范围内围岩的地质特征,预先确定下一循环的支护参数和施工措施,防范因突然出现不良地质造成工程事故。

二、地表下沉分析与反馈

对于浅埋隧道,可能由于隧道的开挖而引起上覆岩体的下沉,致使地面建筑的破坏和地面环境的改变。因此,地表下沉的量测监控对于地面有建筑物的浅埋隧道和城市地下通道尤为重要。

如果量测结果表明地表下沉量不大,能满足限制性要求,则说明支护参数和施工措施是适当的;如果地表下沉量大或出现增加的趋势,则应加强支护和调整施工措施,如适当加喷混凝土、增设锚杆、加钢筋网、加钢支撑、超前支护等,或缩短开挖循环进尺、提前封闭仰拱,甚至预注浆加固围岩等。

另外,还应注意对浅埋隧道的横向地表位移进行观测,横向地表位移多发生在浅埋偏压隧道工程中,其处理较为复杂,应加强治理偏压的对策研究。

三、周边位移分析与反馈

如前所述,周边位移是围岩动态的最显著表现,所以隧道工程现场量测主要以围岩周边位移作为围岩稳定性评价及围岩稳定状态判断的指标。

一般而言,坑道开挖后,若围岩位移量小,持续时间短,则其稳定性就好;若围岩位移量大,持续时间长,则其稳定性就差。

以围岩位移作为指标来判断其稳定状态,有赖于对实际工程经验的总结和对位移量测数据的分析。这里我们只介绍一些分析结论,至于分析的方法,可应用一元线性和非线性回归分析法。

用围岩的位移来判断其稳定状态,关键是要确定一个"判断标准"(或称为"收敛标准"),即判断围岩稳定与否的界限。它包括三个方面:位移量(绝对或相对)、位移速率、位移加速度。

1. 周边位移收敛标准

我国《公路隧道施工技术规范》(JTG F60—2009)和《铁路隧道施工规范》(TB 10204—2002)规定了以下几项允许值作为围岩位移收敛标准,可供参考和指导施工。

(1)水平相对位移的允许收敛率,见表6-5-1拱顶下沉也可参照执行。

(2)允许位移速度,规定为周边位移$0.1 \sim 0.2$mm/d;拱顶下沉速度为$0.07 \sim 0.15$mm/d。

(3)位移加速度,如果围岩位移速率呈典型的蠕变曲线特征,即先减速后等速,或呈明显的加速趋势,则表明围岩正向不稳定方向发展或已出现破坏。

水平相对位移允许收敛率(%) 表6-5-1

围岩级别	适用的坑道跨度(m)	适用的高跨之比 H/B	埋深(m)		
			<50	50~300	301~500
III	$B \sim 20$	0.8~1.2	0.1~0.3	0.2~0.5	0.4~1.2
IV	$B \sim 15$	0.8~1.2	0.15~0.5	0.4~1.2	0.8~2.0
V	$B \sim 10$	0.8~1.2	0.2~0.8	0.6~1.6	1.0~3.0

注:1. 收敛率指两测点的水平相对位移与该两测点间距离之比。
2. 脆性围岩的隧道取表中较小值,塑性则取较大值。
3. VI、V、IV级围岩中的隧洞测试应与工程地质分析相结合,特别注意对局部失稳岩块的观测。
4. 本表所列数值可在施工过程中通过实测和资料积累作适当修正。
5. 拱顶下沉也可参照执行。

2. 对围岩稳定状态的判断和管理等级

根据以上判断标准,如果围岩位移不超过上述(1)、(2)两项允许值,且不出现蠕变趋势,则可以认为围岩是稳定的,初期支护是成功的,可正常施工。如果围岩位移超过其中一项允许值,则可以认为围岩正在向不稳定方向发展,甚至是已经出现了破坏,即将失稳,应根据程度加强初期支护直至获得稳定。如果表现出稳定性较好,则可以考虑适当加大循环进尺或酌减初期支护,参见表6-5-2。采用浅埋隧道暗挖法施工时,应特别注意对拱顶下沉及地表下沉量的控制,其控制标准可以根据最大位移值进行施工管理。

位移量测数据管理等级　　　　表 6-5-2

管理等级	—	一级	二级	三级
(1)位移值	—	$U < U_n/3$	$U_n/3 \leq U \leq 2U_n/3$	$U > 2U_n/3$
稳定性判断与施工指导	—	表明围岩稳定,可以正常施工	围岩变形偏大,应加强支护,限制围岩变形,并密切注意围岩动向	表明围岩变形很大,应立即停止开挖,采取特殊的加固措施
(2)位移速率	—	小于0.2mm/d	0.2~1mm/d 之间	大于1mm/d
稳定性判断与施工指导	—	围岩基本稳定,可以进行二次衬砌作业	表明围岩处于缓慢变形阶段,应注意观察围岩动态	围岩处于急剧变形阶段,应密切观察围岩动态
(3)位移加速度	位移速率很快变小,时态曲线很快平缓	位移速率逐渐变小,即 $d^2u/dt^2 < 0$,时态曲线趋于平缓	位移速率不变,即 $d^2u/dt^2 = 0$,时态曲线直线上升	位移速率逐步增大,即 $d^2u/dt^2 > 0$,时态曲线出现反弯点
稳定性判断与施工指导	表明围岩稳定性好,可酌减初期支护	表明围岩变形趋于稳定,可正常施工	围岩变形急剧增长,无稳定趋势,应及时加强支护,必要时暂停掘进	表明围岩已处于不稳定状态,应停止掘进,及时采取加固措施
图示	(曲线图)	(曲线图)	(曲线图)	(曲线图)

如果位移值超过允许值不多,且初期支护中的喷射混凝土未出现明显开裂,一般可不予补强。

如果位移与上述情况相反,则应按表 7-1-1 采取处理措施,如在支护参数方面,可以增强锚杆、加钢筋网喷混凝土、加钢支撑、增设临时仰拱等;在施工措施方面,可以缩短从开挖到支护的时间,提前打锚杆,提前设仰拱,缩短开挖台阶长度和台阶数,增设超前支护等。

四、预警机制

1. 预警内容

在监控量测过程中,遇到下列情况之一时,必须提出预警:
(1)围岩累计位移量过大或变形速率加快或变形不收敛。
(2)衬砌或支护结构出现开裂或变形过大。
(3)浅埋段地表下沉过大或出现裂缝。
(4)围岩明显开裂或原有裂隙逐渐扩展。

2. 预警警戒值

(1)地表沉降允许值为5cm,警戒值为3cm,基准值为2cm。
(2)拱顶下沉、水平收敛允许值为:双车道隧道正洞Ⅴ级围岩10cm、Ⅳ级围岩7cm、Ⅲ级围岩4cm;紧急停车带Ⅳ级围岩10cm、Ⅲ级围岩7cm。

上述数值的2/3为警戒值,1/3为基准值。

(3)仰拱隆起允许值为3cm,警戒值为2cm,基准值为1cm。

3. 预警管理

监控量测预警实行三级管理。当监测数据分布在基准值以下时,实行Ⅲ级管理,隧道可正常施工;分布在基准值和警戒值之间时,实行Ⅱ级管理,应通报超前预报、施工、监理单位以及指挥部,并加强监测,谨慎施工;超过警戒值时,实行Ⅰ级管理,即暂停施工,第一时间通报超前预报、施工、监理单位以及指挥部,会商决策。

当施工中出现下列情况之一时,也应采取Ⅰ级管理:

(1)拱顶下沉连续5d大于等于3mm;或连续3d大于4mm;或连续3d大于3mm且呈加速趋势。

(2)量测值发生突变。

(3)初期支护或内层衬砌开裂达到5mm。

(4)洞口地表出现开裂、坍塌。

(5)洞内围岩压力有明显异常。

(6)时态曲线长时间没有变缓的趋势。

五、内层衬砌的施作时间

按围岩承载理论和新奥法基本原则,当围岩或围岩+初期支护达到稳定后,就可以施作模筑混凝土内层衬砌。

铁路/公路隧道施工规范规定:当各测试项目表明围岩无明显的流变,且位移有较明显的减缓趋势;水平收敛小于0.2mm/d,拱顶下沉小于0.15mm/d,而且位移值占总位移值的80%以上时,即可施作内层衬砌。周边位移速率与拱顶下沉速度,从安全的角度考虑,是指至少7d的平均值,总位移值可由回归分析计算求得。

应当特别指出的是,以上规定只适用于较好的一般围岩条件。而在流变性和膨胀性强烈的地层中,虽然有研究表明,依靠增强初期支护来约束围岩流变和膨胀,比采用刚性混凝土衬砌效果要好,但这种约束的耐久性和可靠度还没有得到证明。因此,从安全和经济的角度考虑,究竟是依靠加强初期支护来维护围岩稳定,或者在位移收敛以前,施作并依靠刚度更大的模筑混凝土衬砌来维护围岩稳定,还是需要进一步研究的问题。

六、围岩内位移及松动区分析与反馈

与周边位移同理,如果实测围岩的松动区超过了允许的最大松动区(该允许松动区半径与允许位移量相对应),则表明围岩已出现松动破坏,此时必须加强支护或调整施工措施,以控制松动范围。如加强锚杆(加长、加密或加粗)等,一般要求锚杆长度大于松动区范围。如果与以上情形相反,甚至锚杆后段的拉应力很小或出现压应力时,则可适当缩短锚杆长度或缩小锚杆直径或减小锚杆数量等。

七、锚杆轴力分析与反馈

根据量测锚杆测得的应变,即能算出锚杆的轴力。

$$N = \pi \phi^2 E(\varepsilon_1 + \varepsilon_2)/8 \tag{6-5-1}$$

式中:N——锚杆轴力;

ϕ——锚杆直径;

E——锚杆的弹性模量；

ε_1、ε_2——测试部位对称的一组应变片量得的两个应变值。

锚杆轴力是检验锚固效果与锚杆强度的依据，根据锚杆极限承载力与锚杆轴力的比值（即安全系数）即可作出判断。锚杆轴力越大，则 K 值越小。一般认为锚杆局部段的 K 值稍小于 1 是允许的，因为钢材有一定的延性。根据实际调查发现，锚杆轴力在洞室断面各部位是不同的，表现为：

(1) 锚杆轴力超过屈服强度时，净空变位值一般超过 50mm。

(2) 同一断面内，锚杆轴力最大者多数在拱部 45°附近到起拱线之间。

(3) 拱顶锚杆，不管净空位移值大小如何，出现压应力的情况是不少的。

锚杆的局部段 K 值稍小于 1 的允许程度应该是不超过锚杆的屈服强度。若锚杆应力超过屈服强度，则应优先考虑改变锚杆材料，采用高强钢材。当然，增加锚杆数量或锚杆直径也可获得降低锚杆应力的效果。

八、喷层应力分析与反馈

喷层应力是指切向应力，因为喷层的径向应力总是不大的。喷层应力与围岩压力及位移有密切关系。喷层应力大的原因有两个：一是围岩压力和位移大；二是支护不足。

在实际工程中，一般允许喷层有少量局部裂纹，但不能有明显的裂损或剥落、起鼓等。如果喷层应力过大，或出现明显裂损，则应适当增加初始喷层厚度。如果喷层厚度已较厚，则不应再增加喷层厚度，而应增强锚杆、调整施工措施、改变封底时间等。

喷射混凝土强度应按《锚杆喷射混凝土支护技术规范》(GB 50086—2001) 规定:1d 龄期的抗压强度不应低于 5MPa。钢纤维喷射混凝土的设计强度等级不应低于 C20，其抗拉强度不应低于 2MPa，抗弯强度不应低于 6MPa。喷射混凝土的极限强度和弹性模量见表 6-5-3。

九、声波速度分析与反馈

围岩的声波速度综合地反映了岩体的物理力学特征和动态变化。根据 V_p-L 曲线可以确定围岩松动区的范围，工程中应注意将此结果与围岩内位移量测资料相对照，综合分析和判断围岩的松弛情况，以便给修正支护参数和调整施工措施提供依据和指导。

十、围岩压力分析与反馈

按照现代隧道工程围岩承载理论和新奥法施工的隧道，围岩压力主要表现为内层衬砌承受的压力——接触应力。这种接触应力需要长期观测才能得到。由观测到的围岩压力分布曲线可知围岩压力的大小及分布状况。围岩压力的大小与初期支护的功效、围岩位移量、内层衬砌的施作时机以及内层衬砌的刚度密切相关。

(1) 如果变形量不大，但围岩压力较大，则表明初期支护的能力稍显不足，或者内层衬砌的施作时机尤其是封闭时间可能过早，或者内层衬砌的刚度较大，致使储备的内层衬砌的承载能力提前发挥作用。

(2) 如果变形量不大，但围岩压力较小，则表明初期支护的能力足够，内层衬砌的施作时机尤其是封闭时机恰当，无需提前调用储备的内层衬砌的承载能力。

(3) 内层衬砌的稳定性判断。目前，国内外还没有关于内层衬砌稳定性判断的具体标准。根据我国铁路部门在下坑隧道、大瑶山隧道、金家岩隧道和柴家坡隧道等几座铁路隧道长期观测的结果得出:当位移速率小于 1~2mm/年时,就认为内层衬砌是稳定的。

(4)内层衬砌的安全系数。将实测混凝土应力值与混凝土的极限强度值比较,求出安全系数,可判断内层衬砌混凝土的可靠性。混凝土的极限强度和弹性模量见表6-5-3。由于地下受工程地质、水文地质条件、施工条件和支护条件等多方面因素的影响,隧道内层衬砌的受力状态很复杂,因此,一般要求隧道内层衬砌具有较高的安全系数。按规范要求:混凝土抗拉极限强度安全系数 $K_1=3.6$;混凝土抗压极限强度安全系数 $K_a=2.4$。

混凝土的极限强度值(MPa)和弹性模量(GPa) 表6-5-3

强度种类	符号	模筑混凝土强度等级					喷射混凝土强度等级			
		C15	C20	C25	C30	C40	C15	C20	C25	C30
轴心抗压	R_A	12.0	15.5	19.0	22.5	29.5	7.5	10.0	12.5	15.0
弯曲抗压	R_W	15.0	19.4	24.2	28.1	36.9	8.5	11.0	13.5	16.5
轴心抗拉	R_L	1.4	1.7	2.0	2.2	2.7	0.9	1.1	1.3	1.5
弹性模量	E_C	26	28	29.5	31	33.5	18	21	23	25

学习资料七　隧道开挖与出渣技术

学习小组	班级＿＿＿＿　组别＿＿＿＿　组长＿＿＿＿ 组员＿＿＿＿＿＿＿＿＿＿＿＿＿＿＿＿＿＿	
学习目标	1. 理解:开挖方法选择原则； 2. 掌握:硬岩隧道爆破开挖方法； 3. 掌握:出渣运输组织原则及方法	
学习任务	1. 完成钻眼爆破设计； 2. 完成开挖作业循环设计； 3. 填写开挖断面尺寸检查与质量评定表； 4. 编制开挖施工技术交底书	完成并提交成果
学习资料	施工录像:05、06、07、08、09、10、12、24 PPT 课件:007.2、007.3 技术规范:公路/铁路隧道施工技术规范 　　　　　武广高速铁路隧道施工技术指南 　　　　　武广高速铁路隧道工程检验质量报告 　　　　　湖北沪蓉西高速公路隧道验收细则 案例二:合武铁路大别山隧道开挖施工 案例三:西康铁路秦岭隧道钻眼爆破施工	
学习引导	建议采用情境化案例实训、现场观摩、演示试验等教学法； 情境化案例实训教学过程是:观看施工录像→PPT 课件讲解→布置实训任务→阅读理解案例→阅读隧道设计图→模仿案例完成任务并提交成果	
建议学时	20	

资料一　开　挖　方　法

首先应当认识到的是:在隧道施工过程中,每一次的开挖,不仅仅是挖除了一定体积大小($S \cdot L$)和形状的岩体,而且是开拓出了一定大小和形状的地下空间,更是致使这个空间周围岩体的暴露(部分约束被解除)。简单地说,就是"挖除了岩体、获得了空间、暴露了围岩"。

将隧道范围内的岩体挖除以后,围岩是否能够仍然处于稳定状态,主要地取决于围岩本身的自稳能力,但开挖对围岩的稳定状态有着重要和直接的影响。因此,隧道施工首先应关注的三个问题是:坑道内岩体好不好挖？开挖后围岩稳不稳？如何挖(才能又快又不严重影响围岩的稳定)？这就必须对开挖方法和掘进方式进行深入细致的研究。

开挖是隧道施工的基本工序之一,也是关键工序。本部分主要介绍一般山岭隧道施工的开挖方法和掘进方式的种类、适用条件、优缺点、技术要点,并较详细地介绍钻眼爆破掘进的技术要点。

隧道所在的位置原本有岩体充塞其中,必须将这些岩体全部挖除,才能开拓出地下空间,这种开拓地下空间的活动称为开挖。开挖方法是指对地下空间开挖成型的方法。

开挖方法的研究是在围岩本身有一定的空间效应,能够形成一定跨度的自然拱,并在一定的时间内保持不坍塌的条件下进行的。惟其如此,才能使实施开挖以后有时间和空间对围岩实施进一步的支护加固处理。

在绝大多数比较坚硬完整的围岩条件下,是可以按照"先开挖,后支护"的作业顺序进行施工的。如果围岩极其软弱破碎,以致于不能提供这种时间和空间条件,就不能采取"先开挖,后支护"的作业顺序,而必须采取"先支护,后开挖"的作业顺序,即采取特殊稳定措施对围岩进行预先支护或加固处理,以提供基本作业条件(即时间和空间条件),并进行开挖和进一步的支护作业。

一、预留变形量与开挖轮廓线的确定

1. 预留变形量

要确定开挖轮廓线,就必须先考虑到:开挖坑道后,围岩因失去部分约束而产生向坑道方向的收缩变形,保证围岩变形完成后,坑道断面大小仍能满足设计要求的开挖尺寸,以保证衬砌厚度。施工开挖轮廓线应在设计开挖轮廓线的基础上适当加大。这部分加大的开挖量称为预留变形量。

显然,预留变形量的大小主要取决于围岩本身的工程性质的好坏和开挖断面的大小。根据对围岩变形特性的分析和实际观测:围岩的流变性越强,开挖坑道后其变形量越大;围岩的流变性越弱,开挖坑道后其变形量越小。开挖坑道后,围岩的变形量同时还受工程结构条件和工程施工条件(如隧道断面大小、埋置深度、围岩级别、支护类型、开挖方法、掘进方式、围岩暴露时间)等因素的影响。

一般地,预留变形量的大小可采用工程类比法确定,当无类比资料时可参照表 7-1-1 采用。设计单位一般会在设计文件中根据围岩级别及断面大小给出一个估计的预留变形量值,施工单位可根据实际施工过程中对围岩变形进行量测所获得的数据,分析确定并予以适当调整。

新奥法施工开挖预留变形量(cm)　　　　表 7-1-1

公 路 隧 道					铁 路 隧 道						
围岩类别 跨度(m)	IV	III	II	I	围岩级别 隧道类别	I	II	III	IV	V	VI
9~10	5~7	7~12	12~17	特殊设计	普通双线隧道	—	1~3	3~5	5~7	7~10	特殊设计
7~9	3~5	5~7	7~10	10~15	普通单线隧道	—	1~3	3~5	5~7	7~10	
					高速双线隧道		3~5	5~8	8~10	10~15	现场量测测定
					高速单线隧道	—	—	2~5	5~8	8~12	

注:1. 深埋、软岩隧道取大值,硬岩隧道取小值。
　　2. 有明显流变、原岩应力较大和膨胀性围岩应根据量测数据反馈分析确定。

2. 开挖轮廓线的确定

开挖轮廓线尺寸 = 衬砌内轮廓线(半径尺寸) + 施工误差 5cm(包含测量误差、定位误差、模板变形) + 设计内层衬砌厚度(规范有限制性要求) + 设计的喷射混凝土厚度(实际厚度的平均值) + 预留变形量(可根据实际变形量调整)

二、开挖面的支承作用和围岩的相对稳定性

1. 成拱作用与开挖面的支承作用

成拱作用——在地层中开挖一定体量(即一次开挖的宽度、深度和高度)的岩体后,围岩仍能保持不坍塌,形成相对稳定的穹隆形空间,称为岩体的成拱作用或空间效应。

隧道开挖作业区最前端的横断面称为"开挖面"或"掌子面"。开挖面前方将被挖除而尚未挖除的岩体,对已开挖区段的围岩起着一定的约束作用,这种约束作用称为开挖面的支承作用或纵向成拱作用,见图7-1-1 b)。理论分析和实测结果表明,对一般岩体而言,开挖面的支承作用,在隧道纵向上大致可以达到洞径的1~3倍的长度范围,超出这个长度范围,其支承作用就可以忽略不计了。而且显然越坚硬完整的岩体,其支承作用越强,影响范围也越大;越软弱破碎的岩体,其支承作用越弱,影响范围也越小。见开挖面的支承作用的影响范围示意图7-1-1a)。

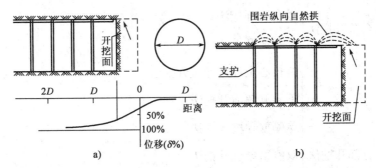

图7-1-1 开挖面的支承作用及其影响范围与围岩的纵向成拱作用示意图

随着隧道开挖的进展(即对岩体的挖除),开挖面的支承作用渐次消失,此后,围岩的稳定则依赖其自稳能力的发挥及初期支护的帮助。开挖面的支承作用具有暂时性。

在隧道施工过程中,开挖面的支承作用是可以且应当加以利用的。即对稳定能力一般的围岩,可以且应当利用开挖面的支承作用,使之在消失之前,与已开挖区段的围岩共同保持空间的暂时稳定,并在此期间做好本区段已暴露围岩的初期支护,使围岩获得更好的稳定。

因此,在隧道施工中,要注意根据围岩稳定能力的好坏,选择适当的掘进进尺,控制好围岩暴露区段长度和暴露时间。

一般地,只有在围岩稳定能力较好,成拱作用较好,开挖面的支承作用较强、影响范围也较大时,才可以采用较深的掘进进尺。即允许有较长的围岩暴露区段和较长的暴露时间,初期支护可以稍滞后一段时间。

而在围岩稳定能力较差,成拱作用较差,开挖面的支承作用较弱、影响范围也较小时,应采用较短的掘进进尺,并及时予以支护。即不允许围岩有较长区段和较长的暴露时间,以避免围岩变形过度或坍塌。

若岩体极度软弱破碎,围岩基本上没有自稳能力,则开挖面也基本上没有支承作用。在这种条件下,应考虑采用辅助稳定措施,如超前支护或预先进行注浆加固后方可进行开挖。

2. 围岩的相对稳定性

隧道工程实践经验表明:在同级围岩条件下,开挖面越大(即一次挖的宽度、深度和高度比较大),则越容易出现围岩坍塌等问题,反之则较好。说明在同级围岩条件下,采用的开挖面大小不同,则围岩表现出来的稳定能力也不同。围岩相对于开挖面大小表现出来的稳定性,

称为相对稳定性。

三、开挖方法的种类及选择原则

1. 开挖方法的种类

从隧道的横断面来看,可以将隧道全断面一次开挖成型,也可以分成若干块逐次开挖;从隧道的纵向来看,不论横断面的分部情形如何,都是将坑道范围内的岩体分成若干段顺序挖除的,即每次挖除的是有一定体积($V=$开挖断面面积 $S\times$纵向掘进深度 $L\approx$断面宽度 $B\times$断面高度 $H\times$掘进进尺 L)的岩体,亦即每次开挖后就形成具有一定体积的地下空间,并最终形成地下通道空间。

按照对隧道横断面的分部情形,开挖方法可以分为以下多种方法。各种方法的图示分别介绍于后。

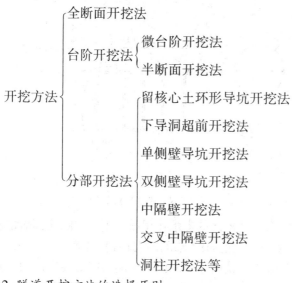

2. 隧道开挖方法的选择原则

隧道开挖方法的选择就是要确定横向分部开挖面的大小(宽度×深度)和纵向分段挖进的深度及其动态调整措施。不同级别的围岩的稳定能力不同,不同的开挖方法对围岩的扰动程度不同,采用不同的开挖方法,其作业面之间的相互干扰也是不同的。

因此,隧道开挖方法的选择原则是:应主要考虑围岩的稳定性,隧道设计断面大小和形状,开挖对围岩的扰动,施工过程中岩体应力重分布和结构体系转换等因素的影响;同时兼顾考虑作业空间大小、支护条件和作业能力、工期要求、工区长度、经济性等因素的影响,进行综合分析,选用既有利于围岩稳定,又满足作业空间等要求的开挖方法。

现代隧道工程围岩承载理论的施工原则强调,不论隧道设计断面大小如何,只要围岩条件许可,一般均应尽可能采用大断面开挖,同时主要通过调整掘进进尺来适应围岩稳定能力的变化。

因为,就横断面而言,采用大断面开挖,可以减少分部开挖的次数,从而减少对围岩的扰动次数。而且大断面开挖还可以提供较大的作业空间,便于各项作业;同一工区的作业面不至于太多,可以减少作业面之间的相互干扰,便于施工管理。

就纵断面而言,当围岩稳定性较差时,缩短掘进进尺开挖,既可以获得较好的空间成拱作用,又可以保持大断面开挖的便利。当然,由于围岩稳定性较差,故采用大断面和短进尺开挖时,应严格控制爆破扰动,及时支护和加强支护。

也就是说,如果围岩稳定性较好,每次挖除岩体的体积可以大一些,即开挖断面面积和纵向深度都可以大一些;如果围岩稳定性较差,每次挖除岩体的体积应当小一些,即开挖断面面积仍然尽量大一些,但纵向深度应当小一些。

以高速铁路隧道为例,各种开挖方法的适用条件见表7-1-2。

各种开挖方法的适用条件(高速铁路隧道)参考表　　　　表7-1-2

开挖方法	适用的隧道断面大小、围岩工程地质条件	说　　明
全断面法	1. 单线隧道Ⅰ、Ⅱ、Ⅲ级围岩; 2. 双线隧道Ⅰ、Ⅱ级围岩; 3. 地下水状态:干燥或潮湿	1. 围岩稳定性越好,一次开挖断面可以大一些,掘进进尺也可以大一些;围岩稳定性越差,一次开挖断面应小一些,掘进进尺也应小一些; 2. Ⅲ、Ⅳ级围岩一次开挖断面面积最大可达70~80m²,循环进尺宜控制在3~4m;Ⅰ、Ⅱ级围岩一次开挖断面面积可以更大一些,循环进尺宜控制在4~5m;Ⅴ、Ⅵ级围岩一次开挖断面面积应小一些,循环进尺应控制在0.5~3m; 3. 应尽量采用大断面开挖,减少分部(分块)数; 4. 台阶长度应有利于施工操作和机械设备效率的发挥,同时应利于支护尽早封闭成环;宜采用微台阶或多台阶开挖; 5. 隧道断面面积,铁路单线为50~60m²,双线为80~90m²;公路单车道为60~70m²,双车道为90~100m²;高速铁路单线为70~85m²,双线为100~120m²
台阶法	1. 单线Ⅲ级、Ⅳ级围岩; 2. 双线Ⅲ级围岩; 3. 地下水状态:干燥或潮湿	
留核心土环形开挖法	1. 单线Ⅳ、Ⅴ、Ⅵ级围岩; 2. 双线Ⅲ、Ⅳ、Ⅴ、Ⅵ级围岩; 3. 地下水状态:有渗水或股水	
下导洞超前法	1. 单线隧道Ⅲ、Ⅳ级围岩; 2. 双线隧道Ⅱ、Ⅲ级围岩; 3. 地下水状态:有渗水或股水	
双侧壁导坑法	1. 单线Ⅴ、Ⅵ级围岩; 2. 双线隧道Ⅳ、Ⅴ、Ⅵ级围岩; 3. 地下水状态:有渗水或股水	
中洞法	双联拱隧道	
中隔壁法(CD法)	单、双线隧道Ⅴ、Ⅵ级围岩;浅埋隧道;三线隧道	
交叉中隔壁法(CRD法)	双线、三线隧道Ⅳ、Ⅴ、Ⅵ级围岩、浅埋隧道	

四、全断面开挖法

1. 全断面开挖法

全断面开挖法是将设计坑道断面内、一定深度的岩体在一个作业循环时间内予以挖除的方法,即一次开挖成型一定深度的毛洞,并在此后再进行支护等其他各项作业。如图7-1-2所示。

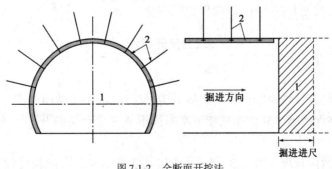

图7-1-2　全断面开挖法
1-全断面开挖;2-锚喷支护

2. 全断面开挖法的适用条件

全断面开挖法主要适用于围岩稳定性很好和隧道断面不太大的条件下。

3. 全断面开挖法的优缺点

(1) 全断面开挖,在同一个工区是单工作面单循环作业,便于施工组织和管理。但单循环作业对各工序的作业能力的利用率不高。

(2) 全断面开挖,有较大的断面进尺比(即开挖断面面积与掘进进尺之比 $= S/L$),既便于机械破岩作业或钻眼爆破作业,又可以获得较好的破岩效果。

(3) 全断面开挖,减少了分块开挖次数,从而减少了对围岩的扰动次数。但在爆炸破岩时,每次爆破震动的强度较大。因此要求进行严格的控制爆破设计,尤其是对于稳定性较差的围岩。

(4) 全断面开挖,围岩应力重分布的次数少,有利于保持围岩的自稳能力;且便于初期支护作业,便于及时形成力学意义上的封闭的承载环,从而获得基本稳定的洞室。

(5) 全断面开挖,可以争取较大的作业空间和使用大型配套施工机械,施工速度也较快。但开挖面大,围岩相对稳定性降低,且每循环工作量相对较大,因此要求具有较强的开挖能力、出渣能力和相应的支护能力。

4. 全断面开挖法的技术要点

(1) 一般情况下,将开挖和初期支护划归为一个作业面,将仰拱、回填(或底板)和边墙座划归为一个作业面,将防水层和内层衬砌划归为一个作业面。使几个作业面之间相隔适当的距离,使之既可以同时施工(平行作业),又可以避免相互干扰,加快施工速度。在工期要求紧的长大隧道中,可借助横洞、斜井、平行导坑或并行双洞的横通道开辟多个工区,实现"长隧短打"。当然,增加辅助坑道应作工期—投资比较。

(2) 全断面开挖,在同一个工区采用单循环作业,使开挖、出渣、初期支护几项主要作业进入一个作业循环。如果各工序的作业能力不平衡,就会显著延长循环时间,施工速度也就较慢。要提高施工速度,就必须增强作业能力,缩短作业时间,缩短循环时间。

(3) 要求各工序之间在时间、空间、人员、机械设备、材料供应、后勤保障等方面的完整配套、合理组织、协调一致、动态调整。以保证各作业面(工区)有较高的施工速度,并进而保证或缩短施工工期。

(4) 全断面开挖法一次开挖面比较大,如果遇到地质条件的突然恶化(如断层破碎带、地下水、溶洞、瓦斯地层等),极易发生突发性工程安全事故(如塌方、突水、突泥、瓦斯突出等),且其规模也会比较大。因此,应严格进行超前地质探测,以预报开挖面前方的地质情况,并相应准备好应急措施,改变开挖方法,以确保施工安全。

五、台阶开挖法

1. 台阶开挖法

台阶开挖法是将设计坑道断面内的岩体分为上半断面、下半断面两部分,在一个作业循环内同时挖除,并始终保持上半断面超前于下半断面形成一个台阶的开挖方法,也称为"微台阶开挖法"。

台阶开挖法的台阶长度一般为 3~5m,如图 7-1-3 所示。若台阶长度设置太长,则会形成上、下半断面之间的相互干扰。

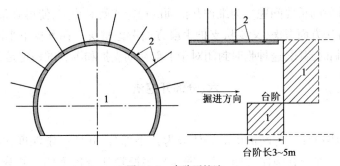

图 7-1-3　台阶开挖法
1-上、下半断面同步开挖；2-上、下半断面同步锚喷支护

2. 台阶开挖法的适用条件

台阶开挖法主要适用于围岩稳定性较好，但隧道断面较大的条件下，或者隧道断面不太大，但围岩稳定性较差的条件下。

3. 台阶开挖法的优缺点

(1) 将上、下半断面合为一个作业面同步开挖，与全断面开挖法基本相同，可以有足够的工作空间和较快的施工速度。若将上、下半断面分两次开挖，则两个工作面之间相互干扰较大，实际工程中较少采用。

(2) 台阶开挖法将隧道下半断面滞后开挖，掌子面始终保留一个微台阶，既有利于开挖面的稳定和围岩的稳定，也给上部提供了一个工作平台，便于上部进行各项作业。尤其是上部开挖并施作初期支护后，下部作业就较为安全，但应注意下部开挖作业对上部已作支护的影响。

(3) 台阶开挖法既可以采用大型施工机械，也可以采用中小型施工机械，其在出渣、进料运输方面也与全断面开挖法基本相同。

(4) 台阶开挖法在遇到前方围岩地质条件的突变(如突变为软弱破碎、突水、泥石流、溶洞)时，其防御性要好一些，相对于全断面开挖法而言，可以避免造成较大的损失，并且可以比较方便地转换为留核心土环形开挖法或其他分部开挖法。

4. 台阶开挖法的技术要点

(1) 台阶长度要适当。既要考虑围岩稳定性的好坏，又要考虑掘进进尺的大小；既要考虑施工机械的配套能力，又要考虑作业空间的大小等要求。

(2) 解决好上、下半断面作业的相互干扰问题。微台阶基本上是合为一个工作面进行同步掘进，与全断面开挖法基本相同。对于较短的隧道，采用"半断面开挖法"，即先打通上半断面，然后再开挖下半断面，则可以最大限度地避免干扰。

(3) 在进行下部开挖时，不仅要注意控制对围岩的扰动强度，还应注意防止对上部已作支护的破坏。

(4) 随着施工进展，在地质条件发生改变时，应及时做好开挖方法的转换工作。

(5) 当围岩自稳能力不足，设计断面又较大时，为了缩短围岩暴露时间，可以在台阶上暂留核心土，而先行挖出上部弧形导坑，待施作上部初期支护后，再挖除核心土，并进行下部开挖和支护的施作。留核心土的目的是：降低开挖面临空高度，减缓开挖面的坡面角度，抵抗开挖面的下滑，缩短开挖后围岩的暴露时间，保证围岩稳定。下半断面则可以考虑分左右两部分开挖，并分别施作下部支护。

(6) 在围岩软弱破碎或断面较大的隧道施工中，采用台阶开挖法时，开挖面的稳定或暂时稳定,成为制约施工进展的重要问题。为维护开挖面的稳定或暂时稳定,使得有条件能够进行其他作业,既要从开挖方法方面考虑,又要从支护手段方面考虑解决。在开挖下半断面岩体前,应注意上部初期支护的临时封闭,这种临时封闭对于上部初期支护和围岩的稳定是非常必要的。

六、分部开挖法

1. 分部开挖法

分部开挖法是将设计坑道断面内的岩体分为几个部分,并按一定深度在不同的作业循环时间内先行挖除某一部分并施作初期支护、继而顺序挖除其余各个部分并分别施作初期支护的开挖方法。

分部开挖法需要进行多次开挖才能完成隧道断面的成型,且要求始终保持某一部分超前于其他部分。先行开挖形成的坑道称为"导坑"。导坑一般要比其余部分的开挖超前一定的深度,故分部开挖法也称为"导坑超前开挖法"。导坑的作用主要是超前探察前方岩体的工程地质条件。

常用的分部开挖法有留核心土环形导坑开挖法、下导洞超前开挖法、单侧壁导坑开挖法、双侧壁导坑开挖法、中洞开挖法(洞柱法)、中隔壁开挖法(CD 法)、交叉中隔壁开挖法(CRD法),见表 7-1-3。

分部开挖法(图中序号仅表示开挖顺序,均省略了初期支护)　　表 7-1-3

方法	横断面	纵断面
留核心土环形导坑开挖法	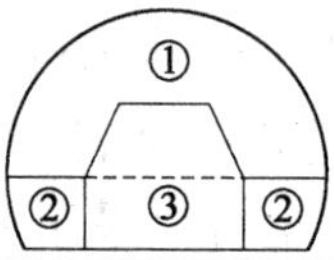	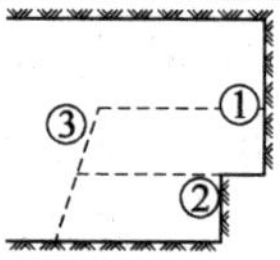
下导洞超前开挖法	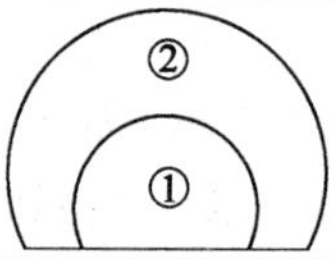	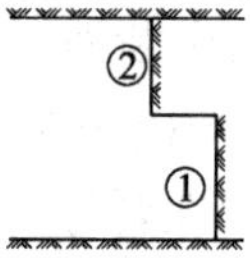
单侧壁导坑开挖法	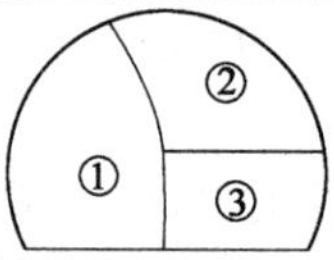	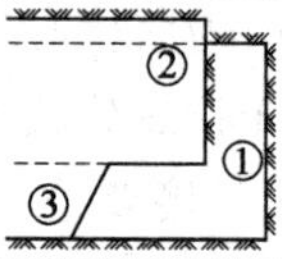
双侧壁导坑开挖法	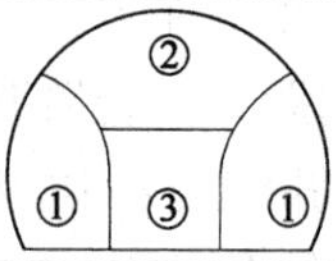	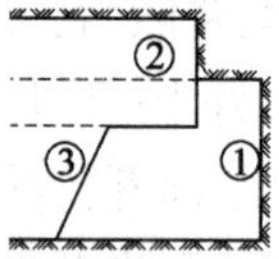
中隔壁开挖法(CD 法)	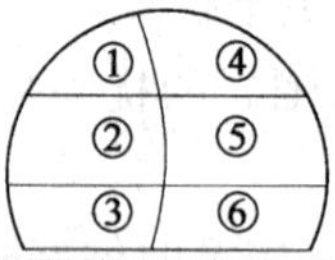	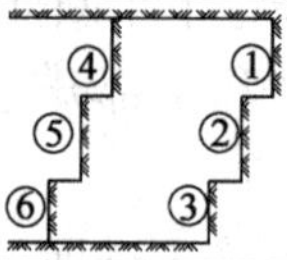
交叉中隔壁开挖法(CRD 法)	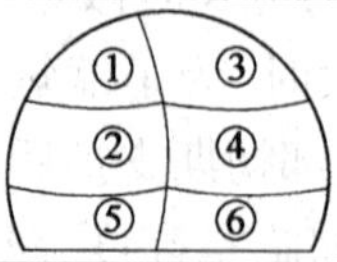	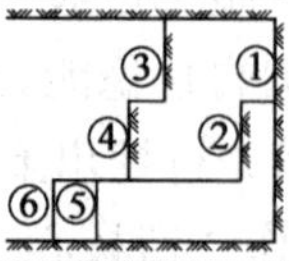
洞柱开挖法	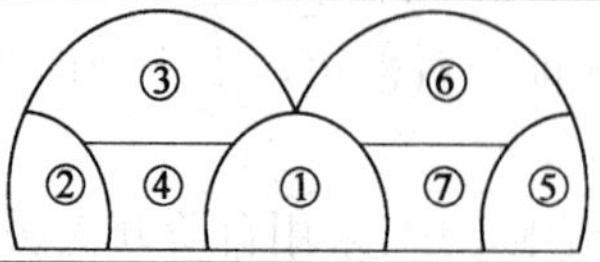	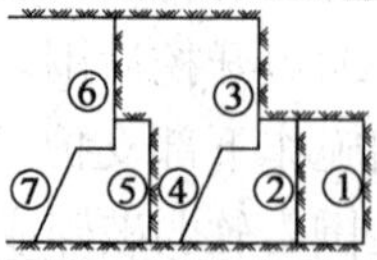

2. 分部开挖法的适用条件

分部开挖法主要适用于隧道断面较大或围岩稳定性较差的条件下。

3. 分部开挖法的优缺点

(1) 分部开挖将隧道断面分为几个小断面逐次开挖,使每个小断面坑道的开挖跨度较小,小断面坑道围岩的相对稳定性显著增强,且坑道断面较小时也更便于进行围岩局部支护。因此,分部开挖法主要适用于设计断面较大或围岩软弱破碎严重、稳定性较差的隧道中。

(2) 分部开挖法由于作业面较多,各工序相互干扰较大,且增加了对围岩的扰动次数,若采用钻爆掘进,则更不利于围岩的稳定,施工组织和管理的难度亦较大。

(3) 导坑超前开挖,有利于提前探明地质情况,并予以及时处理。但若采用的导坑断面过小,则施工速度就较慢。

4. 分部开挖法的技术要点

(1) 因工作面较多,相互干扰大,应注意组织协调,实行统一指挥。

(2) 应特别注意加强对爆破开挖的控制,并避免后续开挖对已作支护的破坏,减少对围岩的扰动。

(3) 各部分的开挖和支护顺序不同,对围岩干扰和对支护的影响就不同。因此,采用分部开挖法时应充分考虑各部分的开挖与支护之间、相邻作业面之间的相互影响关系,安排好开挖和支护的顺序。

(4) 按照新奥法"应尽可能采用大断面开挖"的基本原则,应尽量创造条件,减少分部开挖次数,尽可能争取用大断面开挖,使具备较大的洞内作业空间,以便于采用大中型机械施工和提高施工速度。

资料二 掘进方式

一、岩体的抗破坏性

1. 岩体的坚固性及其分级

岩体的坚固性是指岩体抵抗人为破坏的能力,即挖除岩体的难易程度。在露天土石方工程中,常将挖掘岩体的难易程度分为六级,岩体坚固性分级见表 7-2-1。

岩体的坚固性分级 表 7-2-1

等级	坚固性评价	类别名称	代表性岩体	$\gamma(\times 10^3 kN/m^3)$	φ
一	极软弱极易挖除	松土	砂类土、种植土、软塑的黏砂土、砂黏土、弃土、未经压实的填土	15~16	9°~27°
二	软弱易挖除	普通土	半干硬的、硬塑的黏砂土和砂黏土,可塑的黏土,可塑的膨胀土(裂土)、新黄土,中密的碎石类土(不包括块石土,漂石土),压实的填土,风积砂	15~18	30°~40°
三	较软弱较易挖除	硬土	半干硬的黏土、半干硬的膨胀土(裂土)、老黄土、含块石、漂石≥30%且<50%的土及其他密实的碎石类土、各种风化成土状的岩石	18~20	56°~60°

续上表

等级	坚固性评价	类别名称	代表性岩体	$\gamma(\times 10^3 kN/m^3)$	φ
四	较坚固较难挖除	软石	块石土、漂石土、岩盐；各种软质岩石：泥岩、泥质页岩、泥质砂岩、泥质砾岩、煤、泥灰岩、凝灰岩、云母片岩、千枚岩等	22~26	65°~70°
五	坚固难挖除	次坚石	各种硬质岩：硅质页岩、钙质砂岩、钙质砾岩、白云岩、石灰岩、坚实的泥灰岩、软玄武岩、片岩、片麻岩、正长岩、花岗岩	24~28	70°~80°
六	极坚固极难挖除	坚石	各种极硬岩：硅质砂岩、硅质砾石、致密的石灰岩、大理岩、石英岩、硬玄武岩、闪长岩、正长岩、细粒花岗岩	25~30	80°~87°

注：软土（软黏性土、淤泥质土、淤泥、泥炭质土、泥炭）和多年冻土等应结合具体施工情况另定。

值得注意的是，我国公路、铁路及水电隧道工程中，一般都是直接借用围岩稳定性分级，作为对隧道工程中挖掘岩体的难易程度分级。或者说是将围岩分级作为一种综合分级，既是对围岩稳定性的分级，又是对岩体坚固性的分级。见《铁路隧道设计规范》(TB 10003—2005)铁路隧道围岩稳定性基本分级表。

这样做大致是可行的，其理由是：一般而言，坚固而难挖的岩体作为围岩，其稳定性也好；软弱易挖的岩体作为围岩，其稳定性也差。但严格地说，这种规律并不能代表隧道工程中所遇到的所有情形，实际隧道工程中有稳定能力基本相同的两种岩体，其坚固性和挖掘的难易程度却有较大的差异，如破碎的石英岩与老黄土的比较，就不符合上述规律。石英岩作为围岩，其稳定性很不好，但却并不好挖；而老黄土作为围岩，其稳定性很好，但却并不难挖。同样是软土，作为围岩，其稳定性很不好，但却很难挖。但值得注意的是，岩体的坚固性与围岩的稳定性不能完全等同。

分级方法是出于认识、区分、评价等目的，将一类对象按照其某种性质指标划分为若干个种属或级别的方法。针对不同的作业项目（如开挖、支护）和出于不同的分级目的（如区分开挖岩体的难易程度、评价围岩的稳定性、制定劳动定额或材料消耗定额等），对对象（被挖除的岩体、周围的岩体即围岩）进行级别划分时，所采用的分级指标是不尽相同的。即使采用了同类指标（坚硬完整或软弱破碎程度），对象在不同分类中的排序也是不同的。因为岩体的坚固性与岩体的坚硬完整或软弱破碎程度之间的关系，以及围岩的稳定性与岩体的坚硬完整或软弱破碎程度之间的关系，这两种关系虽然相似，但却并不是完全一致的，两种关系并没有递推关系，即岩体的坚固性与围岩的稳定性不能完全等同。

2. 岩体的抗爆破性/抗钻性及其分级

岩体的抗爆破性（或抗钻性）是指岩体抵抗爆炸冲击波（或钻头冲击力）破坏的能力。岩体的抗爆破性能（或抗钻性能）主要取决于其物理力学性质，特别是岩石（即结构体）在动载作用下的变形性质和内聚力的强弱。另外，其也受到岩体的结构特征（即结构面及其产状）和地下水等因素的影响。隧道爆破掘进时，应按岩体的抗爆破性能进行爆破设计。而在钻眼时，则应按其抗钻性能选择凿岩机具。但目前还没有针对岩体的抗钻性能的研究及分级方法。

近年来，有研究资料建议采用岩体爆破性指数 N 作为分级指标，将岩体的抗爆破性分为极易爆破、易爆破、中等、难爆破、极难爆破共五级，见表7-2-2。岩体爆破性指数 N 的确定，是在炸药能量等相同的条件下,进行爆破漏斗试验,根据爆破后的漏斗体积、大块率、小块率、平均合格率和岩体的波阻抗等指标进行计算的。

岩体的抗爆破性分级　　　　　　　　表 7-2-2

抗爆破级别		N	爆破难易程度	代表性岩石
一	I_1	<29	极易爆破	千枚岩、破碎板岩、泥质板岩、破碎白云岩
	I_2	29.001~38		
二	II_1	38.001~46	易爆破	角砾岩、绿泥岩、米黄色白云岩
	II_2	46.001~53		
三	III_1	53.001~60	中等	阳起石、石英岩、煌斑岩、大理岩、灰白色白云岩
	III_2	60.001~68		
四	IV_1	68.001~74	难爆破	磁铁石英岩、角闪斜长片麻岩
	IV_2	74.001~81		
五	V_1	81.001~86	极难爆破	矽卡岩、花岗岩、矿体浅色砂岩
	V_2	>86		

二、掘进方式及其种类、优缺点、适用范围、选择原则

掘进方式是指对坑道范围内岩体的挖除方式(破岩方式)。按照破岩方式来分,掘进方式有钻眼爆破掘进、全断面掘进机掘进、自由断面挖掘机掘进、人工掘进四种。

1. 钻眼爆破掘进

钻眼爆破掘进是在被爆破岩体的各个部位钻孔后,将炸药分散安装于各个钻孔中并引发炸药爆炸,从而爆破坑道范围内的岩体。隧道工程中一般是采用"掏槽爆破"。

爆炸破岩对围岩的扰动较大,导致围岩稳定能力降低,有时由于爆破震动致使围岩产生坍塌,故其一般只适用于围岩稳定性较好的石质岩体隧道中。但随着控制爆破技术的发展,爆破法的应用范围也逐渐加大,如用于软石及硬土的松动爆破。钻眼爆破掘进是一般山岭隧道工程中最常用的掘进方式。钻眼爆破需要专用的钻眼设备及消耗大量炸药等爆破材料,并只能分段循环掘进。

2. 全断面掘进机掘进

全断面掘进机是采用装在掘进机前端的圆形刀盘中的切削刀来破碎岩体的,它可以一次完成隧道圆形断面掘进。全断面挖掘机避免了爆破震动对围岩的破坏,掘进时对围岩的扰动破坏较小,自身的破岩能力较强,故一般适用于围岩完整性和稳定性较好硬岩地层中。其机械化、集成化程度很高,施工速度快。

3. 自由断面挖掘机掘进

自由断面挖掘机掘进是采用装在可移动式机械臂上的切削头来破碎岩体,并逐步完成隧道断面成型的。自由断面挖掘机避免了爆破震动对围岩的破坏,掘进时对围岩的扰动破坏小,但自身的破岩能力亦较小,故一般适用于围岩稳定性较差的软岩隧道及土质隧道中,尤其适用于配合敞胸式盾构施工。如图 7-2-1 所示。

自由断面挖掘机的适应能力较强,可以挖掘任意形状和大小的隧道,也可以连续掘进。自由断面挖掘机多随机配备连续拾渣转载机构;常用的拾渣机构有蟹爪式、立爪式、铲斗式和挖斗式四种;常用的转载机构有刮板式和链板式两种。自由断面挖掘机多采用履带式走行机构,

以适应洞内临时道路承载能力较低甚至泥泞的条件;当道路泥泞和采用轨道运输时,可选用带有轨道走行机构的自由断面挖掘机。

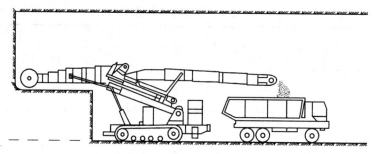

图 7-2-1　自由断面挖掘机掘进

常用的自由断面挖掘机又分为铣盘切削式采矿机、挖斗式挖掘机和铲斗式装渣机三种。

其中,铣盘切削式采矿机是将带有柱齿状或圆锥状切削刃的切削头安装在液压伸缩臂上,切削头可以在水平方向和垂直方向旋转。这种铣盘切削式采矿机可以挖掘各种含水率较低的土及中等硬度以下岩石,但不适用于泥质土的挖掘。

另外,挖斗式挖掘机或铲斗式装渣机用于隧道掘进时,可以将挖掘和装渣同机完成。但其破岩能力有限,一般只适用于挖掘硬土至软塑泥质土,且须配以人工修凿周边。

4. 人工掘进

人工掘进是采用十字镐、风镐等简易工具来挖除岩体。人工掘进对围岩的扰动破坏小,有利于保持围岩原有的稳定能力,但人工掘进速度较慢,劳动强度较大,安全性差,故一般适用于围岩稳定性较差的土质隧道或软岩隧道中。

人工掘进只在特殊地质条件或特小断面的隧道工程中偶有采用。如在不能采用爆破掘进的软弱破碎围岩和土质隧道中,若隧道工程量不大,工期要求不太紧,又无机械或不宜采用机械掘进时,则可以采用人工掘进。人工采用铁锹、斗箕装渣。人工掘进时,尤其应做好安全防护措施,并安排专人负责工作面的安全观察。

5. 掘进方式的选择原则

原本充塞在隧道所在位置的岩体,其软硬程度和破碎程度各不相同,要破碎并挖除这些岩体的难易程度不尽相同;反之,不同的掘进方式对围岩的扰动程度是不同的。掘进方式是影响围岩稳定的又一重要因素。不同的岩体和围岩,适宜采用的破岩方式也不尽相同。

隧道掘进方式的选择就是要确定每一部分岩体的破岩挖除方式,以及破岩时对围岩扰动的控制措施。在实际隧道工程中,掘进方式的选择原则是:应主要考虑坑道范围内被挖除岩体的坚固性,掘进方式对围岩的扰动程度、围岩的抗扰动能力(即其稳定性),其次要考虑开挖方法、作业空间大小、机械配备能力、工期要求、工区长度、经济性等因素的影响,进行综合分析,选用既经济、快速,又不严重影响围岩稳定的掘进方式。

综前所述,钻爆掘进虽然较经济,但对围岩扰动太大,尤其对软弱破碎围岩的稳定不利;机械掘进虽然对围岩扰动小,速度也快,但机械投资较大;人工掘进对围岩扰动小,但掘进速度太慢,劳动强度太大。目前,在山岭隧道中,主要是石质岩体时,多数仍采用钻眼爆破方式掘进。值得注意的是,在采用钻眼爆破方式掘进时,尤其应当严格实施爆破控制,以减少爆破震动对围岩的扰动破坏和对已做支护的影响。

上述几种掘进方式的适用范围见表 7-2-3。

表 7-2-3

掘进方式适用范围

类别名称	岩体名称	坚固等级	围岩级别	主要工程地质特征	挖除难易程度	掘进方式选择建议	爆破难易程度	抗爆级别	代表性岩石
坚石	各种极坚硬岩:硅质砂岩,硅质砾石,致密的石灰岩,大理岩,石英岩,硬玄武岩,闪长岩,正长岩,细粒花岗岩	六	Ⅰ	硬质岩,饱和单轴抗压强度 $R_c > 60$MPa,受地质构造运动影响轻微,节理不发育,无软弱面或夹层,层状岩体为厚层,层间结合良好	极坚固极难挖除	宜用钻眼爆破掘进	极难爆破	五	砂卡岩,花岗岩,矿体浅色砂岩
次坚石	各种硬质岩:硅质砾岩,白云岩,石灰岩,钙质砂岩的泥灰岩,软玄武岩,片岩,片麻岩,正长岩,花岗岩	五	Ⅱ	硬质岩,有少量软弱面(或夹层)发育,有层状构造微节理,但其产状及组合关系不致产生滑动;层状岩体为中层或厚层,或中层夹硬质岩偶夹软质岩石,层间结合一般,很少有分离现象	坚固难挖除		难爆破	四	磁铁石英岩,角闪斜长片麻岩
	块石土.漂石土.岩盐; 各种软质岩:泥质岩,泥质砂岩,泥质砾岩,泥灰岩,煤,泥质片岩,千枚岩等	四	Ⅲ	软质岩,$R_c \approx 30$MPa,受地质构造运动影响不致产生滑动,或受地质构造运动影响轻微,层状岩体为薄层,中层或厚层,层间结合较好,节理较发育	较坚固较难挖除		中等	三	阳起石,煌斑岩,大理岩,灰白色白云岩
软石		三	Ⅳ	硬质岩,$R_c > 30$MPa,层状软弱夹层,但其状及组合关系结合严重,节理很发育软质岩,$R_c = 5 \sim 30$MPa,受地质构造运动影响严重,节理发育		可用全断面掘进机(TBM)掘进 宜用单臂掘进机掘进	易爆破	二	角砾岩,绿泥岩,米黄色白云岩
硬土	半干硬土,半干硬的黏性土,老黄土,可塑的黏土,新黄土,实的碎石类土,各种风化成土状的岩石		Ⅴ	硬质岩,$R_c = 5 \sim 30$MPa,受地质构造运动影响严重,层状岩体为薄层,层状岩体中层或厚层已基本被破坏软质岩位于挤压强烈的黏性土作用的断层破碎带内,裂隙杂乱,呈夹土或大块石状 土:1.略具压密成岩作用的半干硬~硬塑的黏性土,及稍湿至潮湿的粉砂(Q₁,Q₂); 2.黄土(Q₁,Q₂); 3.一般第四系位的半干硬~硬塑的黏性土,圆砾,角砾及黄土等	较软弱较易挖除	可用各种盾构加单臂掘进机或人工掘进 可人工掘进			千枚岩,板岩,泥质白云岩,破碎白云岩
普通土	砂类土,种植土,软塑的黏性土,乔土,未经压实的填土	二			软弱易挖除				
松软土	砂黏土,杂土	一	Ⅵ	软塑状黏性土及潮湿的粉细砂等	极软弱极易挖除				

注:岩体的坚固性等级与围岩级别,岩体的抗爆破级别三者并不完全一一对应的。

资料三 钻眼机具和爆破材料

一、钻眼机具

隧道工程中常用的凿岩机有风动凿岩机和液压凿岩机。另有电动凿岩机和内燃凿岩机,但较少采用。其工作原理都是利用镶嵌在钻头体前端的凿刃反复冲击(并转动)破碎岩石而成孔。有的可通过调节冲击功大小和转动速度以适应不同硬度的石质,达到最佳成孔效果。

钻眼速度受以下几个因素的影响:冲击频率、冲击功;钻头的凿刃形式、钻眼直径;钻眼深度及岩体抗钻性等。另外,钻头与钻杆、钻杆与机头的套装紧密程度和钻杆的质量、粗细则影响冲击功的传递。若套装不紧密、钻杆轴线与机头轴线重合不好或钻杆硬度小,钻杆较粗,都会损耗冲击功而降低钻眼速度。

1. 钻头和钻杆

钻头前端镶嵌硬质高强耐磨合金钢凿刃,钻头则直接连接在钻杆前端(整体式)或套装在钻杆前端(组合式),钻杆尾则套装在凿岩机的机头上。常用钻头的钻孔直径有38mm、40mm、42mm、45mm、48mm等,用于钻中空孔眼的钻头直径可达102mm,甚至更大。钻头和钻杆均有射水孔,压力水即通过此孔清洗岩粉。

凿刃起着直接破碎岩石的作用,它的形状、结构、材质、加工工艺是否合理,都直接影响凿岩效率和其本身的耐磨性能。凿刃的种类按其形状可分为片状连续刃及柱齿刃(不连续)两类。片状连续刃有一字形、十字形等几种布置形式;柱齿刃有球齿、锥形齿、楔形齿等形状之分。

一字形片状连续刃钻头的制造和修磨简单,对岩性的适应能力较强,适用于功率较小的风动凿岩机在中硬以下岩石中钻眼,但钻眼速度较慢,且在节理裂隙发育的岩石中容易卡钻。

十字形片状连续刃钻头和柱齿刃钻头的制造和修磨较复杂,主要与功率较大和冲击频率较高的重型风动或液压凿岩机配套,适用于在各种岩石中钻眼,尤其在高硬度岩石中或节理裂隙发育的岩石中钻眼效果良好,速度也快。钻头形式见图7-3-1。

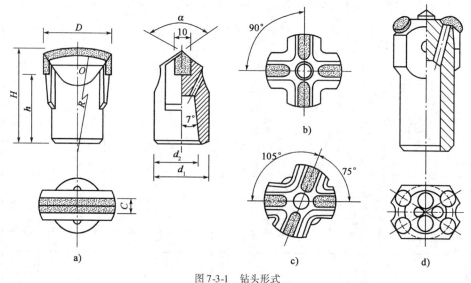

图7-3-1 钻头形式
a)一字形刃钻头;b)十字形刃钻头;c)X形刃钻头;d)柱齿刃钻头

2. 风动凿岩机

风动凿岩机俗称风钻，它是以压缩空气为驱动力。它的优点是结构简单，制造维修简便，操作方便，使用安全；其缺点是能耗高，钻眼速度慢。目前，工程中最常用的是 YT-28 型手持气腿式风动凿岩机，其纯钻进（$d42mm$）速度在 50～470mm/min 之间，见图 7-3-2。

但压缩空气的供应和输送设备比较复杂，机械效率低，能耗大，噪声大，凿岩速度比液压凿岩机低。在目前我国劳动力价格低廉的条件下，较多的隧道工程中仍广泛使用风动凿岩机。

图 7-3-2　风动凿岩机

3. 液压凿岩机

液压凿岩机是以电力带动高压油泵，利用换向阀改变高压油路方向，驱动活塞（冲击锤）往复运动，实现冲击作用。

液压凿岩机与风动凿岩机比较，主要具有以下优点：

（1）液压凿岩机的液压系统设计配套合理，对能量的利用率高，可达 30%～40%，而风动凿岩机对能量的利用率仅有 15%。其机械润滑条件好，各主要机械零件使用寿命较长。

（2）液压凿岩机集机、电、液于一体，构造复杂，质量较大，多需安装在专用的台车上使用。液压凿岩机的工作噪声比风动凿岩机低 10～15dB；也没有像风钻那样的排气，工作面没有雾气，空气较清新，工作环境较好。

（3）液压凿岩机能自动调节冲击频率、扭矩、转速和推力等参数，以适应不同性质的岩石，提高凿岩功效；液压凿岩机比风动凿岩机的钻眼速度快 50%～150%。在花岗岩中，其纯钻进速度可达 170～200cm/min。

4. 凿岩台车

将多台凿岩机安装在一个专用的移动、控制设备上，实现多机同时作业和集中控制，称为凿岩台车。现代的凿岩台车的能量传递和动作传递方式多采用全液压系统来实现。尤其是采用了液压控制的机械臂进行方向控制，可以方便地实现向上打眼，解决了人工操纵向上打眼的困难。

由于液压凿岩机的国产化技术水平不高，机械购置费和机械使用费较高。加之一些承包人对液压凿岩的管理水平不高，机时利用率较低，致使液压凿岩台车在隧道工程中的使用呈下降的趋势，也使得大角度向上打眼安装锚杆成为施工中的一大困难。

凿岩台车按其走行方式可分为轨道走行式、轮胎走行式及履带走行式；按其结构形式可分为实腹式、门架式两种。图 7-3-3 是工程中应用较多的实腹结构轮胎走行的全液压凿岩台车。

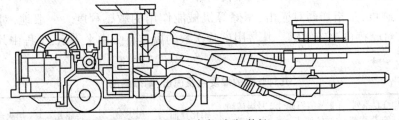

图 7-3-3　凿岩台车（实腹、轮行）

目前我国隧道工程中使用较多的是轮胎走行实腹式凿岩台车。它通常可以安装 1～4 台凿岩机及一支工作平台臂。其占用坑道空间较大，需与出渣运输车辆交会避让，占用循环时间，尤其是在隧道断面不大时，机械避让的非工作时间就更长。轮胎走行的实腹式凿岩台车，其立定工作范围可以达到宽10～15m,高7～12m,且因为轮胎走行使得移位方便灵活,可适用各种断面形状和不同尺寸大小的隧道中,尤其多应用于较大断面的隧道中。

门架式凿岩台车采用了轨道走行门架式结构,其腹部可以通行进料、出渣等运输车辆,可以大幅度缩短不同作业机械的交会避让时间。轨道走行的门架式凿岩台车,通常安装2～3台凿岩机及一支工作平台臂,多用于中等断面($20～80m^2$)的隧道开挖,且因其采用轨道走行,需要铺设轨道,移动换位不便,故在一次开挖断面较大时不宜采用。

凿岩台车按其工作状态的操纵控制方式可以分为人工控制、电脑控制、电脑导向三种。

人工控制是由驾驶员控制操纵杆来实现钻机的定位、定向和钻进的。钻眼位置由工程师在作业面上放线标出,钻眼方向则由驾驶员根据每隔20m悬挂于洞顶的方向指示线,按经验目测确定。

电脑控制凿岩台车的所有动作都在电脑的控制下自动进行,必要时可由操作手进行干预。但台车立定就位的位置和方向仍需要由工程师通过测量提供,电脑才能按照位置、方向、岩体条件和钻爆设计等参数自动进行钻眼作业。

电脑导向是在电脑自动控制的基础上又加上自动定位和导向装置。它不仅具有电脑自动控制功能,而且可以在隧道定位、导向激光束的帮助下进行自动定位和定向。因此能进一步缩短钻眼作业时间,提高钻眼精度,减少超欠挖量。

二、爆破材料

(一)炸药的性能

炸药爆炸是一种高速化学反应过程。在这个过程中,炸药物质成分发生改变,生成大量的气体物质,并释放大量的热能,表现为对周围介质的冲击、压缩、破坏和抛掷作用,称为爆破。炸药的爆破性能主要取决于其所含化学成分的爆炸性能。掌握炸药等爆破材料的性能,对正确使用、储存、运输,确保安全和提高爆破效果,具有重要意义。炸药的主要性能如下。

1. 感度

炸药的感度,是指炸药在外界起爆能作用下发生爆炸反应的难易程度,也就是炸药爆炸对外能的需要程度。根据外能形式的不同,炸药感度表现为:

(1)热敏感度,是指炸药对热的敏感程度,亦称为爆发点,常用能使炸药爆炸的最低温度来表示。

(2)火焰感度,是指炸药对火焰(明火星)的敏感程度。有些炸药虽然对温度比较钝感,但对火焰却很敏感,如黑火药一接触明火星便易爆炸。

(3)机械感度,是指炸药对撞击、摩擦等机械能作用的敏感程度。一般地,对于撞击比较敏感的炸药,对摩擦也比较敏感。其常用试验次数的爆炸百分率来表示,工程中几种常用炸药的感度见表7-3-1。

几种炸药的爆发点及撞击、摩擦感度　　表7-3-1

炸药名称	EL系列乳化炸药	2号岩石硝铵炸药	2号煤矿硝铵炸药	硝化甘油	黑索金	特屈儿	黑火药	梯恩梯
爆发点(℃)	330	186～230	180～188	200	230	195～200	290～310	290～295
撞击感度(%)	≤8	20	100	70～75	50～60		50	4～8
摩擦感度(%)	0				90	24		0

(4)爆轰感度,是指炸药对爆炸能作用的敏感程度。通常在起爆作用下,炸药的爆炸是由冲击波、爆炸产物流或高速运动的介质颗粒的作用而激发的。不同的炸药所需的起爆能大小也不同。爆轰感度常用极限起爆药量表示。

2. 爆速

炸药爆炸时的化学反应速度称为爆速。一般地,密度越大的炸药其爆速也越高。同一种成分的炸药其爆速还受装填密实程度、药量多少、含水率大小和包装材料等因素的影响。工程中几种常用炸药的爆速见表7-3-2。

3. 威力

炸药爆炸时对周围介质做功的能力称为威力。炸药的威力越大,其破坏能力越强(即破坏的范围越大、程度也越严重)。一般地,爆炸产生的气体物质越多,或爆温越高,则其威力越大。炸药的威力通常用铅柱扩孔试验法测定。铅柱扩孔容积等于280cm³时的威力称为标准威力。工程中几种常用炸药的威力见表7-3-2。

4. 猛度

炸药爆炸时对与之接触的固体介质的局部破坏能力称为猛度。这种局部破坏表现为固体介质的粉碎性破坏程度和范围大小。一般地,炸药的爆速越高,则其猛度也越大。炸药的猛度通常用铅柱压缩法测定,以铅柱被爆炸压缩的数值表示,工程中几种常用炸药的猛度见表7-3-2。

几种炸药的爆速、威力、猛度值　　　　表7-3-2

炸药名称	2号铵梯岩石炸药	EL系列乳化炸药	RJ系列乳化炸药	硝化甘油	梯恩梯	特屈儿	黑索金	太安
密度(g/cm³)	1.40	—	—	1.60	1.60	1.59	1.76	1.72
爆速(m/s)	5 200	—	—	7 450	6 850	7 334	8 660	8 083
密度(g/cm³)	1.0~1.1	—	—	1.60	1.50	1.60	1.70	—
威力(cm³)	320	—	—	600	285	300	600	580
密度(g/cm³)	0.9~1.0	1.1~1.2	1.1~1.25	—	1.0	1.6	1.7	—
猛度(mm)	12~14	16~19	15~19	22.5~23.5	16~17	21~22	25	23~25

5. 爆炸稳定性

隧道及土石方工程中,常采用在钻孔中装入炸药(即柱状装药)来爆破岩体。应当使装入钻孔中的炸药完全爆炸,才能达到设计的爆破效果。因此,应深入研究炸药是否能够完全爆炸,即爆炸的稳定性问题,以保证获得良好的爆破效果。

炸药爆炸稳定性是指炸药经起爆后,能否连续、完全爆炸的能力。它主要受炸药的化学性质、爆轰感度、起爆能量以及装药密度、药卷直径、药卷间距等因素的影响。

6. 最佳密度

炸药稳定爆炸,且爆速最大时的装药密度称为"最佳密度"。如硝铵类炸药的最佳密度为0.9~1.19g/cm³,乳化炸药的最佳密度为1.05~1.30g/cm³。对于单质猛炸药,其装药密度越大,则其爆速越大,爆炸越稳定。对于工程用混合炸药,在一定密度范围内,也有以上关系。但随后爆速又随着密度的增加而下降,直至某一密度时,爆炸不稳定,甚至拒爆,这时炸药的密度称为"临界密度"。工程爆破中,为保证装药能稳定爆炸而不发生断爆或拒爆,在施工现场加工药卷时应注意使药卷密度保持在最佳密度范围内。

7. 临界直径

临界直径是在柱状装药时被动药卷能发生殉爆的最小直径 ϕ_{min}。工程中常用药卷的临界直径来表示炸药的爆炸稳定性。临界直径越小,则其爆炸稳定性越好。如铵梯炸药的爆炸稳定性较好,其临界直径为 15mm。浆状炸药的爆炸稳定性较差,其临界直径为 100mm,但加入敏化剂后其临界直径降为 32mm,也能稳定爆炸。

工程爆破中,为保证装药能稳定爆炸而不发生断爆,在选择药卷直径时应注意以下两点:①因装药直径越大,其爆炸越稳定,故选用的药卷直径应不小于炸药的临界直径(但研究表明,当药卷直径超过某个极限直径后,爆炸稳定性即不随药卷直径增大而变化)。②若因需减少炸药用量而缩小药卷直径时,则应相应选用爆轰感度较高的炸药,或加入敏化剂,以减小其临界直径,从而保证装药稳定爆炸。

8. 殉爆距离

在钻孔柱状装药中,常在某个药卷中装入起爆雷管(称为主动药卷)。主动药卷爆炸后,能引起与它邻近药卷(称为被动药卷)爆炸,这种现象称为被动药卷的"殉爆"。发生殉爆的原因是主动药卷爆炸产生冲击波和高速物流,使邻近药卷在其作用下而爆炸。是否会发生殉爆,则主要取决于主动药卷的致爆能力(药量和威力)、被动药卷的爆轰感度、主动与被动药卷之间的距离和介质性质。当主动、被动药卷采用同性质炸药的等直径药卷时,则用被动药卷能发生殉爆的最大距离来表示被动药卷的殉爆能力,称为"殉爆距离"。当然,它也反映了主动药卷的致爆能力。

工程爆破中,为了减少炸药用量和调整装药集中度,常将主动药卷与被动药卷之间拉开一定的距离形成间隔(不连续)装药。采用柱状间隔装药时,应注意使药卷间距不大于殉爆距离。实际殉爆距离应在施工现场通过试验确定。

9. 管道效应

钻孔柱状装药时,若药卷直径较钻孔直径小,则在药卷与孔壁之间有一个径向空气间隙。药卷起爆后,爆轰波使间隙中的空气产生强烈的空气冲击波。这股空气冲击波速度比炸药的爆炸速度更高,未爆炸药被压缩到临界密度以上,导致断爆,这种现象称为"管道效应"。

工程爆破中,为避免管道效应的发生,应在保证装药分散度的条件下,尽量减小炮眼与药卷之间的间隙。一般用不偶合系数 λ 值来控制:不偶合系数(λ) = 炮眼直径(D)/药卷直径(ϕ)。当装药量很小,以致不偶合系数过大时,可选用高感度、高爆速的炸药,或采用特殊装药结构。

10. 安定性

炸药的安定性是指其物理、化学性质的稳定性。主要表现为吸湿、结块、挥发、渗油、老化、冻结和化学分解等。炸药物理、化学性质的改变会导致其爆炸性能的改变。如硝铵炸药吸湿性很强,也容易结块,遇此须人工解潮和碾碎后再使用。胶质炸药易老化和冻结。老化的胶质炸药敏感度和爆速降低,威力减小;冻结的胶质炸药机械感度增高,遇撞击或摩擦易发生爆炸,必须解冻后才允许使用。硝铵炸药易分解,其化学安定性较差,运输存放中,应通风避光,不宜堆放过高。

(二)隧道工程常用的炸药

隧道工程爆破用的炸药应是使用安全、性能稳定、威力适当、产生有毒有害气体少的炸药。因此,一般以某种或几种单质炸药为主要成分(氧化剂),另加一些外加剂混合而成。目前,在隧道施工爆破中使用最广的是硝铵类炸药。硝铵类炸药品种极多,但其主要成分是硝酸铵,占

60%以上,其次是梯恩梯或硝酸钠(钾),占 10%~15%。

1. 铵梯炸药

铵梯炸药又称为岩石炸药。其主要成分是硝酸铵与梯恩梯的混合物。其中 2 号岩石炸药是最常用的一种,它主要用在无瓦斯的岩石地层坑道爆破中。在有瓦斯的煤矿地层坑道中,则需要在岩石炸药的基础上外加一定比例的食盐作为消焰剂,以保证爆炸时不产生火焰,避免因爆破引发瓦斯爆炸,这种炸药称为煤矿炸药。

2. 浆状炸药和水胶炸药

浆状炸药是以硝酸铵等炸药的水溶液为主要成分,加入敏化剂和胶凝剂等外加剂混合而成的浆状混合炸药。水胶炸药是在浆状炸药的基础上,应用交联技术,使之形成塑性凝胶状态的混合炸药,它进一步改善了浆状炸药的安定性、抗水性和爆炸稳定性。这类炸药是近十年发展起来的新型安全炸药,它具有含水率较大、抗水性强、密度较高、爆温较低、爆炸威力较大、原料来源广、生产成本低和安全度高等优点,主要适用于露天或水下深孔爆破。

3. 乳化炸药

乳化炸药是以硝酸铵、硝酸钠水溶液与碳质燃料通过乳化作用,形成的乳脂状混合炸药,亦称为乳胶炸药。其外观随制作工艺的不同而呈白色、淡黄色、浅褐色或银灰色。

乳化炸药具有抗水性强、原料来源广、生产成本低、安全度高、环境污染小、爆炸稳定性好、爆破效率比浆状及水胶炸药更高等优点。

有研究资料表明:在地下爆破中,在保持钻孔参数、起爆网络相同的条件下,乳化炸药的平均炮眼利用率稳定在 90% 以上,比 2 号岩石炸药的炮眼利用率要高;平均炸药单耗量较 2 号岩石炸药下降 1.35%。在露天爆破中,乳化炸药的平均单耗量比含浆状炸药 70%~80% 和铵油炸药 20%~30% 的混合炸药的平均单耗量降低 23.1%;延米炮眼爆破量增加 18.2%;石渣大块率下降 0.6%~0.7%。故乳化炸药尤其适用于硬岩爆破。

4. 硝化甘油炸药

硝化甘油炸药又称胶质炸药,是一种高猛度炸药。它的主要成分是硝化甘油(或硝化甘油与二硝化乙二醇的混合物)。硝化甘油炸药具有抗水性强、密度高、爆炸威力大等优点,适用于有水和坚硬岩体的爆破。但它有机械感度高、安全性差、价格昂贵、保存期短、容易老化而性能降低甚至失去爆炸性能等缺点,因此,胶质炸药一般只在水下爆破中使用。

5. 隧道工程中常用的几种炸药的规格、性能及适用范围

隧道工程爆破使用的炸药一般均由厂制或现场加工成药卷。药卷直径有 22mm、25mm、32mm、35mm、40mm 等,长度为 165~500mm,可按爆破设计的装药结构、炸药用量和产品性能说明选择使用。隧道工程中常用的几种炸药的规格、性能及适用范围见表 7-3-3。

(三)起爆材料(系统)

设置传爆起爆系统的目的是在离装药一定距离之外不受爆炸损伤的安全之处,通过发爆(点火、通电或发爆)和传递,使安在药卷中的雷管起爆,并引发药卷爆炸,从而爆破岩体。这是一个能量发生、传递并逐级放大的过程。

工程中常用的起爆系统有导火索与火雷管、导电线与电雷管、导爆管与非电雷管、导爆索与继爆管四种形式。据有关统计资料表明,以上后三种起爆系统的费用比为:导爆管起爆系统:电起爆系统:导爆索起爆系统 =1:1.2:3.0。因此,隧道工程爆破中已广泛应用导爆管起爆系统,导火索起爆系统、电起爆系统、导爆索起爆系统已很少采用。

隧道工程中常用的炸药规格、性能及适用范围　　表 7-3-3

炸药名称	药卷规格				炸药性能						适用范围
	直径(mm)	长度(mm)	质量(g)	密度(g/cm^3)	爆速(m/s)	猛度(mm)	威力(mL)	殉爆(cm)	有害气体(L/kg)	保质期(月)	
2号岩石硝铵炸药(标准型)	35	165	150	0.95	3 050	12	320	7	<43	6	适用于一般岩石隧道,孔径40mm以下的炮眼爆破;大孔径的光爆
2号岩石炸药(小直径)	22	270	105	0.84	2 200		320	3	<43	6	适用于一般岩石隧道的周边光爆
1号抗水岩石硝铵(大直径)	42	500	450	0.95	3 850	14	320	12	<45	6	专为大瑶山隧道爆破而研制,适用于一般有水的岩石隧道,孔径42mm的深孔炮眼爆破
1号抗水岩石硝铵(小直径)	25	165	80	0.96	2 400	12	320	6	<45	6	专为大瑶山隧道爆破而研制,适用于一般有水岩石隧道的周边光面爆破
RJ-2 乳胶炸药(大直径)	40	330	490	1.20	4 100	13~16	340	13	<42	6	抗水炸药,适用于坚硬岩石隧道,孔径48mm的深炮眼爆破;且适用于有水隧道
RJ-2 乳胶炸药(标准型)	32	200	190	1.20	3 600	12	340	9	<42	6	适用于一般有水岩石隧道,孔径40mm以下的炮眼爆破,大孔径光爆
粉状硝化甘油炸药(标准型)	32	200	170	1.10	4 200	16	380~410	15	<40	8	有毒且机械感度较高,不多用,避免皮肤直接接触,适用于有一定涌水量的隧道、竖井、斜井掘进爆破中
粉状硝化甘油炸药(2号光爆)	22	500	152	1.10	2 300~2 700	13.7	410	10	<40	8	专为光面爆破研制,适用于岩石隧道的周边光面爆破
SHJ-K 型水胶炸药	35	400	650	1.05~1.30	3 200~3 500		340	3~5	—		适用于岩石隧道,孔径48cm以下的深炮眼爆破,且属防水型炸药
EJ-102 乳化炸药(标准型)	32	200	170	1.15~1.35	4 000	15~19	88~143	10~12	22~29	—	新型抗水型炸药,适用于一般有水岩石隧道的炮眼爆破
EJ-102 乳化炸药(小直径)	20	500	190	1.15~1.35	4 000	15~19	88~143	2	22~29	—	抗水炸药,适用于一般有水岩石隧道的周边光面爆破

1. 导火索与火雷管

(1)导火索是用来传递火焰给火雷管,并使火雷管在火焰作用下爆炸的传爆材料。导火索的燃烧速度取决于索芯黑火药的成分和配比,一般在110~130s/m范围内,缓燃导火索则为180~210s/m或240~350s/m。导火索具有一定的防潮耐水能力,在1m深常温静水中浸2h后,其燃烧速度和燃烧性能不变。普通导火索不能在有瓦斯或有矿尘爆炸危险的场所使用。

(2)火雷管是最简单的一种雷管,见图 7-3-4。火雷管成本低,使用比较简单灵活,不受杂散电流的影响,应用广泛。但受撞击、摩擦和火花等作用时,能引起爆炸。火雷管全部是一点火就爆炸,称为即发雷管。

(3)雷管按其起爆能量的大小分为十个等级,称为雷管号数。其他类型的雷管号数亦同此划分。雷管号数愈大,起爆能力愈强。装药较多时,应选用大号数雷管。隧道工程中常用的是 8 号和 6 号雷管。

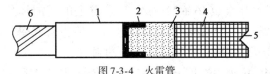

图 7-3-4 火雷管

1-管壳;2-加强帽;3-正起爆药;4-副起爆药;5-聚能穴;6-导火索

2. 导电线与电雷管

(1)电雷管是在火雷管中加设电发火装置而成的。它是用导电线传输电流使装在雷管中的电阻丝发热而引起雷管爆炸的。电雷管可分为即发电雷管和迟发电雷管。即发电雷管和迟发电雷管的构造如图 7-3-5、图 7-3-6 所示。

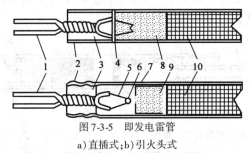

图 7-3-5 即发电雷管

a)直插式;b)引火头式

1-脚线;2-管壳;3-密封塞;4-纸垫;5-桥丝;6-引火头;7-加强帽;8-DDNP;9-正起爆药;10-副起爆药

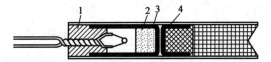

图 7-3-6 迟发电雷管

1-塑料塞;2-延期药;3-延期内管;4-加强帽

(2)为实现延期起爆,迟发电雷管的延期时间是在即发雷管中加装延期药来实现的。延期时间的长短均用雷管段数来表示。雷管段数越大,延期时间越长。

迟发电雷管按其延期时间差可分为秒迟发和毫秒迟发系列。国产秒迟发电雷管按延期时间的长短分为 7 段,见表 7-3-4。最长延期时间为 $(7.0+1.0)$ s。国产毫秒迟发电雷管,有 5 个系列。第一、第五系列为高精度系列;第三、第四系列的延期时间间隔分别为 100ms 和 300ms,在隧道工程中使用较少。

秒迟发电雷管的段别及延期时间 表 7-3-4

段别	1	2	3	4	5	6	7
延期时间(s)	<0.1	1.0+0.5	2.0+0.6	3.1+0.7	4.3+0.8	5.6+0.9	7.0+1.0
脚线颜色	灰蓝	灰白	灰红	灰绿	灰黄	黑蓝	黑白

(3)电雷管的发爆电源可用交、直流照明或动力电源,也可以用各种类型的专用电起爆器。对于康钢丝电雷管,一般要求在 10ms 的通电时间内,其发火冲量 $K=I^2t$ 最小不低于

$25A^2 \cdot ms$,最大不超过 $45A^2 \cdot ms$。

需要注意的是,在有杂散电流的条件下,应采用能抗杂散电流的电雷管。

3. 导爆管与非电雷管

(1)塑料导爆管的传爆原理及优点。塑料导爆管是用来传递微弱爆轰给非电雷管,使之爆炸的专用传爆材料。因其是由瑞典科学家诺雷尔(Nonel)首创的一种新型传爆材料,故又称诺雷尔管。它是在聚乙烯塑料管外径(2.95 ± 0.15)mm,内径(1.4 ± 0.10)mm 的内壁涂有一层高能炸药[主要成分是奥托金,(16 ± 2)mg/m],管壁上的高能炸药在冲击波作用下可以沿着管道方向连续稳定爆轰,从而将爆轰传播到非电雷管使雷管起爆。弱爆轰在管内的传播速度为 $1600 \sim 2000$m/s,但因其微弱,故不至于炸坏塑料管。

塑料导爆管具有抗电、抗火、抗冲击性能好;起爆传爆性能稳定,甚至扭结、180°对折、局部断药、管端对接仍能正常传爆;安装简单;使用方便;价格便宜;运输和使用过程中抗破坏能力强;且可作为非危险品运输等优点。因而,其在隧道工程中被广泛应用,尤其是在有电条件和炮眼数较多时。

(2)非电雷管的构造及延期时间系列。塑料导爆管不能直接起爆炸药,应与非电毫秒雷管配合使用。非电雷管的构造见图 7-3-7。国产非电雷管的延期时间也分为毫秒、半秒、秒迟发三个系列,迟发非电雷管的段别及延期时间见表 7-3-5。

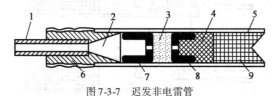

图 7-3-7 迟发非电雷管

1-塑料导爆管;2-消爆空腔;3-延期药;4-正起爆药;5-金属管壳;6-塑料连接套;7-空信帽;8-加强帽;9-副起爆药

迟发非电雷管的段别及延期时间　　表 7-3-5

毫秒迟发雷管(第二系列)				半秒迟发雷管		秒迟发雷管	
段别	延期时间(ms)	段别	延期时间(ms)	段别	延期时间(ms)	段别	延期时间(ms)
1	≥13	11	460 ± 40	1	≤0.13	1	≤1.0
2	25 ± 10	12	550 ± 45	2	0.5 ± 0.15	2	2.0 ± 0.5
3	50 ± 10	13	650 ± 50	3	1.0 ± 0.15	3	4.0 ± 0.6
4	75^{+15}_{-10}	14	760 ± 55	4	1.5 ± 0.20	4	6.0 ± 0.8
5	110 ± 15	15	880 ± 60	5	2.0 ± 0.20	5	8.0 ± 0.9
6	150 ± 20	16	1020 ± 70	6	2.5 ± 0.20	6	10.0 ± 1.0
7	200^{+20}_{-25}	17	1200 ± 90	7	3.0 ± 0.20	7	$14.0^{+2.0}_{-1.0}$
8	250 ± 25	18	1400 ± 100	8	3.5 ± 0.20	8	19.0 ± 2.0
9	310 ± 30	19	1700 ± 130	9	3.8 ~ 4.5	9	25.0 ± 2.5
10	380 ± 35	20	2000 ± 150	10	4.6 ~ 5.3	10	32.0 ± 3.0

(3)导爆管的发爆。导爆管可用 8 号火雷管、导爆索、击发枪、专用激发器发爆。

4. 导爆索与继爆管

(1)导爆索是以单质猛炸药黑索金或太安作为索芯的传爆材料,其结构与导火索相似。它经雷管起爆后,可以直接引爆其他炸药,其本身也有一定的爆破能力。根据适用条件不同,导爆索分为普通导爆索和安全导爆索两种。

普通导爆索是目前生产和使用较多的一种,它具有一定的防水性能和耐热性能,爆速不小于 6 500m/s。但其在爆轰传播过程中火焰强烈,所以只能用于露天爆破和没有瓦斯的地下爆破作业。安全导爆索是在普通导爆索的药芯或外壳内加了适量的消焰剂,使爆轰过程中产生的火焰小,温度低,不会引爆瓦斯或矿尘,专供有瓦斯或矿尘爆炸危险的地下爆破使用。其爆速不小于 6 500m/s。

因导爆索能直接引爆炸药,故在隧道工程爆破中,若采用小直径药卷间隔装药时,常用导爆索将各被动药卷与主动药卷相连接,以使被动药卷均能连续爆炸,从而减少雷管用量和简化装药结构,实现减少装药量,达到有控制的弱爆破目的。在计算装药量时,应将导爆索的威力计入炸药用量中。

(2)继爆管是一种专门与导爆索配合使用的,具有毫秒延期作用的起爆材料。其构造及连接形式如图 7-3-8 所示。

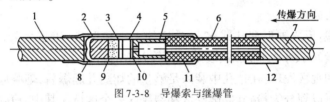

图 7-3-8　导爆索与继爆管

1-导爆索;2-副起爆药;3-加强帽;4-缓冲剂;5-大内管;6-消爆管;7-导爆索;8-雷管壳;9-正起爆药;10-纸垫;11-外套管;12-连接管

(3)导爆索与继爆管具有抵抗杂散电流和静电引起爆炸危害的能力。装药时可不停电,增加了纯作业时间,所以导爆索—继爆管起爆系统在隧道和地下工程及矿山爆破中得到了广泛应用。其缺点是网络中的导爆索不能交叉,成本比较高,且在有瓦斯的环境中危险性高。

资料四　爆破方法

一、隧道工程爆破的基本要求

隧道工程钻眼爆破应满足以下几项基本要求:

(1)爆破应尽量减少对围岩的扰动和对初期支护的破坏。

(2)爆破后坑道断面形状和尺寸应达到施工规范的要求:最大超挖 15cm,一般不允许欠挖,只在坚硬石质条件下,允许有限欠挖,坑道周边轮廓圆顺,周边炮眼残痕满足规范要求。

(3)爆破后,掘进进尺应达到施工设计要求,掌子面平整,炮根短浅。

(4)爆破后的石渣块度大小适中,抛掷范围相对集中,便于装渣作业。

(5)两次爆破之间的衔接台阶尺寸不得大于 15cm。

(6)钻眼工作量少,炸药等爆破材料耗用量少。

(7)防止对周围设备的破坏,减少对环境尤其是水的污染。

二、爆破原理及爆破方法

1.爆炸破岩原理

爆炸破岩原理,可以用爆破漏斗来解释,如图 7-4-1 所示。

其原理是：当只有一个临空面时，在岩体中距临空面一定距离（W——最小抵抗线）处集中装入一定量（点状装药、足够量）的炸药，然后引发炸药爆炸，在爆炸冲击波及爆炸生成物的高速动载作用下，一定范围内的岩体产生不同程度的破坏，并形成一个锥形漏斗。当有两个临空面时，在岩体中距一个临空面一定距离（W）且平行于该临空面钻孔，并在钻孔中装入一定量（柱状装药、足够量）的炸药，然后引发炸药爆炸，在爆炸冲击波及爆炸生成物的高速动载作用下，一定范围内的岩体产生不同程度的破坏，并形成一个V形沟槽。

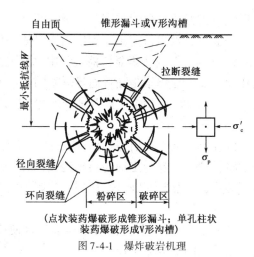

（点状装药爆破形成锥形漏斗；单孔柱状装药爆破形成V形沟槽）

图 7-4-1　爆炸破岩机理

2. 影响爆破效果的因素

试验和观察发现：形成锥形漏斗或V形沟槽的大小和形状（锥形角 α）受岩体的抗爆破性、炸药性能、装药量 q、最小抵抗线 W、装药结构等因素的影响。

进一步的试验和观察发现：在钻孔中装入足够量的炸药并起爆后，炮眼周围一定范围内的岩体被破坏的状态可以划分为粉碎区、破碎区和裂纹区三个区域。其中，粉碎区的岩体被炸成岩粉并被抛掷出去；破碎区的岩体只有在靠近临空面方向的部分（即锥形漏斗或V形沟槽以内的岩体）被抛掷出去，其余部分未被抛掷出去；裂纹区的岩体则尚未达到工程爆破的程度。由此可知：

(1) 爆破难度与岩体内聚力的关系是：岩体的内聚力越强，被爆破越困难；岩体的内聚力越弱，被爆破越容易。或者用岩体的阻抗来表示，要使岩体达到一定程度的破坏，就必须要有克服岩体阻抗做功的能力。

(2) 爆破难度与临空面/约束面的关系是：岩体的临空面越少/约束面越多，被爆破越困难；反之，被爆破越容易。隧道工程爆破实践表明：在掏槽爆破中，槽口部分的岩体爆破难度最大；但它为其余部分的岩体开辟出了较多的临空面，因此后续爆破就变得比较容易。同理，在分部开挖法中，超前导坑部分的爆破比较困难，其余部分的爆破就变得比较容易。

(3) 爆破难度与断面进尺比的关系是：在一定的围岩条件下，分部开挖断面越大或单循环掘进进尺越小，则断面进尺比越大，围岩对被挖除岩体的挟持作用越小，爆破效率越高，效果越好。分部开挖断面越小或单循环掘进进尺越大，则断面进尺比（S/L）越小，围岩对被挖除岩体的挟持作用越大，爆破效率越低，效果越差。

因此，在选择开挖方法和掘进进尺时，不仅应当注意一次开挖岩体的体积大小对围岩稳定性的影响，还应当注意断面进尺比对钻眼爆破效率和效果有较大的影响。

3. 坑道爆破方法——掏槽爆破

基于对以上规律的认识，隧道工程爆破一般是采用"掏槽爆破"方法。"掏槽爆破"方法就是在一个较小范围内钻孔并装入足够量的炸药（相对集中），先炸出一个小型"槽口"，为此后的爆破开辟出较多的临空面；然后逐层将槽口扩大至设计的断面大小和形状。

工程中常将先行爆破出槽口的做法称为"掏槽"，实现掏槽的炮眼称为"掏槽眼"；实现槽口扩大的炮眼称为"扩大眼"；扩大眼最外一圈炮眼称为"内圈眼"；开挖轮廓最外一圈炮眼称为"周边眼"；隧道底部的周边眼也称为"底板眼"。这几种炮眼的作用是各有侧重的。内圈眼与周边眼之间的岩体称为"内圈岩体"。

4.爆破设计应研究解决的问题

为满足隧道工程爆破的基本要求,掏槽爆破应研究解决的问题是:应用爆炸破岩原理,研究岩体的抗爆破性及抗钻性、围岩的稳定性及抗扰动能力、支护的结构形式及抗振动能力、掏槽方式及临空面的情况、爆破施工的作业能力等,并选择确定炸药品种、炸药用量 Q、炮眼密度 M、炮眼布置、装药结构、装药分散度、起爆顺序和网络连接等参数。实际应用时,应在现场试验的基础上,进行爆破设计,并根据爆破效果和岩体条件、施工条件的变化,对爆破参数予以及时调整。

5.钻爆掘进的允许超挖值(表7-4-1)

钻眼爆破掘进时允许超挖值(cm) 表7-4-1

开挖部位	围岩级别	Ⅰ	Ⅱ、Ⅲ、Ⅳ	Ⅴ、Ⅵ
拱部	线形超挖	10	15	10
	最大超挖	20	25	15
边墙线形超挖		10	10	10
仰拱、隧底	线形超挖	10		
	最大超挖	25		

注:1.本表适用于炮眼深度不大于3.0m的隧道。炮眼深度大于3.0m时,可根据实际情况另行规定。
2.平均线形超挖值=超挖横断面面积/爆破设计开挖断面周长(不包括隧底)。
3.最大超挖值是指最大超挖处至设计开挖轮廓切线的垂直距离。
4.表列数值不包括测量贯通误差、施工误差。如采用预留支撑沉落量时,不应再计超挖值。
5.测量方法采用隧道断面仪或全站仪配反光片进行。
6.超过表中所列数值的部分按局部坍塌或塌落处理。

三、作业循环、掘进进尺、循环时间、掘进速度

1.作业循环、掘进进尺 L、循环时间 T、日循环次数 N

在隧道工程中,作业空间十分有限,多数工序只能顺序进行,因此,施工速度必然受此制约。要提高隧道施工速度,就必须深入研究作业空间的划分和作业循环的改善。新奥法提供了将内层衬砌施工从掌子面完全分离出来的条件,即在掌子面作业区内循环进行的是:钻眼爆破→出渣运输→初期支护(称为"开挖循环"),然后进入下一个循环。而内层衬砌施工(称为"内衬循环"),则在离开掌子面作业区一定距离的作业区内循环进行。开挖循环是制约隧道施工速度的重要因素,因此要提高隧道施工速度,就应当研究开挖循环要素。开挖循环的基本要素有掘进进尺 L、循环时间 T 两项,衍生要素有日循环次数 N。

掘进进尺 L、循环时间 T 和日循环次数 N 的选择确定,主要应考虑围岩的稳定性、围岩的自然成拱作用(纵向)、开挖面的支承作用、开挖断面的大小、工期要求、(开挖、出渣、支护)施工能力、施工组织和管理水平等因素的影响。

一般而言,当围岩稳定性较差(Ⅳ、Ⅴ、Ⅵ级),或支护作业能力不足,或出渣作业能力不足时,应采用短进尺、多循环。反之,当围岩较稳定(Ⅰ、Ⅱ、Ⅲ级),或支护作业能力较强,或出渣作业能力较强时,应采用深进尺、少循环。显然,单循环时间越短,日循环次数就越多。

目前,我国隧道工程钻眼爆破单循环掘进进尺,最短的仅0.5m,最深的可达5.0m。单循环时间,则因开挖断面大小和掘进进尺的不同、初期支护和出渣运输能力的不同、施工组织和

管理水平的不同而有较大的差异,较短的可以 4~6h 完成一个循环,长的则需要 16~20h 才能完成一个循环,即日循环次数大约在 1~4 个之间。

2. 合同要求的掘进速度 v

按照施工合同对工期的要求,隧道施工实际采用的掘进速度,应以满足工期要求为准。设隧道(或工区)总长度为 $l(m)$,在总工期 $t_{总}$(月)中,开挖所需总时间为 $t_{挖}$(月),则按合同要求的平均月掘进速度 $v_{月}$、平均日掘进速度 $v_{日}$、单循环掘进速度 $v_{单}$ 分别为:

$$v_{月} = l/t_{挖} \tag{7-4-1}$$

$$v_{日} = v_{月}/30 \tag{7-4-2}$$

$$v_{单} = v_{日}/24 \tag{7-4-3}$$

合同工期较紧时,应采用较快的掘进速度,相应需要增加大中型施工机械和投入较多的人员。反之,合同工期要求较松时,可采用较慢的掘进速度,相应可以采用中小型施工机械和较少的人员投入。实际工程中,应在满足合同要求的条件下,综合考虑,慎重选择掘进速度。

3. 施工安排的掘进速度 V

因此,掘进进尺和循环时间的选择应充分考虑围岩稳定能力与爆破扰动之间的关系、初期支护和出渣运输作业能力与围岩暴露时间之间的关系、合同工期要求与施工能力之间的关系、断面进尺比与钻爆效率和效果之间的关系、机械配套与机械台班利用率之间的关系、循环时间与作业人员工作或休息时间之间的关系、施工组织的可行性与施工管理的有效性之间的关系等,选择比较经济合理的掘进进尺和单循环时间。

设根据爆破设计安排的单循环掘进进尺为 L,根据施工能力安排的单循环时间为 T、日循环次数为 N,则单循环掘进速度 $V_{单}$、平均日掘进速度 $V_{日}$、平均月掘进速度 $V_{月}$ 分别为:

$$V_{单} = L/T \tag{7-4-4}$$

$$V_{日} = 24V_{单} \tag{7-4-5}$$

$$V_{月} = 30V_{日} \tag{7-4-6}$$

在根据所选择的掘进进尺 L 和循环时间 T 计算出的掘进速度 $V_{月}$ 后,应将其与按照施工合同对工期的要求计算出的掘进速度 $v_{月}$ 相比较,并以合同要求为准,对所选择的掘进进尺 L 和循环时间 T 进行适当调整,对施工能力也作出相应的调整。

由式(7-4-4)可知,采用较大的掘进进尺或较短的循环时间均可以取得较快的掘进速度,但需要增加施工机械及设备投入。反之,采用较小的掘进进尺或较长的循环时间则掘进速度较慢,但可以采用中小型施工机械,设备投入也较少。实际工程中,只要其他条件许可,就应当尽量采用较大的掘进进尺,同时应当尽量减少无效工作时间,并尽可能组织平行作业,以缩短单循环时间,增加循环次数,提高掘进速度。

如湖北沪蓉高速公路西段野三关隧道右线进口,开挖断面为 $100m^2$,Ⅲ 级围岩,配备 T-28 型手持气腿式风动凿岩机钻眼、铲斗式装渣机装渣,15t 自卸卡车运输出渣,2007 年单口月掘进尺曾达到 176m,满足合同工期要求。西康铁路秦岭隧道 Ⅱ 线平导,开挖断面为 $26m^2$,Ⅴ 类围岩,不需要初期支护;配备门架式三臂液压凿岩台车钻眼、挖斗式装渣机装渣,梭式矿车有轨运输出渣;掘进进尺 4.5m,循环时间 6~7h,1999 年最高掘进速度达到每月 456m,且三年内独头掘进 9500m,实际平均掘进速度每月 264m;比合同要求的工期稍有提前。

四、炸药品种选择、炸药单耗量 k 值的确定、炸药用量 Q 的计算

1. 炸药品种选择的原则

不同品种的炸药具有不同的爆破性能。炸药品种的选择，应充分考虑岩体的抗爆破性、炸药的爆破性能、炸药的价格、爆炸残留物毒性，以及用在什么部位、有无地下水或瓦斯等特殊地层条件等，以获得较好的爆破效果和保证较低的费用。

考虑岩体的抗爆破性与炸药性能之间的关系：根据"爆炸功与岩体阻抗匹配原则"，在一般爆破施工条件下，对于弹性模量大、泊松比小、坚硬、致密的岩体，其抗爆破性越强，应选用爆速高、威力大的炸药；对于强度低、塑性大、松软、破碎的岩体，其抗爆破性越弱，应选用爆速低、爆热高的炸药。

在掏槽爆破中，除了应遵循"功—抗匹配"这一基本原则外，还应注意，不同部位的炮眼（掏槽眼、扩大眼、周边眼和底板眼）的作用不同，因此要求用于不同部位的炸药性能也应该不同。用于光面爆破周边眼的炸药，需充分考虑周边眼之间应优先形成贯通裂缝而后内圈岩体裂解的要求，选用爆速较低、威力较小、感度高的炸药；用于预裂爆破周边眼的炸药，应选用爆速较高、威力较小、感度高的炸药；用于掏槽眼的炸药，需充分考虑掏槽眼应形成粉碎性破碎区和完全抛掷的要求，选用爆速高、威力大、猛度高的炸药；扩大眼所用炸药的性能则应介于掏槽眼和周边眼之间；用于底板眼的炸药，则宜选用密度较低、爆速较低、猛度较低，但威力较大、感度高的炸药，以克服上覆石渣的压制，同时又起到翻渣作用。

对于有水地层，应选用防水型炸药，如抗水类的铵梯炸药、水胶炸药、乳化炸药、硝化甘油炸药等；对于有瓦斯地层，应选用防爆型炸药及防爆型导爆、发爆器材；此外还应注意炸药爆炸后残留物的毒性大小，及其对施工人员的危害和对环境的污染程度，尽量选择毒性小的炸药。实际隧道工程中常用的炸药可按炸药品种参考表选用。

2. 炸药单耗量 k 值的确定

炸药单耗量 k 是指爆破单位体积岩体所消耗的炸药量。爆破的三个基本参数是：炸药单耗量 k、单孔装药量 q、炮眼密度 M。

k 值主要受岩体的抗爆破性、断面进尺比 S/L、临空面的个数、炮眼布置形式、掏槽效果等因素影响。通常采用对以往隧道工程实际爆破炸药单耗量的统计值作为参考。在采用同种炸药的条件下，k 值的选择确定原则是：岩体的坚固性系数 f 值越大，则其抗爆破能力越强，k 值越大；断面进尺比 S/L 越小，则 k 值越大；临空面越少，k 值越大；炮眼的布置不当或掏槽效果不佳，k 值会增大；掏槽眼相对集中装药，k 值越大；炸药威力越小，k 值越大。以上反之，则 k 值越小。

以往隧道工程实际爆破炸药单耗量的统计值 k 常在 $0.7 \sim 2.5 \text{kg/m}^3$ 之间。表 7-4-2 是只有一个临空面、断面面积在 $4 \sim 20\text{m}^2$ 之间、掘进进尺大致在 3m 左右的坑道钻眼爆破开挖的炸药单耗量 k 值表。20m^2 以上的大断面隧道，其 k 值可以参照有关工程实例选择确定。

3. 炸药用量 Q 的计算

每循环爆破一定体积的岩体所需炸药量，理论上应按达到预定爆破效果的条件下，爆炸功与岩体阻抗匹配的原则来计算确定。但炸药的爆炸功和岩体的阻抗测定均比较复杂，故实际爆破设计很少应用。隧道工程中的爆破设计，常采用以下经验公式计算单循环爆破所需的装药总量 Q 值。

坑道爆破炸药单耗量 k 值　　　　　表 7-4-2

爆破作业条件	一个临空面的水平或倾斜坑道（掘进进尺大致在3m左右）							
	4～6m²		7～9m²		10～12m²		13～15m²	16～20m²
炸药品种 岩体等级	硝铵炸药	62%胶质炸药	硝铵炸药	62%胶质炸药	硝铵炸药	62%胶质炸药	硝铵炸药	硝铵炸药
软岩 $f<3$	1.50	1.10	1.30	1.00	1.20	0.90	1.20	1.10
次坚岩 $f=3～6$	1.80	1.30	1.60	1.25	1.50	1.10	1.40	1.30
坚体 $f=6～10$	2.30	1.70	2.00	1.60	1.80	1.35	1.70	1.60
特坚体 $f>10$	2.90	2.10	2.50	2.50	2.25	1.70	2.10	2.00

$$Q = k \cdot L \cdot S \tag{7-4-7}$$

式中：Q——单循环爆破所需的装药总量，kg；

L——单循环爆破掘进进尺，m；

S——单循环开挖断面积，m²；

k——爆破单位体积岩体的炸药平均消耗量，简称炸药单耗量，kg/m³。

五、装药分散度、炮眼密度 M、炮眼直径 D、炮眼个数 N

1. 装药分散度

隧道钻眼掏槽爆破中，首先应注意到，在开挖横断面上，根据爆破难度与临空面的关系，将炮眼按一定的密度分布于开挖面上，即将炸药总量 Q 分布在 N 个炮眼中，以取得比"集中装药"较好的爆破效果（开挖面平顺、石渣块度均匀、大小适中）。实践表明，掏槽爆破效果的好坏，与炸药的分散程度有着直接的关系。还应注意到，在单个炮眼中，根据爆破难度与临空面的关系，应将单个炮眼的炸药量 q 按一定的线分布状态（柱状装药）分布于炮眼中。这就是装药分散度的概念。

在开挖横断面上，根据掏槽、扩大、周边三个部分炮眼的作用不同，应该有不同的装药分散度，即采用不同的炮眼密度和炸药单耗量。显然，先行爆破的槽口部分，因只有一个临空面，爆破难度最大，需要布置较密集的炮眼和较高的炸药单耗量。而扩大眼，因有两个临空面，可以布置较稀疏的炮眼和较低的炸药单耗量。周边眼因有光面要求，应采用适当的炮眼间距、炸药单耗量和装药结构。

在炮眼钻进方向上，离眼口临空面较近的岩体比较容易爆破；离眼口临空面较远的岩体，由于受到的约束较多，爆破比较困难。因此，单个炮眼中的炸药的线分布状态应该是：眼底线装药密度较高，眼口线装药密度较低（较分散）。通常是在眼底加装一定量的炸药，以克服约束，保证爆破后达到设计掘进进尺。

2. 炮眼密度 M

炮眼密度是指开挖断面上单位面积的平均钻眼个数（个/m²）。炮眼提供的装药空间（$V = N \cdot l \cdot \pi D^2/4$）应能装入全部炸药 Q。在保证稳定与安全的条件下，炮眼密度对炮眼个数、炮眼直径、钻眼速度、炸药单耗量、石渣块度和坑道周边的平整程度等均有影响。炮眼密度是在同等条件下，评价钻眼工作量、炸药单耗量的一个指标，也是控制石渣块度、改善坑道周边的平整程度的重要指标。

炮眼密度越大,炸药在岩体中的分散度越好,炸药单耗量越低,石渣块度越均匀,坑道周边轮廓越平顺;反之,炮眼密度越小,炸药在岩体中的分散度越差,炸药单耗量越高,石渣块度越不均匀,坑道周边轮廓越不平顺。

爆破设计应根据被爆破岩体的坚硬程度、完整程度、临空面的个数、不同部位炮眼的作用来选择确定不同的炮眼密度。一个临空面的水平或倾斜坑道爆破,炮眼密度一般在 $2 \sim 6$ 个/m² 之间。其选择确定原则是:坚硬、完整的岩体应取较大的 M 值;软弱、破碎的岩体应取较小的 M 值。临空面的个数多时,应取较小的 M 值;临空面的个数少时,应取较大的 M 值。周边眼应取较大的 M 值;扩大眼可取较小的 M 值;掏槽眼因为有特殊要求,可超出此范围取更大的 M 值。比较而言,斜眼掏槽应取较小的 M 值;直眼掏槽应取较大的 M 值。

3. 炮眼直径 D

在炮眼密度和炮眼个数基本确定以后,要保证炮眼提供的装药空间大小能装入全部炸药,就取决于炮眼直径 D。常用的炮眼直径有 38mm、40mm、42mm、45mm、48mm。

炮眼直径越大,钻眼速度越慢。岩体抗钻性能越强,钻眼速度越慢。因此必须根据钻眼能力、炸药性能等条件综合考虑,选择合理的炮眼直径。

应当注意的是,药卷直径 ϕ 的大小应与炮眼直径相匹配,以免因发生管道效应而导致被动药卷拒爆。隧道工程爆破中,常用不偶合系数 $\lambda(\lambda = D/\phi)$ 来控制药卷直径和调整炮眼直径。它反映炮眼孔壁与药卷之间的空隙程度。一般应将 λ 值控制在 $1.1 \sim 1.4$ 之间;且要求药卷直径不小于该炸药的临界直径;采用间隔装药时,还要保证药卷之间的间隔距离不大于其殉爆距离,避免发生被动药卷拒爆。实际爆破设计各部位的炮眼采用相等的直径时,因掏槽眼和扩大眼的 k 值较大,M 值也较大,其 λ 值则较小;而周边眼为减少对围岩的振动破坏,采用较小的 k 值和较大的 M 值,其 λ 值则较大。

4. 炮眼个数 N

单循环爆破所需的炮眼总个数,可根据炮眼密度和断面面积来计算:

$$N = M \cdot S \tag{7-4-8}$$

则,单眼平均装药量为:

$$q = \alpha \cdot \beta \cdot L \tag{7-4-9}$$

各部位的炮眼个数的平均值,可根据将炸药量 Q 平均分配于各个炮眼的原则来计算:

$$n = Q/q = kS/(\alpha\beta) \tag{7-4-10}$$

式中:N——单循环爆破所需的炮眼总个数,个;

n——各部位的炮眼个数,个;

q——各部位炮眼的单眼平均装药量;

α——各部位炮眼的装药系数,指药卷总长度与炮眼长度的比值,见表 7-4-3;

β——药卷单位长度质量,kg/m,如 2 号岩石硝铵炸药 β 值见表 7-4-4。

各部炮眼的装药系数 α 值　　　表 7-4-3

围岩级别 炮眼名称	V、IV	III	II	I
掏槽眼	0.5	0.55	0.60	0.65~0.80
扩大眼	0.4	0.45	0.50	0.55~0.70
周边眼	0.4	0.45	0.55	0.60~0.75

2号岩石硝铵炸药单位长度质量 β 值 表7-4-4

药卷直径 ϕ(mm)	32	35	38	40	45	50
β(kg/m)	0.78	0.96	1.10	1.25	1.59	1.90

按以上方法计算出各部位的炮眼个数后,应根据各部位炮眼的作用不同加以适当调整,然后将各部位的炮眼个数汇总($N'=\sum n$),并与单循环爆破所需的炮眼总个数 N 进行比较调整。实际的炮眼个数应按各部位炮眼布置情况而定,可以与此计算值有一定差异。

六、炮眼布置顺序

前已述及,隧道工程"掏槽爆破",就是在一个小范围内的钻孔中装入足够量的炸药(相对集中),先炸出一个小型"槽口",为此后的爆破开辟出较多的临空面;然后逐层将槽口扩大至设计的断面大小和形状。可见,掏槽爆破,就是将开挖断面上的炮眼分区(部位)布置,并分区、分层按顺序起爆,逐步扩大至设计轮廓尺寸,完成一次爆破开挖。分区的情况是:掏槽眼、扩大眼、周边眼。这三个区域(部位)的炮眼共同完成一个循环进尺的爆破掘进。扩大眼最外一圈炮眼称为"内圈眼"。它们的作用各自有所侧重,各自的布置要求也有些差异。

炮眼布置,就是要确定炮眼密度(即间距)、位置和方向、长度或深度。布置炮眼前,首先应确定施工开挖轮廓线,然后进行炮眼布置。炮眼布置顺序是:先选择确定掏槽方式并布置掏槽眼;然后布置周边眼;最后在掏槽眼与周边眼之间逐层布置扩大眼。

七、掏槽眼的布置

1. 掏槽眼的作用与掏槽方式

掏槽眼的作用是将开挖面上适当部位先掏出一个小型槽口,为后爆的扩大眼增创更多的临空面,以提高爆破效率。掏槽眼的布置就是要选择掏槽方式、确定掏槽部位及其技术参数。

掏槽方式可分为斜眼掏槽和直眼掏槽两大类,实际使用又有多种形式,如图7-4-2及图7-4-3所示。

槽口尺寸大小,要与掏槽方式、循环进尺以及一次开挖断面大小相协调。斜眼掏槽槽口尺寸常在 $4\sim16m^2$ 之间,直眼掏槽槽口尺寸常在 $1.0\sim1.2m^2$ 之间。

掏槽眼本身只有一个临空面(尤其是直眼掏槽),且受周围岩体的挟制作用,故常采用较大的炸药单耗量 k 值、较大的炮眼密度 M 值和较大的装药系数 α 值,才能利用爆炸冲击波及爆炸产物做功,将石渣抛出槽口,保证槽口形成有效的临空面。一般地,斜眼掏槽的 k 值则只比全断面平均 k 值略高,而直眼掏槽 k 值在 $10\sim20kg/m^3$ 之间。

为保证掏槽眼能有效地将石渣抛出槽口,实际爆破设计和应用时,应将掏槽眼比设计掘进进尺 L 加深 $10\sim50cm$(可根据实际情况调整),并在掏槽眼孔底连续装药。为保证掏槽炮完全起爆,可采用孔底反向连续装药或双雷管起爆。

2. 斜眼掏槽

斜眼掏槽主要适用于一次开挖断面较大的隧道爆破掏槽(图7-4-2)。

其优点是:①斜眼掏槽无需像直眼掏槽那样形成粉碎性破岩,而是充分利用了第一临空面(掌子面)的临空作用,很容易就把石渣抛出,炸药单耗较低,掏槽效果好;②斜眼掏槽还可以按岩层的实际情况,较灵活地选择掏槽斜眼的布置形式和调整掏槽斜眼的倾斜角度;③上一循

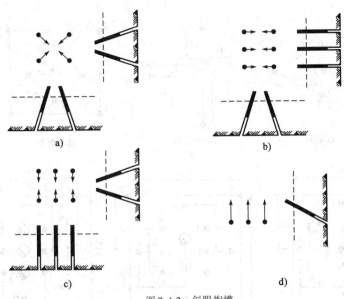

图 7-4-2 斜眼掏槽
a) 锥形掏槽; b) 竖直楔形掏槽; c) 水平楔形掏槽; d) 爬眼掏槽

环掏槽在掌子面上形成的凹陷破碎区位于下一循环槽口中部,而下一循环掏槽斜眼的孔口位于其外侧,基本不影响下一循环掏槽斜眼的开眼和钻进。

其缺点是:①在一次开挖断面较小时,钻眼作业受坑道断面较小的限制,不便于使用大型液压凿岩台车钻眼,只宜选用小型凿岩机;②尤其是在采用人工风钻打眼时,开眼位置和钻眼方向不易控制;③不便于多台钻机同时钻眼。所以,只在一次开挖断面较大,单掘进进尺也较大时,斜眼掏槽深孔爆破才最能显示其适宜性和优势。

有研究资料显示,西南铁路东秦岭隧道(铁路双线,Ⅱ级围岩,$S=85m^2$)进口 3 个工区,分别采用液压凿岩台车钻眼、直眼掏槽进行深孔爆破($L=4.5m$),以及风动凿岩机钻眼、楔形掏槽进行深孔爆破。在岩体抗爆破性基本相同和掘进进尺相等的条件下,直眼掏槽全断面开挖,布置炮眼 173 个,炮眼密度为 2.03 个/m^2,炸药单耗为 1.50kg/m^3,炮眼利用率为 75%~85%;而楔形掏槽全断面开挖,布置炮眼 133 个,炮眼密度为 1.56 个/m^2,炸药单耗为 0.78kg/m^3,炮眼利用率为 80%~90%。其中楔形掏槽炮眼 26 个,槽口尺寸口宽 4m,底宽 2m,高 3.15m,炸药单耗为 0.98kg/m^3,比直眼掏槽的 k 值要小得多。

近几年来,一些施工单位盲目地将直眼掏槽应用于大断面开挖深孔爆破,致使炸药单耗偏高。楔形掏槽在大断面开挖深孔爆破的成功应用,较好地解决了炸药单耗偏高的问题,减少了炸药材料消耗。而且炮眼个数减少、炮眼利用率提高,从而降低了钻眼机械使用费和施工成本,减少了对围岩的爆破震动,增加了施工安全度。可以预见,斜眼掏槽尤其是楔形掏槽爆破技术,将在隧道大断面开挖深孔爆破施工中得到更多的应用。

3. 直眼掏槽

直眼掏槽主要适用于一次开挖断面较小的隧道爆破掏槽(图 7-4-3)。

其优点是:①钻眼作业不受断面尺寸大小的限制,可以选用大型液压凿岩台车钻眼;②开眼位置和钻眼方向精度较高;③即使是人工风钻打眼,开眼位置和钻眼方向也易于控制;④便于多台钻机同时钻眼。

其缺点是:①直眼掏槽炮对第一临空面(掌子面)的临空作用利用不够充分,必须布置较

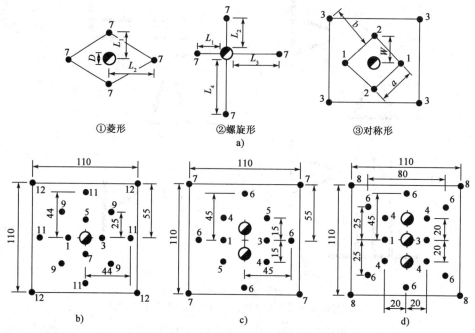

图 7-4-3 直眼掏槽（尺寸单位：cm；炮眼旁数字为毫秒雷管段数）
a) 大直径中空孔直眼掏槽；b) 单临空孔形；c) 双临空孔形；d) 三临空孔形

密集的掏槽眼和较高的炸药单耗，才能使槽口内的岩体形成粉碎性破坏，保证形成有效的槽口，必要时还需要钻设大直径空眼作为辅助临空面；②爆破后槽口处底部（掌子面上）形成一个凹陷破碎区，不便于下一循环掏槽眼的开眼和钻进。所以，在一次开挖断面较小、单掘进进尺较大（S/L 值较小）时，直眼掏槽深孔爆破才显示出其适宜性和优势。

中间大直径空眼的作用：近年来由于重型凿岩机的投入使用，使得钻大直径（$D>100\text{mm}$）孔眼并不困难。直眼掏槽多在掏槽眼的中间钻设数量不等的大直径空眼（$D=102\text{mm}$）。其作用相当于为掏槽眼提供临空面。实践证明，钻设大直径空眼条件下的直眼掏槽可以取得良好的掏槽效果。

实践研究表明，直眼掏槽的效果与空眼数目、空眼直径及其与装药眼之间距等因素密切相关。在中硬和坚硬岩层中，对于设计循环进尺 L 为 3m 以下时，采用 1 个大直径空眼掏槽的效果较好；L 为 3~3.5m 时，采用 2 个大直径空眼掏槽的效果最佳；L 为 3.5~5.15m 时，采用 3~4 个大直径空眼掏槽的效果最好。

在硬岩爆破中，当空眼与装药眼间距大于空眼直径的 2 倍（$W>2D_k$）时，爆破后岩体仅产生塑性变形，而不能产生真正的破碎；$W=(1.0~1.5)D_k$ 时，效果最好，为破碎抛掷掏槽。当装药眼间距太小时，爆炸作用有时会将相邻炮眼中的炸药（主要指粉状硝铵炸药）挤实，使之因密实度过高而发生拒爆。为了保证掏槽炮爆炸后岩渣有足够的膨胀空间，一般要求空眼体积为掏槽槽口体积的 2%~10% 为宜。

有资料显示，西康铁路秦岭隧道 II 线平导进口工区（设计 $S=29.34\text{m}^2$，实际 $S=33.46\text{m}^2$，I、II、III 级围岩），采用门架式三臂液压凿岩台车钻眼、全断面开挖、5 个大直径空孔直眼掏槽进行深孔爆破（$L=4.5\text{m}$），钻爆设计炮眼 106 个，炮眼密度 2.98 个/m^2，炸药单耗为 4.48~3.92kg/m^3，炮眼利用率为 87.6%~94.9%，成功地实现了硬岩小断面坑道的快速掘进，充分发挥了 II 线平导的超前地质勘探作用。但在这种条件下，炸药单耗较高，而且炮眼个数较多，炮眼利用率较低,对围岩的爆破震动较大,是值得注意的问题。以上三个实例的爆破效果的比较见表 7-4-5。

全断面开挖时直眼掏槽方式与斜眼掏槽方式爆破效果的比较　　表 7-4-5

围岩级别	掏槽方式	断面面积 (m^2)	掘进进尺 (m)	炮眼个数 (个)	炮眼密度 (个/m^2)	炸药单耗 (kg/m^3)	炮眼利用率 (%)	槽口尺寸 (m×m)	槽口炸药单耗 (kg/m^3)
Ⅱ	楔形掏槽	85	4.5	133	1.56	0.78	80~90	口4,底2	0.98
Ⅱ	直眼掏槽	85	4.5	173	2.03	1.50	75~85	—	—
Ⅰ、Ⅱ	直眼掏槽	33.5	4.5	106	2.98	4.48~3.92	87.6~94.9	1.1×1.1	19.50(17 个)

八、周边眼的布置与光面爆破

1. 光面爆破的效果的重要性

由于掏槽爆破是先爆破隧道中间,增创临空面,再逐层扩大爆破,形成更大的临空面,最后起爆周边眼。因此,周边眼处在坑道周边上且紧靠围岩,所以周边眼的爆破,在很大程度上影响到开挖轮廓的质量和对围岩的扰动破坏程度。为了达到对围岩扰动最小,最大限度地保护围岩的整体性和自稳能力,我国隧道工作者已根据多年的隧道工程钻眼爆破实践经验,总结出了"光面爆破周边眼贯通裂缝作用机理",掌握了对周边眼的控制准则和布置方法。

2. 光面爆破作用机理

光面爆破的分区起爆顺序为:掏槽眼→扩大眼→周边眼→底板眼。即扩大眼爆破后应留下一层厚度大致相等的内圈岩体,这一层岩体由周边眼完成爆破,并形成平顺的轮廓。

光面爆破是通过调整周边眼的各爆破参数,使爆炸优先沿各孔的中心连线形成"贯通的破裂缝",然后内圈岩体裂解并向临空面方向抛掷。其作用的机理,可用示意图 7-4-4 解释。

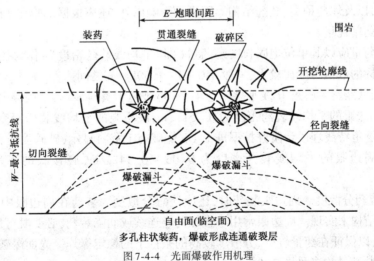

多孔柱状装药,爆破形成连通破裂层

图 7-4-4　光面爆破作用机理

这种爆破在围岩中产生的裂缝较少,对围岩的振动破坏较小;获得的坑道轮廓规则,岩面圆顺,超、欠挖量较小。因此,光面爆破除应满足爆破设计的基本要求外,还应特别注意周边眼的布置。

3. 周边眼的布置方法及技术要领

光面爆破周边眼的作用是爆破最后一层岩体,使坑道断面达到设计要求的形状和尺寸,坑道轮廓圆顺,超、欠挖量应符合《公路隧道施工技术规范》(JTG F60—2009)、《公路隧道施工技术细则》(JTG/T F60—2009)、《铁路隧道施工规范》(TB 10204—2002)的规定。

周边眼的布置就是要确定周边眼的间距 E、最小抵抗线 W、开眼位置 d、外插角 α。

(1)周边眼应设置一定的外插角 α。这一方面是为了控制超欠挖,另一方面是为了便于下次钻眼时好落钻开眼。外插角的大小应根据岩体的抗爆破性即岩体的软弱或破碎程度来确定,一般是将炮眼方向以 3%~5% 的斜率外插。若以眼口及眼底位置而言,当岩体较坚硬或较完整时,眼口(开眼)应布置在设计轮廓线上;眼底应落在设计轮廓线以外 10~15cm。但当岩体较软弱或较破碎时,眼口则应开在开挖轮廓线以内 5~10cm,眼底应落在设计轮廓线上。底板眼布置也应遵循上述原则。

(2)周边眼应适当加深。考虑到周边眼底部分炸药要爆破的岩体,处在犄角位置,受到掌子面的挟持作用较大,为保证爆破后掌子面(即坑道正面)周围环带区岩面平整,便于下一循环周边眼的开眼,可将周边眼深度适当加深,加深的量值应根据实际情况而定,并注意装药在周边眼中的分散度。

(3)周边眼应适当加密并调整间距抵抗比 E/W 值。为了保证周边眼之间优先形成贯通裂缝,必须适当选择周边眼间距并调整间距抵抗比 E/W 值,这要视岩体的抗爆性、炸药性能、炮眼直径和装药量而定。

周边眼间距 E 一般取炮眼直径的 8~18 倍为宜,即 $E = 40 \sim 70 \text{cm}$。对于坚硬或破碎的岩体,宜取较小的 E 值;对于软质或完整的岩体,宜取较大的 E 值。

间距抵抗比 E/W 值的确定,一般应使周边眼的最小抵抗线 W 值略大于炮眼间距 E 值,通常可控制在 $E/W = 0.67 \sim 0.8$ 为宜,相应的 $W = 50 \sim 90 \text{cm}$。

(4)确定适量的炸药单耗量。周边眼装药量应既具有爆炸破岩所需的做功能力,又不致造成对围岩的严重破坏。施工中,除应综合考虑周边眼间距 E、光面层厚度最小抵抗线 W、岩体的抗爆破性,以及炸药种类、装药结构等因素的影响以外,还应根据试验和实际的爆破效果,确定适量的炸药单耗量。

周边眼装药量应以其单位炮眼长度装药量(即"平均线装药密度")作为控制指标。平均线装药密度指标的数值跨度比较大,一般在 0.04~1.50kg/m 之间。

例如,西康铁路秦岭隧道Ⅱ线平导掘进 4.5m 爆破施工资料显示,坚硬混合片麻岩(Ⅲ级围岩)条件下周边眼的平均线装药密度为 0.75kg/m;底板眼的平均线装药密度为 1.50kg/m。京广铁路南岭隧道特浅埋段台阶开挖掘进 1.1m 爆破施工资料显示,破碎泥质页岩(Ⅴ级围岩偏低)条件下周边眼的平均线装药密度为 0.06~0.14kg/m;底板眼的平均线装药密度为 0.31kg/m。

(5)控制装药分散度。周边眼装药时,还应注意分散度。装药在周边眼中的分散度可以用不同的装药结构来实现。周边眼常用小直径药卷连续或间隔装药,必要时可加导爆索、水袋或空气柱装药,以保证在药量较少、分散度较高的条件下的稳定爆炸。光面爆破周边眼装药参数见表 7-4-6,装药结构参见图 7-4-5。

对坚硬岩体,周边眼宜选用小直径药卷连续装药或间隔装药结构。但应注意将不耦合系数 λ 控制在 1.25~2.0 之间,并且药卷直径不小于炸药的临界直径,以保证稳定传爆,必要时采用导爆索传爆(孔内串联并计入导爆索药量)。对软弱岩体,周边眼可采用导爆索装药结构(导爆索所用的炸药感度较高、爆速也较高)。对一般岩体且眼深不大于 2m 时,可采用水袋或空气柱装药结构。

光面爆破周边眼装药参数表　　　　　　　　　　表7-4-6

岩石种类	装药不耦合系数 λ	周边眼间距 E(cm)	最小抵抗线 W(cm)	相对距离 E/W	装药分散度(kg/m)
硬岩	1.25~1.5	50~70	60~80	0.8~1.0	0.3~0.35
中硬岩	1.5~2.0	45~65	60~80	0.8~1.0	0.2~0.3
软岩	2.0~2.5	35~50	45~60	0.5~0.8	0.07~0.12

注:1. 表7-4-3列参数适用于:炮眼深度1.0~3.5m,炮眼直径40~50mm,药卷直径20~25mm。
　2. 当断面较小或围岩软弱、破碎或对曲线、折线开挖成型要求较高时,周边眼间距 E 应取较小值。
　3. 周边眼抵抗线 W 值在一般情况下均应大于周边眼间距 E 值。软岩在取较小 E 值时,W 值应适当增大。
　4. E/W:软岩取小值,硬岩及断面小时取大值。
　5. 表列装药集中度 q 为2号岩石硝铵炸药,选用其他类型炸药时,应修正。

九、扩大眼的布置及钻眼作业技术要求

1. 扩大眼的布置

扩大眼的作用是进一步扩大槽口体积和爆破量,并逐步接近开挖断面形状,为周边眼创造有利的爆破条件。扩大眼爆破后,应留下一层厚度一致的内圈岩体,这一层岩体由周边眼完成爆破。

扩大眼的布置可参照前述周边眼的布置原则,采用"等面积三角形布置"。扩大眼应在周边眼和掏槽眼之间由内向外、逐层布置,逐步接近开挖断面轮廓形状。扩大眼的分层可以采用直线分层或弧线分层,也可以二者结合应用。扩大眼的间距 E 值和最小抵抗线 W 值及单孔装药量 q 值都可以大一些。但应保证爆破后的石渣块度大小适中,抛掷范围相对集中,便于机械装渣作业。一般取 $E/W=0.6~0.8$ 为宜,并采用孔底连续装药。

为保证爆破后进尺达到设计要求,掌子面(即坑道正面)平整,炮根短浅,炮眼利用率高,应使扩大眼的眼底达到设计进尺,并落在同一垂直面上,必要时可根据实际情况调整炮眼深度,调整的量值应根据实际情况而定。

为取得最佳爆破效果,必须保证经扩大眼爆破后,坑道轮廓形状已经基本接近设计隧道断面形状,剩余的内圈岩体厚度均匀一致,即周边眼的 W 值基本相等,使周边眼爆破内圈岩体创造最佳的临空条件。应当注意的是,扩大眼爆破下来的石渣应不至于严重阻塞坑道,以免影响坑道效果。若发现坑道下部轮廓成型不佳,可适当加大内圈底板眼的眼底装药量,以加强其抛掷作用。

2. 钻眼作业技术要求

(1)掏槽眼:深度、角度按设计施工,眼口间距误差和眼底间距误差不得大于5cm。

(2)掘进眼:眼口排距、行距误差均不得大于10cm。

(3)内圈眼:与周边眼的排距误差不得大于5cm。

(4)周边眼:炮眼间距误差不宜大于5cm,外斜率不应大于5cm/m,与内圈眼间最小抵抗线误差不应大于10cm。由于周边眼的打眼精度直接影响爆破效果,经验表明,其间距误差大于10cm时,爆破效果明显不佳。采用大型液压凿岩台车时,一般采用2°~3°的外插角,其外斜精度可控制在5cm/m以内,采用国产支架式凿岩机时,其值也可控制在3~5cm/m以内。

(5)当掌子面凸凹较大时,应按实际情况调整炮眼深度,力求所有炮眼(除掏槽眼外)眼底在同一垂直面上。

(6)钻眼完毕,按炮眼布置图进行检查并做好记录,有不符合要求的炮眼应重钻。

(7)装药前,应将炮眼内的泥浆、石粉吹洗干净,检查炮眼达到设计要求后方可装药。

十、装药结构、装药技术要求

1. 装药结构

装药结构是指被动药卷和主动药卷在炮眼中的布置形式。它包括药卷之间的间距、主动药卷的位置和方向、眼口的堵塞方式。

按主动药卷在炮眼中的位置和其中雷管聚能穴的方向,装药结构可分为正向装药和反向装药;按药卷之间的间距来分,可分为连续装药和间隔装药,见装药结构图7-4-5。

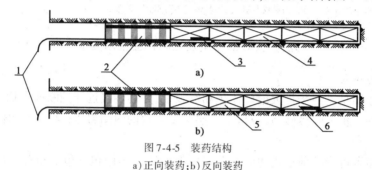

图 7-4-5 装药结构
a)正向装药;b)反向装药
1-导爆管;2-炮泥;3、6-主动药卷;4、5-被动药卷

(1)正向装药,是将主动药卷放在眼口第二个药卷位置上,雷管聚能穴朝向眼底,并用炮泥堵塞眼口。这种装药结构在过去使用得较多。

(2)反向装药,是将主动药卷放在眼底第二个药卷位置上,雷管聚能穴朝向眼口,并用炮泥堵塞眼口。隧道爆破实践表明,反向装药结构能提高炮眼利用率,减少瞎炮率,减小石渣块度,增大抛掷能力和降低炸药消耗量。炮眼愈深,反向装药的效果愈好。

(3)连续装药,主、被动药卷之间无间隔或是一整条药卷(索)。

(4)间隔装药,主、被动药卷之间有一定的间隔距离。采用间隔装药时,要使药卷之间的间隔距离不大于其殉爆距离,避免发生被动药卷拒爆,保证完全稳定爆炸。

应当注意的是,隧道爆破中,掏槽眼和扩大眼多采用大直径药卷孔底连续装药。周边眼可采用小直径药卷连续装药或稍大直径药卷间隔装药,孔底适量加装炸药,保证掌子面齐整。

2. 装药作业技术要求

(1)装药前,应将炮眼内的泥浆、石粉吹洗干净,检查炮眼达到设计要求的位置、深度和方向后,方可装药,装药量应遵循设计要求,并根据实际情况予以适当调整。

(2)装药过程的各项操作,应严格按照爆破安全规则进行。

(3)装药后,所有炮眼均应堵塞炮泥。目前施工中,一般采用砂和黏土混合物做炮泥,堵塞长度不宜小于20cm。

(4)在间隔装药时,可在药卷之间加装水袋,使形成水楔作用,以改善爆破效果。

十一、起爆顺序、时差控制及网络连接

1. 保证起爆顺序不颠倒(不串段)

前已述及,光面爆破的分区起爆顺序是:掏槽眼→扩大眼→周边眼→底板眼。在一个开挖

断面上,同圈(层)炮眼同时起爆,不同圈(层)的炮眼则"由内向外逐层起爆",即内圈炮眼先起爆,外圈炮眼后起爆。底板眼最后起爆,并可适当加大底板眼的装药量,以克服石渣的压制,保证坑道底部的爆破效果。

应特别注意的是,以上起爆顺序不能颠倒,否则爆破效果将大受影响,甚至完全失败。

2. 采用微差爆破

内、外圈炮眼按顺序先后起爆的"时差",可以利用迟发雷管的延时特性来实现。在不同部位、不同圈(层)的炮眼中安装不同段数的雷管,以实现时差控制,见光面爆破的设计实例。试验和研究表明,各圈(或层)炮眼之间的起爆时差越小,则爆破效果越好。常采用的时差为 $40\sim200\mathrm{ms}$,称为"微差爆破"。

工厂生产的毫秒系列雷管的延期时间之差较小,实际应用时,为了保证内、外圈炮眼先后起爆的顺序不至于颠倒,宜跳段选用毫秒雷管,以消除雷管延期时间制造误差的影响。

在循环掘进进尺较大时,采用微差爆破,还应注意将掏槽炮与扩大炮之间的时差稍加大,以保证掏槽炮在此时差内(有足够的时间)将石渣抛出槽口,避免石渣淤塞槽口,为后续爆扩大爆破提供有效的临空面。

3. 保证同圈炮眼同时起爆

同圈炮眼必须同时起爆,以保证同圈炮眼的共同作用效果。这个要求对于需要保证一次掏槽成功的掏槽眼和需要保证开挖轮廓成型规则的周边眼尤其重要。

据爆破试验测定,若同圈相邻炮眼的起爆时差超过 $0.1\mathrm{s}$,就等同于各个炮眼单独爆破,而不能形成贯通裂缝。因此,要求周边眼必须采用同段雷管同时起爆,并尽可能减少同段雷管的延期时间差(雷管的制造误差)。可采用高精度系列迟发雷管或使用导爆索作为孔内传爆。

4. 孔内控制与孔外控制

控制起爆时差的雷管可以安装在孔内药卷中,称为"孔内控制"。目前,由于非电毫秒雷管的段数较多和延期时间制造精度提高,且在导爆管上系挂段数标签,可以避免装药差错,故隧道工程爆破中较多采用孔内控制。

另外,也可以将控制起爆时差的雷管装在孔外,而在孔内药卷中装入即发雷管,称为"孔外控制"。孔外控制便于装药后进行起爆系统的段数检查,但先爆雷管可能会炸断其他管线,造成瞎炮,影响爆破效果,因此较少采用。此外,若一次爆破孔眼数量较多,雷管段数不够应用时,可采用孔内、孔外"混合控制"。

5. 爆破网络的连接方式

目前,隧道工程中采用的导爆管—非电雷管起爆系统是最常用的起爆系统。这种起爆系统可以形成并联网络、串联网络或串并联混合爆破网络。网络连接,可以采用分匝集束捆扎雷管连接,也可以使用专用的塑料连通器连接,如图 7-4-6 所示。

按以上方法确定的各项参数是否合理,应以实际爆破效果是否符合要求作为最终判断和评价标准,并根据爆破条件的变化,对以上各项参数进行调整,直至达到最佳爆破效果。

<h3 style="text-align:center">十二、光面爆破的设计实例</h3>

光面爆破的设计实例如图 7-4-7 所示。

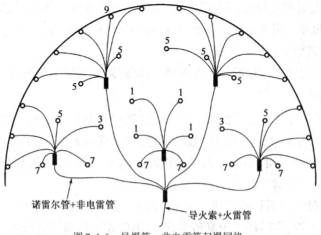

图 7-4-6 导爆管—非电雷管起爆网络
注:1、3、5、7、9 为雷管段数

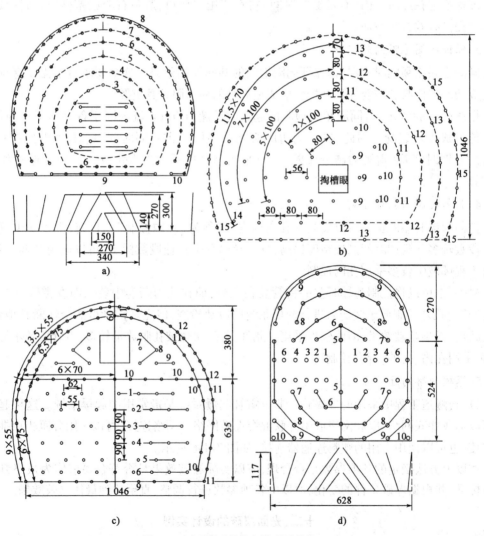

图 7-4-7 光面爆破设计实例(尺寸单位:cm)
a)楔形掏槽环状布置;b)直眼掏槽环状布置;c)直眼掏槽层状布置;d)楔形掏槽弧形布置

资料五　出　渣　运　输

出渣运输是隧道施工的基本工序之一。出渣运输作业时间一般要占掘进循环时间的40%~60%。因此，出渣运输工序能力的强弱，决定了它在整个掘进循环中所占的时间比率，并进而对掘进速度产生很大的影响。因此，出渣运输工序必须满足掘进循环时间的总体安排，并保证在规定的时间内完成。

出渣运输工序可以分解为装渣、运输、卸渣三项作业(主要是装渣和运输)。

为保证在规定的时间内完成出渣运输任务，首先应选择恰当的运输方式，其次要注意装、运机械作业方式的配套并适宜于隧道内作业，其三要注意装、运机械单机工作能力和数量的配套，并合理组织运输车辆的运转。

一、装渣方式、运输方式及其选择原则

1. 装渣方式

隧道施工的装渣方式有机械装渣和人力装渣两种。机械装渣速度快，可缩短作业时间，目前隧道施工中主要采用机械装渣，但仍需配适当数量的人工辅助作业。人力装渣，劳动强度大，速度慢，仅在短隧道、缺乏机械或隧道断面小而无法使用机械装渣时，以及特殊条件下，才考虑采用。

2. 运输方式

隧道施工出渣、进料的运输方式有无轨运输和轨道运输两种。无轨运输主要适用于大断面隧道施工运输；轨道运输主要适用于断面小且较长(3 000m以上)的隧道施工运输。

无轨运输是采用各种轮胎走行的运输车出渣和进料。无轨运输的优点是：不需要铺设复杂的运输轨道，洞内改道方便，对其他工序的干扰较小，尤其是可借助仰拱栈桥同时安排仰拱施工，更符合现代隧道工程理论的基本准则和新奥法施工的基本原则。车辆走行灵活、调头方便、运输速度快、配套设备少、不需太多的辅助设施，组织和管理工作简单，能适用于弃渣场离洞口较远和道路坡度较大的场合，是一种适应性较强和较为经济的运输方式。其缺点是运输车多采用燃油发动机，运输车在走行时，内燃机排放大量废气，而且是边走边排放，对洞内空气污染较为严重，故一般适用于大断面开挖和中等长度以下的隧道中。在长大隧道中使用时，应充分考虑洞内空气污染问题，加装必要的尾气净化装置，并采取有效的通风措施。

轨道运输是铺设小型临时铁路轨道，用轨道式运输车出渣和进料。轨道式运输车有斗车或梭式矿车两种，牵引车也有电瓶车或内燃机车两种，串联成小火车。轨道运输的优点是：铺设专用的运输轨道，运输效率较高；采用电瓶车牵引时，可以避免内燃机车的沿程尾气污染，降低通风费用支出，尤其适用于长度在3 000m以上的小断面隧道。其缺点是：需要铺设专用的运输轨道，轨道改移和调车作业较复杂，且对其他工序的干扰较大；还需配置充电房等辅助设施，当弃渣场离洞口较远，或洞外道路坡度较大不便铺设轨道时，还需要进行二次倒运。故目前在隧道工程中已很少采用。

3. 出渣运输方式的选择原则

出渣运输方式的选择，应根据洞内作业条件，包括作业空间(断面)的大小、一次开挖石渣体积、石渣块度、土体的松散或泥质黏性、洞内临时道路等条件，充分考虑装、运、卸三项作业机

械的配套问题,出渣运输能力与运量需求的适应问题,出渣运输与开挖、支护等工序的协调统一问题,出渣运输成本与工期要求的关系问题,洞内空气污染及作业安全问题等因素的影响,并建立和实施适宜的出渣运输组织和管理方式,以尽量缩短出渣运输在整个作业循环中所占的时间比率,提高施工速度。必要时,应作技术经济合理性分析,以求方案最佳。

二、渣 量 计 算

钻爆开挖一个单循环产生的石渣量应为爆破后的虚渣体积,可按下式计算:

$$Z = R \cdot \Delta \cdot L \cdot S \tag{7-5-1}$$

式中:Z——单循环爆破后石渣量,m^3;

R——岩体松胀系数,即岩体松方体积与其实方体积的比值;岩体被爆破后的松胀系数 R 值的大小与岩体的密度有关,隧道工程中常按围岩级别确定 R 值,见表7-5-1;

Δ——超挖系数,根据爆破对超挖的控制情况而定,一般可取 1.15 ~ 1.25;

L——设计循环掘进进尺,m;

S——开挖断面面积 m^2。

岩体松胀系数 R 值   表 7-5-1

岩体级别	I	II	III	IV	V		VI	
土石名称	石质	石质	石质	石质	硬黏土	砂夹卵石	黏性土	砂砾
松胀系数 R	1.7	1.8	1.6	1.6	1.35	1.30	1.25	1.15

三、装 渣 机 械

装渣机械的类型很多,按其拾渣机构形式可分为:挖斗式、蟹爪式、立爪式、铲斗式四种。铲斗式装渣机为间歇性装渣机,有翻斗后卸、前卸和侧卸式三个卸渣方式。隧道用蟹爪式、立爪式和挖斗式装渣机均配备有刮板或链板式转载后卸机构,是连续装渣机。

装渣机的走行方式有轨道走行、履带走行和轮胎走行三种,也有同时配备履带走行和轨道走行两套走行机构的。轨道走行式装渣机须铺设走行轨道,因此其工作范围受到轨道位置的限制;当工作面较宽时,可增铺轨道来满足更大的工作宽度要求。履带走行和轮胎走行的装渣机移动灵活,工作范围不受限制。但在泥土质的隧道中,有可能因洞内临时道路承载能力较低和道路泥泞而出现打滑或下陷。

装渣机的工作能力因拾渣方式、走行方式、装备功率的不同而各不相同。装渣机的选择应充分考虑上述洞内作业条件和问题,尤其应与运输车辆相匹配,以充分发挥其各自的工作效能,缩短装渣的时间。隧道施工中几种常用的装渣机分述如下。

1.铲斗式装渣机

铲斗式装渣机多采用轮胎走行。轮胎走行的铲斗式装渣机多采用铰接车身,液压控制系统和燃油发动机驱动,见示意图7-5-1。

轮胎走行铲斗式装渣机转弯半径小,移动灵活;铲取力强,铲斗容量大,达 0.76 ~ 3.8m^3,工作能力强,尤其适用于对石渣块度大小没有特别要求时,即使石块较大也能铲起,可侧卸也可前卸,卸渣准确,常用于较大断面的隧道装渣作业。但其燃油发动机排出的废气,会污染洞内空气,进而降低机械效率和影响作业人员身体健康,应配备尾气净化器,并加强隧道通风。

图 7-5-1　轮胎走行铲斗式装渣机

2.挖斗式装渣机

挖斗式装渣机是近几年才应用于隧道工程中的新型装渣机。其拾渣机构为自由臂式挖斗,自由臂采用了电力驱动全液压控制系统,灵活且工作臂较长,如 ITC312H4 型的立定工作宽度可达 3.5m,工作长度可达轨道前方 7.11m,且可以下挖 2.8m 和兼作高 8.34m 范围内工作面的清理及找顶工作。生产能力为 250m³/h。配备有轨道走行和履带走行两套走行机构。如图 7-5-2 所示为 Schaeff ITC112 型双走行系统挖斗式装渣机。

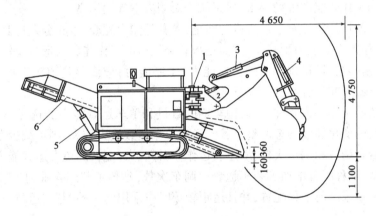

图 7-5-2　Schaeff ITC112 型双走行系统挖斗式装渣机(尺寸单位:cm)
1-转臂机构;2-大臂液压缸;3-小臂液压缸;4-转铲液压缸;5-链板后部升降液压缸;6-链板输送机

挖斗式装渣机采用了刮板式或链板式输送机将岩渣装入机后的运输车内,因此对石渣块度大小有特别的要求,即要求爆破下来的石渣块度大小均在输送机的工作尺寸范围以内。

3.立爪式、蟹爪式装渣机

隧道工程中曾经使用过立爪式装渣机,这种装渣机多采用轨道走行。装渣机前方装有一对扒渣立爪,可以将前方或左右两侧一定范围内的石渣扒入受料盘,并由刮板式输送机将岩渣装入机后的运输车内。立爪式装渣机工作能力一般在 100～180m³/h 之间。但因其能耗较大,已逐步被挖斗式装渣机所替代。

蟹爪式装渣机多采用履带走行,电力驱动。它是一种连续装渣机,其前方倾斜的受料盘上装有一对由曲轴带动的拨渣蟹爪。装渣时,受料盘插入岩堆,同时,两个蟹爪交替将岩渣拨入受料盘,并由刮板输送机将岩渣装入机后的运输车内。因受蟹爪拨渣能力的限制,岩渣块度较大时,其工作效率会显著降低,故主要用于块度较小的岩渣及土的装渣作业。其工作能力一般在 60～80m³/h 之间。

四、无轨运输

1. 运输车辆

可供隧道施工用的无轨运输车品种很多,多为燃油(柴油)式动力、轮胎走行的自卸货车。载质量从2t到25t不等。为适应在隧道内运输,有的还采用了铰接车身或双向驾驶的坑道专用车辆,如图7-5-3所示。

随着大型装载机械及重载自卸汽车的研制和生产,近年来无轨运输在隧道掘进中得到了越来越广泛的应用。

2. 运输车辆选择和配套原则

隧道内空间狭小,汽车调头困难。隧道工程出渣运输要求选用的运输车和装渣机体形小、载重大、自重轻、轴距短、转弯半径小、机动灵活,车体坚固、能自卸,尤其应当注意是否配有尾气净化装置,以及

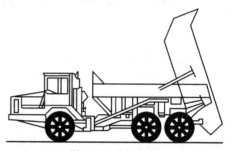

图7-5-3 自卸汽车

尾气净化装置的工作效能和维护要求,尽量减少对洞内空气的污染。

无轨运输车的选择应注意与装渣机的匹配,尤其是能力配套,以充分发挥其各自的工作效率,提高整体工作效率。能力配套,一方面是指装渣机械的工作能力与运输车辆的工作能力的配套;另一方面是指装、运机械的总的工作能力(工序能力)应满足隧道施工循环作业的总体要求,并保证在规定的时间内完成出渣运输工作。

在一定的装渣工作能力条件下,运输车辆的数量和单车运载能力的选择是可变的。它需要根据运输距离的变化加以动态调整。若配备的单车运载能力较大,则可减少车辆的数量,这种配置可减少装车趟数和调车次数,缩短装运作业时间。若配备的单车运载能力较小,则需要的车辆数量较多,这种配置增加了装车趟数和调车次数,延长了装运作业时间。因此,目前隧道工程中多数尽量采用前一种配置,并且运距较短时应采用前一种配置,运距较长时应采用后一种配置。

3. 运输道路

采用无轨运输时,为方便车辆转向、会车作业,缩短时间和保证安全,应根据隧道开挖断面大小和洞内运输距离的长短,合理选择洞内调车方式。常用的洞内调车方式有以下几种:

(1)在单车道公路或单线铁路隧道中,因隧道断面较小,不够并行两辆汽车,应布置成单车通道。当洞内运输距离较短时,可不设置转向或会车场地,汽车倒行进洞,装渣后正向开行出洞。当洞内运行距离较长时,可在洞内每隔100~300m设置一处会车点。会车点可以局部扩大洞径,车辆可在会车点转向或会车。必要时,还可以在洞内作业面附近设置机械式转向盘。

(2)在双车道公路或双线铁路隧道中,因隧道断面较大,足够并行两辆汽车,应布置成双车通道。进出车辆各行其道,并在装渣点附近转向,可缩短洞内调车时间,以提高出渣运输速度。若为侧壁导坑开挖,可考虑在适当位置将导洞向侧壁扩挖加宽构成转向或会车场地。在设置有辅助坑道的长大隧道中,应考虑构成循环运输通路,并制订单向循环行驶制度和相应的管理措施。

4. 运输组织

运输组织就是根据(进料、出渣)运输量的多少、运输距离的长短以及机械配备情况,确定

投入洞内作业的装、运机械的数量,编制运输作业运行图,并根据实际情况动态调整,使之最优化。

无轨运输和轨道运输的组织原则基本相同。不论采用何种运输方式,也不论采用何种形式的装渣机械和运输车辆的配置,都应特别注意提高运输效率,缩短车辆在洞内等待时间(无效工作时间),使各项运输作业相对集中,以减少工序之间的相互干扰,减少洞内空气污染的频次和缩短污染持续时间,降低通风能耗和费用。如在长大隧道工程中,当洞内运输距离较长时,应配备足够数量的运输车辆,以便能够在同一个时段内将一个掘进循环爆破出来的石渣全部运完。

5. 卸渣

卸渣工作主要是考虑石渣如何处理、卸渣场地或转运场地的布置,以及弃渣场地的选择。从隧道内挖出的石渣多数可以作为填料,用于填筑路基及洞外工作场地。有些符合混凝土粗骨料质量标准要求的岩块石渣,则可以加工成碎石,用做衬砌混凝土的粗骨料。对多余的石渣,则应弃置于合适的山谷、凹地。但弃渣场地的选择,应考虑运输、卸渣方便,不占良田,不堵塞河道,不污染环境,并加以综合利用,如造田复耕或填筑场地。

五、轨道运输

1. 运输车辆

常用的轨道运输车辆有斗车、梭式矿车。

(1)斗车。斗车结构简单,使用方便,可适用于多种条件下各种物料的装载运输。斗车容量大小可分为小型斗车和大型斗车。

小型斗车容量小于 $3m^3$,轻便灵活,满载率高,调车方便,可采用机械牵引,也可以采用人力牵引,人力操纵翻斗卸渣也很方便,它主要用做小断面坑道,如斜井平行导坑的运输车辆。大型斗车单车容量较大,可达 $20m^3$,须用动力机车牵引,并采用专用的翻车机构卸渣,以及配套使用大型装渣机械装渣,才能保证快速装运。采用大型斗车,可以减少装渣调车作业次数,缩短装渣运输作业时间,但对轨道线路条件要求较高。

(2)梭式矿车。梭式矿车采用整体式车体,下设两个转向架,车箱底部设有刮板式或链式转载机构,便于将整体车箱装满和转载或向后卸渣。它对装渣机械的配套条件要求不高,能保证快速运输,但车体结构和机械系统较复杂,机械购置费和使用费较高。

梭式矿车的单车容量为 $6\sim18m^3$,可以单车使用,也可以 $2\sim3$ 辆车搭接使用,以减少调车作业次数。其刮板式自动卸渣机构,可以向后(轨道端头)卸渣,也可以使前后转向架分别置于相邻的两股道上,实现向轨道侧面卸渣,扩大弃渣的范围。要求侧向卸渣时,轨道间距应为 $2.0\sim2.5m$,车体与轨道的交角可达 $35°\sim40°$。

2. 牵引机车

常用的轨道运输牵引机车有电瓶车、内燃机车,主要用于坡度不大的隧道运输牵引。当采用小型斗车和坡度较缓的短隧道施工时,还可以采用人力推送。

电瓶车牵引无废气污染,但电瓶储蓄电能数量有限,一次充电后的工作时间不长,补充电时间较长,充电液须定期更换,需要建设专用的充电车间。因此,实际应用中,必须配备足够数量的电瓶车,以保证牵引能力和行车速度。

内燃机车牵引能力较大,可以随时加油不占时间,但运行时排放尾气,造成洞内空气污染和噪声污染。而且在洞内空气含氧量不足时,油料燃烧不充分,牵引能力明显降低,污染会进一步加剧。实际使用中,必须配备尾气净化装置,定期保养和维修,并加强通风。

3. 单线运输

单线轨道通过能力较低,常用于长度较长而断面较小的隧道工程中。

采用单线轨道运输时,为调车方便和提高运输能力,在整个路线上应合理布设会车道。相邻会车道的间距应根据装渣作业时间和行车速度计算确定,一般条件下应每隔300m设一条会车道。并编制和优化列车运行图,制定有效的行车作业制度,以减少避让等待时间。会车道的站线长度应能够容纳整列车,并保证正线车辆安全通过。单线运输轨道布置示意见图7-5-4。

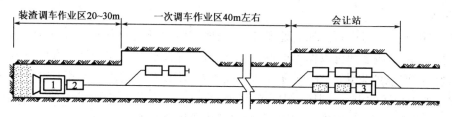

图7-5-4 单线运输轨道布置
1-装渣机;2-斗车或梭式矿车;3-电瓶牵引车

4. 双线运输

双线轨道的进、出车分道行驶,无须避让等待,故通过能力较单线轨道有显著提高,常用于长度较长而断面较大的隧道工程中。

为了调车方便,应在两线间合理布设渡线。渡线间距应根据工序安排及运输调车需要来确定,一般间距为100~1 000m,或更长,并每隔2~3组渡线设置一组反向渡线。双线运输轨道布置示意见图7-5-5。

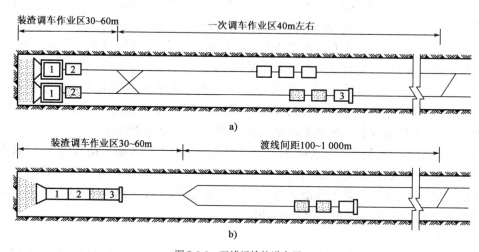

图7-5-5 双线运输轨道布置
a)单机装渣;b)双机装渣
1-装渣机;2-斗车或梭式矿车;3-电瓶牵引车

5. 工作面轨道延伸及调车措施

(1)随着开挖进展,掌子面向前推进,工作面的轨道应及时延伸跟进到掌子面,以满足钻眼、装渣、运输机械的走行和作业要求。延伸的方法可以采用接短轨,或浮放"卧轨"、"爬道"。轨道走行车辆轴重较大时,宜采用接短轨延伸轨道,待开挖面向前推进后,将连接的几根短轨换成长轨。轨道走行车辆轴重较小时,可采用浮放卧轨或爬道延伸轨道。

(2)工作面附近的调车设施,应根据机械走行要求和转道类型来合理选择确定,并尽量使之离开挖面近一些,以缩短调车作业时间。

单线运输时,首先应利用就近的会车道调车;当开挖面距离会车道较远时,则可以设置临时岔线、浮放调车盘或平移调车器来调车,并逐步前移和接续轨道。

双线运输时,应尽量利用就近的渡线来调车,当开挖面距渡线较远时,则可以设置浮放调车盘,并逐步前移和接续轨道。

6.洞口轨道布置

洞口外轨道布置包括卸渣线、上料线、修理线、机车整备线以及调车线等。

卸渣线应设置卸渣码头。可利用弃渣填筑和延伸。若需二次倒运,则应在临时存渣场边缘设置固定卸渣码头。固定卸渣码头应采用浆砌片石挡墙或搭设方木垛来稳定边坡。洞口轨道布置示意图如图7-5-6所示。

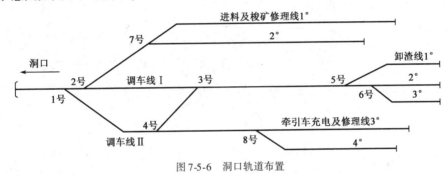

图7-5-6 洞口轨道布置

7.轨道铺设要求

(1)常用的轨距有900mm、762mm、600mm三种。双线线间净距不应小于20cm;单线会车道线间净间距不小于40cm。车辆距坑道壁式支撑净间距不应小于20cm;双线可不另设人行道;单线必须设人行道,人行道净宽不应小于70cm。

(2)轨道线路平面应尽量使用较大的曲线半径;道岔应不小于6号道岔,并安装转辙器。一般条件下,最小曲线半径,在洞内应不小于机车车辆轴距的7倍,洞外应不小于机车车辆轴距的10倍;使用有转向架的梭式矿车时,最小曲线半径不得小于12m。

(3)洞内轨道纵坡按隧道坡度设置。洞外卸渣线的重车方向应设置一段1%~3%的上坡,并在轨端加设车挡,以防止卸渣车溜出码头。其他各线均应满足使用要求和安全要求,并在轨道终端加设车挡。

(4)隧道施工常用钢轨质量有38kg/m、43kg/m两种,轨枕截面(厚×宽)有10cm×12cm、10cm×15cm、12cm×15cm、14cm×17cm几种。钢轨和枕木的选择,应根据各种机械的最大轴重来确定,轴重较大时,应选用较重的钢轨和较粗的枕木;枕木间距一般不大于70cm。

(5)轨道铺设可利用开挖下来的碎石渣作为道砟。道床厚度不应小于20cm,并铺设平整、顺直、稳固。若有变形和位移,应及时养护和维修,保证线路处于良好的工作状态。

8.运输组织

运输组织就是根据(进料、出渣)运输量的多少、运输距离的长短、运输列车的数量,编制列车运行图,并根据实际情况动态调整,使之最优化。图7-5-7是有轨运输的列车运行图。

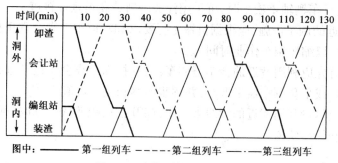

图 7-5-7 有轨运输的列车运行图

优化列车运行图,主要是要提高列车通过能力。具体的措施有:合理布置会让站,缩短会车等待时间;配备能力足够的装渣机械,缩短装渣等待工作时间;及时养护维修轨道,保持合理安全的走行速度;空车提前进洞,缩短空车走行时间(虚功时间,缩短关键线路)。

学习资料八　初期支护及注浆加固技术

学习小组	班级＿＿＿＿　组别＿＿＿＿　组长＿＿＿＿ 组员＿＿＿＿＿＿＿＿＿＿＿＿＿＿＿＿＿＿	
学习目标	1. 认识:初期支护施工过程和施工方法； 2. 掌握:初期支护施工质量检查方法与评定标准； 3. 了解:超前支护施工过程、施工方法； 4. 掌握:施工质量检查方法与评定标准	
学习任务	1. 编制初期支护施工技术交底书； 2. 填写锚杆质量检查表； 3. 填写钢筋质量检查表； 4. 填写喷射混凝土质量检查表； 5. 填写钢拱架质量检查表	完成并提交成果
学习资料	施工录像13 PPT课件008.1、008.2 案例四:厦门翔安海底隧道初期支护施工 案例五:厦门翔安海底隧道超前支护施工 案例十:武广高速铁路隧道工程检验批质量报告	
学习引导	建议采用情境化案例实训、现场观摩、演示试验等教学法； 情境化案例实训教学过程是:观看施工录像→PPT课件讲解→布置实训任务→阅读理解案例→阅读隧道设计图→模仿案例完成任务并提交成果	
建议学时	16	

资料一　初期支护施工的三大原则

一、预防为主原则

隧道工程主要依靠初期支护保证施工期间的稳定和安全,因此,各种结构类型的初期支护,各种施工方法、开挖方法、掘进方式,以及各种施工技术措施,都是前人实践经验的总结,它们本身就带有预防性。一般情况下,这些方法、方式、结构形式及其组合是能够适应绝大多数的围岩地质条件和工程结构条件的。如果严格按设计要求和施工规范施工,是能够保证稳定和安全的。

然而,在隧道施工过程中,由于地质条件的多样性和多变性,加之对工程地质条件判断不准或情况不明;选择的支护类型与实际工程地质条件不适应;施工方法、支护时机不恰当,或(由于偷工减料等原因)支护质量达不到设计要求等原因,不可避免地会遇到一些预料之外的情况,如塌方、突泥、流沙、大变形等工程事故。

为了防止发生重大事故,确保稳定和安全,除了严格按设计要求和施工规范施工以外,还应该认真做好超前地质预报,尽可能详细地调查隧道位置的区域工程地质、水文地质情况,做到心中有数;制订相应的紧急预备方案,施工过程中应特别注意密切观察、缜密分析,发现异常现象及时采取紧急处理措施,防止事态进一步扩大。这就是预防为主的原则。

根据工程经验,针对异常现象,可以采取的紧急处理措施包括调整施工方法、支护时机、支护参数和施工速度等。表 8-1-1 是有关资料对施工中可能发生的一些紧急情况及处理措施的总结。其中 A 类是进行比较简单的改变就可解决问题的措施,B 类是采取包括需要改变支护结构类型等比较大的变动才能解决问题的措施。

施工中(内层衬砌之前)可能发生的一些紧急情况及处理措施　　表 8-1-1

施工中的异常现象		A 类措施	B 类措施
开挖面附近围岩异常	开挖面顶部掉块增大,掌子面变得不稳定	1. 缩短掘进进尺; 2. 掌子面喷射混凝土; 3. 掌子面打锚杆	1. 缩小开挖断面,采用分部开挖,如台阶开挖或留核心土环形开挖; 2. 打入超前小钢管或插板,进行预支护; 3. 增设钢拱架
	开挖面出现涌水,或者涌水量增加	1. 喷射混凝土前,沿洞壁布设排水盲管排水; 2. 水少时,在喷射混凝土中增加速凝剂,加挂网格密的钢筋网,强喷	1. 水源补给少时,采用井点降水、钻孔排水、泄水洞排水; 2. 水源补给多时,采用预注浆堵水和加固围岩
	地基承载力不足,拱顶下沉增大,周边位移量增大,位移速度变快,或产生底鼓	1. 注意开挖,不要损害地基—隧道底部围岩; 2. 加厚边墙脚,增加支承面积; 3. 缩短台阶长度,及早闭合初期支护环; 4. 增加更长、更粗或高强锚杆; 5. 加强临时底拱,向下加打锚杆	1. 超短台阶开挖,上半断面设置临时仰拱; 2. 增设钢拱架; 3. 采取特殊稳定措施,对地层进行预加固,如超前小导管注浆、深孔帷幕注浆、洞内深层搅拌桩等
初期支护异常	喷混凝土层起臌、开裂、剥落	1. 加钢筋网再喷射混凝土; 2. 引排积水,降低水压力; 3. 在喷混凝土层中增设纵向伸缩缝	1. 增加锚杆,加厚喷层; 2. 增设钢拱架
	锚杆松脱或断裂	加密锚杆	增加更长、更粗或高强锚杆
	钢拱架产生较大变形	1. 增加更长、更粗或高强锚杆,加钢拱架; 2. 凿开喷层,松开拱架接头螺栓,释放应力	1. 采用可伸缩的钢拱架; 2. 在喷混凝土层中设纵向伸缩缝; 3. 提前修筑内层衬砌

二、先护后挖原则

遵循现代隧道工程围岩承载理论的基本思想,以及现代隧道支护设计的基本原则和新奥法施工的基本原则:当隧道围岩坚硬完整时,或者围岩虽然比较软弱破碎,但地应力不很大,埋置深度较大时,隧道上覆岩体的自然成拱作用较好,工作面稳定,既不易受地面条件的影响,围岩松弛变形也不至于波及地表。采取常规支护,并按"先挖后护,顺序施作",就可以保证隧道施工安全和结构稳定。

在软弱破碎围岩条件下,采用特殊稳定措施进行隧道施工的基本原则是"先护后挖,逆序施作"。具体说来就是"先支护/先加固、后开挖,逆序施作;短进尺、慎开挖,万勿冒进;强支护、快衬砌,及时封闭;重观察、勤量测,莫等塌方"。

三、联合效应原则

在隧道工程中,为适应地质条件和结构条件的变化,常将各种单一支护材料和结构,进行恰当组合,共同构成人工复合支护结构体系,称为"联合支护"。进行这些联合支护的施工应当注意的是:宜联不宜散,彼此要直接并尽可能多地牢固相连,以充分发挥支护的联合效应。联合支护的施工应满足以下技术要求:

(1)钢筋网及钢拱架要尽可能多地与锚杆头焊连,因此锚杆要有适量的露头。

(2)钢筋网要被喷射混凝土所包裹、覆盖密实,一般要求钢拱架被喷射混凝土所包裹、覆盖密实。只有在作为研究项目考察钢拱架的有效性和经济性,并且当量测数据显示围岩已经达成稳定时,才可以不必用喷射混凝土将钢拱架完全覆盖,但在施作内层衬砌之前,仍然应该喷满覆盖。

(3)分次施作的联合支护,应尽快将各部分相联,如超前锚杆与系统锚杆及钢拱架的联结等。要在量测指导下进行,检验其有效性,必要时应作适当调整,以做到及时、有效、经济地控制围岩变形,保证围岩稳定。

资料二 锚杆(锚索)

一、锚杆(索)的作用和种类

1. 锚杆(索)的作用

锚杆(索)是用金属或其他高抗拉性能的材料制作的一种杆(索)状构件,它是使用某些机械装置或黏结介质,通过一定的施工操作,将其安设在隧道及地下工程的围岩中,利用锚杆(索)的灌浆黏结作用和拉结作用,增强围岩的强度和抗变形能力,从而提高围岩的自稳能力,实现加固围岩的工程措施,见图8-2-1。

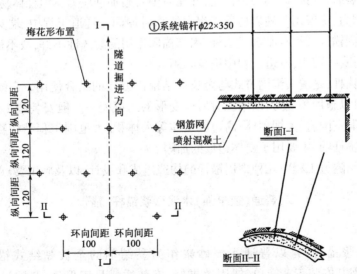

图 8-2-1 锚喷支护(系统锚杆+钢筋网+喷射混凝土,尺寸单位:cm)

锚杆(索)支护作为一种常规的支护手段,它在技术、经济方面的优越性和对多种不同地质条件的适应性,使其在建筑领域尤其是在地下工程中得到了广泛应用和迅速发展。以下介绍隧道工程中常用的几种锚杆。

2. 锚杆的种类

(1) 按锚杆对围岩加固的区域来分,可分为系统锚杆、局部锚杆和超前锚杆三种。

①系统锚杆——系统锚杆强调的是联合作用,即群锚效应。

②局部锚杆——局部锚杆强调的是对围岩的局部加固作用。

③超前锚杆——超前锚杆强调的是支护的超前性。

(2) 按锚杆在岩体中的锚固形式来分,可分为以下几种:

①全长黏结式 $\begin{cases} 水泥浆全黏结式锚杆(最常用) \\ 水泥砂浆全黏结式锚杆或中空注浆锚杆(最常用) \\ 树脂全黏结式锚杆 \end{cases}$

②端头锚固式 $\begin{cases} 黏结式内锚头锚杆 \begin{cases} 水泥砂浆内锚头锚杆(索) \\ 快硬水泥卷内锚头锚杆(常用) \\ 树脂内锚头锚杆 \end{cases} \\ 机械式内锚头锚杆(隧道工程中很少用) \end{cases}$

③混合式 $\begin{cases} 先灌浆后张拉预应力锚杆(索) \\ 预应力中空注浆锚杆(最常用) \\ 先张拉后灌浆预应力锚杆(索) \end{cases}$

全长黏结式锚杆,是采用水泥砂浆或树脂等胶结材料作为锚固剂。全长黏结式锚杆不仅有助于锚杆的抗剪和抗拉以及防腐蚀作用,而且具有较强的长期锚固能力,能更有效地约束围岩松弛变形。且安装简便,在无特殊要求的各类地下工程中,可大量用于初期支护和永久支护。在隧道工程中,全长黏结式锚杆常作为系统锚杆和超前锚杆使用。

端头锚固式锚杆,利用内、外锚头的锚固来限制围岩变形松动。端头锚固式锚杆安装容易,工艺简单,安装后即可以起到支护作用,并能对围岩施加预应力。但杆体易腐蚀,锚头易松动,影响长期锚固力,一般用于硬岩地下工程中的临时加固。隧道工程中,端头锚固式锚杆一般只用作局部加固锚杆。另有摩擦式锚杆,因其锚固作用的耐久性不好,故不适于作为永久支护,而只作为临时支护使用,隧道工程中很少采用。

混合式锚固锚杆,是端头锚固方式与全长黏结锚固方式的结合使用。它既具有全长黏结锚杆的优点,又可以施加预应力,以增强对岩体变形的约束能力。但安装施工较复杂,一般只用于对大型地下洞室围岩、大坝坝体、高边坡土体等大体积、大范围工程结构物的加固。国外有采用大型射钉锚杆的,主要用于土体边坡的加固。

下面简要介绍隧道工程中几种常用锚杆的构造组成和设计,以及施工要点。

二、普通(或早强)水泥砂浆锚杆(锚管)

1. 构造组成

普通水泥砂浆锚杆,是以普通水泥砂浆作为黏结剂的全长黏结式锚杆,其构造如图8-2-2所示。因其安装工艺简单,锚固效果好,安装质量易于保证,是隧道工程中最常用的一种锚杆。

一般设计要求:Ⅲ级以上围岩锚杆抗拔力≥80kN,Ⅳ、Ⅴ级围岩锚杆抗拔力≥100kN。

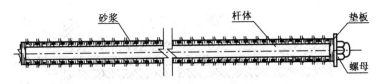

图 8-2-2 普通水泥砂浆全长黏结锚杆构造

2. 设计、施工要点

(1) 杆体材料宜用 20MnSi 钢筋,较少采用 A3 钢筋,直径以 14~22mm 为宜,长度为 2.0~3.5m,为增加锚固力,杆体内端可劈口叉开。

(2) 水泥一般选用普通硅酸盐水泥,砂子粒径不大于 3mm,并过筛。

(3) 砂浆强度等级不低于 M20;配合比一般为水泥:砂:水 =1:(1~1.5):(0.45~0.5)。

(4) 钻孔应符合下列要求:孔径应与杆径配合好。一般孔径比杆径大 15mm(采用先插杆体后注浆施工时,孔径应比先注浆后插杆体施工的孔径要大一些),这主要考虑注浆管和排气管占用空间。孔位允许偏差为 ±(15~50)mm;孔深允许误差为 ±50mm。钻孔方向可适当调整,使其尽量与岩层主要结构面垂直。孔钻好后,用高压水将孔眼冲洗干净(若是向下钻孔还须用高压风吹净水),并用塞子塞紧孔口,防止石渣掉入。

(5) 锚杆及黏结剂材料应符合设计要求,锚杆应按设计要求的尺寸截取,并整直、除锈和除油,外端不用垫板的锚杆应先弯制弯头。

(6) 黏结砂浆应拌和均匀,并调整其和易性,随拌随用,一次拌和的砂浆应在初凝前用完。

(7) 先注浆后插杆体时,注浆管应先插到钻孔底,开始注浆后,徐徐均匀地将注浆管抽出,并始终保持注浆管口埋在砂浆内,以免浆中出现空洞。

(8) 注浆体积应略大于需要体积,将注浆管全部抽出后,应立即插入杆体,可用锤击或通过套筒用风钻冲击,使杆体强行插入钻孔。

(9) 杆体插入孔内的长度不得短于设计长度的 95%,实际黏结长度亦不应短于设计长度的 95%。注浆是否饱满,可根据孔口是否有砂浆挤出来判断。

(10) 杆体到位后,要用木楔在孔口卡住,防止杆体滑出。砂浆未达到设计强度的 70% 时,不得随意碰撞,一般规定三天内不得悬挂重物。

3. 早强水泥砂浆锚杆

早强水泥砂浆锚杆的构造、设计和施工与普通水泥砂浆锚杆基本相同,所不同的是早强水泥砂浆锚杆的黏结剂是由硫铝酸盐早强水泥、砂、TI 型早强剂和水组成。因此,它具有早期强度高、承载快、不增加安装困难等优点。弥补了普通水泥砂浆锚杆早强低,承载慢的不足。尤其是在软弱、破碎、自稳时间短的围岩中,其显示出一定的优越性。但因砂浆中掺有速凝剂,要求快速安装。

另外,以快硬水泥或树脂作为黏结剂的全长黏结式锚杆,也具有以上优点。但费用较高,在一般隧道工程中较少使用。

三、早强药包内锚头锚杆

1. 构造

早强药包内锚头锚杆,是以快硬水泥卷或早强砂浆卷或树脂卷作为内锚固剂的内锚头锚杆。其构造见图 8-2-3。不管是采用什么类型的早强药包,其设计、施工要点基本相同,下面以快硬水泥卷内锚头锚杆为例说明。

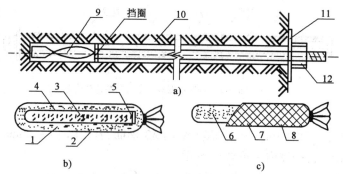

图 8-2-3 早强药包内锚头锚杆构造

1-不饱和聚酯树脂+加速剂+填料;2-纤维纸或塑料袋;3-固化剂+填料;4-玻璃管;5-堵头(树脂胶泥封口);6-快硬水泥;7-湿强度较大的滤纸筒;8-玻璃纤维纱网;9-树脂锚固剂;10-带麻花头杆体;11-垫板;12-螺母

另有楔缝式内锚头锚杆,它是由杆体、楔块、垫板和螺母组成。楔头式锚杆及胀壳式锚杆的锚头加工制作比较复杂。在交通隧道工程中,若需要对掌子面临时加固,则可以使用楔头式锚杆或胀壳式锚杆,以便回收利用。楔头式锚杆在煤矿中应用较多。

2. 设计要点

(1) 快硬水泥卷设计需要确定三个主要参数:快硬水泥卷直径 d;快硬水泥卷长度 L;快硬水泥卷的水泥质量 G。

(2) 快硬水泥卷直径 d 要与钻眼直径配合好,若使用 D42 钻头,则可采用 $d37$ 直径的水泥卷。

(3) 快硬水泥卷长度 L 要根据内锚固段长度 l 和生产制作的要求来决定,其计算公式如下:

$$L = kl(D^2 - \phi^2)/d^2 \tag{8-2-1}$$

式中:l——内锚固段长度,mm;

D——钻眼直径,mm;

ϕ——锚杆直径,mm;

k——富余系数,一般 k 取 $1.05 \sim 1.10$。

(4) 快硬水泥卷的水泥质量 G 主要由装填密度 γ 来确定。γ 是控制水灰比的关键因素,当 $\gamma = 1.45 \text{g/cm}^3$ 时,水泥净浆的水灰比控制在 0.34 左右为好。每个快硬水泥卷的 G 值可按下式计算:

$$G = \gamma L \pi d^2 / 4 \tag{8-2-2}$$

3. 施工要点

(1) 钻眼要求同上,但孔眼应比锚杆长度短 $4 \sim 5$cm。

(2) 用直径 $2 \sim 3$mm、长 150mm 的锥子,在快硬水泥卷端头扎两个排气孔。然后将水泥卷竖立放于清洁水中,保持水面高出水泥卷 100mm。浸水时间以不冒气泡为准,但不得超过水泥初凝时间,必要时要做浸水后的水灰比检查。

(3) 将浸好水的水泥卷用锚杆送至眼底,并轻轻捣实。若中途受阻,应及时处理,若处理时间超过水泥终凝时间,则应换装新水泥卷或将钻眼作废。

(4) 将锚杆外端套上连接套筒(带有六方旋转头的短锚杆;断面打平,对中焊上锚杆螺母),装上搅拌机(如 TJ-9 型),然后开动搅拌机,带动锚杆旋转,搅拌水泥浆,并用人力推进锚杆至眼底,再保持 10s 的搅拌时间,总时间为 $30 \sim 40$s。

(5)轻轻卸下搅拌机头,用木楔楔住杆体,使其位于钻眼中心。浸水 20min 后,快硬水泥达到足够强度时,才能使用扳手卸下连接套筒。实际施工时,可准备多个套筒循环使用。

(6)采用树脂药包时,还需注意:搅拌时间应根据现场气温决定。20℃时,固化时间为 5min。温度下降 5℃,固化时间大致会延长一倍,即 15℃时,为 10min;10℃时,为 20min。因此,地下工程在正常温度下,搅拌时间约为 30s,当温度在 10℃以下时,搅拌时间可适当延长为 45~60s。

四、中空注浆锚杆和预应力中空注浆锚杆

中空注浆锚杆是将实心锚杆改为螺旋无缝钢管,其安装工艺与锚杆略有区别:先插入锚管,再将水泥砂浆或水泥净浆从钢管中注入,使其充满钢管和钢管与钻孔之间的空隙,获得锚固作用,见图 8-2-4。还可以在此基础上改进为预应力中空注浆锚杆,以进一步增强锚杆的加固作用,其在隧道工程中已广泛使用。

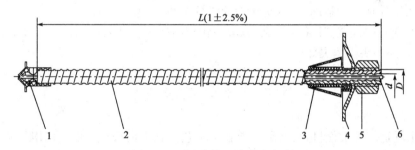

图 8-2-4 中空注浆(可加预应力)锚杆构造
1-可测长锚头;2-中空注浆锚杆体;3-可记忆止浆塞;4-拱形垫板;5-球形螺母;6-长度检测管

五、胀壳式内锚头预应力锚索

1. 构造组成

胀壳式内锚头预应力锚索主要由机械胀壳式内锚头,锚索(钢绞线)外锚头以及灌注的黏结材料等组成,见图 8-2-5。

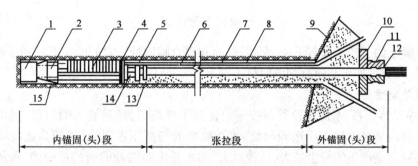

图 8-2-5 胀壳式内锚头钢绞线预应力锚索构造
1-导向帽;2-六棱锚塞;3-外夹片;4-挡圈;5-顶簧;6-套管;7-排气管;8-黏结砂浆;9-现浇混凝土支墩;10-垫板;11-锚环;12-锚塞;13-托圈;14-顶簧套筒;15-锥筒

2. 性能特点及适用条件

胀壳式内锚头预应力锚索常用在中等强度以上的围岩中的大型预应力锚杆。它具有安装迅速方便,能立即起作用的特点。可以在较小的施工现场中作业,常用于高 50m 边坡、大坝、

大型地下洞室的支护和抢修加固中。目前的预应力值一般为600kN。内锚头采用机械加工,比较复杂,价格较高,在软弱围岩中不能使用。

3. 施工要点

(1)胀壳式内锚头预应力锚索的加工应符合设计质量要求,在运输、存放及安装过程中不能有损伤、变形。

(2)钻孔一般采用冲击式潜孔钻,也可以选用各种旋转式地质钻。钻后应予以清洗,并做好孔口支墩。

(3)锚索安装要平直、不紊乱,同时安装排气管。

(4)锚索推送就位后,即可进行张拉。一般先用20%~30%的预应力值预张拉1~2次,使内锚头锚定,并使张拉千斤顶与锚索之间的各相连部位接触紧密,绞线顺直。

(5)锚索最终张拉应力值,应有5%~10%的超张量,以保证预应力损失后仍能达到设计预应力值要求。预应力无明显衰减时,才最后锁定,并且应在48h内再次做张拉应力值检查。

(6)张拉时,千斤顶后严禁站人,以防止钢绞线被拉断时,射出伤人。

(7)施工中,要及时注浆,注浆应饱满,以减少预应力损失。注浆达到设计强度后,应进行外锚头覆盖,防止外锚头生锈失效。

资料三 喷射混凝土

喷射混凝土既是一种工程材料,又是一种施工工艺。它无需模板,而是使用喷射机,将细石混凝土集料和速凝剂,按一定的配合比混合并喷敷到岩壁表面上,并迅速固结成混凝土结构层,从而对围岩起到支护作用。

喷射混凝土可以作为隧道工程中的临时性或永久性支护,也可以与各种形式的锚杆、钢纤维、钢拱架、钢筋网等构成复合式支护结构。它的灵活性也很大,可以根据需要,分次增加厚度。因此,其除用于地下工程外,还广泛应用于地面工程的边坡防护、加固,基坑防护,结构补强等。随着喷射混凝土原材料、速凝剂及其他外加剂、施工工艺、机械的研究和应用,喷射混凝土将有更为广阔的发展前景。

一、喷射工艺种类

喷射混凝土的工艺流程有干喷、潮喷、湿喷和混合喷四种。它们的主要区别是各工艺的投料程序不同,尤其是加水和速凝剂的时机不同。

1. 干喷与潮喷

(1)干喷是将集料、水泥和速凝剂按一定比例干拌均匀,然后装入喷射机,用压缩空气使干集料在软管内呈悬浮状态压送到喷枪,再在喷嘴处与高压水混合,以较高速度喷射到岩面上。干喷的缺点是产生的粉尘大,回弹量大,加水是由喷嘴处的阀门控制的,水灰比的控制程度与喷射手操作的熟练程度有关,干喷混凝土强度和密实度均较低。但使用的机械较简单,机械清洗和故障处理容易。

(2)潮喷是为降低喷射时的粉尘和回弹,将细石、砂预加少量水,使之呈潮湿状态,再加水泥拌和成潮集料,再按干喷工艺将大部分水在喷头处加入和喷出。潮喷产生的粉尘量、回弹量均较干喷有一定程度的降低,潮喷混凝土的强度和密实度也有所改善。事实上,除旱季和干旱地区以外,露天堆放的砂石料本身就有一定的含水率,施工现场使用的实际上是潮喷。两者的工艺流程相同,如图 8-3-1 所示。

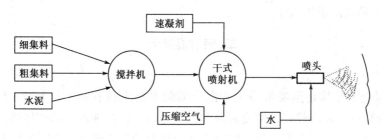

图 8-3-1　干喷、潮喷工艺流程

2. 湿喷

湿喷是将集料、水泥和水按设计比例拌和均匀,用湿式喷射机压送到喷头处,再在喷头上添加速凝剂后喷出,其工艺流程见图 8-3-2。

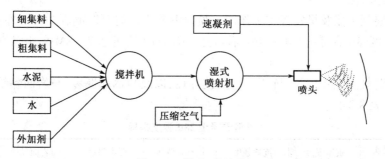

图 8-3-2　湿喷工艺流程

湿喷混凝土在喷射过程中产生的粉尘和回弹量很少,质量容易控制,其强度和密实度均较好,是应当发展和推广应用的喷射工艺。湿喷工艺对喷射机的机械性能要求较高,发生堵管等机械故障时,清洗和处理较麻烦。

3. 混合喷射

混合喷射又称分次投料混合喷射法,混合喷射工艺的关键是水泥裹砂(或砂、石)造壳技术。它是将一部分砂加第一次水拌湿,再投入全部水泥强制搅拌造壳;然后加第二次水和减水剂拌和成 SEC 砂浆;将另一部分砂和石、速凝剂强制搅拌均匀;最后分别用砂浆泵和干式喷射机压送到混合管混合后喷出。其工艺流程见图 8-3-3。

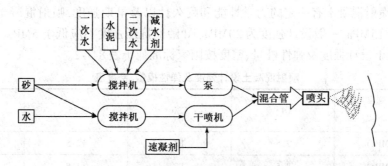

图 8-3-3　混合喷射工艺流程

混合喷射是分次投料搅拌工艺与喷射工艺的结合,混合喷射工艺使用的主要机械设备与干喷工艺大致相同,只是增加了砂浆泵,用于输送 SEC 砂浆,但其具有两者的优点。

混合喷射混凝土的质量较干喷混凝土质量好,且粉尘和回弹率有大幅度降低。但使用机械数量较多,工艺稍复杂,机械配合及故障处理较麻烦。因此,混合喷射工艺一般只用在喷射混凝土量大的大断面隧道工程中。

二、喷射混凝土

1. 性能特点

(1)喷射混凝土尤其是湿喷混凝土和混合喷射混凝土具有强度增长快、黏结力强、密度大、抗渗性好的特点。它能较好地填充岩块间的裂隙、凹穴,增加围岩的整体性,防止自由面的风化和松动,并与围岩共同工作。喷射混凝土还能很好地与钢筋网、钢拱架及锚杆等支护材料相融合(包容性),使它们发挥出联合支护效应。但素喷混凝土的脆性较强而韧性较差。

(2)与普通模筑混凝土相比,喷射混凝土施工将输送、浇筑、捣固几道工序合而为一,更不需模板,因而施工快速、简捷。铁道建筑工程总公司研究设计的"模喷"工艺则提高了密实度和降低了表面粗糙度。

(3)喷射混凝土能及早发挥支护作用。喷射混凝土的终凝时间在10min左右,一般2h后即具有一定强度,8h后可达2MPa,16h后可达5MPa,1d后可达7~8MPa,4d后可达到28d强度的70%左右。

(4)喷射混凝土28d抗拉、抗压、抗弯、抗冲切,以及与钢筋握裹、与岩面黏结、与旧混凝土面黏结强度见表8-3-1。

喷射混凝土28d强度指标 表8-3-1

条件 \ 强度种类	抗压强度(MPa)	抗弯强度(MPa)	抗冲切强度(MPa)	握裹强度(MPa)	与岩面黏结(MPa)	与旧混凝土面黏结(MPa)
水泥品种	42.5级普通硅酸盐水泥					
配比(水泥:砂:石)	1:2:2			1:1.5:2.5	1:2:2	
速凝剂掺量(%)	2.5~3		3	2.5~3	3~5	
强度值(MPa)	20.0~26.7	4.0~4.1	3.7	2.5~6.9	0.05~1.2	1.5~2.0

(5)试验表明,喷射混凝土与模筑混凝土相比,其物理力学性能多有所改善,尤其以湿式喷射和水泥裹砂喷射混凝土的抗压强度、抗弯曲疲劳强度、早期强度和抗渗性能提高更显著。

2. 设计要点

(1)为使喷射混凝土有一定的力学性能和耐久性以及早期强度,喷射混凝土的最低设计强度不应低于15MPa,一般设计强度为20MPa,1d龄期抗压强度不应低于5MPa。不同强度等级的喷射混凝土设计强度及弹性模量、密度按国家标准列于表8-3-2。

喷射混凝土设计强度及弹性模量、密度表 表8-3-2

性能 \ 强度等级	C15	C20	C25	C30
轴心受压(MPa)	7.5	10	12.5	15
弯曲抗压(MPa)	8.5	11	13.5	16
抗拉(MPa)	0.8	1.0	1.2	1.4
弹性模量(MPa)	1.85×10^4	2.10×10^4	2.30×10^4	2.50×10^4
密度(kg/m³)	2 200			

由于喷射工艺的不同,喷射混凝土强度不同,干喷和潮喷混凝土强度较低,一般只能达到C20,而混合喷射和湿喷则可达到C30~C35。

另外,喷射混凝土与岩面的黏结强度应有所要求。对于Ⅱ~Ⅲ级围岩,不应低于0.8MPa;对于Ⅳ级围岩,不应低于0.5MPa。

(2)喷射混凝土支护的设计厚度,若为防止围岩风化、侵蚀,其厚度不得小于30mm;若作为支护结构,喷射混凝土不得小于50mm;若围岩含水,其厚度不得小于80mm;若为防止由于喷射混凝土的收缩、龟裂、剥落而妨碍喷射混凝土的柔性特点的发挥,以及减少在软弱围岩中产生较大变形压力,其最厚不宜超过200mm。

(3)在Ⅲ、Ⅳ、Ⅴ级围岩中,易出现局部不稳定岩块,喷射混凝土的设计厚度应按下式验算:

$$d \geqslant K_s G / (0.75 f_{ct} u_r) \tag{8-3-1}$$

式中:d——设计的喷射混凝土厚度,cm,当 $d>10$cm 时,仍按 10cm 计;

f_{ct}——喷射混凝土设计抗拉强度,Pa;

u_r——局部不稳定块体出露的周边长度,cm;

G——不稳定岩块重力,N;

K_s——安全系数,一般取2.5。

(4)喷射混凝土中含有较多的大小适中、分布均匀、彼此不串通的气泡,故提高了抗渗性。一般地,若水灰比不超过0.55时,喷射混凝土的抗渗等级可以达到 B_8;若要求其具有较高的抗渗性时,水灰比最好不超过0.45~0.50。

(5)采用水泥裹砂混合喷射工艺时,除应通过试验确定总的水灰比外,还应注意试验选择最佳造壳水灰比 W_1/C。

试验表明,对普通中砂,当造壳水灰比 W_1/C 为 0.20~0.25 时,R_{28} 及其他指标均最高,称为最佳造壳水灰比。造壳水灰比与砂子的细度模数关系很大,砂子越细,其表面需水量越大,则需要越大的造壳水灰比,否则用较小的 W_1/C 值,一般在 0.15~0.35 范围内。最佳造壳水灰比与水泥品种亦有很大关系,一般地,矿渣水泥、火山灰水泥较之硅酸盐水泥的最佳造壳水灰比大0.05以上。

(6)采用水泥裹砂混合喷射工艺时,应采用强制式搅拌机拌制SEC砂浆,以缩短搅拌时间和改善造壳效果。尤其第二次加水后的搅拌时间不能太长,应加以严格控制。

3.原料

(1)水泥。为保证喷射混凝土的凝结时间与速凝剂有较好的相容性,应优先采用32.5级以上的普通硅酸盐水泥,其次是矿渣硅酸盐水泥和火山灰质硅酸盐水泥。在有专门使用要求时,采用特种水泥。所使用的水泥,其性能应符合国家现行标准。

(2)砂。为保证喷射混凝土的强度和减少施工操作时的粉尘,以及减少硬化时的收缩裂纹,应采用坚硬而耐久的中砂或粗砂,其细度模数一般宜大于2.5。

(3)碎石或卵石(细石)。为防止喷射混凝土过程中的堵管和减少回弹量,应采用坚硬耐久的细石,粒径不宜大于15mm;以细卵石为宜。

(4)集料成分和级配。若使用碱性速凝剂,砂、石集料,均不得含有活性二氧化硅,以免产生碱—集反应,引起混凝土开裂,为使喷射混凝土密实和在输送管道中顺畅,砂石集料级配应按国家标准控制在表8-3-3的范围之内。

喷射混凝土集料通过各筛径的累计质量百分数(%)　　表 8-3-3

等级 \ 粒径(mm)	0.15	0.30	0.60	1.20	2.50	5.00	10.00	15.00
优	5~7	10~15	17~22	23~31	35~43	50~60	78~82	100
良	4~8	5~12	13~31	18~41	26~54	40~54	62~90	100

(5)水。为保证喷射混凝土正常凝结、硬化,保证强度和稳定性,饮用水均可用于喷射混凝土;若采用其他水,则不应含有影响水泥正常凝结与硬化的有害物质;不能使用污水以及 pH 值小于 4 的酸性水,也不能使用硫酸盐含量(按 SO_4^{2-} 计算)超过水重 1% 的水。

(6)外加剂。主要是速凝剂。在喷射混凝土中添加速凝剂的目的是使喷射混凝土速凝,以减少回弹和早强,选用时应做其与水泥的相容性试验。

4. 配比

(1)干集料中水泥与砂石质量比,一般为 1:4~1:4.5,每立方米干集料中,水泥用量约为 400kg。这种配比能满足喷射混凝土强度要求,回弹也较少。

(2)砂率一般为 45%~55%。实践证明,砂率低于 45% 或高于 55% 时,均易造成堵管,且回弹大,强度降低,收缩加大。

(3)水灰比一般为 0.4~0.45,否则强度降低,回弹增大。采用水泥裹砂喷射工艺时,还应试验选择最佳造壳水灰比。

(4)速凝剂和其他外加剂的掺量,一定要由试验来确定其最佳掺量,并达到各龄期的设计强度要求。

(5)喷射混凝土搅拌时间及搅拌后临时存放时间均应按工艺要求及规范规定进行。

5. 喷射混凝土机械设备

(1)喷射机:是喷射混凝土的主要设备。国内已有多种鉴定定型产品,其各有特点,可以由施工的具体情况选用。但应以保证喷射混凝土的质量、减少回弹和粉尘、控制施工成本、提高工作效率为前提。

常用的干式喷射机有:双罐式喷射机、转体式喷射机、转盘式喷射机。其外形结构示意见图 8-3-4。

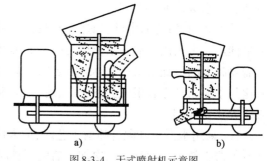

图 8-3-4　干式喷射机示意图
a)转盘式喷射机;b)转体式喷射机

新型的湿式喷射机有:挤压泵式、转体活塞泵式、螺杆泵式喷射机。这些泵式喷射机均要求混凝土具有较大的流动性(水灰比大于 0.5,含砂率大于 70%),其机械构造较为复杂,易损件使用寿命短,机械使用费较高,机械清洗和故障处理较麻烦。虽然目前现场使用新型湿式喷射机已较多,但仍有待进一步改进推广。

(2)机械手:喷头的移动和方向、距离的控制,可采用人力直接控制或机械手控制。

人力直接控制虽然可以近距离随时观察喷射情况,但劳动强度大;粉尘危害人体健康,因此劳动保护要求佩戴防尘面具;对于软弱破碎围岩,需紧跟开挖面及时施喷时,有可能因突发性坍塌危及工人人身安全;另外,对大断面隧道,还需搭设临时性工作台。所以,人力直接控制一般只用于解决少量和局部喷敷。

机械手控制则可以避免以上缺点,且方便灵活,工作范围大,覆盖面积达 $140m^2$。

(3)喷射压力:喷射时风压为0.1~0.15MPa,且水压应稍高于风压。湿式喷射时,风压及水压均较干喷时高。在使用过程中,应注意输料管的转向,以减少管道磨损。喷射混凝土的拌制宜用强制式搅拌机。

6. 喷前检查及准备

(1)喷前应对开挖断面尺寸进行检查,清除松动危石,对欠挖超标严重的部位应予处理。

(2)根据石质情况,用高压风或水清洗受喷面。

(3)受喷岩面有集中渗水时,应做好引流排水处理;无集中渗水时,应根据岩面潮湿程度,适当调整水灰比。

(4)喷层厚度检查标志,一般是在石缝处埋设铁钉或用快硬水泥安设钢筋头,并记录其外露长度。

(5)施喷前,应检查调试好各种机械设备的工作状态。

7. 施工要点

(1)喷射时,应分段(不超过6.0m)、分部(先下后上)、分块(2.0m×2.0m),严格按先墙后拱、先下后上的顺序进行,以减少混凝土因重力作用而引起的滑动或脱落现象的发生。

(2)喷射时,喷射移动可以采用S形往返移动前进,也可以采用螺旋形移动前进,如图8-3-5所示。

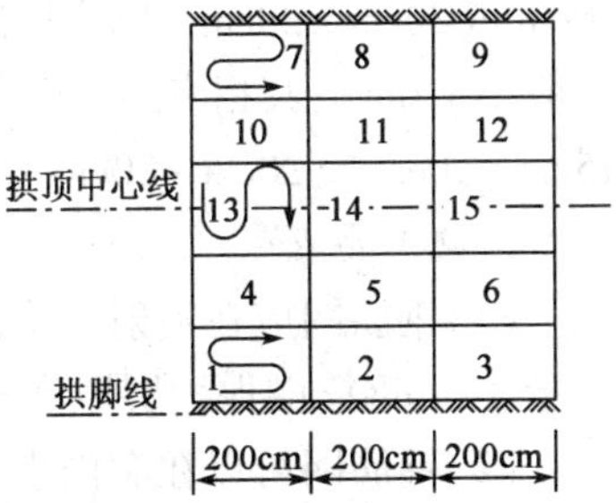

(3)喷射时,喷嘴要垂直于受喷面,倾斜角度不大于10°,距离受喷面0.8~1.2m。

图8-3-5 混凝土施喷程序

(4)对于岩面凹陷处应先喷、多喷,凸出处应后喷、少喷。

(5)一次喷射厚度不得太薄或太厚,它主要与混凝土的黏结力和受喷部位及回弹情况等有关,一般规定按表8-3-4执行。

一次喷射厚度(cm)　　　　　表8-3-4

部位 是否掺速凝剂	边墙	拱部
掺速凝剂	7~10	5~7
不掺速凝剂	5~7	3~5

(6)若设计的喷射混凝土较厚,可分层喷射,一般分2~3层喷射;分层喷射的间隔时间不得太短,一般要在初喷混凝土终凝以后,再进行复喷;喷射混凝土的终凝时间受水泥品种、施工温度、速凝剂类型及掺量等因素影响。当间隔时间较长时,复喷应将初喷混凝土表面清洗干净,复喷应将凹陷处进一步找平。

(7)当洞内较干燥时,应在喷射混凝土终凝1~2h后洒水养护,养护时间一般不少于7d。

(8)冬季施工时,喷射混凝土作业区的气温不得低于5℃;若气温低于5℃,亦不得洒水;混凝土强度未达到设计强度的50%时,若气温降低到5℃以下,则应注意采取保温防冻措施。

(9)回弹物料的利用。实测表明,采用干法喷射混凝土时,一般边墙的回弹率为10%~20%,拱部为20%~35%,回弹量相当大。除应设法减少回弹外,还应设法将回弹物料回收利用。对及时回收的洁净且尚未凝结的回弹物,可以按一定比例掺入混合料中重新搅拌后喷射,但掺量不宜大于15%,且不宜用于喷拱部;或者将回弹物按一定比例掺进普通混凝土中,用于预制小型混凝土构件。

三、钢筋网喷射混凝土

由于素喷混凝土的抗拉、抗弯和延展性均较差,易出现开裂、起鼓、剥落,因此,常在喷射混凝土中加入钢筋网,以改善其物理力学性能,尤其是增强喷射混凝土的韧性。通常是先喷射一层混凝土后,再挂设钢筋网,然后再喷射混凝土,将钢筋网覆盖,形成钢筋混凝土层。其物理力学性能比素喷射混凝土的物理力学性能更优。钢筋网还可以防止喷敷过程中混凝土的脱落,提高喷敷功效。

1. 构造组成

钢筋网通常作环向和纵向布置。环向筋为受力筋,由设计确定,直径为 12mm 左右;纵向筋为构造筋,直径为 6~10mm;网格尺寸一般为 20cm×20cm、20cm×25cm、25cm×25cm、25cm×30cm 或 30cm×30cm。围岩松散破碎严重的,或土质和砂土质隧道,可采用细一些的钢丝,直径一般小于6mm;其相应的网格尺寸亦应小一些,一般为 10cm×10cm、10cm×15cm、15cm×15cm、15cm×20cm 或 20cm×20cm。

2. 施工要点

(1)钢筋网应在喷射一层混凝土后再行铺设。钢筋与岩面或与初喷混凝土面的间隙应不小于3cm,钢筋网保护层厚度不小于3cm,有水部位不小于4cm。

(2)钢筋网可以在洞内直接牢固地挂设安装在锚杆头上,在无锚杆处,应安设挂网锚钉,锚钉的锚固深度不得小于20cm。也可以先加工成钢筋网片(长度和宽度一般为 100~200cm)再安装,但网片之间应连接牢固。

(3)应根据被支护围岩面上的实际起伏形状铺设钢筋网,并应尽可能多地与锚杆或锚钉头连接牢固,以减少喷射混凝土时钢筋发生"弦振",造成钢筋周围无混凝土包裹。

(4)开始喷射时,应缩短喷头至受喷面之间的距离,并适当调整喷射角度,避免喷射物流直射钢筋。保证钢筋背面混凝土密实。对于干燥土质隧道,第一次喷射不能太厚,以防起鼓、剥落。

四、钢纤维喷射混凝土

钢纤维喷射混凝土是在喷射混凝土中加入钢纤维,以弥补素喷射混凝土脆性强而韧性差的缺陷。钢纤维喷射混凝土的物理力学性能在某些方面比钢筋网喷射混凝土的物理力学性能更优。

1. 性能特点

(1)钢纤维喷射混凝土中的钢纤维主要在喷射平面内呈二维分布,且相当均匀,见图 8-3-6。

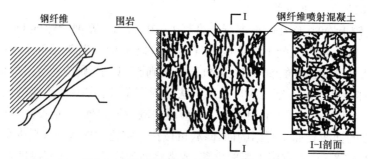

图 8-3-6 钢纤维及其在喷射混凝土中的分布

根据统计,平行于喷射平面的钢纤维根数,约占总根数的70%~80%。这种结构保证了钢纤维喷射混凝土在喷射平面内的力学强度的均匀性和在此平面上力学强度的优势。

(2)钢纤维喷射混凝土的破坏呈塑性破坏,因此容许有较大的变形,裂缝出现后仍有一定的承载能力。

(3)在一般掺量情况下(约为喷混凝土质量的1.0%~1.5%),钢纤维喷射混凝土比普通喷射混凝土的抗压强度可提高30%~60%,抗拉强度可提高50%~80%,抗弯强度可提高40%~70%。

(4)在一般掺量情况下,钢纤维喷射混凝土的韧性(加载至试件完全破坏所做的功)为普通喷射混凝土的20~50倍,抗冲击性能比普通喷射混凝土可提高8%~30%,抗磨损性能可提高30%(钢纤维掺量要大于1.5%)。

2. 应用范围

由于钢纤维喷射混喷土具有许多优良的物理力学性能,故可用于承受强烈振动,冲击动荷载结构物的构筑,也适用于要求耐磨或不便配置钢筋但又要求有较高强度和韧性的工程中。如用于地下工程中的受动荷载部位的结构,地上建筑物的补强加固,以及机场跑道、高速公路路面等。

由于钢纤维在混凝土中的分散度较钢筋网好,所以钢纤维喷射混凝土的支护效果,优于采用钢筋网喷射混凝土的支护效果。因此,可以采用钢纤维喷射混凝土代替挂钢筋网喷射混凝土,作为软弱破碎围岩隧道的初期支护,甚至作为永久性衬砌。如西康线秦岭隧道Ⅰ线隧道采用了钢纤维喷射混喷混凝土作为内层衬砌。但在各类隧道工程中大范围应用钢纤维喷射混凝土的还很少,有待进一步推广。

3. 设计要点

(1)钢纤维喷射混凝土的物理力学性能除与基体材料——喷射混凝土的物理力学性能有直接关系外,同时与钢纤维的形状、尺寸、掺量,以及钢纤维在基体材料中的分布状态和排列方向、喷射工艺等有直接关系。因此,设计者应在试验的基础上充分认识,并针对具体需要适当选择,以期获得较好的技术经济效果。

(2)当钢纤维尺寸相同时,其抗拉、抗弯强度随钢纤维含量的增强而提高,如图8-3-7所示。

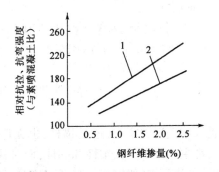

图8-3-7 钢纤维掺量与抗拉、抗弯强度关系
1-抗拉强度(钢纤维$d=0.4mm, l=25mm$);
2-抗弯强度(钢纤维$d=0.3mm, l=25mm$)

(3)当钢纤维长度、掺量相同时,细纤维较粗纤维的强度有显著提高(图8-3-8)。

(4)当钢纤维的尺寸相同,掺量高的较掺量低的抗冲击性能有显著提高(图8-3-9)。

这是因为试件破坏时,钢纤维缓慢地从喷射混凝土中拔出。钢纤维喷射混凝土的力学性能主要取决于钢纤维与喷射混凝土之间的黏结强度。相同体积的钢纤维,其表面积越大,则黏结力越大,增强效果就越好。即钢纤维长径比(l/d)越大,黏结力越高。目前,由于工艺设备方面的原因,钢纤维的长度一般不超过30mm,l/d在45~80之间为好。

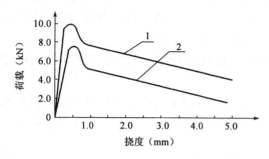

图 8-3-8 不同直径钢纤维在相同掺量下抗挠比较
注：钢纤维尺寸（第 1 种：$d=0.3mm, l=25mm$；第 2 种：$d=0.4mm, l=25mm$）；钢纤维掺量为 2%。

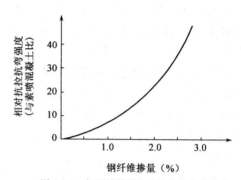

图 8-3-9 钢纤维掺量与抗冲击性能的关系

（5）钢纤维喷射混凝土的配合比一般为水泥:砂:石 = 1:1.6:1.6，水泥强度等级不低于 42.5 级，砂子采用中砂，石子采用筛洗卵石，最大粒径为 10mm，钢纤维掺量一般为喷射混凝土质量的 1.0%~2.0%，规格尺寸为直径×长度 = 0.3mm×20mm 或 0.4mm×20mm 或 0.4mm×25mm。

4. 施工要点

（1）喷射钢纤维混凝土，应注意的主要问题是防止钢纤维结团堵管。目前已有些钢纤维产品采用水溶性黏结剂将钢纤维黏结成片状，利用集料在搅拌过程中的撞击和水解作用，将其很快分离成单一纤维，较好地解决了结团问题。

（2）钢纤维和集料必须拌和均匀，避免造成喷射机拨料盘堵塞或输料管堵塞。方法是先将水泥、砂、石拌和均匀，然后掺入钢纤维和速凝剂，再拌和均匀，装入运输车。

（3）钢纤维喷射混凝土操作同普通喷射混凝土，但输料管的磨耗大，一般要高于普通喷射混凝土 30%~40%，尤其是拐弯处。可每班将胶管翻转 1~2 次，以延长胶管寿命。应选用经过实用检验的喷射机械。

（4）喷射钢纤维混凝土，风压要比喷射素混凝土高 0.02~0.05MPa；当输送距离不大于 40m 时，风压一般可为 0.1~0.18MPa，且水压应稍高于风压。

资料四 钢 拱 架

无论是采用喷射混凝土，还是锚杆；也无论是加长、加密锚杆，还是在混凝土中加入钢筋网、钢纤维，都主要是利用其柔性和韧性，而对其整体刚度并无过多要求。这对支护不太破碎的围岩（Ⅱ级硬岩至Ⅳ级围岩），使其稳定是可行的。

在软弱破碎严重自稳性差的Ⅳ级软岩至Ⅵ级围岩条件下，需要及时阻止围岩变形和承受早期围岩压力（松弛荷载），防止围岩因变形过度而产生坍塌时，柔性较大而刚度较小的锚杆喷射混凝土就难以胜任了。在这种情形下，必须采用钢拱架这种刚度较大的结构作为初期支护。钢拱架因其整体刚度和强度均较大，对围岩松弛变形的限制作用更强，可及时有效地阻止有害松动，也可以承受早期松弛荷载，保证坑道稳定与安全，还可以作为超前支护的后支点。

钢拱架有花钢拱架和型钢拱架两种结构形式。比较之下，花钢拱架（或称为格栅钢架）与混凝土及其他材料有更好的相容性，所以现代隧道工程中广泛用作初期支护。而型钢拱架的表面积较小，与混凝土及其他材料的相容性较差，所以现代隧道工程中一般只在工程抢险和塌方处理时作为临时支撑使用。

一、构造组成

钢拱架可以分为型钢拱架和花钢拱架两类。型钢拱架又分为工字钢、槽钢和钢管拱架三种；花钢拱架又称为格栅钢架，是采用钢筋焊接制成。钢拱架构造如图8-4-1所示。钢拱架不是单独存在的，而是要用喷射混凝土覆盖包裹。

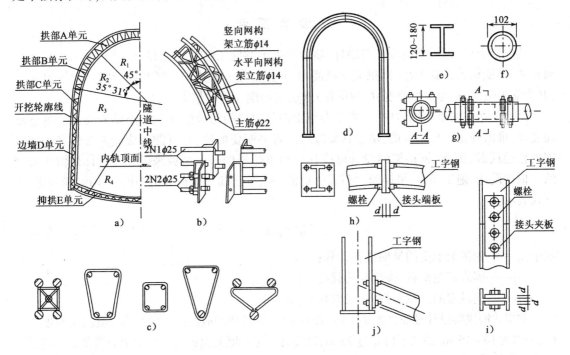

图8-4-1 钢拱架构造(尺寸单位：mm)

a)格栅拱架(花钢拱架)；b)格栅拱架搭接或端板对接示意图；c)格栅拱架断面形式；d)工字钢拱架；e)工字钢拱架断面；f)钢管拱架断面；g)钢管拱架可缩接头；h)工字钢拱架端板式接头；i)工字钢拱架夹板式接头；j)拱架下端与仰拱连接

1. 接头

钢拱架每榀分为2~6节，主要是为便于架设；为保证接头刚度，钢拱架的接头有端板栓接、夹板栓接及套管连接三种形式。

2. 垫板

钢拱架构件下端断面面积较小，应设底板，以增加支承面积。

3. 纵向联系

为保证拱架的纵向稳定性，各榀拱架之间应设置纵向联结筋和斜撑。

二、性能特点

(1)钢拱架的力学性能是整体刚度较大，可提供较大的早期支护阻力。钢拱架所提供的支护阻力大小与其构造形式和截面尺寸有关，也与其架设时机有关。

(2)钢拱架可以很好地与锚杆、钢筋网、喷射混凝土相结合，构成联合支护，增强支护的刚度和有效性，且受力条件较好。尤以格栅钢架结合最好。

(3)花钢拱架多是在施工现场加工制作的，其加工制作技术难度和要求并不高；且由于是现场加工制作，当有少量超挖时，可根据坑道的实际尺寸，适当调整花钢拱架的尺寸。

(4)型钢拱架的弯制需要有专用的大型弯制机,故多是在工厂加工制作后运至施工现场的。型钢拱架的接头形式和尺寸相对固定,当实际开挖的坑道轮廓不够圆顺时,型钢拱架的架设就有些困难。

(5)钢拱架的架设安装比较方便快捷。当围岩变形较大时,还可以设置可缩性接头,以减小支护阻力和钢架内力,适量释放围岩内应力。

三、设 计 要 点

从理论上讲,钢拱架应按其与锚杆、喷射混凝土共同工作状态来设计,并充分考虑坑道断面尺寸、早期松弛荷载大小、钢拱架承载能力、开挖方法和掘进循环进尺的影响。即按 $P = KU$(P 为支护阻力;K 为支护刚度;U 为位移)来确定初期支护的最大阻力。

但由于在软弱破碎围岩中,围岩变形与支护阻力之间的极限平衡状态随着支护变形程度而变化,难以确定。另一方面,由于软弱破碎围岩早期变形快,有可能造成较大变形和一定范围的松弛荷载,因此,钢拱架的设计可按其单独承受早期松弛荷载来设计。设计是偏于安全的。根据设计、施工经验,早期松弛荷载的量值一般按全部松弛荷载的10%~40%来考虑,用下式表示:

$$q' = \mu q \tag{8-4-1}$$

式中:q'——钢拱架承受的早期松弛荷载;

q——围岩松弛荷载,按松弛荷载统计公式计算;

μ——钢拱架的荷载系数,一般取 0.1~0.4。

常用的钢拱架设计参数见表 8-4-1~表 8-4-3。钢拱架的截面高度应与喷射混凝土厚度相适应,一般为 10~15cm,最大不得超过 20cm,且要有一定厚度的保护层。钢拱架通常是在初喷混凝土后架设的,初喷混凝土厚度约为 4cm。拟定钢拱架尺寸后,进行强度、刚度和稳定性检算。

常用钢拱架的结构类型及荷载系数 表 8-4-1

围岩级别	钢拱架类型	轴线间距(m)	荷载系数 μ
IV	三肢格栅钢架	1.0	0.25
	三肢格栅钢架 + 喷射混凝土		0.40
	工字钢架		0.30
	工字钢架 + 喷射混凝土		0.35
V	四肢格栅钢架	0.8	0.20
	四肢格栅钢架 + 喷射混凝土		0.60
	工字钢架		0.40
	工字钢架 + 喷射混凝土		0.45
VI	四肢格栅钢架	0.6	0.10
	四肢格栅钢架 + 喷射混凝土		0.15
	工字钢架		0.10
	工字钢架 + 喷射混凝土		0.10

H 钢拱架的规格及架设间距（m） 表 8-4-2

土压大小	坑道断面宽度 B(m)		3	5	10
岩质特别良好的情况 （Ⅰ～Ⅱ级围岩）	形状		H-100×100×6×8	H-100×100×6×8	H-150×150×7×10
	规格（kg/m）		17	17	32
	间距（m）		1.5	1.5	1.5
预料有些土压的情况 （Ⅱ～Ⅲ级围岩）	形状		H-125×125×6.5×9	H-125×125×6.5×9	H-175×175×7.5×11
	规格（kg/m）		24	24	40
	间距（m）		1.5	1.5	1.2
预料有一定土压的情况 （Ⅲ～Ⅳ级围岩）	形状		H-125×125×6.5×9	H-125×125×6.5×9	H-200×200×8×12
	规格（kg/m）		24	24	50
	间距（m）		1.2	1.2	1.0
预料有很大土压的情况 （Ⅳ～Ⅵ级围岩）	形状		H-125×125×6.5×9	H-150×150×7×10	H-250×250×9×14
	规格（kg/m）		24	32	72
	间距（m）		1.0	1.0	1.0

常用钢拱架的结构力学参数 表 8-4-3

种别	名义尺寸	截面面积 $A(m^2)$	单位质量 $W(kg/m)$	惯性矩 $I_x(cm^4)$	断面系数 $Z_x(cm^3)$	最小曲率半径（cm）	使用说明
H形钢	H-100×100×6×8	21.90	17.2	383	76.5	120	具有较大的惯性矩，适合多种喷层厚度，喷射混凝土填充有一定困难
	H-125×125×6.5×9	30.31	23.8	847	136	150	
	H-150×150×7×10	40.14	31.5	1 640	219	200	
	H-175×175×7.5×11	51.21	40.2	2 880	330	340	
	H-200×200×8×12	63.53	49.9	4 720	472	420	
	H-250×250×9×14	92.18	72.4	10 800	867	550	
	H-300×300×10×15	119.8	94.0	20 400	1 360	850	
工字钢	I-16	26.1	20.5	1130	141		与H形钢同，但惯性矩较小
	I-18	30.6	24.1	1 660	185		
	I-20	35.5	27.9	2 370	237		
U形钢	MU-21	26.76	11.0	296	56.6	135	喷混凝土填充性好，可设计成可缩式接头，多用于膨胀岩
	MU-29	37.00	29.0	581	97.4	150	

为架设方便，每榀钢拱架一般应分为 2～6 节，并保证接头刚度。节数应与断面大小及开挖方法相适应。为保证架设后钢拱架的临时稳定，每榀钢拱架之间应设置不小于 $\phi 22$ 的纵向钢拉杆。

当围岩变形量较小或只允许围岩有小量变形时，钢拱架可以设计为固定型。当围岩流动性强、变形量大，且允许围岩有较大变形时，宜将钢拱架设计为可缩型，其可缩节点位置宜设置在拱顶节点处。

若围岩软弱，承载力不足，要求拱架具有较大的承载能力和较小的下沉时，应在其下加设钢板、片石铺垫，或设置混凝土基座，必要时应增设锁脚锚杆。开挖台阶时，可在上半断面拱脚处增设锁脚锚杆或设置纵向工字钢托梁,以保证上部钢拱架的整体性,减小下沉。必要时,应考虑适当减小拱架间距。

对于软弱破碎围岩,为阻止各榀拱架之间围岩的掉块、坍塌,应在钢拱架与围岩之间加设钢筋网,当有纵向荷载(包括爆破冲击荷载)时,则应设置纵向斜撑。

四、施 工 要 点

(1)开挖轮廓要尽量平顺,开挖后要及时架设钢拱架,一般应在开挖后的 2~6h 内完成。架设前应清除危石,防止落石伤人,称为"找顶"。

(2)钢拱架应按要求的中线、高程和断面尺寸架设在隧道横断面内,其垂直度允许误差为 ±2°。

(3)钢拱架的接头应连接牢固,拱脚应有一定的埋置深度,以减少沉降和挤入,保证拱架的稳定。一般可以采取的措施有垫石、垫板、纵向托梁、锁脚锚杆等。

(4)钢拱架应尽可能多地与锚杆露头及钢筋网焊接,以增强其联合支护效应。各榀钢拱架之间的纵向钢拉杆应按要求设置和安装,并保证连接可靠,使构成整体。

(5)可缩性钢拱架的可缩性节点处不宜过早覆盖。应待其收缩合龙后,再补充喷射混凝土覆盖。

(6)喷射混凝土时,应注意将钢拱架与岩面之间的间隙喷填密实。喷射混凝土应分层分次施喷完成,初喷混凝土应尽早进行,复喷混凝土应在量测指导下进行,以保证其适时、有效。在量测数据显示围岩已经达成稳定后,可以不必用喷射混凝土将钢拱架完全覆盖,但应在施作内层衬砌时采用普通混凝土填筑密实。

(7)对所架钢拱架应经常检查,如发现喷射混凝土起鼓、开裂、脱落严重,或钢拱架变形严重、倾斜、沉降,必须立即采取加强措施。如补喷混凝土、加打锚杆、增加钢拱架或替换大规格的钢拱架。补喷混凝土应将钢拱架包裹埋置;钢拱架的顶替应先顶后拆,以免引起围岩的进一步松弛甚至坍塌。

资料五 超 前 支 护

一、超前锚杆加固前方围岩

1.构造组成及作用

超前锚杆是沿开挖轮廓线,以稍大的外插角,向开挖面前方一定范围内安装的斜向锚杆。超前锚杆可以形成对前方围岩的预锚固,在提前形成的围岩锚固圈的保护下进行开挖等作业。这是一种先加固后开挖的逆序作业,即锚杆安装先于岩体开挖,故称为"超前锚杆",见图 8-5-1。

2.性能特点及适用条件

超前锚杆可以与系统锚杆焊接,以增强其整体加固作用,但由于超前锚杆的柔性较大而整体刚度较小,因此其对前方围岩的整体加固效果一般,而且加固范围也有限,所以超前锚杆主要适用于应力不太大、地下水也很少的一般软弱破碎围岩的隧道工程中。如土砂质地层、弱膨胀性地层、流变性较小的地层、裂隙发育的岩体、断层破碎带等围岩条件,以及浅埋无显著偏压的隧道。且一般应与系统锚杆同时使用,形成联合支护。在应力较大的严重软弱破碎围岩中,超前锚杆的后期支护刚度有些不足,因此不宜使用。

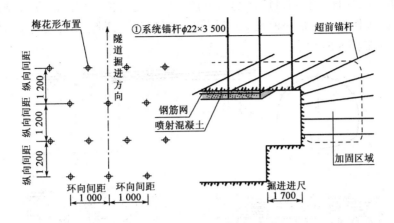

图 8-5-1 超前锚杆加固前方围岩(尺寸单位:mm)

3. 设计、施工要点

(1)超前锚杆的超前加固范围,即锚杆加固的超前长度、加固圈厚度,应视围岩工程地质条件、坑道断面大小、掘进循环进尺和施工条件而定。可根据要求的超前加固范围确定相应的超前量、外插角、环向间距、锚杆直径、锚固方式等参数。一般地,超前长度宜为循环进尺的 3~5 倍,采用 3~5m 长;外插角宜为 10°~30°;搭接长度宜为超前长度的 40%~60%,即大致形成双层锚杆。

(2)同一层超前锚杆的环向间距宜为 0.3~1.0m;相邻两层锚杆应环向错列,以便于与梅花形布置的系统锚杆相协调和连接。

(3)超前锚杆材料可用不小于 $\phi22$ 的螺纹钢筋;宜用早强水泥砂浆全长黏结式锚固。

(4)超前锚杆的安装误差,一般要求孔位偏差不超过 10cm,外插角偏差不超过 2°,实际锚固长度不小于设计锚固长度的 96%。

(5)开挖时,应注意保持开挖面落后于超前锚杆加固的超前量,即保证开挖面前方留有一定长度的锚固区,以使前方尚未加固的围岩在开挖面岩体的覆压作用下不出现坍塌,且使超前锚杆的前端有一个临时支点。若开挖面出现滑坍现象,则应及时喷射混凝土,封闭开挖面,并尽快打入下一排超前锚杆,然后才能继续开挖。下一循环的开挖应考虑适当缩短掘进循环进尺。

(6)开挖后,应及时且尽可能多地将超前锚杆的尾端与系统锚杆及钢筋网焊接,并尽快施作喷射混凝土,以充分发挥它们的联合支护效应和封闭支护作用。

(7)施工过程中,应密切注意观察锚杆变形及喷射混凝土层的开裂、起鼓等情况,以掌握围岩动态,及时调整开挖及支护参数。施工过程中,如遇少量地下水出露,一般可钻孔引排。但应密切注意地下水是否变混及流量增减情况。必要时,应在洞内钻孔进行超前地质探察,以便针对突然出现的不良地质情况,制订相应的预备施工方案和紧急处理措施。

二、超前管棚支护前方围岩

1. 构造组成及作用

对于软弱破碎围岩,为阻止围岩的掉块、坍塌,以及流沙、突泥,应考虑向掌子面前方打入钢管,形成纵向超前管棚,并在逐步开挖的过程中,逐榀架设钢拱架,挂钢筋网和喷射混凝土。超前管棚是利用沿开挖轮廓线、以较小的外插角、向开挖面前方打入的钢管与钢拱架构成的一种钢结构棚架,简称"超前管棚"。超前管棚可以预先支护开挖面前方的围岩,然后在其保护下进行开挖等作业。这是一种先支护后开挖的逆序作业,即管棚安装先于岩体开挖,故称为"超前管棚"。如图8-5-2所示。

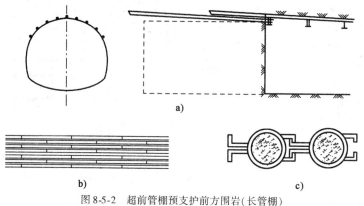

图8-5-2 超前管棚预支护前方围岩(长管棚)
a)管棚的环向布置;b)管棚钢管纵向搭接;c)钢管端部横向连接

2. 性能特点及适用条件

管棚因采用先行插入前方围岩内的钢管作纵向支撑,又采用钢拱架作环向支撑,并采用锚杆、钢筋网和喷射混凝土作为连接和整合介质,使得其整体刚度较大,限制围岩变形的能力较强,且能提前承受早期围岩压力。因此,管棚主要适用于早期围岩压力来得快、来得大的软弱破碎围岩,且对围岩变形及地表下沉有较严格限制要求的隧道工程中。如土砂质地层、强膨胀性地层、强流变性地层、裂隙发育的地层、断层破碎带等围岩条件,以及浅埋有显著偏压的隧道。

在这些地层中,若还存有地下水,则需要同时考虑水的危害程度和类型,采取有效措施进行治理。若水量不大、水压力不大,补给源又很有限,则一般不会造成大规模的水土流失或围岩坍塌,此种情况应考虑按照"以排为主,排堵结合;先排后堵,分开实施"的原则进行治理,即主要将"注浆"工序从"开挖"和"初期支护"作业循环中分离出来,主要靠初期支护和超前小导管形成的"小管棚"来维护工作面的稳定和施工安全,待小管棚形成并与掌子面有一定距离后,再择机实施注浆,实现堵水和加固围岩的目的(此时可能需要适当加密管棚,即减小钢管环向间距,减小钢拱架纵向间距)。若水量较大、水压力较大,补给源又很丰富,则应按照"以堵为主,坚决封堵;先堵后挖,防突防涌"的原则进行治理,即将管棚与注浆相结合,形成超前小导管注浆或超前深孔帷幕注浆,封堵地下水,减少水土流失,避免大规模围岩坍塌,防止涌水突泥。

3. 设计、施工要点

(1)超前管棚支护结构一般按松弛荷载理论进行设计。采用长度小于10m、较小直径钢管的称为"短管棚"或"超前小导管";采用长度为10~45m、较大直径钢管的称为"长管棚"或"超前大管棚"。板棚采用的钢插板长度一般不超过10m。

(2)管棚的结构形式及各项技术参数要视围岩工程地质条件和施工技术条件而定。长棚管长度不宜小于10m;管径为70~180mm,孔径比管长20~30mm;环向间距0.2~0.8m;外插角为1°~2°;两组管棚间的纵向搭接长度不应小于1.5m;钢拱架常采用工字钢拱架或格栅钢架。

(3)短管棚一次超前量少,基本上与开挖作业交替进行,占用循环时间较多,但因钢管较短,其钻孔安装或打入安装均较容易。

长管棚因钢管较长,一般均需采用专用机械进行钻孔安装。虽然单次钻孔安装长钢管的作业时间较长,但减少了安装钢管的次数。安装一次长钢管,就可以在其有效的超前区段内,进行多次岩土挖除和安装钢拱架的循环作业。减少了长钢管的钻孔安装作业与岩土挖除作业之间的干扰,也更适于采用大中型机械进行洞内岩土的快速挖除。

(4)钢拱架应安装稳固,其垂直度允许误差为±2°,中线及高程允许误差为±5cm。钢管应从工字钢腹板圆孔穿过,或穿过花钢拱架的腹筋;为保证钢管不侵入开挖轮廓线以内且不至于使外插角过大,钻孔方向应用测斜仪检查控制;孔口在开挖面上的位置误差不得大于15cm,角度误差不得大于0.5°。

(5)长钢管应用4~6m的管节逐段接长,第一节钢管前端要加工成尖锥状,以利导向插入。打入一节,再接续后一节,连接头应采用厚壁管箍,上满丝扣,丝扣长度不应小于15cm。为保证管棚受力的均匀性,钢管接头应纵向错开,一般按编号,偶数第一节用4m,奇数第一节用6m,以后各节均采用6m。要打一眼,装一管,由上而下顺序进行。

(6)当需增加管棚刚度时,可在安装好的钢管内注入水泥砂浆。一般在第一节管的前段管壁交错钻10~15mm孔若干,以利排气和出浆;或在管内安装排气导管,浆注满后方可停止压注。水泥砂浆应用牛角泵或其他能满足要求的设备灌注。砂浆强度等级可用M20~M30,并适当加大灰砂比。

(7)钻孔时,如出现卡钻或坍孔,应注浆后再钻,对有些土质地层则可直接将钢管顶入。

资料六 注浆加固围岩和堵水

一、注浆加固围岩和堵水的作用机理、方法及工艺种类

1. 注浆加固围岩和堵水的作用机理

"注浆"就是采用某种方法,将某种胶结材料渗透或挤入到岩体的空隙或裂隙中。

由于浆液被渗透或挤入到岩体的空隙或裂隙中并硬化后,不仅将岩块或土体颗粒胶结为整体,或以高强夹层的形式将黏土分隔包围,从而提高岩体的完整性、增强岩体的稳定能力,也就是起到了加固围岩的作用;而且填塞了空隙或裂隙,阻断了地下水渗流的通道,也就是起到了堵水作用。因此,在隧道及地下工程中,若遇到围岩软弱、破碎严重、地下水丰富或出现塌方时,常采用注浆方法,以达到对岩体的加固作用,同时也起到堵水作用。

2. 注浆方法

注浆的方法,可分为压力注浆和电动化学注浆两类。压力注浆是常用的方法,是在各种大小压力下使水泥浆液或化学浆液挤压充填土的孔隙或岩层缝隙。电动化学注浆是在施工中以注浆管为阳极,滤水管为阴极,通过直流电电渗作用使孔隙水由阳极流向阴极,在土中形成渗浆通道,化学浆液随之渗入孔隙而使土体结硬。

大多数地层条件可采用压力注浆。但在软黏土中,土的渗透性很低,压力注浆法效果极差,可采用电动注浆法。但电动注浆法由于受电压梯度、电极布置等条件限制,其注浆范围较小,目前仅在公路上的少数既有结构物地基加固工程中应用。

压力注浆又可按注浆压力大小分为"渗透注浆"和"劈裂注浆"两种。

(1)渗透注浆。在有一定渗透性的地层,如破碎岩层、砂卵石层、中砂、细砂、粉砂层等地

层中,采用中低压力将胶结材料压注到地层中的空穴、裂缝、孔隙里,待其凝固后,岩体的结构体或土颗粒即被胶结为整体,称为"渗透注浆"。

(2)劈裂注浆。在渗透性较差甚至不透水的地层,如含水率较大而颗粒较细的黏土地层、软土地层中,采用较高压力将胶结材料强行挤压钻孔周壁,使胶结材料将黏土层劈裂成缝并充塞凝结于其中,从而对黏土地层或软土地层起到加固的作用,称为"劈裂注浆"。劈裂注浆加固的作用机理是:强行挤入黏土层或软土层中的胶结材料将黏土分隔包围;凝固以后的胶结材料在软弱土层中形成高强夹层,相当于在软弱土体中加筋加骨,使软弱土层的整体性和强度大大提高。此外,由于在封闭条件下进行高压注浆,因此对地层也可起到一定的压密作用。

3. 注浆加固的工艺种类

隧道及地下工程中,常按照注浆管的构造组成、性能特点及适用范围的不同,把注浆分为"超前小导管注浆"和"超前深孔帷幕注浆"两种工艺形式。其构造组成、性能特点、工艺流程及适用条件分述如后。

二、超前小导管注浆

1. 超前小导管注浆

超前小导管注浆是在开挖前,先用喷射混凝土将开挖面和一定范围内的坑道周边岩面封闭,然后沿坑道周边轮廓向前方围岩内打入带孔小导管,并通过小导管向围岩内压注起胶结作用的浆液,待浆液硬化后,坑道周围岩体就可形成一定厚度的加固圈。在此加固圈的保护下即可安全地进行开挖等作业,见图 8-6-1。若在小导管前端焊一个廉价(一次性不回收)的简易钻头,则可将钻孔、插管两个动作合并一次完成,既简化了施工程序,又避免了钻孔过程中的坍孔问题。这种锚杆称为"自进式注浆锚杆"或"迈式锚杆"。

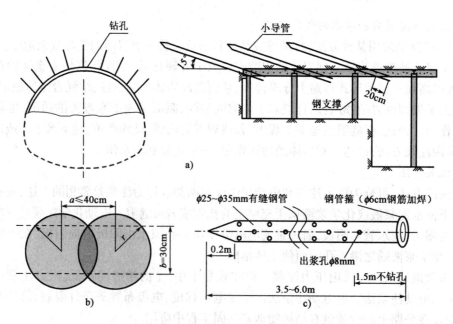

图 8-6-1 超前小导管注浆加固前方围岩
a)超前小导管布置示意图;b)注浆半径及孔距选择;c)小导管构造

自进式注浆锚杆是将超前锚杆与超前小导管注浆相结合的一种先进的超前支护措施。厂制成品出售的自进式注浆锚杆主要作了以下几点改进：其一是它在小导管的前端焊接了一个简易的一次性钻头或尖端，从而将钻孔和顶管同时完成，缩短了导管安装时间，尤其适用于钻孔易坍塌的地层；其二是对于可以采用水泥浆的地层，它改用水泥砂浆作为胶结材料，可进一步降低造价；其三是它的管体采用波纹或变径外形，以增加黏结和锚固力，增强了加固效果。

2. 超前小导管注浆工艺流程

超前小导管注浆工艺流程如图8-6-2所示。

3. 超前小导管注浆的适用条件

超前小导管注浆，对围岩加固的范围和加固处理的程度是有限的，注浆压力较低。因此，超前小导管注浆主要适用于渗透系数较大的无地下水或水量和压力较小的一般软弱破碎岩体的地层条件。若用于渗透性差的地层，则注浆功效十分有限。

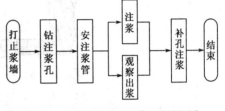

图8-6-2 超前小导管注浆工艺流程图

4. 超前小导管注浆的优缺点

作为软弱破碎围岩条件下隧道施工的一项特殊措施，超前小导管注浆作业只能在隧道内进行，即小导管安装和注浆作业都要进入洞内掌子面作业循环，因而占用较多的洞内作业循环时间，不利于提高施工速度。如果不封闭掌子面就注浆，则浆液极容易从掌子面上的裂隙流失，形成"跑浆"；如果采用喷射混凝土封闭掌子面，仍然有部分浆液渗入到坑道内的岩体中，并和封闭混凝土一起在下一次掘进中与岩体一同被挖除，从而造成较大的浪费。因此，有条件时，应考虑将"超前小导管注浆"工序与"开挖"和"初期支护"两道工序分开实施。这样既可以减少施工干扰，提高施工速度；又可以减少材料浪费。

三、超前深孔帷幕注浆

1. 超前深孔帷幕注浆

超前深孔帷幕注浆是在开挖前，先用喷射混凝土将开挖面和一定范围内的坑道周边岩面封闭，然后沿坑道周边轮廓向前方围岩内打入带孔长钢管，并通过长钢管向围岩内压注起胶结作用的浆液，待浆液硬化后，坑道周围岩体就可形成一定厚度的加固圈。在此加固圈的保护下即可安全地进行开挖等作业，如图8-6-3所示。超前深孔帷幕注浆的工艺流程与超前小导管注浆的工艺流程基本相同。

2. 超前深孔帷幕注浆的适用条件

超前深孔帷幕注浆可以保证提前形成较长范围内（隧道纵向）的筒状封闭加固和堵水区，而且可以形成较高的注浆压力。因此，超前深孔帷幕注浆不仅适用于无地下水或水量和压力较小的一般软弱破碎岩体的地层条件，尤其适用于水量和压力均较大的破碎岩体的地层条件。在含水率较大而颗粒较细的黏土地层、软土地层中，还可以采用超前深孔帷幕劈裂注浆。深孔帷幕注浆，已成为隧道及地下工程中改良地层，增强软弱岩体的稳定性，封堵地下水的有效措施和常用手段。

3. 超前深孔帷幕注浆的优缺点

超前深孔帷幕注浆作业可以在洞内进行，也可以在辅助坑道内进行。当隧道埋置较浅时，还可以在洞顶地面上进行。超前深孔帷幕预注浆钻孔和注浆作业不需要进入洞内施工作业循

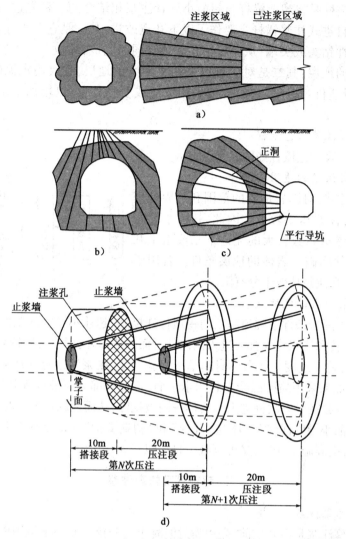

图 8-6-3 超前深孔帷幕注浆
a)洞内超前注浆;b)地表超前注浆;c)平导超前注浆;d)帷幕注浆堵水作用范围示意图

环,因而占用较少甚至不占用洞内作业循环时间,较好地解决了钻孔和注浆作业与洞内开挖等作业之间的相互干扰问题,也可相应缩短施工工期。

超前深孔帷幕注浆一般可比开挖面超前 30~50m,在这么长的筒状加固区内进行洞内开挖等项作业,既保证了施工安全,也更便于采用大中型机械施工,加快了施工速度。

四、注浆加固的范围、注浆管/孔布置、单孔注浆扩散半径及注浆压力

1. 注浆加固的范围

注浆加固的范围,即注浆加固的超前长度、加固圈厚度,应视围岩的稳定性、地应力大小、地层的渗透条件、地下水的储藏条件、坑道断面大小、掘进循环进尺和施工条件而定。注浆加固所用胶结材料的种类,应根据地层岩性、渗透条件选择确定,并相应确定注浆小导管的环向间距、钢管直径、钻孔直径、注浆压力、注浆量等参数。

图 8-6-1 中已示意出对围岩进行注浆形成筒状加固的大致范围。要确定筒状加固区的大小,就需要首先按岩体力学和弹塑性理论计算确定围岩塑性区半径 R_0,继而确定筒状加固区的厚度 $(R_0 - r_0)$ (r_0 为坑道半径)。需要注意的是,深基坑维护时,加固的范围一般不宜小于3m,底面不小于由基底边缘按30°扩散的范围。

2. 注浆管/孔布置

图 8-6-1、图 8-6-3 已示出了超前小导管注浆和超前深孔帷幕注浆的钻孔布置形式。值得注意的是,无论是洞内注浆还是洞外注浆,无论是小导管注浆还是长钢管注浆,都各有其优缺点,应充分结合隧道埋置深度、地层的渗透条件、地下水的流量和流向、注浆材料种类、坑道断面大小等实际条件,合理选择。

根据经验,对于洞内超前小导管注浆而言,Ⅴ级围岩劈裂、压密注浆时,可采用单排管/孔;Ⅵ级围岩或处理塌方时,可采用双排管/孔;在地下水丰富的松软层,可采用双排以上的多排管/孔;渗透注浆宜采用单排管/孔;隧道断面较大,需要加固的范围较大,或注浆效果较差时,可采用双排管/孔。

3. 注浆扩散半径

管/孔的环向间距应根据单孔注浆扩散半径(r)的大小来确定。单孔注浆扩散半径的大小也决定了单排管/孔注浆加固的厚度。

单孔注浆扩散有效半径,应通过现场试验确定。它与土的渗透系数、压力值等有关。在无水或少水的黏土至粉砂地层中,浆液一般可(要求)扩散达到管周 0.5~1.0m 的半径范围内。因此,管/孔的环向间距可取 20~50cm;外插角应控制在 10°~30°之间,一般采用15°。若地层渗透系数较大,则注浆管/孔的环向间距可适当加大。在一般基坑维护中,可取孔距 $1.75r$,排距 $1.5r$。

超前深孔帷幕注浆管/孔的布置灵活。超前深孔帷幕注浆管/孔的间距、角度应根据注浆加固范围的要求和单孔注浆扩散半径的大小来确定。

4. 注浆压力

注浆压力要视地层的渗透条件、注浆管/孔的间距、注浆材料种类、单孔浆液扩散半径、地下水压力等条件来确定。对于渗透性强的地层,可以采用较低的注浆压力和较大的管/孔间距,此时管/孔数量较少,但平均单孔注浆量较大。对于渗透性弱的地层,可以采用较高的注浆压力和较小的管/孔间距,此时管/孔数量较多,但平均单孔注浆量较小。

注浆压力不应超过该处上覆土层的压力过多(有土上荷重者除外),一般注浆压力随深度变化,每加深 1m 可增大 (20~50)kPa。注浆速度应以在浆液胶凝时间以前完成一次注浆量为宜,可根据土的渗透系数以压力控制速度,在一般情况下,砂类土为 $(0.001 \sim 0.005) \mathrm{m}^3/\min$,渗透性好的砂土选用高值,否则用低值。

五、注浆材料选择及其配比

1. 注浆材料种类

注浆胶结法所用浆液材料有水泥浆液和化学浆液两大类。

水泥浆液采用的水泥一般为 32.5 级以上的普通硅酸盐水泥,由于含有水泥颗粒属粒状浆液,故对孔隙小的土层即使在压力下也难于压进,只适用粗砂、砾砂、大裂隙岩石等孔隙直径大于 0.2mm 的地基加固。如获得超细水泥,则可适用于细砂等地基。水泥浆液有取材容易、价格便宜、操作方便、不污染环境等优点,是国内外常用的压力注浆材料。

常用的化学浆液是以水玻璃($Na_2O \cdot nSiO_2$)为主剂的浆液,由于它具有无毒、价廉、流动性好等优点,在化学浆材中应用最多,约占90%。其他还有以丙烯酸胺(聚氨酯)为主剂和以纸浆废液木质素(木胺)为主剂的化学浆液,它们性能较好,黏滞度低,能注入细砂等土中。但有的价格较高,有的虽价廉源广,但有含毒的缺点,用于加固地基当前受到一定限制,尚待试验研究改进。

注浆材料按浆液组成可分为单液和双液,分别适用于不同的地层条件。

2. 注浆材料选择及配比

注浆材料的选择主要应考虑被加固地层渗透条件。应先对被加固围岩进行土力学试验,包括渗透系数、土颗粒组成、孔隙率、饱和度、密度、pH值、剪切和抗压强度等。必要时,应做现场抽水试验和注浆试验,采用适用的注浆材料,并确定更为合理的注浆压力、单孔注浆扩散半径等参数。

注浆材料的配比应根据地层情况和胶凝时间要求,并经过试验确定和调整。

(1)在断层破碎带及砂卵石地层(裂隙宽度或颗粒粒径大于1mm,渗透系数$K \geq 5 \times 10^{-4}$ m/s)等强渗透性地层中,应采用料源广且价格便宜的注浆材料。一般地,对于无水的松散地层,宜优先选用单液水泥浆;对于无水的松散塌方体,宜优先选用水泥砂浆;对于有水的强渗透地层,则宜选用双液水泥—水玻璃浆,以控制注浆范围。

一般情况下,采用单一水泥浆液时,水灰比可采用$0.8:1 \sim 2:1$。若需缩短凝结时间,则可加入氯盐、三乙醇胺等速凝剂。

采用水泥—水玻璃浆液时,水泥浆的水灰比可采用$0.8:1 \sim 1.5:1$;水玻璃浓度一般为$25° \sim 40°$Be;水泥浆与水玻璃的体积比宜为$1:1 \sim 1:0.3$。

(2)在断层泥带中,当裂隙宽度(或粒径)小于1mm,或渗透系数$K \geq 10^{-5}$ m/s时,注浆材料宜优先选用水玻璃类或木胺类浆液。

单一水玻璃浆液比较适用于黄土类地层的加固。在黄土类土中,水玻璃较易渗透入土孔隙,与土中的钙质相互作用形成凝胶,而使土颗粒胶结成整体,其化学反应式为:

$$Na_2OnSiO_2 + CaSO_4 + mH_2O \rightarrow nSiO_2(m-1)H_2O + Ca(OH)_2 + Na_2SO_4$$

(3)在中、细、粉砂层,细小裂隙岩层及断层泥地段等渗透系数$K < 0.1 \sim 80$m/d 的弱渗透地层中,宜选用渗透性好、低毒且遇水膨胀的化学浆液,如水玻璃(主剂)—氯化钙、水玻璃(主剂)—水泥、水玻璃(主剂)—铝酸钠、聚氨酯类等。

以水玻璃—氯化钙溶液为例,其化学反应式为:

$$Na_2OnSiO_2 + CaCl_2 + mH_2O + nSiO_2(m-1)H_2O + Ca(OH)_2 + 2NaCl$$

硅酸胶体在土中凝结,将土颗粒胶结成具有一定强度的土体,强度可达1 500kPa以上。

对于受沥青、油脂、石油化合物等浸透的土以及地下水pH值大于9的土,不宜采用硅化法加固。

(4)对于不透水的黏土层,则宜选用水玻璃或聚氨酯类化学浆液,采用高压劈裂注浆。

六、注浆量确定

1. 加固区注浆总量Q

加固区注浆总量Q,应根据加固区的大小和地层的孔隙率来确定,并根据加固效果予以及时调整。

隧道围岩加固区的大小即加固厚度,参见本节－四－1。

在多数地层条件下,不可能也无需将全部孔隙充填密实,就可以达到加固和堵水的目的。充填密实程度可用充填率来表示,不同岩性、不同渗透条件的地层,需要达到的充填率不同,一般在30%~60%之间就可以达到加固要求。

工程中常用充填率来估算和控制注浆总量。所谓充填率是指注浆体积与孔隙总体积的比率。于是注浆总量可按下式计算:

$$Q = n \cdot a \cdot A \tag{8-6-1}$$

式中:Q——注浆总量,m^3;
A——加固区土层的体积,m^3;
n——加固区地层的孔隙率,%,参见表8-6-1。
a——以往实践经验充填率,%,参见表8-6-1。

不同孔隙率时的注浆充填率参考值表 表8-6-1

土质及加固作用 孔隙率及充填率		垆坶	黏土	粉砂	砂				砂砾		
		堵水、加固			堵水		加固		堵水		
孔隙率 $n(\%)$	范围值	65~75	50~70	40~60	46~50	40~48	30~40	46~50	40~48	40~60	28~40	22~40
	标准值	70	60	50	48	44	35	48	44	50	34	31
充填率$a(\%)$		约30	约30	约20	约60	约60	约50	约50	约40	约60	约60	约60
		或:黏性土、细砂 $a=0.3~0.5$,中砂、粗砂 $a=0.5~0.7$,砂砾 $a=0.7~1.0$,湿陷性黄土 $a=0.5~0.8$										

2. 平均单孔注浆量 q

平均单孔注浆量是控制注浆总量的重要指标,在实际工程中,可用下式计算平均单孔注浆量:

$$q = Q/m \tag{8-6-2}$$

式中:m——钻孔数量;
q——平均单孔注浆量。

化学浆液的浓度,水玻璃溶液比重为1.35~1.44,氯化钙为1.20~1.28。土的渗透系数高时取高值,渗透系数低时取低值。

七、施 工 要 点

注浆应按以下工序和要求进行。

1. 止浆墙

钻孔前,应对开挖面及5m范围内的坑道周边岩面喷射5~10cm厚的混凝土,以封闭岩面,防止漏浆。在采用高压劈裂注浆时,应适当加厚止浆墙。

2. 钻孔

当地层较坚硬,不便直接打入小导管时,就需要先钻孔,然后插入小导管。钻孔可用冲击式钻机或旋转式钻机,应根据地层条件及成孔效果适当选择。钻孔直径应比钢管直径长20mm以上。钻孔位置应满足设计要求,孔口位置偏差不应超过5cm,孔底位置偏差不应超过孔深的1%。应将钻孔清洗干净,并做好钻孔检查记录。

3. 注浆管制作及安装

一般采用带孔眼的焊接钢管或无缝钢管。小导管外直径一般为32~40mm(内径为19~38mm),长度宜为3~6m;长钢管直径较大,一般是70~180mm,长度从30~50m不等。注浆管前端做成尖锥形,以便于插入孔中。

注浆管前段约0.5m范围内的管壁上每隔10~20cm交错钻设出浆孔眼,孔眼直径宜为6~8mm。管壁上有孔眼部分的长度应根据注浆孔的位置和注浆区域来确定。其余部分不钻眼,并用止浆塞将其隔开,使浆液只注入到有效区域。止浆塞应能承受注浆压力。

常用的止浆塞有两种,一种是橡胶式,一种是套管式。安装时,将止浆塞固定在注浆管上的设计位置,一起放入钻孔,然后用压缩空气或注浆压力使其膨胀而堵塞注浆管与钻孔之间的间隙,此法主要用于深孔注浆。另外,若采用全孔注浆,则可以用铅丝、麻刀或木楔等材料在注浆孔口将间隙堵塞,但在深孔注浆时,因浆液流速慢,而孔较深,易发生"死管"现象。

小导管可用机械设备打入钻孔中,当地层较软弱时,则可直接将小导管打入围岩中。

小导管插入后应外露一定长度,以便连接注浆管,并用塑胶泥(40°Be 水玻璃拌42.5级水泥)将导管周围孔隙封堵密实。

4. 试水及注浆顺序

安装好导管后,应用泵压试水。试水的目的:一是冲洗注浆管,以保证浆液能畅通灌入土中;二是了解土的渗透系数,以便调整浆液比重,确定有效灌注半径、灌注速度等。

由于每孔灌浆次序与土层渗透系数变化有关,因此,注浆宜按孔间隔进行,并应先灌注渗透系数大的土层,后灌注渗透系数小的土层。如果各部分渗透系数相同,则应按先上方后下方,或先内圈后外圈,先无水孔后有水孔,先上游(地下水)后下游的顺序进行。

5. 压力控制

每孔注浆应利用止浆阀保持孔内压力直至浆液完全凝固为止。超前小导管注浆的孔口压力一般为0.5~1.0MPa,最高压力应严格控制在允许范围以内,以防压裂开挖面。

6. 结束条件

注浆结束条件应根据注浆压力和单孔注浆量两个指标来判断确定。

单孔结束条件:注浆压力达到设计终压;浆液注入量已达到计算值的80%以上;若孔口压力已达到规定压力值,但注入量仍不足,亦应停止注浆。在强渗透地层条件下,若注浆压力接近或达到设计压力,但浆液注入量超过设计值的3倍时,则应停止注浆。可考虑改用水泥砂浆或细石混凝土作为胶结材料,并添加早强剂。

全段结束条件:所有注浆孔均已符合单孔结束条件,无漏注。注浆结束后,必须对注浆效果进行检查,如未达到设计要求,应进行补充钻孔注浆。

注浆结束后,应立即拔出注浆管并进行清洗。

7. 注浆检查

注浆前,应进行钻孔质量检查、材料质量检查、注浆设备工作状态检查,并应进行现场试验运转。注浆过程中,应密切注意注浆压力的变化。如采用双液注浆时,应经常测试混合浆液的凝固时间,若发现凝固时间不符合设计要求时,应立即采取相应的处理措施。注浆后应利用声波探测仪对注浆效果进行检查,如未达到要求时,应进行补注浆。

8. 开挖时间

注浆后,应视浆液种类,待胶结材料完全凝固后方可开挖。一般条件下,水泥—水玻璃浆须等待4h,而水泥浆则须等待8h后才可开挖。

9. 保留止浆墙

每循环注浆后可进行多个循环的开挖,可开挖的长度,是由注浆长度和应保留的止浆墙长度决定的。但尤其应当注意的是,开挖应保证留有一定长度的止浆墙,即保证开挖后剩余的止浆墙长度应不短于设计要求的最短长度(超前量),并在开挖后及时进行下一循环的注浆加固。若注浆工作在正洞以外进行,则超前量和超前时间比较容易得到保证。

学习资料九 防排水与二次衬砌技术

学习小组	班级＿＿＿＿ 组别＿＿＿＿ 组长＿＿＿＿ 组员＿＿＿＿＿＿＿＿＿＿＿＿＿＿＿＿＿＿＿＿	
学习目标	1.掌握：排水管安装、防水板挂设施工过程和施工方法； 2.掌握：内层衬砌洞内模筑混凝土施工方法	
学习任务	1.编制防排水施工技术交底书； 2.填写防排水施工质量检查表； 3.编制内层衬砌施工技术交底书； 4.填写模板检查记录表； 5.填写内层衬砌钢筋质量检查表； 6.填写内层衬砌混凝土质量检查表；	完成并提交成果
学习资料	施工录像19，PPT课件009； 案例七：合武高速铁路大别山隧道防排水施工； 案例八：湖北沪蓉西高速公路马尾井隧道内衬施工； 案例十一：湖北大广高速公路隧道工程质量检验报告	
学习引导	建议采用情境化案例实训、现场观摩、演示试验等教学法； 情境化案例实训教学过程是：观看施工录像→PPT课件讲解→布置实训任务→阅读理解案例 →阅读隧道设计图→模仿案例完成任务并提交成果	
建议学时	8	

资料一 隧道防排水

一、治水原则

在隧道工程中，水的存在是必然的。水是影响隧道正常施工的重要因素之一，也是影响隧道正常运营的因素之一。

在施工期间，地下水的作用不仅降低了围岩的稳定性，尤其是对软弱破碎围岩影响更为严重。水的存在，使得开挖和支护作业十分困难。在某些特殊地质条件下，若对地下水处理不当，还有可能引发突水、突泥等工程事故，造成更大的危害。此外，由于隧道施工的影响，使得原有的地下、地上水环境发生改变，影响农业生产和生活用水。

在运营期间，地下水常从混凝土衬砌的施工缝、变形缝（伸缩缝和沉降缝）、裂缝甚至混凝土孔隙等通道，渗漏进隧道中，使洞内通信、供电、照明等设备处于潮湿环境而发生锈蚀；使路面积水或结冰，造成车轮打滑，危及行车安全；由于结冰膨胀和侵蚀性地下水的作用，不仅使衬砌受到破坏，而且使得以上危害更加严重。

为了避免和减少水对隧道工程施工和使用期的危害，我国隧道工作者在多年的隧道工程实践中，已总结出隧道防排水"防、排、截、堵结合，因地制宜，综合治理"的基本原则。详见《铁路隧道防排水技术规范》（TB 10119—2000）。

防——从勘察设计开始就要调查清楚区域内地表水、地下水的情况，做好防范准备。

排——人为设置排水系统，将地下水排出隧道。

截——在隧道以外将地表水和地下水疏导截流，使之不能进入隧道工程范围内。

堵——以混凝土衬砌为基本的结构防水层，以塑料防水板为辅助防水层，阻隔地下水，使之不能进入隧道内的防水措施。或者将适宜的胶结材料压注到地层节理、裂隙、孔隙中，实现堵水，使之不进入隧道工程范围内。注浆堵水措施可以防止地下水大量流失，较好地保护地下、地上水环境。

因地制宜，综合治理——综合考虑区域水文地质与隧道工程之间的关系，选择适当治水方案，做到技术可行、费用经济、效果良好、保护环境。使设计、施工、维修相结合，但以施工过程中解决好防水问题为主要控制过程，充分结合现场实际，实行点面结合，将大面积渗漏水汇集为局部出水，进行有组织的排水，以衬砌结构防水为主，并以结构为依托加设塑料板防水层，尽可能在施工中就将水治理好。下面分别介绍隧道防排水的常用方法。

二、截水措施

截水措施有：在地表水上游设截水导流沟；在洞外或洞内设井点降水；在地下水上游设泄水洞。

地表截水导流沟完成后即可自行永久发挥作用。当隧道埋深较小时，可在洞外设井点降水，用水泵抽水，因此，它只能解决浅埋隧道在施工期间的降水问题。当隧道埋深较大时，可在洞内设井点降水，以解决洞内局部区段的降水问题。平行导坑、横洞、斜井、竖井等辅助坑道均可以作为泄水洞。若将平行导坑设置在地下水的上游方向，则可自行永久发挥截水作用。如京广铁路大瑶山隧道在运营十年后，因水害严重影响行车，后又在地下水的上游增设了泄水洞，见图9-1-1。但地下水的大量流失，会对地下水环境造成严重影响，应慎用。

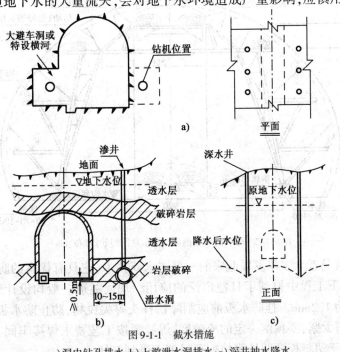

图9-1-1 截水措施

a)洞内钻孔排水；b)上游泄水洞排水；c)深井抽水降水

三、防水措施

常用的堵水措施有:塑料板堵水、混凝土衬砌堵水以及注浆堵水。混凝土衬砌堵水、塑料板堵水主要用于水量不大、压力较小的地层条件。注浆堵水主要用于水量大、压力大的地层条件。目前出现的分区防水技术是将整座隧道(地层)分隔成若干个区段,使各个区段的地下水彼此独立,互不连通,实现分隔堵水目的。分区防水技术是值得研究的一项新技术。

应当注意的是,绝对堵死地下水是很困难的,因此,要求在设计和施作堵水设施时,要充分考虑到排水的组织,做到排堵结合,边排边堵,经济适用,保护环境。

1. 超挖回填及注浆堵水

隧道施工中,在Ⅰ、Ⅱ、Ⅲ级围岩条件下,开挖质量比较容易控制,超、欠挖量一般不会太大。对于少量局部超挖,应在施作初期支护时,采用喷射混凝土喷填平顺。

在Ⅳ、Ⅴ级石质围岩条件下,开挖质量控制比较困难,超欠挖量会比较大。对于较大的超挖部分,隧道施工规范允许采用普通混凝土或片石混凝土回填。实际操作中,可先利用初期支护的钢拱架、锚杆、钢筋网和喷射混凝土形成壳体,然后分区段(分仓)采用泵送普通混凝土回填。

前面已经介绍过,用超前小导管或超前长钢管将适宜的胶结材料压注到地层节理、裂隙、孔隙中,不仅可以加固围岩,同时也可起到堵水作用,更可以防止地下水大量流失,较好地保护地下水环境。

对于隧道防水,应尽可能地在初期支护施工中就解决好。

2. 塑料板防水

在施作初期支护后,若仍然有大面积裂隙滴水、流水,且水量、压力都不太大时,可在施作内层衬砌之前,大面积铺设塑料板堵水,见图9-1-2。

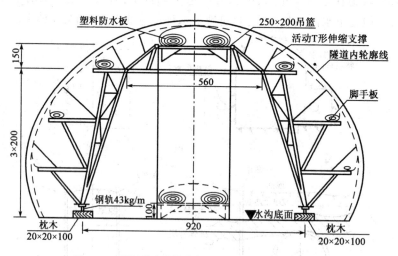

图 9-1-2 塑料防水板铺设台架示意图(尺寸单位:cm)

塑料板防水层是近十多年发展起来的一项防水新技术,它具有优良的防水性能和耐腐蚀性能,在隧道及地下工程中得到了日益广泛的应用。现代隧道一般均设计满铺塑料防水板。塑料板厚度一般为1.2mm。挂防水板前应割除锚杆头等尖锐物,防止防水板遭到破坏。铺设塑料板时不能绷得太紧,要预留一定的松弛度,焊缝要按工艺要求焊接牢固,防止在浇筑内层衬砌混凝土时,由于塑料板向凹处张拉变形过度而受到破坏。

3. 模筑混凝土衬砌防水

模筑混凝土本身就具有一定的抗渗阻水性能,但普通混凝土的抗渗性较差,尤其是在施工质量不高的情况下,如振捣不密实,施工缝、沉降缝、伸缩缝处理不好,配比不当等,则更易形成水的渗漏、漫流。当地下水有侵蚀性时,对混凝土的腐蚀更为严重。

如果能保证衬砌混凝土的抗渗防水性能,则不需要另外增加其他防水堵水措施。因此,充分利用衬砌混凝土本身的防水性能,是经济合算的和最基本的防水措施。

隧道工程中,大量使用防水混凝土,一般可通过添加防水剂等措施来改善混凝土的抗渗性能,达到防水目的。隧道施工中,防水混凝土的抗渗强度等级及抗压强度应满足设计要求。一般要求如下:

(1) 防水混凝土的配合比选择应注意:①水灰比不得大于0.6;②水泥用量不得少于$280kg/m^3$;③砂率应适当提高,并不得低于35%。

(2) 衬砌防水混凝土施工必须采用机械振捣。施工缝、沉降缝及伸缩缝则可以采用中埋式塑料或橡胶止水带,或采用背贴塑料止水带止水。

4. 分区防水技术

隧道穿越地层范围大,地下水的埋藏条件复杂,往往在同一座隧道中的不同区段地下水的出露情况差异很大。因此,在隧道内层衬砌施作完成后,尤其是在已建成但没有全面满铺防水板的隧道中,会由于防水板铺装质量和内层衬砌混凝土质量等问题而产生渗漏,从而使防水维修成为一大困难。

采用分区防水技术,可较好地解决既有隧道的渗漏水问题,且费用较低。分区防水是在隧道长度方向将地下水分区隔离,并针对富水地段,重点防渗补漏的有效措施。

分隔区段的长度应根据地下水在洞内出露的范围和水量的大小确定,富水地段可按二次衬砌段长度分区,分区采用带注浆管的背贴式止水带,发生渗漏水时可进行注浆。采用分区防水的区段,注浆顺序为先进行拱顶处回填注浆、再进行背贴式止水带上花软管注浆、最后进行分区的注浆嘴注浆,如图9-1-3所示。

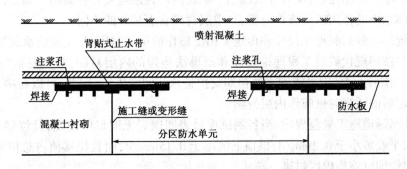

图9-1-3 分区防水示意图

四、排 水 措 施

隧道排水设施应结合塑料防水板和混凝土衬砌施工来安装。隧道排水设施有:盲沟(管)—泄水孔—排水沟(管)。其排水过程是:水从围岩裂隙进入衬砌或防水板背后的盲沟,盲沟下接泄水孔(泄水孔穿过衬砌边墙下部),水从泄水孔泄出后,进入隧道内的纵向排水沟,并经纵向排水沟排出洞外。

1. 盲沟(管)

盲沟(管)是安装在防水板背后的透水管道,其安装施工注意事项如下:

(1)安装时,应将盲沟与喷层或岩壁尽量密贴固定,并将盲沟接入泄水孔安装牢固,然后再覆盖塑料防水板。

(2)环向盲沟的布置间距,应按实际的渗漏水情形来确定。渗漏点多、量大的范围应加密布置,其他按设计要求布置。

2. 泄水孔

泄水孔是将水从盲沟导入洞内排水沟的通道,一般要求在立边墙模板时,就安设泄水管,并特别注意使其里端与盲沟接通,外端穿过模板。常用的泄水管是PVC塑料管材。有时为了立模和混凝土施工方便,不在边模上打孔,只将泄水管顶住边模,待模筑边墙混凝土拆模后,再根据记录的位置钻通泄水孔。

3. 排水沟(管)

隧道内的排水沟(管)是承接泄水孔泄出的水,并将其排出隧道的纵向排水沟。隧道内的排水沟,有单侧、双侧、中心式三种布置形式。排水沟的布置形式、截面尺寸和纵向坡度,是根据水量大小、线路坡度、路面构造要求等因素确定的。

排水沟的施作,通常是与底板混凝土同时模筑。设计有仰拱时,则与隧道底部填充混凝土同时施作,以保证排水沟的整体性,防止水下渗影响地基。

资料二 二次衬砌

一、内层衬砌的施作时机及施工方法

1. 内层衬砌的施作时机

就模筑混凝土衬砌的施工技术和工艺而言,采用新奥法施工的内层衬砌,与采用传统的矿山法施工的单层衬砌相比较,没有什么区别。但是内层衬砌是复合衬砌的一部分,它在整个隧道结构力学体系中的作用以及施作时机,与单层衬砌有着显著的不同。

按照传统的松弛荷载理论设计和传统矿山法施作的单层衬砌,是主要的承载结构,需要尽早施作。但是按照现代隧道工程理论设计和新奥法施作的内层衬砌,却主要是"提供安全储备",承受后期围岩压力(围岩或围岩加初期支护是承载的主体)。因此,可以在围岩或围岩加初期支护稳定后的适当时机施作内层衬砌。

公路/铁路隧道施工规范规定:当各测试项目表明围岩无明显的流变,且位移有较明显的减缓趋势;水平收敛小于 0.2mm/d,拱顶下沉小于 0.15mm/d,而且位移值占总位移值的 80%~90% 以上时,即可施作内层衬砌。

值得注意的是,这一规定只适宜于无明显流变性质的围岩条件。根据我国金家岩隧道、乌鞘岭隧道等强流变围岩条件的工程实际,常规的初期支护参数已很难达成。仅依靠初期支护来获得围岩的基本稳定,就需要大幅度加大支护参数(已突破规范规定)。这说明:在强流变围岩条件下,初期支护的约束能力不足时,一味地加大初期支护参数所获得的效用很低,也是不经济的,而且初期支护尤其是锚杆(锚索)的耐久性还没有可靠的证明。在此条件下,需要及时采用刚度更大的混凝土或钢筋混凝土内层衬砌,来更为有效地阻止围岩变形,保证围岩的稳定和安全。

另外,在强流变等特殊地层中,当初期支护的有效性降低时,出于经济的考虑,可以提前调用内层衬砌,让内层衬砌尽早承载,避免发生护后坍塌,保证施工安全。因此,有业主在规范没有明确规定的条件下,要求施工单位保证内层衬砌离掌子面的距离不得超过260m。

2. 内层衬砌的施工方法

复合式衬砌施工的基本程序,一般是先施作初期支护,在初期支护施作完成,隧道已成型,并且达成隧道的基本稳定后,再就地模筑或现场拼装混凝土或钢筋混凝土内层衬砌。在隧道纵深方向,内层衬砌需要分段施作。上部拱墙施工,通常采用整体模板台车配混凝土输送泵分段灌注。下部仰拱、填充和底板,则只需配备挡头板就可进行灌注。

在现代隧道工程中,由于施作锚喷初期支护以后,就可以获得洞室的基本稳定,因此,现代隧道工程理论及新奥法均要求:内层衬砌,应尽可能地采用"完全顺作法"施工,即先施作下部仰拱、填充和底板,后施作上部拱墙,由下到上顺序施工。完全顺作法具有施工程序简化、无逆作施工缝、施工安全等优点,可以避免结构受力状态的转换,保证内层衬砌的整体性和受力状态良好。

我国浙江省余杭市安吉县天荒坪抽水蓄能电站工程中,已在其输水隧道中(斜井,倾角58°,直径7m)采用整体滑动模板,将整圈衬砌一次模筑完成,成为"完全顺作"的成功案例。

二、仰拱、填充和底板

隧道仰拱、填充和底板的施工,需要占用洞内运输道路,对隧道内出渣运输、进料运输等作业造成一定程度的干扰。因此,应对仰拱、填充和底板的施作时间,以及分段(或分块)施作顺序进行合理安排,以减少与运输的相互干扰。一般按"纵向分段、横向分幅"施作。

1. 仰拱栈桥施工技术

隧道仰拱、填充和底板,通常是按"纵向分段、横向分幅"施作的。横向分幅施工,导致仰拱、填充和底板存在纵向施工缝,其完整性降低。因此,我国《高速铁路隧道施工技术指南》明确规定:模筑混凝土内层衬砌必须采用"完全顺作法"施工,仰拱、填充和底板只能"纵向分段"施作,不得"左右分带"施作,仰拱和隧底填充应分开施作,不得一次灌注。因此,"仰拱栈桥施工技术"应运而生。

"仰拱栈桥"是专用于仰拱、填充和底板的简易桥梁,见示意图9-2-1。"仰拱栈桥施工技术",可以避免因横向分幅施作破坏结构完整性的问题,既能保证隧道内运输道路的畅通,又能保证栈桥下面底板、仰拱和填充作业的正常进行。我国高速铁路隧道的内层衬砌已要求严格采用"仰拱栈桥施工技术",并按照顺作法进行仰拱、填充和底板施工,但在普通铁路隧道和高速公路隧道施工中还没有推行。

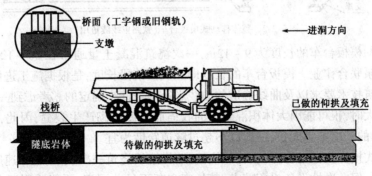

图9-2-1 仰拱栈桥示意图

我国高速铁路隧道中使用的仰拱栈桥多为简易单跨组合钢梁桥,采用旧钢轨或工字钢扣放连接单片梁,两片梁联结组成临时栈桥。梁的长度通常为12m,有效跨度为8m,桥下可一次施作8m长的仰拱。钢轨或工字钢的根数和规格,应根据重车荷载及支墩跨度来确定,一般用4H250×2片。仰拱栈桥架设必须保证整桥的稳定和行车安全,而且要拆卸组装和拖拉移位方便快捷。

2. 仰拱、填充和底板

在围岩稳定性较好时,一般仅设计有底板(铁路)或调平层,在围岩稳定性较差时才设计有仰拱、填充。仰拱、填充和底板施工若没有采用仰拱栈桥施工技术,而是采用左右分带施工,就应该注意安排好纵向分段长度,以及左右幅交替施工的周期,以减少与洞内其他作业之间的相互干扰。

设计有仰拱时,分段长度一般不应超过18m,以免墙脚暴露过长,致使上部支护变形过大,甚至造成边墙挤入或坍塌。设计为底板时,分段长度可长一些,但仍应注意观察上部拱墙的稳定。此外,还应注意施工缝、伸缩缝、沉降缝及衬砌形式变化之处。

灌注仰拱和底板混凝土前,必须把基底的虚渣、杂物及淤泥清除干净,并排除积水。超挖部分应用同级混凝土或片石混凝土灌注密实,挡头板应安装稳固。

三、拱墙衬砌模板类型

常用的拱墙模板类型有:整体移动式模板台车、穿越式分体移动模板台车、拼装式拱架模板。

1. 整体移动式模板台车

整体移动式模板台车是将台架、大块钢模板、轨道走行机构、振捣机构(背附式)、脱模机构(机械或液压)集装成整体的混凝土模筑设备,见图9-2-2。它已经成为隧道工程中常规的混凝土施工设备。

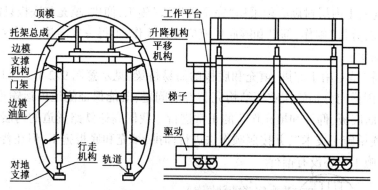

图9-2-2 整体移动式模板台车(铁路单线隧道用)

目前常用的模板台车的长度为9~12m,一次浇筑混凝土量通常在80~120m^3,并配套使用混凝土输送泵联合作业。模板台车的长度即一次模筑段长度,是根据施工进度要求、混凝土生产能力和浇筑技术要求以及曲线隧道的曲线半径等条件来确定的。考虑到一次连续浇筑混凝土的体积太大时,很可能因大体积混凝土的收缩而致使衬砌产生裂缝,因此,当隧道断面较大时,模板台车的长度不宜太长,一般以不超过隧道跨度为宜。

整体移动式模板台车走行方便、就位快捷,墙拱连续浇筑一次成型,施工速度快,衬砌表面质量光洁美观。但一次性设备投资较大,其长度和断面尺寸固定,不能适用于多种断面尺寸。

当应用于不同断面形状和尺寸的隧道时,则需要换装模板。

2. 穿越式分体移动模板台车

这种台车是将走行机构与整体模板分离,因此一套走行机构可以解决几套模板的移动问题,既提高了走行机构的利用率,又可以多段初砌同时施作。因需要铺设较长的走行轨道,故实际工程中应用的不多,只在长隧道中可考虑采用。如图9-2-3 所示。

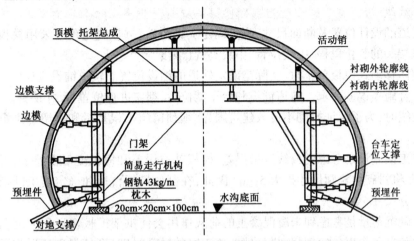

图 9-2-3　穿越式分体移动模板台车(公路双车道隧道用)

注:1. 台车脚采用在边墙脚内的预埋件固定,以防混凝土浇筑时模板内移。
　　2. 靠近拱脚处的模板支撑采用套筒螺杆,其余部分采用油缸调节模板。

3. 拼装式拱架模板

拼装式拱架模板就是采用型钢或钢筋加工成模板架,然后在其上铺设模板,形成模板仓,目前在铁路、公路隧道工程中已很少使用。

拼装式拱架模板既适用于顺作,也适用于逆作,灵活性大,适应性强,尤其适用于曲线地段。但因其拼装、拆模费用较高时,生产能力较模板台车低,现在已很少使用。传统的施工方法中,因受开挖方法及支护条件的限制,其衬砌施作多采用拼装式拱架模板。

拼装式拱架模板的一次模筑长度,应与围岩地质条件、施工进度要求、混凝土生产能力,以及开挖后围岩的动态等情况相适应。一般分段长度为 2~9m,松软地段最长不超过 6m。拱架间距应视未凝混凝土荷载大小及隧道断面大小而定,一般可采用 90cm、120cm 及 150cm。拼装式拱架可设置锚杆作为拱架的稳定措施,避免设置过河撑,以免影响车辆在洞内通行。

对于拼装式拱架模板,为便于安装和运输,常将整榀拱架分解为 2~4 节,进行现场组装,其组装连接方式有夹板连接和端板连接两种形式。为减少安装和拆卸工作量,可以做成简易移动式拱架,即将几榀拱架连成整体,并安设简易滑移轨道。

拼装式拱架模板多采用厂制定型组合钢模板,其厚度均为 5.5cm,宽度有 10cm、15cm、20cm、25cm、30cm,长度有 90cm、120cm、150cm 等。局部异形及挡头板可采用木板加工。

四、拱墙衬砌混凝土模筑

模筑拱墙衬砌混凝土,要进行隧道中线和水平控制测量;再根据中线和水平检查开挖断面,并放线定位;然后进行台车就位(立模)及混凝土制备和运输;最后进行混凝土浇筑、振捣,以及拆模和养护等工作。

1. 断面检查

根据隧道中线和水平,检查开挖断面是否符合设计要求,对轮廓大小欠挖部分按规范要求进行修凿,并做好断面检查记录。

隧道底部及墙脚地基应挖至设计高程,并找平支承面。有仰拱时,应保证仰拱弧度符合设计要求。在灌注前,应清除虚渣,排除积水。

2. 定位放线

根据隧道的设计位置及断面尺寸,测量确定立模位置,并放线定位。采用模板台车时,还要确定台车端头的起止里程、中线位置、中线高程(坡度)。

采用整体移动式模板台车时,实际是确定轨道的铺设位置。轨道铺设应稳固,其位移和沉降量均应符合施工误差要求。轨道铺设和台车就位后,都应进行位置、尺寸检查。

定位放线时,为了保证衬砌不侵入建筑限界,须预留施工误差量和预留衬砌沉落量,并注意曲线加宽。

预留施工误差量是考虑到放线测量误差、模板就位误差和模板变形误差。为保证衬砌净空尺寸,一般将衬砌内轮廓尺寸扩大5cm。因此,在制作模板台车和确定施工开挖轮廓线时,应加上这部分尺寸。

预留衬砌沉落量是考虑到未凝混凝土的荷载作用会使拱架模板变形和下沉,后期围岩压力作用和衬砌自重作用(尤其是先拱后墙法施工时的拱部衬砌)会使衬砌变形和下沉,故须预留沉落量。这部分预留沉落量应根据实测数据确定或参照经验确定。

预留施工误差量和预留衬砌沉落量应在拱架模板定位放线时一并考虑确定,并按此架设拱架模板和确定模板架的加工尺寸。

3. 台车或拱架模板整备

使用整体移动式模板台车时,在洞外组装并调试好各机构的工作状态,检查好各部尺寸,保证进洞后可投入正常使用。每次脱模后应予检修。

使用拼装式拱架模板时,立模前应在洞外样台上将拱架和模板进行试拼,检查其尺寸、形状,不符合要求的应予修整。配齐配件,模板表面要涂抹防锈剂。在洞内重复使用时,应注意检查修整。拱架模板尺寸应按计算的施工尺寸放样到放样台上,并注意曲线加宽后的衬砌及模板尺寸。

4. 台车就位或拱架模板立模

根据放线位置,模板台车就位或拱架模板架设。就位或架设后,应做好各项检查。台车就位检查较为简单,拱架模板就位检查较为复杂。这些检查包括:位置、尺寸、方向、高程、坡度、稳定性等,并注意处理好以下几个问题。

(1)采用模板台车时,应注意检查其起止里程、中线位置、中线高程(坡度),以及检查振捣系统、脱模机构、定位机构、走行机构等是否运行正常,走行轨道是否铺设稳定,轨枕间距是否适当,道床是否振捣密实。在软土隧道中,应先施作隧道底板或仰拱,防止模板台车下沉。设有排水盲管、防水板、止水带/条时,应先行安装好,并注意挡头板不得损伤防水材料,以免影响防水效果。检查挡头板是否安装牢固,挡头板常用木板加工,现场拼铺,以便于与岩壁之间的缝隙嵌堵严密,也可以采用气囊式堵头。

(2)采用拼装式拱架模板时,则应注意:每排拱架应架设在垂直于隧道中线的竖直平面内,不得倾斜;对于曲线隧道,因曲线外弧长、里弧短,则应分段调整拱架方向和模板长度。拱架模板的架设和加强,均应考虑其腹部的通行空间,以保证洞内运输的畅通。

拱架应立于稳固的地基上,并架设牢固稳定,保证其不产生过量位移。拱架下端一般应焊接端头板,以增大支承面,减少下沉;当地基较软弱时,应先用碎石垫平,再用短枕木支垫,此垫木不得伸入衬砌混凝土中。拱架立好后,还应对其稳定性进行检查。固定的方法:横向有过河撑(断面较小时采用)、斜撑(断面较大时采用)、锚杆(锚固于围岩,穿过衬砌、模板、墙架、带木,用螺栓垫板固定,拉住墙架);纵向有带木,拱架间撑木,拉杆及斜撑;拱架与围岩之间的顶撑等。其中锚杆应先行安设,并做抗拔力的施工检算。

5. 混凝土制备与运输

隧道内衬混凝土多在洞外拌制好后,用运输工具运送到工作面再浇筑。混凝土拌制好后,应及时浇筑完毕。由于洞内空间狭小,尤其是长大隧道和运距较远时,应结合具体工程情况,选用合适的混凝土搅拌机、运输车、输送泵等机械。做到装卸方便、运输快速,保证拌制好的混凝土在运输过程中不发生漏浆、离析泌水、坍落度损失和初凝等现象。

6. 混凝土浇筑

在做好上述准备工作后,即可进行混凝土浇筑。隧道衬砌混凝土的浇筑应注意以下几点。

(1)保证捣固密实,使衬砌具有良好的抗渗防水性能,尤其应处理好施工缝。

(2)整体模筑时,应注意对称浇筑,两侧同时或交替进行,以防止未凝混凝土对拱架模板产生偏压而使衬砌尺寸不合要求。

(3)按规范规定,混凝土应连续浇筑,中间暂停时间不得超过90min。若因故超过这个时间,则应按规定进行接茬处理。衬砌接茬面应为半径方向,必要时应加放连接钢筋。

(4)边墙基底以上1m范围内的超挖,宜用同级混凝土同时浇筑。其余部分的超、欠挖应按设计要求及有关规定处理。

(5)衬砌的分段施工缝应与设计沉降缝、伸缩缝及设备洞位置统一考虑,合理确定位置。

(6)封口方法。若采用整体模板台车,一般均配备混凝土输送泵进行混凝土浇筑,并在输送管与模板接口处设置有封口装置,按要求操作就可实现封口。若采用拼装式拱架模板,封口比较复杂,已经很少采用。

7. 拆模与养护

内层衬砌的拆模时间,应根据混凝土强度增长情况来确定。一般至少应待混凝土强度达到2.5MPa时,方可拆模。围岩变形速度快,压力增长快时,则对衬砌有承载要求,此时应根据具体受力条件来确定拆模时间。必要时应加强模板强度和刚度,以保证混凝土在低龄不至于遭到破坏。

多数情况下,隧道施工过程中,洞内的湿度能够满足混凝土的养护条件要求。但在干燥无水的条件下,以及旱季洞口段衬砌施工,则应注意进行洒水养护。采用普通硅酸盐水泥拌制的混凝土,其养护时间一般不少于7d。掺有外加剂或有抗渗要求的混凝土,一般不少于14d。养护用水的温度应与环境温度基本相同。

学习资料十　风、水、电供应与通风防尘技术

学习小组	班级＿＿＿＿＿＿　组别＿＿＿＿＿＿　组长＿＿＿＿＿＿ 组员＿＿＿＿＿＿＿＿＿＿＿＿＿＿＿＿＿＿＿＿＿＿＿＿	
学习目标	1. 掌握:隧道施工用风、水、电供应方式及设备;管线布置、安装; 2. 掌握:隧道施工排水组织; 3. 掌握:隧道施工通风防尘方法、设备与管理	
学习任务	认读案例: 14 湖南常吉高速岩门界隧道施工组织设计; 15 厦门翔安海底隧道施工隧道施工组织设计	完成并提交成果
学习资料	施工录像 25,PPT 课件 010; 案例: 14 湖南常吉高速岩门界隧道施工组织设计; 15 厦门翔安海底隧道 A2 标施工组织设计	
学习引导	建议采用情境化案例实训、现场观摩、演示试验等教学法; 情境化案例实训教学过程是:观看施工录像→PPT 课件讲解→布置实训任务→阅读理解案例 →阅读隧道设计图→模仿案例完成任务并提交成果	
建议学时	6	

资料一　压缩空气供应

修建隧道时,为配合开挖、出渣、初期支护及内层衬砌等基本作业而进行的其他作业,称为辅助作业。辅助作业内容主要有:压缩空气供应、施工用水供应、施工用电供应,以及施工通风与防尘。

在隧道施工中,常用的以压缩空气为动力的风动机械有凿岩机、混凝土喷射机、锻钎机、压浆机等。这些风动机具所需的压缩空气是由空气压缩机(以下简称空压机)生产,并通过高压风管输送给风动机械的。

风动机械需要在一定的风压和风量条件下才能正常工作。因此,应注意保证压缩空气具有足够的工作风量和工作风压,同时还应尽量减少管路损失,以节约能源、降低消耗。

一、空压机站的生产能力

压缩空气由空压机生产供应。空压机一般集中安设在洞口外附近的空压机站内。空压机站的生产能力取决于耗风量的大小,并考虑一定的备用系数。耗风量应包括隧道内同时工作的各种风动机械的生产耗风量和由储气筒到风动机具沿途的损失。因而,空压机站的生产能

力(或供风能力)Q可用下式来计算:

$$Q = (1 + K_{备})(\sum qK + q_{漏})K_m \quad (m^3/min) \quad (10\text{-}1\text{-}1)$$

式中:$K_{备}$——空压机的备用系数,一般采用75%~90%;

$\sum q$——风动机具所需风量,m^3/min(可查阅风动机具性能表);

$q_{漏}$——管路及附件的漏耗损失,m^3/min,其值为:$q_{漏} = a\sum L$;

a——每公里漏风量,平均为1.5~2.0 m^3/min;

L——管路总长,km;

K——同时工作系数,见表10-1-1;

K_m——空压机所处海拔高度对空压机生产能力的影响系数,见表10-1-2。

同时工作系数　　　　　　　　　　表10-1-1

机具类型	凿岩机		装渣机		锻钎机	
同时工作台数	1~10	11~30	1~2	3~4	1~2	3~4
K	1.00~0.85	0.85~0.75	1.00~0.75	0.70~0.50	1.00~0.75	0.65~0.50

海拔高度影响系数　　　　　　　　　　表10-1-2

海拔高度(m)	0	305	610	914	1 219	1 524	1 829	2 134	2 438	2 743	3 048	3 658	4 572
K_m	1.00	1.03	1.07	1.10	1.14	1.17	1.20	1.23	1.26	1.29	1.32	1.37	1.43

根据计算确定空压机站的生产能力后,可选择合适的空压机和适当容量的贮风筒。当一台空压机的排气量不满足供风需要时,可选择多台空压机组成空压机组。此时,为便于操作和维修,宜采用同类型的空压机,考虑到在施工中风量负荷的不均匀,为避免空压机的回风空转,可选择一台较小排气量(一般为其他空压机容量的一半)的空压机进行组合。

空压机一般分电力和内燃两类。一般短隧道宜采用内燃空压机,长隧道宜采用电动空压机。当施工初期电力缺乏时,长隧道也可采用内燃空压机过渡。空压机站应设在空气洁净,通风良好,地基稳固且便于设备搬运之处,并尽量靠近洞口,以缩短管路,减少管道漏风损耗。当有多个洞口需集中供风时,应选择在适当位置,使管路损耗尽量减少。

二、高压风管道的设置

1. 管径选择

压风管道的选择,应满足工作风压不小于0.5MPa的要求。空压机生产的压缩空气的压力一般为0.7~0.8MPa,为保证工作风压,钢管终端的风压不得小于0.6MPa,通过胶皮管输送至风动机具的工作风压不得小于0.5MPa。

压缩空气在输送过程中,由于管壁摩擦、接头、阀门等产生阻力,其压力会减少,一般称压力损失。根据达西公式,钢管的风压损失Δp可按下式进行计算:

$$\Delta p = \lambda \cdot \frac{L}{d} \cdot \frac{v^2}{2g} \cdot \gamma \times 10^{-6} \quad (MPa) \quad (10\text{-}1\text{-}2)$$

式中:λ——摩阻系数,见表10-1-3;

L——送风管路长度(包括配件当量长度,见表10-1-4),m;

d——送风管内径,m;

g——重力加速度,采用9.81 m/s^2;

v——压缩空气在风管中的速度,m/s,根据风量和风管面积可得;

γ——压缩空气的重度。大气压强下,温度为0℃时,空气重度为12.9N/m³,温度为t℃时,其重度则为$\gamma_t = 12.9 \times 273/(273+t)\text{N/m}^3$,此时,压力为$P$的压缩空气的重度$\gamma = \gamma_t \times (P+0.1)/0.1\text{N/m}^3$,$P$为空压机生产的压缩空气的压力,由空压机性能可知,单位为MPa。

以上计算的压力损失值若过大,则需选用较大管径的风管,从而减少压力损失值,使钢管末端风压不得小于0.6MPa。

胶皮风管是连接钢管与风动机具的,由于其压力损失较大,一般应尽量缩短其使用的长度,从而保证压缩空气的工作压力不小于0.5MPa。胶皮风管的压力损失值见表10-1-5。

风管摩阻系数 λ 值表   表10-1-3

风管内径(mm)	50	75	100	125	150	200	250	300
λ	0.0371	0.0324	0.0298	0.0282	0.0264	0.0245	0.0234	0.0221

配件折合成管路长度表(m)   表10-1-4

钢管直径(mm)	球心阀	闸门阀	丁字管	异径管	45°弯头	90°弯头	135°弯头	逆止阀
25	6.0	0.3	2.0	0.5	0.2	0.9	1.4	
50	15.0	0.7	4.0	1.0	0.4	1.8	2.8	3.2
75	25.0	1.1	7.0	1.7	0.7	3.2	4.9	
100	35.0	1.5	10.0	2.5	1.0	4.5	7.0	7.5
150	60.0	2.5	17.0	4.0	1.7	7.7	12.0	12.5
200	85.0	3.5	24.0	6.0	2.4	10.8	16.8	18.0
300		6.0	40.0	10.0	4.0	18.0	28.0	30.0

压缩空气通过胶皮风管的压力损失表(MPa)   表10-1-5

通过风量(m³/min)	胶管内径(mm)	胶管长度(m)					
		5	10	15	20	25	30
2.5	19	0.008	0.018	0.020	0.035	0.040	0.055
	25	0.004	0.008	0.013	0.017	0.021	0.030
3	19	0.010	0.020	0.030	0.050	0.060	0.075
	25	0.006	0.012	0.018	0.024	0.040	0.045
4	19	0.020	0.040	0.055	0.080	0.100	0.110
	25	0.010	0.025	0.040	0.050	0.060	0.075
10	50	0.002	0.004	0.006	0.007	0.010	0.015
20	50	0.010	0.020	0.035	0.050	0.055	0.065

2.管道安装注意事项

(1)管道敷设要求平顺、接头密封、防止漏风;凡有裂纹、创伤、凹陷等现象的钢管不能使用。

(2)在洞外地段,风管长度超过500m、温度变化较大时,宜安装伸缩器;靠近空压机150m以内,风管的法兰盘接头宜用耐热材料制成垫片,如石棉衬垫等。

(3)压风管道在总输出管道上,必须安装总闸阀,以便控制和维修管道;主管上每隔300~500m应分装闸阀;按施工要求,在适当地段(一般每隔60m)加设一个三通接头备用;管道前端至开挖面距离宜保持在30m左右,并用高压软管连接分风器;分部开挖法通往各工作面的软管长度不宜大于50m,与分风器联结的胶皮软管长度不宜大于10cm。

(4)主管长度大于1 000m时,应在管道最低处设置油水分离器,定期放出管中聚积的油水,以保持管内清洁与干燥。

(5)管道安装前,应对其进行检查,钢管内不得留有残杂物和其他脏物;各种闸阀在安装前应拆开清洗,并进行水压强度试验,合格者方能使用。

(6)管道在洞内应敷设在电缆、电线的另一侧,并与运输轨道有一定距离,管道高度一般不应超过运输轨道的轨面,若管径较大而超过轨面,应适当增大距离。如与水沟同侧,不应影响水沟排水。

(7)使用管道时,应有专人负责检查、养护。

资料二 施工供水与排水

由于凿岩、防尘、灌注衬砌及混凝土养护、洞外空压机冷却等工作都需要大量用水,施工人员的生活也需要用水,因此要设置相应的供水设施。施工供水主要应考虑水质要求、水量的大小、水压及供水设施等几个方面的问题。本部分将从上述几个方面来讲述有关施工供水的基本知识。

一、水 质 要 求

凡无臭味、不含有害矿物质的洁净天然水,都可以作为施工用水,对饮用水的水质则要求更为新鲜清洁。无论生活用水还是施工用水,均应做好水质化验工作。参照国家水质标准,施工用水水质要求见表10-2-1,生活饮用水卫生标准见表10-2-2。

施工用水水质要求表　　　　表10-2-1

用水范围	水质项目	允许最大值
混凝土作业	硫酸盐(SO_4^{2-})含量	不大于1 000mg/L
	pH值	不得小于4
	其他杂质	不含油、糖、酸等
湿式凿岩与防尘	细菌总数	在37℃培养24h,每毫升不超过100个
	大肠菌总数	每升水中不超过3个
	浑浊度	不大于5mg/L,特殊情况不大于10mg/L

生活饮用水卫生标准表 表10-2-2

项　目	允许最大值	项　目	允许最大值
色度	不大于20°,应保证透明和无沉淀	砷含量	不大于0.05mg/L
浑浊度	不大于5mg/L,特殊情况(暴雨洪水)不大于10mg/L	氧化物含量	不大于1.5mg/L
悬浮物	不得有用肉眼可见水生物及令人厌恶的物质	铜含量	不大于3.0mg/L
嗅和味	在原水或煮沸后饮用时不得有异嗅和异味	锌含量	不大于5.0mg/L
细菌总数	在37℃培养24h,每毫升水中不超过100个	铁总含量	不大于0.3mg/L
大肠菌总数	每升水中不得超过3个	pH值	6.5~9.5
总硬度	不大于8.9mg当量/L(25°)	酚类化合物	加氯消毒时,水中不得产生氯酚臭
铅含量	不大于0.1mg/L	余氯含量	水池附近游离,氯含量不大于0.3 mg/L,管路末端不大于0.05 mg/L

二、用水量估算

1. 施工用水

施工用水与工程规模、机械化程度、施工进度、人员数量和气候条件等有关,因而用水量的变化幅度较大,很难估计准确,一般根据经验估计。

2. 生活用水

随着隧道施工工地卫生要求的提高,生活设施(如洗衣机等)配置的增多,耗水量也相应增多。因而生活用水量也有一定的变化,但幅度不大,一般可按下列参考指标估算:

生产工人平均:$(0.10 \sim 0.15) m^3/d$。

非生产工人平均:$(0.08 \sim 0.12) m^3/d$。

3. 消防用水

由于施工工地住房均为临时住房,相应标准较低,除按消防要求在设计、施工及临时房布置等方面做好防火工作外,还应按临时建筑房屋每3 000m^2消防耗水量(15~20)L/s、灭火时间为0.5~1.0h计算消防用水贮备量,以防不测。

三、供水方式及供水设备

(一)供水方式

供水方式主要根据水源情况而定。常用水源有:山上泉水;河水;钻井取水。上述水源通过自流引导或机械提升到贮水池贮存,并通过管路送达使用地点。针对个别缺水地区,则用汽车运水或长距离管路供水。

(二)贮水池

贮水池一般修建在洞口附近山上,并应避免设在隧道顶上或其他可能危及隧道安全的部位,其高差应能保证最高用水点的水压要求。当采用机械或部分机械提升时,应备有抽水机。

1. 水池位置

水池位置至配水点的高差H,可按下式进行计算:

$$H \geq 1.2h + \alpha \cdot h_f \quad (m) \qquad (10\text{-}2\text{-}1)$$

式中：h——配水点要求水头，m；如湿式凿岩需要水压为 0.3MPa，则 $h=30$m；

α——水头损失系数（按管道水头损失 5%～10%计算），$\alpha=1.05\sim1.10$；

h_f——管道内水头损失，m；确定出用水量（一般按 m³/h 计）后，选择钢管管径，按钢管水力计算而得。钢管水力计算表可参考相关手册。

2. 水池构造

水池构造力求简单、不漏水，基础应置于坚实地层上，一般可采用石砌，根据地形条件用埋置式或半埋置式（图 10-2-1）。当地形条件受限制，不能埋置时，也可采用修建水塔或用钢板焊接水箱等方式。

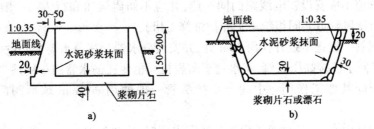

图 10-2-1　贮水池
a) 石砌半埋置式；b) 石砌埋置式

3. 水池容积

利用高山自流水供水，水源流量大于用水高峰流量时，水池存水能得到及时补充，水池容积一般为 20～30m³；如水源流量小于用水量，则需根据每班最大用水量并考虑必要储备来计算水池容积。当然，水池的容积大小应与抽水设备、集中用水量相配合，以满足施工的需要。

$$V=24aC(Q_C+Q_S)\quad(\text{m}^3)\tag{10-2-2}$$

式中：V——水池容积，m³；

a——调节系数，一般用 1.10～1.20；

C——贮水系数（为水池容量/昼夜用水量），昼夜用水量小于 1 000m³ 时，采用 1/4～1/6；昼夜用水量在 1 000～2 000m³ 时，采用 1/6～1/8；

Q_C——生产用水量，m³/h；

Q_S——生活用水量，m³/h。

（三）水泵与泵房

1. 扬程 H 的计算

$$H=h'+\alpha h_f\quad(\text{m})\tag{10-2-3}$$

式中：h'——水池与水源之间的高差，m；

α 及 h_f 意义同式（10-2-1）。

根据扬程及选用的钢管直径可选择合适的水泵。常用水泵有单级悬臂式离心水泵和分段式多级离心水泵，其规格、性能可查阅有关手册。

2. 泵房

临时抽水泵房的要求，可按临时房屋的有关规定办理。在安装水泵前，应按图纸检查基础的位置，预留管道孔洞等各部分尺寸是否符合要求，水泵底座位置经校核后，方能灌注水泥砂浆并固定地脚螺栓。

四、供水管道布置

(1) 管道敷设要求平顺、短直且弯头少，干路管径尽可能一致，接头严密不漏水。

(2) 管道沿山顺坡敷设悬空跨距大时，应根据计算来设立支柱承托，支撑点与水管之间加木垫；严寒地区应采用埋置或包裹等防冻措施，以防水管冻裂。

(3) 水池的输出管应设总闸阀，以便维修和控制管道，干路管道每隔 300~500m 应安装一个闸阀。管道闸阀布置还应考虑一旦发生管道故障(如断管)能够暂时由水池或水泵房供水的布置方案。

(4) 给水管道不应安设在电线路的同一侧，并应不妨碍运输和行人。一般应设专人负责检查养护(可与压风管道共同组织一个养护维修工班)。

(5) 输水钢管一般送至距开挖面 30m 处，并安装分水器。在分水器上安设多个直径 50mm 的分水接头，以便于连接高压软管，将水送至凿岩机。也要在输水管道中间适当位置预留分水接头，以便于中间其他工作用。中间分水接头管一般使用 $\phi 13mm$ 球形阀门，间距不宜超过 50m。

(6) 如利用高山水池，其自然压头超过所需水压时，应进行减压。一般是在管路中段设中间水池作过渡站，也可直接利用减压阀来降低管道中水流的压力。

五、施 工 排 水

施工期间的排水包括洞外排水和洞内排水两部分。

1. 洞外排水

施工期间的洞外排水，主要是做好洞口的防洪和排水设施，防止雨季到来时山洪或地面水倒流入洞。对于斜井、竖井尤应多加注意。其次是将与地下水有补给关系的洼地、勾缝用黏土回填密实，并施作截水沟截流导排。

2. 洞内排水

洞内水主要来源于地下水和施工用水。对于有污染性的施工用水，还应按环境保护要求经净化处理后方能排入河流。

根据掘进方向与路线坡度之间的关系，施工期间的洞内排水可分为顺坡排水和反坡排水两种方式。

(1) 顺坡排水。即进洞上坡，一般只需按路线设计坡度(不小于 0.5%)，在坑道一侧挖出纵向排水沟，水即可以沿沟顺坡排出洞外。若利用平行导坑排水时，则平导应较正洞低 0.2~0.6m，使横通道(联系洞)也有一个顺坡，以利于排水。应当注意的是，一般将施工排水沟挖在结构排水沟的位置上。

(2) 反坡排水。即进洞下坡，此时水向工作面汇集，需用抽水机排水。反坡排水又有如下两种方式：

① 分段开挖反坡侧沟。在侧沟每一分段上设一集水坑，用抽水机把水排出洞外(图 10-2-2)。

集水坑间距 L_k 用下式计算：

$$L_k = h/(i_x + i_s) \quad (m) \tag{10-2-4}$$

式中：h——水沟最大开挖深度，一般不超过 0.7m；

i_x——线路坡度；

i_s——水沟底坡度，不小于 0.3%。

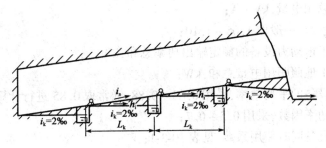

图 10-2-2 反坡排水方式之一

这种排水方式的优点是工作面无积水,抽水机位置固定,无需水管。缺点是用抽水机多,且要开挖反坡水沟。一般在隧道较短、线路坡度较小时采用。

②隔较长距离开挖集水坑。开挖面的积水用小水泵抽到最近的集水坑内,再用主抽水机将水抽出洞外(图10-2-3)。

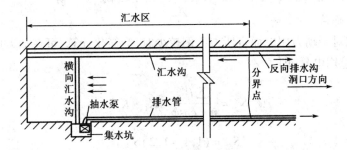

图 10-2-3 反坡排水方式之二

这种排水方式的优点是所需抽水机少,但要装水管,抽水机也要随开挖面掘进而拆迁前移。在隧道较长、涌水量较大时采用。

应当注意的是,进洞下坡施工的隧道,应配备足够的排水设施(留一定的备用抽水机)。必要时,应在开挖面上钻深眼探水,防止突然遇到地下水囊、暗河等淹没坑道造成事故。

资料三 供电及照明

随着隧道施工机械化程度的提高,隧道施工的耗电量也越来越大,且负荷集中。同时,为保证施工质量和施工安全,对隧道施工供电的可靠性要求也越来越高,因而施工供电显得越来越重要。

一、施工总用电量估算

在施工现场,首先要确定总用电量,以便选择合适的发电机、变压器、各类开关设备和线路导线,做到安全、可靠地供电,减少投资,节约开支。确定现场供电负荷的大小时,不能简单地将所有用电设备的容量相加。因为在实际生产中,并非所有设备都同时工作,另外,处于工作状态的用电设备也并非均处在额定工作状态。

工地施工用电量,常采用估算公式进行计算。

1. 同时考虑施工现场的动力和照明

$$S_{总} = K\left(\frac{\sum P_i \cdot K_1}{\eta \cdot \cos\varphi} \cdot K_2 + \sum P_2 \cdot K_3\right) \tag{10-3-1}$$

式中:$S_\text{总}$——施工总用电量,kV·A;

K——备用系数,一般取 1.05~1.10;

$\sum P_1$——整个工地动力设备的额定输出功率总和,kW;

$\sum P_2$——整个工地照明用电量总和,kW;

η——动力设备的平均效率,采用 0.83~0.88,通常取 0.85 进行计算;

$\cos\varphi$——平均功率因数,采用 0.5~0.7;

K_1——动力设备同时使用系数,见表 10-3-1;

K_2——动力负荷系数,主要考虑不同类型设备带负荷工作时的情况,一般取 0.75~1.0;

K_3——照明设备同时使用系数,一般可取 0.6~0.9。

同时用电系数(K_1)表　　　　　　　　　　表 10-3-1

通风机的同时用电系数	0.8~0.9	施工电动机械同时用电系数	0.65~0.75

注:根据同时用电机械的台数选取,一般 10 台以下取低限,10 台以上取高限。

2. 只考虑动力负荷

当照明用电相对于动力用电而言所占比例较少时,为简化计算,可在动力用电量之外再加 10%~20%,作为总用电量,即

$$S_\text{动} = \frac{\sum P_1}{\eta \cdot \cos\varphi} \cdot K_1 \cdot K_2 \tag{10-3-2}$$

$$S_\text{总} = (1.1 \sim 1.2) S_\text{动} \tag{10-3-3}$$

式中:$S_\text{动}$——现场动力设备所需的用电量;

其他符号意义同上,但当使用大型用电设备(如掘进机)时,K_1 可取 1.0 进行计算。

二、供 电 方 式

隧道施工供电方式有自设发电站供电和地方电网供电两种。一般应尽量采用地方电网供电,只有在地方供电不能满足施工用电需要或距离地方电网太远时,才自设发电站。此外,自发电还可作为备用,当地方电网供电不稳定时采用。在有些重要施工场所,还应设置双回路供电网,以保证供电的稳定性。由于绝大多数情况下采用地方电网供电,故主要介绍变电站的有关内容。

1. 变压器的选择

一般根据估算的施工总用电量来选择变压器,其容量应等于或略大于施工总用电量,且在使用过程中,一般使变压器承受的用电负荷达到额定容量的 60% 左右为佳。具体可按下述方法确定。

(1)配属电动机械的单台最大容量占总用电量的 1/5 及以下时,变压器最大容量 S_e 为:

$$S_e = \frac{\sum P_1 \cdot K_1}{\eta \cdot \cos\varphi} \quad (\text{kW}) \tag{10-3-4}$$

(2)配属电动机械的单台最大容量占总用电量的 1/5 以上时,变压器最大容量 S_e 为:

$$S_e = \frac{\sum P_1 \cdot K_1 \cdot \mu}{\eta \cdot \cos\varphi} \quad (\text{kW}) \tag{10-3-5}$$

式中:μ——配属机械中最大一台的容量与总用电量的比值;

其他符号意义同前。

根据上述计算,从变压器产品目录中选择适当型号的配电变压器即可。

2. 变压器位置的确定

变压器的位置应考虑便于运输、运行和检修,同时应选择安全可靠的地方,因此应满足以下几个方面的要求:

(1)变压器应选择在高压进线方便处,且应尽量接近高压线。

(2)变压器必须安设在其供电范围的负荷中心,使其投入运行时线路损耗最小,且能满足电压要求。一般情况下,应安设在大负荷的附近。当配电电压在380V时,供电半径不应大于700m,一般以500m为宜。高压变电站之间的距离,一般在1 000m左右。

(3)洞内变压器应安设在干燥的避车洞或不用的横通道处,变压器与周围及上下洞壁的距离不得小于30cm,同时按规定要求设置安全防护措施。

三、供电线路布置及导线选择

1. 线路电压等级

隧道供电电压,一般是三相四线400/230(V)。长大隧道可用6~10kV,动力机械的电压标准是380V;成洞地段照明电压可采用220V,工作地段照明和手持电动工具按规定选用安全电压供电。

2. 导线选择

当供电线路中有电流时,由于导线具有阻抗,会产生电压降,使线路末端电压低于首端电压。线路始末两端电压的差称为线路电压损失,俗称电压降。根据施工规则规定,选用的导线断面应使末端电压降不超过额定电压的10%及国家对经济电流密度的规定(表10-3-2),线路电压降可按下式计算:

导线的经济电流密度 I_i (A/mm²) 表10-3-2

铜导线	铝导线
1.40	0.90

$$\Delta U_1 = \frac{54lI}{1\,000I_iS} \tag{10-3-6}$$

$$\Delta U_3 = \frac{934lI}{1\,000I_iS} \tag{10-3-7}$$

式中:ΔU_1——按单相电路计算的电压降,V;

ΔU_3——按三相电路计算的电压降,V;

l——送电距离,m;

I——线路通过电流强度,A;

I_i——经济电流密度,A/mm²;

S——导线截面面积,mm²。

根据上述公式可以计算出所需导线截面,选择各种不同规格的导线。但一般不宜采用加大导线截面、减少电压降的方法来增加送电线路距离。

3. 供电线路布置

在成洞地段用400/230V供电线路,一般采用塑料绝缘铝绞线或橡皮绝缘铝芯线架设;开挖、未衬砌地段以及手提灯应使用铜芯橡皮绝缘电缆。布置线路时应注意以下几点：

(1)输电干线或动力、照明线路安装在同一侧时，必须分层架设。其原则是：高压在上，低压在下；干线在上，支线在下；动力线在上，照明线在下。且应在风、水管路相对的一侧。

(2)隧道内配电线路分低压进洞和高压进洞两种。一般隧道在1 000m以下(独头掘进时)，采用低压进洞，电压为400V，配电变压器设在洞外；当隧道在1 000m以上时，则采用高压进洞，以保证线路终端电压不致过低。高压进洞电压一般为10kV，配电变压器设在洞内。

(3)根据隧道作业特点，电线路架设分两次进行。在进洞初期，先用橡套电缆装设临时电路，随着工作面的推进，在成洞地段用胶皮绝缘线架设固定线路，换下电缆供继续前进的工作面使用。

(4)洞内敷设的高压电缆，在洞外与架空高压线连接时，应安装一组相同电压等级的阀型避雷器及开关设备。架设低压线路进洞，在洞口的电杆上，应安装一组低压阀型避雷器。

(5)不允许将通电的多余电缆盘绕堆放，以免引起因电缆过热而发生燃烧和增加线路电压降。

(6)低压进路导线敷设方式分垂直、水平两种。水平排列占空间较大，影响大型施工机械通过，故一般采用垂直排列[图10-3-1a)]。垂直排列时，采用针式绝缘子固定，线间距为0.2m，下部导线离地面不小于3m，横担间距一般为10m。高压进洞电缆一般采用明敷设。明敷设是将电缆架设在明处，根据不同地段的具体条件，可分别用金属托架、挂钩、木耳子或帆布带等固定[图10-3-1b)]。电缆线离地面应不小于3.5m，横担间距一般为3~5m。

(7)线路需分支时，分支至所接设备的连接应使用橡套电缆，且每一分支接线应在接头与所接设备之间，安装开关和熔断器；照明线路则仅在总分支接头处设置开关和熔断器。分支接头处应按规定搭接，并用绝缘胶布包缠。

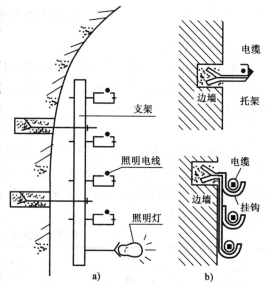

图10-3-1 低压导线敷设及高压电缆悬挂方法
a)低压导线垂直敷设；b)高压电缆悬挂

四、普通光源施工照明

1. 照明安全变压器

作业地段照明必须使用安全变压器，其容量不宜过大，输入电压为220V，输出电压最好有36V、32V、24V、12V四个等级，以便按工作面的安全因素要求选用照明电压，并应装有按电源电压下降而能调整的插头。

2. 不同地段的照明布置

根据隧道施工规范要求，隧道施工洞内照明要求见表10-3-3。

3. 事故照明设施

在主要交通道、竖井、斜井、涌水较大的抽水站、高压变电站等重要地点，应设事故照明自动线路和开关，并应每天检查一次，以保证安全。

隧道施工洞内照明要求　　　　　　　　　表 10-3-3

工作地段		灯头距离(m)	悬挂高度(m)	灯泡容量(W)
施工作业面		不少于 15W/m²（断面较大时可适当采用投光灯）		
开挖地段和作业地段		4	2~2.5	60
运输巷道		5	2.5~3	40~60
特殊作业地段或不安全因素较多地段		2~3	3~5	100
成洞地段	用白炽灯照明时	8~10	4~5	60
	用日光灯照明时	20~30	4~5	40
竖井内		3		60

注：1. 在直线段，灯头距离采用表中大数；曲线段采用较小数。
　　2. 在有水地段应用胶皮电线，在工作面附近应用防水灯头。
　　3. 按照法定计量单位规定，照明应用"光照度"，其计量符号为勒克斯(lx)；光通量Φ，其计量符号为流明(lm)。
　　4. 本表根据隧道施工规范，灯泡额定功率采用瓦(W)为单位。

五、新光源照明

一般普通光源使用的是白炽灯或荧光灯管，其优点是价格低，使用方便，但其耗电量较大，且亮度较弱。而采用新光源，如低压卤钨灯、高压钠灯、钪钠灯、钠铊铟灯、镝灯等，则具有以下优点：

（1）大幅度增加了施工工作面的场地照度，为施工人员创造了一个明亮的作业环境，以保证操作质量。

（2）安全性好。

（3）节约用电效果明显。

（4）使用寿命长，维修方便。新光源在洞内外照明布置要求见表 10-3-4。

新光源洞内外照明布置　　　　　　　　　表 10-3-4

工作地段	照明布置
开挖面后 40m 以内作业段	两侧用 36V 500W 卤钨灯各 2 盏（或 300W 卤钨灯 7 盏，以不少于 2000W 为准），灯泡距离隧道底面高 4m
开挖面后 40~100m 区段	安设 2 盏 400W 高压钠灯和 2 盏 400W 钠铊铟灯，间距约 15m，灯泡距隧道底面高 5m
开挖面后的 100m 至成洞末端	每隔 40m，左右侧各设计 400W 高压钠灯 1 盏
模板台车衬砌作业段	台车前台 10~15m，增设 400W 高压钠灯各 1 盏，台车上亮度不足时，增设 36V 300W 或 500W 卤钨灯
成洞地段	每隔 40m 安装 400W 高压钠灯 1 盏
斜井、竖井井身掌子面及喷混凝土作业面	使用 36V 500W 或 36V 300W 卤钨灯，已施工井身部分选用小功率 110V 高压钠灯，间距：混合井 30m 安装 1 盏，主副井每 25m 安装 1 盏
洞外场地	每隔 200m 安装高压钠灯 1 盏

六、安 全 用 电

安全用电是保证人身安全和高速度、高质量完成施工任务的重要措施之一。防止触电事故，主要依靠健全的规章制度和完善的技术措施。一般采用的技术措施除使用安全电压外，还需采取绝缘、屏护、遮拦、隔离、搭铁等安全技术措施。

1. 安全作业要求

有关安全作业，除应遵守电工安全作业规程外，重点应注意以下几点：

(1)线路接头不许有裸露,要经常检查,发现裸露应立即包扎。

(2)各种电流负荷保护装置不得随意加大其容量,不得用任何其他金属丝代替熔丝。

(3)电工人员操作时,必须戴绝缘手套和穿绝缘胶靴。

(4)在需要触及导电部分时,必须先用测电器检查,确认无电后,才能开始工作,并事先将有关的开关切断封锁,以防误合闸。

(5)一切电器设备的金属外壳或构架都必须进行妥善搭铁。

2. 搭铁

在隧道施工中需要搭铁的设施有:与电机连接的金属构架、变压器外壳、配电箱外壳、起动器外壳、高压电缆的金属外皮、低压橡套电缆的搭铁芯线(即联结变压器中性点的中性线)、风水管路、轨道及洞内临时装设的金属支架等。

搭铁是由高压电缆外皮和低压电缆的搭铁芯线以及所有明线架设的中性线连接成一个总的搭铁网路,在网路上分别连接上述需要搭铁的设施,构成一个具有多处搭铁装置的搭铁系统。不用高压供电的隧道,应在400/230V进线端设置中心搭铁装置。

资料四 通风与防尘

一、隧道施工作业环境

隧道施工中,由于炸药爆炸、内燃机械的使用、开挖时地层中放出有害气体,以及施工人员呼吸等因素,使洞内空气十分污浊,对人体的影响较为严重。通风可以有效地降低有害气体的浓度,供给足够的新鲜空气,稀释并排除有害气体和降低粉尘浓度,降低洞内温度、湿度,改善劳动条件,保障作业人员的身体健康。隧道运营期间的通风则应满足铁路或公路隧道运营通风设计规范的相应要求。

实际隧道施工中,最常使用的是采用轴流式风机配软管压入式通风,较少采用自然通风。

按照有关规定,隧道施工作业环境必须符合下列卫生标准:

(1)坑道中氧气含量:按体积计,不得低于20%。

(2)粉尘允许浓度:每立方米空气中含10%以上游离二氧化硅的粉尘为2mg;含10%以下游离二氧化硅的水泥粉尘为4mg;二氧化硅含量在10%以下,不含有毒物质的矿物性和动植物性的粉尘为10mg。

(3)有害气体浓度:

①一氧化碳(CO):不大于$30mg/m^3$,当作业时间短暂时,一氧化碳浓度可放宽。作业时间在1h以内为$50mg/m^3$,在0.5h以内为$100mg/m^3$,在15~25min内为$200mg/m^3$,在上述条件下反复作业时,两次作业时间间隔必须在2h以上。

②二氧化碳(CO_2):按体积计,不得超过0.5%。

③二氧化氮(NO_2):氧化物换算成二氧化氮含量应在$5mg/m^3$以下。

(4)瓦斯(CH_4)浓度:按体积计,不得大于0.5%,否则必须按煤炭工业部现行的《煤炭安全规则》办理。

(5)洞内工作地点的空气温度,不得超过30℃(铁路规定不得超过28℃)。

(6)洞内工作地点噪声,不宜大于90dB。

二、通 风 方 式

施工通风方式应根据隧道的长度、掘进坑道的断面大小、施工方法和设备条件等诸多因素来确定。在施工中,有自然通风和强制机械通风两类,其中自然通风是利用洞室内外的温差或风压差来实现通风的一种方式,一般仅限于短直隧道,且受洞外气候条件的影响极大,因而完全依赖于自然通风是较少的,绝大多数隧道均应采用强制机械通风。

1. 机械通风方式的种类

机械通风方式,可分为管道通风和巷道通风两大类。管道通风根据隧道内空气流向的不同又可分为压入式、吸出式和混合式三种。如图10-4-1~图10-4-3所示。

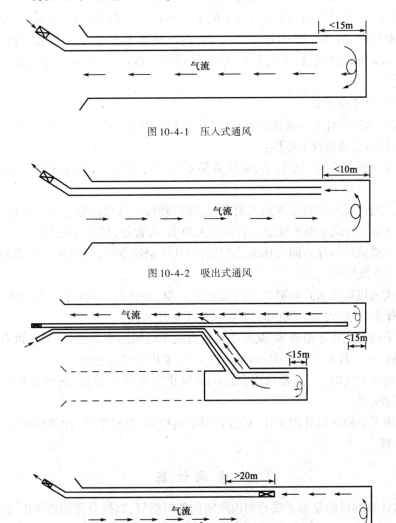

图10-4-1　压入式通风

图10-4-2　吸出式通风

图10-4-3　混合式通风

这些方式,根据通风机(以下简称风机)的台数及其设置位置、风管的连接方法的不同又分为集中式和串联(或分散)式;根据风管内的压力不同还可分为正压型和负压型。

巷道式通风方式是利用隧道本身(包括成洞、导坑及扩大地段)和辅助坑道(如平行导坑)

组成主风流和局部风流两个系统,二者互相配合以达到通风目的。下面以设有平行导坑的隧道为例来说明一个风流循环系统的组成:在平行导坑的侧面开挖一个通风洞,在通风洞口安装主通风机,在平导洞口设置两道风门,除将最里面一个横通道作风流通道外,其余横通道全部设风门或砌筑堵塞。

当主通风机向外抽风时,平导内产生负压,洞外新鲜空气向洞内补充,由于平导口及横通道全部风门关闭或砌堵,新鲜空气只得由正洞进入,直至最前端横通道,带动污浊气体经平导进入通风洞排出洞外,形成循环风流,以达到通风目的。

另外,巷道通风尚有风墙式、通风竖井、通风斜井、横洞等。但随着目前我国巷道式通风独头掘进技术的提高,开挖断面的增大,通风方式更趋向于采用大功率、大管径的压入式通风。秦岭隧道Ⅱ线平导,开挖断面为 $28m^2$,独头掘进 9.5km。通风设计分为两阶段,第一阶段采用 PF-110SW55 型风机,$\phi1.3m$ 的 PVC 塑布软风管的单机压力式通风,通风长度可达 6km;第二阶段在 4.5~5km 处设通风站,采用混合式通风,通风长度可达 10km。这充分说明了压入式通风方式的优点。

2. 通风方式的选择原则

通风方式的选择应针对污染源的特性,尽量避免成洞地段的二次污染,且应有利于快速施工。因而在选择时应遵循以下原则:

(1)自然通风因其影响因素较多,通风效果不稳定且不易控制,故除短直隧道外,应尽量避免采用。

(2)压入式通风又称为射流纵向式通风,它能将新鲜空气直接输送至工作面,有利于工作面施工,但污浊空气将流经整个坑道。若采用大功率、大管径,其适用范围较广。

(3)吸出式通风的风流方向与压入式相反,但其排烟速度慢,且易在工作面形成炮烟停滞区,故一般很少单独使用。

(4)混合式通风集压入式和吸出式的优点于一身,但管路、风机等设施增多,在管径较小时可采用,若有大管径、大功率风机时,其经济性不如压入式。

(5)利用平行导坑作巷道通风,是解决长隧道施工通风的方案之一,其通风效果主要取决于通风管理的好坏。若无平行导坑,如断面较大,可采用风墙式通风。

(6)选择通风方式时,一定要选用合适的通风机和风管等设备,同时要解决好风管的连接,尽量减少漏风率。

(7)做好施工中的通风管理工作,对设备要定期检查,及时维修,加强环境监测,使通风效果更加经济合理。

三、通 风 计 算

施工通风计算的目的是为了供给洞内所需的新鲜空气,选择合适的通风机,以便布置合理的通风管道,从而满足施工作业环境的要求。

(一)风量计算

隧道施工的通风计算,因施工方法、隧道断面、爆破器材、炸药种类、施工设备等不同而变化。目前所用的通风计算公式大都是从矿井通风及铁路运营通风的计算公式类比或直接引用,一般按以下几个方面计算,并取其中最大的数值,再考虑漏风因素进行调整,并加备用系数后,作为选择风机的依据。

1. 按洞内同时工作的最多人数计算

$$Q = k \cdot m \cdot q \tag{10-4-1}$$

式中：Q——所需风量，m^3/min；

k——风量备用系数；常取 $1.1 \sim 1.2$；

m——洞内同时工作的最多人数；

q——洞内每人每分钟需要新鲜空气量，通常按 $3m^3/min$ 计算。

2. 按同时爆破的最多炸药量计算

由于通风方式不同，计算方法也各不相同，以下分别介绍。

(1) 巷道式通风。

$$Q = 5Ab/t \tag{10-4-2}$$

式中：A——同时爆破的炸药量，kg；

b——1kg 炸药折合成一氧化碳的体积，一般采用 $b = 40L/kg$；

t——爆破后的通风时间，min。

(2) 管道通风。

①压入式通风。

$$Q = 7.8\sqrt[3]{A \cdot S^2 \cdot L^2/t} \tag{10-4-3}$$

式中：S——坑道断面面积，m^2；

L——坑道长度，m；

其他符号意义同前。

②吸出式通风。

$$Q = 15\sqrt{A \cdot S \cdot L_{散}/t} \tag{10-4-4}$$

式中：$L_{散}$——爆破后炮烟的扩散长度，m；非电起爆，$L_{散} = 15 + A(m)$；电雷管起爆 $L_{散} = 15 + A/5(m)$；

其他符号意义同前。

③混合式通风。

$$Q_{混压} = 7.8\sqrt[3]{A \cdot S^2 \cdot L_{入口}^2/t} \tag{10-4-5}$$

$$Q_{混吸} = 1.3 Q_{混压}$$

式中：$Q_{混压}$——压入风量；

$Q_{混吸}$——吸出风量；

$L_{入口}$——压入风口至工作面的距离，一般采用25m计算；

其他符号意义同前。

3. 按内燃机作业废气稀释的需要计算

$$Q = n_i B \tag{10-4-6}$$

式中：n_i——洞内同时使用内燃机作业的总千瓦数；

B——洞内同时使用内燃机每千瓦所需的风量，一般用 $3m^3/min$ 计算。

4. 按洞内允许最小风速计算

$$Q = 60 \cdot V \cdot S \tag{10-4-7}$$

式中：V——洞内允许最小风速 m/s；全断面开挖时为 0.15m/s，其他坑道为 0.25m/s；

S——坑道断面面积，m^2。

(二)漏风计算

通风机的供风量($Q_{供}$)除满足上述计算的需要风量外,还应考虑漏失的风量,即

$$Q_{供} = P \cdot Q \tag{10-4-8}$$

式中:Q——前述计算结果的最大值,称计算风量;

P——漏风系数,管道通风时,根据风管材料的不同可分别由表10-4-1~表10-4-3中查得;巷道式通风则常采用1.2~1.3。

胶皮风管漏风系数表　　　　　　　　　　　　　　表10-4-1

风管延长(m)	50	100	150	200	250	300	400	500
漏风系数P	1.04	1.08	1.11	1.14	1.16	1.19	1.25	1.30

金属风管漏风系数表　　　　　　　　　　　　　　表10-4-2

风管延长(m)	风管每节为3m及下列直径(m)时的漏风系数			风管每节为4m及下列直径(m)时的漏风系数		
	0.5	0.7	0.8	0.5	0.7	0.8
100	1.02 1.09	1.01 1.04	1.01 1.03	1.02 1.06	1.01 1.03	1.008 1.02
200	1.08 1.27	1.05 1.16	1.03 1.16	1.06 1.19	1.02 1.11	1.02 1.06
300	1.16 1.51	1.09 1.29	1.06 1.18	1.10 1.37	1.06 1.22	1.04 1.12
400	1.25 1.82	1.15 1.46	1.10 1.32	1.16 1.61	1.10 1.34	1.06 1.23
500	1.36 2.25	1.21 1.62	1.14 1.45	1.25 1.88	1.14 1.51	1.08 1.32
600	1.49 2.76	1.28 1.93	1.19 1.57	1.27 2.22	1.18 1.66	1.12 1.45
700	1.63 3.44	1.36 2.20	1.27 1.79	1.48 2.60	1.28 1.85	1.16 1.56
800		1.45 2.63	1.33 2.05		1.30 2.13	1.22 1.74
900		1.54 2.89	1.36 2.25		1.39 2.28	1.25 1.87
1 000		1.65 3.42	1.50 2.52		1.46 2.62	1.28 2.07

注:表中同格内上行值为风管接头用橡皮或油封衬垫密封,螺栓完全拧紧。下行值为风管接头用马粪纸或麻绳密封,螺栓完全拧紧。

聚氯乙烯塑料风管漏风系数　　　　　　　　　　　　　　表10-4-3

风管直径(m) \ 风管延长(m)	100	200	300	400	500	600	700	800	900	1000
0.5	1.019	1.045	1.091	1.145	1.157	1.230	1.280			
0.6	1.014	1.036	1.071	1.112	1.130	1.180	1.201	1.330		
0.7	1.010	1.028	1.053	1.080	1.108	1.145	1.188	1.237	1.288	1.345
0.8	1.008	1.022	1.040	1.067	1.090	1.126	1.153	1.195	1.229	1.251

对于长距离大风量供风,目前一般采用 PVC 塑布软管,管路直径大于 1m。由于采用长管节(20～50m),因此可大大降低接头漏风,漏风以管壁为主。如选用优质管路,在管理良好的条件下,每百米漏风率一般可控制在 2% 以下,其漏风系数可由送风距离及每百米漏风率计算而得。

若处于高山地区,由于大气压强降低,供风量尚需进行风量修正,即

$$Q_{高} = 100Q_{正}/P_{高} \tag{10-4-9}$$

式中:$Q_{高}$——高山修正后的供风量,m^3/min;

$P_{高}$——高山地区大气压,kPa,见表10-4-4;

$Q_{正}$——正常条件下的供风量,即上述 $Q_{供}$。

海拔高度与大气压($P_{高}$)的关系　　　　表 10-4-4

海拔高度(m)	1 500	2 000	2 500	3 000	3 500	4 000	4 500	5 000
大气压强(kPa)	82.9	77.9	73.2	68.8	64.6	60.8	57.0	53.6

(三)风压计算

在通风过程中,要克服风流沿途所受阻力,保证将所需风量送到洞内,并达到规定的风速,则必须要有一定的风压。因此,风压计算的目的就是要确定通风机本身应具备多大的压力才能满足通风需要。

气流所受到的阻力有摩擦阻力、局部阻力(包括断面变化处阻力、分岔阻力、拐弯阻力)和正面阻力,其计算式如下:

$$h_{机} \geqslant h_{总阻}$$
$$h_{总阻} = \sum h_{摩} + \sum h_{局} + \sum h_{正} \tag{10-4-10}$$

式中:$h_{机}$——通风机的风压;

$h_{总阻}$——风流受到的总阻力;

$h_{摩}$——气流经过各种断面的管(巷)道时产生的摩擦阻力;

$h_{局}$——气流经过断面变化、拐弯、分岔等处分别产生的阻力;

$h_{正}$——巷道通风时受运输车辆阻塞而产生的阻力。

1. 摩擦阻力($h_{摩}$)

摩擦阻力是管道(巷道)周壁与风流互相摩擦以及风流中空气分子间的挠动和摩擦而产生的阻力,也称沿程阻力。

根据流体力学的达西公式可以导出隧道通风的摩擦阻力公式:

$$h_{摩} = \lambda \frac{LV^2}{d \cdot 2g} \gamma \tag{10-4-11}$$

式中:$h_{摩}$——摩擦阻力,Pa;

λ——达西系数;

L——风管长度,m;

V——风流速度,m/s;

d——风管直径,m;

g——重力加速度,m/s^2;

γ——空气重度,N/m^3。

对于任意形状时,将 $d=4S/U$(U 为风道周边长度,S 为风管面积)代入式(10-4-11)有:

$$h_{摩} = \frac{\lambda \cdot \gamma}{8g} \cdot \frac{LU}{S} \cdot V^2$$

若风道流量为 $Q(\text{m}^3/\text{s})$,则 $V=Q/S$,再令 $\alpha=\gamma\lambda/g/8$,称为摩擦阻力系数(单位为 $\text{N} \cdot \text{s}^2/\text{m}^4$),见表10-4-5、表10-4-6,将 α、V 代入上式有:

$$h_{摩} = \alpha L Q^2/s^3 \tag{10-4-12}$$

2. 局部阻力($h_{局}$)

风流经过风管的某些局部地点(如断面扩大、断面减小、拐弯、分岔等)时,由于速度或方向发生突然变化而导致风流本身产生剧烈的冲击,由此产生的风流阻力称局部阻力。

以风流突然扩大为例来分析局部阻力的计算。设空气自小断面 S_1 流到大断面 S_2,小断面中的风速为 V_1,到大断面中流速必然降为 V_2,这时所产生的能量损失可按下式计算:

$$h_{大} = (V_1 - V_2) \cdot \gamma/g/2 \tag{10-4-13}$$

$$\because S_1 V_1 = S_2 V_2$$

$$\therefore V_2 = S_1 V_1 / S_2$$

即

$$h_{大} = (1 - S_1/S_2)^2 \cdot V_1^2 \cdot \gamma/g/2$$

令

$$\zeta_{大} = (1 - S_1/S_2)^2$$

则有

$$h_{大} = \zeta_{大} \cdot V_1^2 \cdot \gamma/g/2 \tag{10-4-14}$$

断面扩大时的局部阻力分析,也适用其他几种不同情况,用 Q/S 代替 V_1,γ 取 $12\text{N}/\text{m}^3$,得局部阻力公式为:

$$h_{局} = 0.612 \zeta Q^2 / S^2 \tag{10-4-15}$$

式中:ζ——局部阻力系数,见表10-4-7;

其他符号意义同前。

管道摩擦阻力系数表　　　　表10-4-5

风管	直径(mm)	α	浸胶风管			
			雷诺数 R_e	α	雷诺数 R_e	α
金属管	500	0.003 5	1×10^5	0.009 6	6×10^5	0.003 5
	600	0.003 2	2×10^5	0.006 3	7×10^5	0.003 2
	700	0.003 0	3×10^5	0.005 1	8×10^5	0.003 0
	800	0.002 5	4×10^5	0.004 2	9×10^5	0.002 9
塑料管	500	0.001 6	5×10^5	0.003 8	10×10^5	0.002 9
	600	0.001 5	备注	\multicolumn{3}{l}{$R_e = Q \times 10^5/1.2d$ 式中:Q——风量,m^3/s; d——风管直径,m}
	700	0.001 3				
	800	0.001 3				

巷道摩擦阻力系数表
表10-4-6

巷道特征	α值	巷道特征	α值
混凝土衬砌成洞地段	0.004~0.005	拱部扩大已完成,无支撑地段	0.012~0.016
块石砌筑成洞地段	0.006~0.008	导坑,无支撑地段	0.016~0.020
砌拱已完成马口开挖地段	0.010~0.012	导坑,有支撑,无中间立柱地段	0.020~0.025
拱部扩大已完成,有扇形支撑地段	0.020~0.030	导坑,有支撑,有中间立柱地段	0.030~0.040

局部阻力系数表
表10-4-7

管(巷)道形式	阻力系数(ξ)					
圆弧形	R/d \ α值	30°	45°	60°	90°	120°
	1.5	0.08	0.11	0.14	0.175	0.20
	2.0	0.07	0.10	0.12	0.15	0.17
折角形	α	10°	20°	30°	40°	50°
	ξ	0.018	0.070	0.164	0.359	0.494
	α	60°	70°	80°	90°	100°
	ξ	0.654	0.818	1.145	1.471	1.800
	α	110°	120°	130°	150°	170°
	ξ	2.130	2.620	2.845	3.600	5.070
	如为圆形则需除以1.22					
直角三通	$\xi = 1.5$					
锐角三通	$\alpha = 45° \sim 60°$ $\xi = 1.5$					
直通	$\xi = 1.0$					
变径直通	f/F 面积比	0.2	0.4	0.5	0.8	
	ξ	0.64	0.36	0.25	0.04	

断面变化地点	ξ
由洞口进入成洞	0.60
由成洞进入扩大及下导坑,扩大至上导坑	0.46
由上导坑进入漏斗机	0.77
由漏斗孔进入导坑	2.00
由导坑单道断面进入双道断面	1.70
由导坑双道断面进入单道断面	1.00
由平导进入通风洞	0.50

3. 正面阻力($h_\text{正}$)

当通风面积受阻时,会在受阻区域出现过风断面先减小后增大这一现象,相应地会增加风流阻力,一般可用下式计算:

$$h_\text{正} = 0.612\phi \cdot S_\text{m} \cdot Q^2/(S_1 - S_\text{m})^3 \qquad (10\text{-}4\text{-}16)$$

式中:ϕ——正面阻力系数;当列车行走时,$\phi = 1.5$;当列车停放时,$\phi = 0.5$,当列车停放间距超过1m时,则逐辆相加;

S_m——阻塞物最大迎风面积,m²;

其他符号意义同前。

(四)通风机的选择

通风机有轴流式和离心式两类。在隧道施工通风中,主要采用轴流式通风机。选择时,按 $Q_机 \geqslant 1.1 Q_供$(1.1 是风量储备系数,$Q_供$ 则为前述计算结果)及 $h_机 \geqslant P \sum h$(P 为漏风系数,$\sum h = \sum h_摩 + \sum h_局 + \sum h_正$),在通风机性能表中选择风机。此外,根据具体情况,还可以选用具有吸尘、防爆和低噪声等特性的风机。

(五)风机、风管布置及安装

(1)通风机应安装于稳固的基础或台架上,基础或台架要能承受机体重力及其运行时产生的振动。风机进气口应安装喇叭口,以提高吸入的效率。注意在风机进气口附近不要放置液体和固体物品,以免被吸入造成风机损坏。

(2)隧道内的风管,应布设在不妨碍运输作业、衬砌作业的空间处,如隧道拱顶中央、隧道中部或靠边墙墙角等处。一般在拱顶中央处通风效果较佳。在衬砌模板台车附近,不要使风管急剧弯曲,以减少风压损失。

风管安装要牢固,以免受到冲击振动而发生移动、掉落。一般采用夹具将其固定在锚杆或钢拱架等构件上。若无锚杆或钢拱架,可设置小型膨胀螺栓,并悬挂承力索,然后用吊钩将风管悬挂在承力索上。

风管的连接应密贴,以减少漏风,一般硬管用密封带或垫圈连接,软管则用紧固件连接。

四、防 尘 措 施

在隧道施工中,由于钻眼、爆破、装渣、喷混凝土等原因,在洞内空气中飘浮着大量的粉尘。这些粉尘对施工人员的身体健康危害极大,特别是粒径小于 $10\mu m$ 的粉尘,极易被人吸入,沉积于支气管或肺泡表面。隧道施工人员常见的矽肺病就是因此而形成的,此病极难治愈,病情严重发展会使肺功能完全丧失而死亡。因而,防尘工作是十分重要的。

目前,在隧道施工中采取湿式凿岩、机械通风、喷雾洒水和个人防护相结合的综合性防尘措施。

1. 湿式凿岩

湿式凿岩,就是在钻眼过程中利用高压水湿润粉尘,使其成为岩浆流出炮眼,防止了岩粉的飞扬。根据现场测定,这种方法可降低80%粉尘量。目前,我国生产并使用的各类风钻都有给水装置,使用方便。

对于缺水、易冻害或岩石不适于湿式钻眼的地区,可采用干式凿岩孔口捕尘,其效果也较好。

2. 机械通风

施工通风可以稀释隧道内的有害气体浓度,给施工人员提供足够的新鲜空气,同时也是防尘的基本方法。因此,除爆破后需要通风外,还应保持通风的经常性,这对于消除装渣运输中产生的粉尘是十分必要的。

3. 喷雾洒水

喷雾一般是爆破时实施的,主要是防止爆破中产生粉尘浓度过大。喷雾器分两大类,一种是风水混合喷雾器,另一种是单一水力作用喷雾器。前者是利用高压风将流入喷雾器中的水吹散而形成雾粒,更适合于爆破作业时使用。后者则无需高压风,只需一定的水压即可喷雾,且这种喷雾器便于安装,使用方便,可安装于装渣机上,故适合于装渣作业时使用。

洒水是降低粉尘浓度的简单而有效的措施,即使在通风较好的情况下,洒水降尘也仍然需要。因为单纯加强通风,还会吹干湿润的粉尘而重新飞扬。对渣堆洒水必须分层洒透,一般每吨岩石洒水为10~20L,如果岩石湿度较大,水量可适当减少。

4. 个人防护

对于防尘而言,个人防护主要是指佩戴防护口罩,在凿岩、喷混凝土等作业时还要佩戴防噪声的耳塞和防护眼镜等。

五、风、水、电管线布置示例

风、水、电管线布置示例如图10-4-4所示。

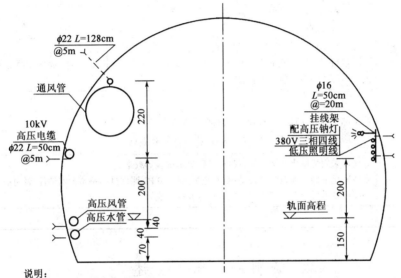

图10-4-4 风、水、电管线布置示例

学习资料十一 洞口施工技术

学习小组	班级＿＿＿＿ 组别＿＿＿＿ 组长＿＿＿＿ 组员＿＿＿＿	
学习目标	1.掌握:洞口边、仰坡开挖方法; 2.掌握:进洞方法	
学习任务	1.填写洞口边、仰坡开挖质量检查表; 2.填写洞口支护质量检查表; 3.填写明洞施工质量检查表	完成并提交成果
学习资料	施工录像 案例十:武广高速铁路隧道工程检验质量报告; 案例十一:湖北大广高速公路隧道工程质量检验报告	
学习引导	建议采用情境化案例实训、现场观摩、演示试验等教学法; 情境化案例实训教学过程是:观看施工录像→PPT课件讲解→布置实训任务→阅读理解案例 →阅读隧道设计图→模仿案例完成任务并提交成果	
建议学时	4	

资料一 概 述

一、浅埋隧道与深埋隧道的区分

浅埋隧道是相对于深埋隧道而言的。一般是根据隧道上方覆盖岩体厚度的不同,并考虑隧道横断面跨度的影响,将隧道分为浅埋隧道与深埋隧道。

一座隧道,可能其部分区段浅埋,也可能全部是浅埋。一般而言,山岭隧道的洞口段多数是浅埋,当隧道横穿山谷或垭口时,其中间部分也可能出现浅埋,城市地铁绝大多数为浅埋。

划分深埋或浅埋隧道的定性分界线是:坑道开挖引起的应力重分布是否波及地表;定量分界线可用经验公式(h_p)来确定。

$$h_p = (2.0 \sim 2.5)h_a \tag{11-1-1}$$

$$h_a = (0.225 + 0.045B) \times 2^{6-J} \tag{11-1-2}$$

式中:h_p——划分隧道深埋或浅埋的界限埋置深度(上方覆盖层厚度),m;

h_a——深埋隧道垂直荷载计算高度,m,适用于坑道跨度 $B \geq 5$m;

B——坑道宽度,m;

J——围岩级别,如Ⅳ级围岩时,$J=4$。

当隧道覆盖厚度 $h < h_p$ 时,为浅埋隧道;$h > h_p$ 时,为深埋隧道。

计算 h_p 时,Ⅳ~Ⅵ级围岩取高值;当有不利于山体稳定的地质构造时,应适当加大 h_p 值;

采用非爆破法开挖及采用锚喷支护时，h_p 可适当减小；隧道开挖宽度大时，采用高值。

对于软弱围岩地段，为了较准确地判别隧道埋深的性质，可以通过试验段进行荷载实测，应用实测压力(p)与垂直土柱重(γh)之比来确定隧道处于何种埋深。其判别标准可参考如下经验值：当 $p/\gamma h \leq 0.4$ 时，为深埋隧道；当 $p/\gamma h > 0.4$ 时，为浅埋隧道。

有时，还进一步将 $p/\gamma h > 0.6$ 者，称为超浅埋隧道。

但由于每座隧道的地形、地质及线路位置不同，很难明确规定洞口段的长度。"洞口段"的长度范围应根据所处的围岩条件，以及由于隧道开挖对洞顶地表是否造成显著影响来确定，一般可参照图11-1-1确定。

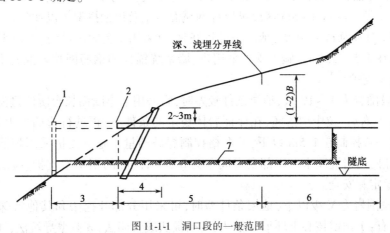

图 11-1-1 洞口段的一般范围
1-洞门位置；2-洞口位置；3-明洞段；4-进口过渡段；5-洞口段；6-洞身段(深埋)；7-上部开挖地基；B-洞跨

二、浅埋隧道的工程特点

浅埋隧道因埋置深度较浅，上方覆盖岩体较薄，且风化严重，地层的自然成拱作用较差，易受地面条件的影响，围岩压力反而较大。一般情况下，坑道开挖的影响将波及地表，极易引起覆盖层整体位移下沉，甚至形成坍塌"冒顶"，使施工变得复杂而困难。浅埋隧道尤其是城市地铁，一般均有地上、地下建筑环境条件等方面的限制性要求。

浅埋隧道，可以采用明挖法施工，也可以采用暗挖法施工。但由于浅埋隧道的上覆土均处在塑性区范围内，如果采用暗挖法施工，在一般锚喷初期支护条件下，上覆土层仍然会发生较大的变形，并波及地表产生地表沉陷。因此，针对浅埋隧道的工程特点和建筑环境条件的要求，采取适当的超前支护措施或注浆加固(地层改良)措施，是非常必要的。在城市建筑环境条件下，如果仍然不能满足地上、地下建筑环境条件方面的限制性要求，则应当考虑选择其他的施工方法，如明挖法、盖挖法或盾构法。

本章重点介绍洞口及明洞明挖法、浅埋暗挖法施工的程序和技术要点。

资料二 洞口及明洞施工

一、洞口施工

在山岭隧道中，隧道洞口覆盖层变薄，且地表水汇集，围岩稳定能力降低，成拱作用不足，施工较为困难。因此，隧道洞口段施工，要结合洞外场地和相邻工程的情况，全面考虑、妥善安排及早施工,为隧道洞身施工创造条件。一般情况下,应首先做好洞口边坡、仰坡防护,以及防排水系统、洞口初期支护,保证进洞安全和洞身施工顺利,然后在适当的时候完成洞门施工。

洞口工程是隧道工程的一个重要分项工程,洞口工程主要包括边、仰坡土石方,边、仰坡防护,端墙、翼墙等洞门圬工,洞口排水系统,洞口检查设备安装,洞口段洞身衬砌。

1. 进洞施工方法

根据不同的地层情况,可分为以下几种施工方法。

(1)洞口段围岩为Ⅲ级以上,地层条件良好时,一般可采用全断面直接开挖进洞,初始 10~20m 区段的开挖,爆破进尺应控制在 2~3m。施工支护,于拱部可施作局部锚杆;墙、拱采用素喷混凝土支护。洞口 3~5m 区段可以挂网喷混凝土及设钢拱架予以加强。

(2)洞口段围岩为Ⅳ~Ⅲ级,地层条件较好时,宜采用正台阶法进洞(不短于 20m 区段)。爆破进尺控制在 1.5~2.5m。施工支护采用拱、墙系统锚杆和钢筋网喷射混凝土。必要时设钢拱架加强施工支护。

(3)洞口段围岩为Ⅴ~Ⅳ级,地层条件较差时,宜采用上半断面长台阶法进洞施工。上半断面先进 50m 左右后,拉中槽落底,在保证岩体稳定的条件下,再进行边墙扩大及底部开挖。上部开挖进尺一般控制在 1.5m 以下,并严格控制爆破药量。施工支护采用超前锚杆与系统锚杆相结合,挂网喷射混凝土。拱部安设间距为 0.5~1.0m 的钢拱架支护,应及早施作混凝土衬砌,确保稳定和安全。

(4)洞口段围岩为Ⅴ级以下,地层条件差时,可采用分部开挖法和其他特殊方法进洞施工。具体方法有:①预留核心土环形开挖法;②插板法或管棚法;③侧壁导坑法;④下导坑先进再上挑扩大,由里向外施工法;⑤预切槽法等。

开挖进尺控制在 1m 以下,宜采用人工开挖,必要时才采用弱爆破。开挖前,应对围岩进行预加固措施,如采用超前预注浆锚杆或采用管棚注浆法加固岩层后,用钢架紧贴洞口开挖面进行支护,再进行开挖作业。在洞身开挖中,支撑应紧跟开挖工序,随挖随支。施工支护采用网喷混凝土,系统锚杆支护;架立钢拱架间距为 0.5m,必要时可在开挖底面施作临时仰拱。开挖完毕后,应及早施作混凝土内层衬砌。

当衬砌采用先拱后墙法施工时,下部断面开挖应符合下列要求:①拱圈混凝土达到设计强度的 70% 之后方可进行下部断面的开挖;②可采用扩大拱脚,打设拱脚锚杆,加强纵向联接等措施加固拱脚;③下部边墙部位开挖后,应及早、及时做好支护,确保上部混凝土拱的稳定。

施工前,在工艺设计中,应对施工的各工序进行必要的力学分析。施工过程中,应建立健全量测体系,收集量测数据,及时分析,用以指导施工。

2. 洞口施工注意事项

洞口段施工,最关键的是在进洞前就要做好边、仰坡的防护和加固,做好排水系统,做好洞口初期支护。并注意以下几个事项:

(1)"先护后挖"是洞口施工的基本准则。

(2)在场地清理作施工准备时,应先清理洞口上方及侧方有可能滑塌的表土、灌木及山坡危石等。平整洞顶地表,排除积水,整理隧道周围流水沟渠。之后施作洞口边、仰坡顶处的天沟。

(3)洞口施工应避开雨季和融雪期。洞口土石方开挖,应按设计要求进行边、仰坡放线,自上而下逐段开挖,不得掏底开挖或上下重叠开挖。若需爆破开挖,应进行爆破设计,严格控制装药量,严禁采用深眼大爆破或集中药包爆破,以免影响边、仰坡的稳定。

(4)洞口圬工基础必须置于稳固的地基上。须将虚渣杂物、泥化软层和积水清除干净。对于地基强度不够时,可结合具体条件采取扩大基础、桩基、压浆加固地基等措施。

(5)洞门拱墙应与洞内相邻的拱墙衬砌同时施工连接成整体,确保拱墙连接良好。洞门端墙的砌筑与回填应两侧同时进行,防止对衬砌产生偏压。

(6)进行洞口段洞身施工时,应根据地质条件、地表沉陷控制以及保障施工安全等因素选择开挖方法和支护方式。洞口段洞身衬砌应根据工程地质、水文地质及地形条件,至少设置长度不小于5.0m的模筑混凝土加强段,以提高圬工的整体性。

(7)洞门完成后,对洞门以上仰脚受破坏处,应及时处理。如仰坡地层松软破碎,宜用浆砌片石或铺种草皮防护。

二、明洞施工

明洞是用明挖法修建的隧道。其结构形式分为独立式明洞和接长式明洞。它的结构形式,常因地形、地质条件的不同而有许多种,采用最多的是拱式明洞和棚式明洞。明洞大多设置在塌方、落石、泥石流等地质不良地段。公路隧道有时需在洞口外设置遮光棚,其亦属明洞类结构。

明洞施工方法的选择,应根据地形、地质条件、结构形式等因素确定。独立式明洞可采用明挖法或盖挖法施工;接长式明洞可按开挖与衬砌的施工顺序,分为全部明挖先墙后拱法和部分明挖墙拱交错法两种施工方法。

1. 全部明挖先墙后拱法

该法适用于埋置深度较浅,边、仰坡开挖后能暂时稳定,或已成路堑中增建明洞地段。开挖程序如图11-2-1所示。

施工步骤:从上向下分台开挖,先做好两侧边墙,再做拱圈,最后做防水层及洞顶回填。

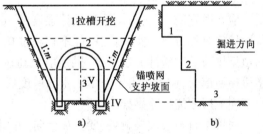

图11-2-1 全部明挖先墙后拱法

起拱线以上部分,采用拉槽法,开挖临时边坡、仰坡。当临时边坡、仰坡不够稳定时,采用锚喷网加固坡面。先做好拱圈,然后开挖下部断面,再做边墙,拱脚应设连续的纵钢筋混凝土托梁,并使混凝土与两侧岩石密贴。

2. 部分明挖墙拱交错法

这种方法主要适用于因原地面边坡陡峻而不能先做拱圈,或因外侧地层松软而先做拱圈可能发生较大沉陷的半路堑式明洞施工。

(1)先做外侧边墙法。施工程序如图11-2-2所示。

①先挖出外侧墙基坑1,然后将外边墙Ⅱ砌筑(或模筑)至设计高程。

②开挖内侧起拱线以上部分3,挖除后立即架立拱架灌注拱圈Ⅳ,如有耳墙时,同时做好耳墙。

③在拱内落底5,应随落随加支护,以保持内侧边坡的稳定。

④开挖内边墙马口,逐段施作内边墙Ⅵ,然后进行拱顶回填,并做防水层。

(2)拉槽灌注边墙法。当路堑边坡明挖过深可能引起边坡坍塌等不安全情况时,则可采用拉槽灌注边墙。

施工步骤:一般开挖至起拱线后,先间隔挖开或横向与中线垂直间隔拉槽,灌注部分边墙,再做拱圈,拱脚应加纵向钢筋以形成钢筋混凝土托梁。最后挖马口做其余边墙。

明洞大多数修筑于地质较差、地形陡峻的地段，受力条件复杂。施工中特别应注意安全和结构的稳定，做到符合下列各项要求：

①开挖前要做好全部临时排水系统，适当选择施工方法，要按设计要求正确测定中线和高程，放好边桩和内、外墙的位置。

②认真处理基础。必须保证明洞边墙基础承载力达到设计要求；有地下水流时，要相应采取措施，如夯填厚度不小于 10cm 的碎石层或扩大基础，以提高其承载力；若为岩石地基，则应挖至表面风化层 0.25m 以下。

③明洞衬砌其拱圈要按断面要求，制作定

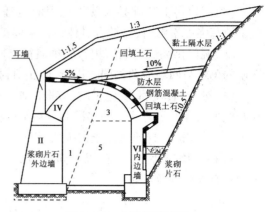

图 11-2-2　先做外侧边墙法

型挡头板、内模、外模及骨架，加强各部内、外模支撑，防止变形及位移。采用墙拱交错法施工时，要有保证拱脚稳定，防止拱圈沉落的措施。

④明洞顶回填土石主要是起缓和边、仰坡上的落石、坍塌和支挡边坡稳定的作用。应按设计厚度和坡度进行施工。

应在做好防水层，衬砌达到设计强度的 70% 时，才能开始回填土石施工。路堑式明洞拱背回填应对称分层夯实，每层厚度不宜超过 0.3m；其两侧回填土的土面高差不得大于 0.5m；回填至拱顶后须满铺分层填筑；拱顶填土高达 0.7m 以上时才能拆除拱架。采用推土机等大型机械回填时，应先用人工夯填一定的厚度后，方可使用机械在顶部进行作业，并于机械回填全部完成后才能拆除拱架。

回填土石与边坡接触处，要挖成台阶，并用粗糙透水材料填塞，防止回填土石沿边坡滑动。

⑤明洞与隧道衔接的施工方法，有先做明洞后进隧道和先进隧道后做明洞两种。在明洞长度不大和洞口地层松软，开挖仰坡和边坡时易引起塌方，或在已塌方的地段，一般是先做明洞后进隧道。在地层较为稳定或工期较紧的长隧道设有较长明洞，或是洞口路堑开挖后可能发生坍塌时，则可采用先进隧道后做明洞的施工方法。

不论是"先隧后明"，还是"先明后隧"，隧道部分的拱圈都应由内向外和明洞拱圈衔接。必须确保仰坡的稳定和内外拱圈联接良好。一般情况下，明洞与隧道的衔接部位是结构防水的薄弱部位，施工时应把隧道的洞身衬砌向明洞方向延长一定长度，以达到整体防水效果。

资料三　明挖法施工

当隧道埋置较浅时，可将上覆一定范围内的岩体及隧道内的岩体逐层分块挖除，并逐次分段施作隧道衬砌结构，然后回填上覆土。这种施工方法称为浅埋"明挖法"。

明挖法的优点是施工程序简单、明确，容易理解、便于掌握，主体结构受力条件较好，在没有地面交通和环境等限制时，是首选方法。应当注意的是，当采用悬臂支护明挖法或围护结构加支撑明挖法时，工程的重点和难点就转化为"深基坑的围护"问题。采用明挖法施工的隧道主体结构施工与地面上工程相似，故不作详述，本部分主要介绍常见的基坑开挖与支护方法。

根据对边坡维护方式的不同，浅埋明挖法可分为放坡明挖法、悬臂支护明挖法、围护结构加支撑明挖法。

一、放坡明挖法

隧道洞口段埋深较浅,可采用放坡,开挖基坑开挖。只要坡率适当,即可保持边坡、仰坡土体的稳定,施工对周围环境影响较小。此法虽然开挖方量大,但机械化程度高,施工速度快,质量也易得到保证。受地下水影响时,可采用井点降水法提高边坡的稳定性及改善基坑内施工环境。

如果没有地表、地下环境的限制,挖方数量也不太大时,放坡明挖法是隧道洞口施工的首选方案。

二、悬臂支护明挖法

基坑的悬臂支护开挖法是将基坑围护结构插入基坑底部以下,然后直接开挖基坑内土体。结构处于悬臂状态,靠本身刚度和插入开挖面下的深度来平衡外侧土压力,开挖到设计高程后,再进行主体结构施工。由于基坑内无支撑,便于基础开挖和主体结构施工的机械化,也易保证工程质量。缺点是围护结构较复杂,增加了造价及施工难度。此法有时也用在有支撑开挖基坑的上部,如图 11-3-1 所示。

围护结构常用木桩、钢桩、挖孔桩、灌注桩、钢筋混凝土预制桩或地下连续墙等组成。为加强围护结构的强度与刚度,减少其变形与位移,常采用下列工程措施:

(1)围护结构设计成刚度较大的截面形式。

(2)围护结构顶部设圈梁等,改善其整体受力状况,提高整体刚度。

(3)基坑外一定范围内挖去表层覆盖土,减少侧压力。

(4)在基坑外进行井点降水,采用压密注浆、旋喷桩、搅拌桩或粉喷桩等方法加固土体,以减少侧压力。

(5)在基坑内用井点降水和加固土体的方法,使坑底土体固结,以增加土体抗力。

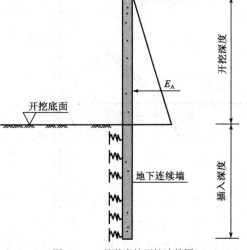

图 11-3-1　悬臂支护开挖法简图

(6)在基坑内设置护脚,即预留一定高度和宽度的原状土台,以减少开挖时围护结构暴露高度。待基坑中间部分土体挖至设计高程,将中间底板灌完后,用跳槽开挖护脚土台,逐块浇灌这部分底板。

以上各种措施也可联合采用。

三、围护结构加支撑明挖法

当基坑深度较大,开挖时除采用地下连续墙等围护结构外,还常采用支撑加强围护结构,以抵抗较大的侧压力。支撑分为水平支撑、斜支撑,也可采用锚杆加固围护结构。支撑的设置应考虑施工工艺的要求,支撑的强度、刚度、间距、层数及层位等应根据力学分析计算确定。施工中,应经常检查支撑状态。必要时,对其应力进行监控。

1. 斜支撑

当基坑横向宽度较大或形状不规则,不便使用水平支撑时,可采用斜支撑,如图11-3-2所示。

斜支撑的施工常采用中心挖槽法开挖基坑内土体至斜支撑基础底高程,浇筑基础,及时安装斜支撑,使支撑一端支承在围护结构上,另一端支承在已浇筑的基础上,并施加预应力,然后开挖其余土体。设有两道或多道斜支撑时,先安装外侧的长支撑,后安装内侧的支撑,并把所有斜支撑基础连为整体,形成结构底板。最后依次浇筑下层侧墙—中板—上层侧墙—顶板,并按要求的时序拆除支撑,完成结构体系转换。

采用斜支撑时,围护结构上部水平位移比较大,易引起基坑外地面及附近建筑下沉,对沉降要求严格的地段应十分慎重,因此基坑开挖深度也受到一定限制。并且斜支撑基础及结构底板需分批施工,工序交错复杂,施工难度大。

2. 锚杆支护

锚杆是一种设在基坑外边坡土体内的支护,见图11-3-3。一般由锚头、拉杆和锚固体三个基本部分组成。

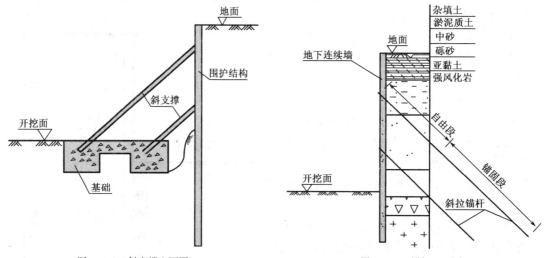

图11-3-2　斜支撑立面图　　　　　图11-3-3　锚杆立面图

锚头锚固在围护结构上。锚固体在岩石中的为岩石锚杆,在土层中的为土层锚杆。开挖基坑时,作用在围护结构上的侧应力可由锚杆与岩土之间产生的作用力来平衡。锚杆是受拉杆件,可采用高强钢索,充分发挥其抗拉性能。由于锚杆设置在基坑外,可提供宽敞的施工空间,有利于机械开挖坑内土体及组织结构主体施工。锚杆易于施加预应力,从而更好地控制围护结构的水平位移,减小地面及建筑物的沉降量,并能适用于各种形状的围护结构。锚杆可设成单层或多层,开挖深度不受限制;在大面积的基坑中,应用锚杆的经济效益更为显著。

其缺点是工艺复杂,锚杆不易回收,造价较高。当围护结构四周建筑物有密集的深基础时,不宜采用。锚杆的蠕变会降低其承载力。在流沙地层中,若锚头预留孔口与锚杆套筒之间的空隙过大,易发生涌水涌沙,引起坑外地面和建筑物沉降。

锚杆的施工方法是开挖至锚杆所需高程,钻孔插入钢索后注浆,注浆7~10d后对锚杆施加预应力。

3. 水平支撑

常用的水平支撑形式有横撑和角撑,基坑拐角或断面变化处设角撑,其他一般用横撑。除环形围护结构采用环梁支撑外,其余是受轴向压力的直线型支撑。支撑可用木材、钢筋混凝土构件、钢管、型钢及型钢组合构件等。使用钢管、型钢及型钢组合构件作为支撑,拆装方便,占据空间较小,回收率高,还可以做成工具式支撑,故在实际工程中应用较多,如图 11-3-4 所示。

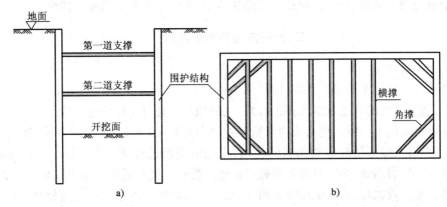

图 11-3-4 水平支撑开挖支护简图
a)立面图;b)平面图

围护结构施工完毕,一般情况下可开挖至第一道支撑所需的高程,及时安装支撑并施加预应力。再采用挖槽法,先开挖支撑设计位置处土体(保留其两侧土体),挖至第二道支撑高程时,安装第二道支撑,并施加预应力,然后由上向下开挖土体至适当高度,继续用挖槽法安装下道支撑。重复以上方法,最后开挖至基底高程,再依次浇筑底板—下层侧墙—中板—上层侧墙—顶板。按要求的时序拆除支撑,完成结构体系转换。

采用水平支撑的优点是:墙体水平位移小;安全可靠,开挖深度不受限制。但其要求围护结构的平面形状比较规则,以矩形为最佳。开挖基坑宽度较大时,支撑应加设中间支柱来保持其稳定性。中间支柱应在开挖前按设计位置做好。

资料四 暗挖法施工

一、浅埋隧道暗挖法的技术要点

1. 严格控制围岩变形

浅埋隧道暗挖法施工对围岩的影响必然波及地表。因此需要采用多种辅助措施,严格控制地中及地表的沉陷变形,避免对地面建筑物及地层内埋设的线路管网等的破坏,保护地面自然景观,克服对地上交通的影响,更好地适应周围环境的要求。

2. 刚性支护或注浆加固

与深埋隧道可以给支护以适量变形不同,采用浅埋暗挖法施工时,其支护时间要尽可能提前,支护的刚度也应适当加大,以便抑制地中及地表的变形沉陷。除必须选用适当的开挖方法、支护方式及施工工艺外,还可采用对前方围岩条件进行改良及超前支护等作为控制地层沉降变形的基本措施。

3. 试验指导及时调整

由于周围环境及隧道所处地段地质的复杂性,往往需要选取地质条件和结构情况有代表性的一段工程作为试验段。在作出包括结构设计、施工方案、试验及量测计划的设计后,先期开工。对施工过程中,对引起地中及地表沉陷变形情况、支护结构及围岩应力状态、对地面环境的影响程度等情况进行观察、量测、分析和研究。

根据试验段施工中所取得的数据,可以用反分析方法获得更符合实际的围岩力学参数,并在此基础上进行力学分析计算,优化设计及施工方案,调整支护参数和施工措施。

二、开挖方法及支护方式

1. 开挖方法的选用

浅埋隧道暗挖法施工隧道工程时,应根据工程特点、围岩情况、环境要求以及施工单位的自身条件等,选择适宜的开挖方法及掘进方式。必要时,应通过试验段进行验证。

浅埋隧道可采用短台阶开挖法或微台阶开挖法,台阶不宜太长,要及时落底,使初期支护尽早封闭。施工中,应尽量减少对围岩的扰动,优先采用掘进机或人工开挖。采用爆破开挖时,应采用短进尺、弱爆破,必要时要对爆破震动进行监控。爆破进尺一般不宜超过1.0m。

浅埋隧道断面较大时,不宜采用全断面开挖,可采用台阶开挖法或适宜的分部开挖法。城市及附近地区的浅埋隧道可采用上部留核心土环形导坑开挖法。大断面的城市或山岭浅埋隧道可采用下导洞超前开挖法、中隔墙台阶开挖法、单侧壁导坑开挖法、双侧壁导坑开挖法、中隔壁开挖法(CD法)、交叉中隔壁开挖法(CRD法)。城市地铁车站、地下停车场等多跨浅埋隧道多采用柱洞开挖法、侧洞开挖法或中洞开挖法,见图11-4-1。

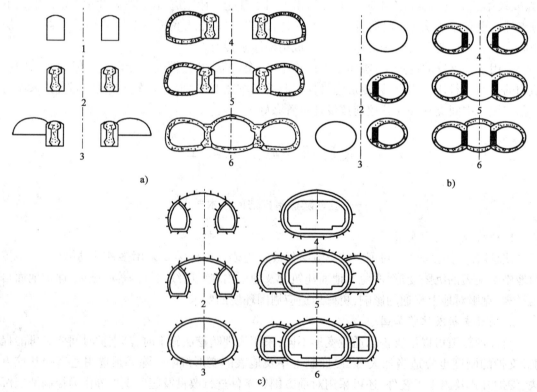

图 11-4-1 柱洞开挖法、侧洞开挖法或中洞开挖法示意图
a)柱洞开挖法;b)侧洞开挖法;c)中洞开挖法

2. 支护方式

浅埋隧道暗挖法施工的隧道多采用复合式衬砌。支护设计时,可分为三种情况:初期支护

承受全部荷载,二次支护(内层衬砌)仅作为安全储备;初期支护与二次支护共同承担荷载;初期支护仅作为施工期间的临时支护,二次支护作为主要承载结构。设计时,应对结构设计、施工方法及支护方式、辅助施工方法等进行综合研究,并经试验段进行验证。在施工过程中,根据量测数据不断进行改善。

一般地质条件下,初期支护类型是由喷、锚、网、钢架或格构架四种方式而组成不同的结构形式。对于浅埋软弱地层,锚杆的作用明显降低,其顶部锚杆由于作用不大而常被取消,应采用刚度较大的初期支护。可采用喷射钢纤维混凝土代替网喷混凝土,以加快支护速度及提高支护质量。

浅埋隧道开挖后,要及时施作初期支护。大断面软弱地层施工中采用分部开挖,其初期支护常与临时支护(临时仰拱、中隔墙)结合,使每块分部开挖后都能及时得以封闭。为了强化初期支护,有时在做内层衬砌前才进行拆除。

对于地下水丰富的浅埋隧道,应采用洞内井点降水和周边围岩注浆等措施来改善施工条件。在地表允许的情况下,也可结合深井降水和地面预注浆堵水等措施进行水的综合治理,以减少水的危害,确保施工的安全和围岩的稳定。

3. 特殊支护措施

遇有特殊地质条件,可按下列次序依次选用特殊支护措施:
(1) 上半断面留核心土环形开挖;
(2) 喷射混凝土封闭开挖工作面;
(3) 超前锚杆或超前小导管支护;
(4) 超前小导管周边注浆;
(5) 设置临时仰拱;
(6) 深孔注浆加固及堵水;
(7) 长管棚超前支护或注浆。

三、控制沉陷变形及防坍

1. 现场监控量测

在浅埋暗挖法施工中将现场监控量测作为一道工序来进行。应使施工现场每时每刻均处于监控之中,以确保工程安全及控制沉陷变形。量测项目包括 A(必测)和 B(选测)两类。

应及时现场量测数据将绘制成位移—时间曲线(或散点图)。曲线的时间横坐标下应注明施工工序和开挖工作面距量测断面的距离。当曲线趋于平缓时,应进行数据处理或回归分析,以推算基本稳定时间、最终位移值,掌握位移变化规律。根据量测管理基准及隧道施工各阶段沉陷变形控制标准进行施工管理。

当量测值超过标准时,应研究超标原因。必要时,对已做支护体系进行补强及改进施工工艺。当曲线出现反弯点,即位移数据出现反常的急剧增长现象时,表明围岩与支护已呈不稳定状态,应加强监测和立即对支护体系补强,必要时应立即停止向前开挖并采取稳定工作面的措施,以确保施工安全。经妥善处理后,才能继续向前施工。

2. 变形控制标准

施工中,主要采用位移量测数据作为信息化管理目标。管理基准值应根据现场的特定条件来制定。控制变形总量可参考表 11-4-1。

量测数据管理基准参考值 表11-4-1

指标内容	日本、法国、德国规范综合值	推荐基准值	
		城市地铁	山岭隧道
地面最大沉陷(mm)	50	30	60
地面沉陷槽拐点曲率	1/300	1/500	1/300
地层损失系数(%)	5	5	5
洞内边墙水平收敛(mm)	20~40	20	$(0.1~0.2)D\%$
洞内拱顶下沉(mm)	75~229	50	$(0.3~0.4)D\%$

注：D-开挖洞室最大跨度(m)。

当地面建筑对地层沉陷敏感时，采用控制沉陷的多种措施(包括改善围岩条件等)不易达到要求或极不经济时，可以同时采取结构加固的措施，并建立相应的基准值。

隧道施工量测数据管理基准值应细化为各施工阶段控制标准。控制标准数值一般应分为三个控制水平。Ⅰ级为安全值(相应安全系数为1.5~2.0)，Ⅱ级为警戒值(安全系数为1.2~1.5)，Ⅲ级为危险值(安全系数为1.1左右)。施工中量测数值处于Ⅲ级时，一般应立即停止向前掘进，补强已有支护体系，使已施工地段迅速稳定，并研究改进向前施工的方案。

补充教学资料

本模块内容见国家级精品课程网站 http://61.183.207.10/jpkc/sdsgjs/index.asp。

入门知识模块教学指导

模块一 入门知识		总评成绩		教师签字	
		入门成果评价	教师评价	小组互评	自评成绩
姓名、学号		班级		组别	
学习小组	组长：_____ 任务：_____ 组员：_____				
教学方法(建议)	旋转木马、搭档拼图、扩展小组、关键词标注、传话筒、引导文、三明治、交换答案等				

入门任务	知识目标	学习任务	教学资源	学时
任务一：了解隧道常识	了解：隧道及地下工程历史、现状和发展方向； 认识：隧道工程特点； 理解：隧道工程基本概念,工程理论要点	完成基本练习1~20题	PPT课件001	4
任务二：认识隧道构造	认识：隧道建筑物的空间形态、结构类型、结构组成和构造特征（包括隧道平面、纵断面、横断面、初期支护、内层衬砌）	认读隧道设计图完成基本练习21~42题	PPT课件002 隧道设计图： 01 马尾井隧道 03 谭家坝隧道 07 梅子潭隧道 09 土地坡隧道 13 斑竹林隧道 15 双连拱隧道	4
任务三：认识围岩稳定性	认识：围岩的工程性质、岩体结构类型； 理解：岩体强度特性、岩体变形特性、围岩破坏失稳形态； 掌握：围岩稳定性分级及判定方法	基本练习43~55题	施工录像2 PPT课件003	4
任务四：理解隧道设计	理解：隧道位置选择的基本原则,结构设计的基本原则； 熟悉：隧道支护结构基本参数	基本练习56~79题	PPT课件004	4
任务五：认识隧道施工方法	认识：隧道的基本(常规)施工方法、基本程序和技术要领； 掌握：隧道施工技术工作的基本内容； 了解：隧道施工组织和管理的基本准则； 了解：特殊地质条件下隧道施工的基本准则	基本练习80~130题	施工录像26、27、28、200 案例：厦门翔安海底隧道施工组织设计 PPT课件005	4
合计学时				20

注：主讲教师应根据考核标准进行本模块的考核。

案例实训模块教学指导

模块二 案例实训	情境一:硬岩隧道施工 情境二:软岩隧道施工 情境三:土质隧道施工	总评成绩 实训成果评价	教师签字		
			教师评价	小组互评	自评成绩
姓名、学号		班级		组别	
实训小组	组长:_____ 任务:_____ 组员:_____				
教学方法(建议)	情境化任务驱动案例教学法、现场观摩、演示试验等				

实训任务	能力目标	学习任务	分情境、配资源	学时
任务一:地质预报	认识:超前地质预报方法; 理解:超前地质预报意义; 掌握:监控量测方法	1. 认读TSP超前地质预报报告; 2. 认读地表沉降观测记录; 3. 认读洞内监控量测记录	施工录像1、15 PPT课件006、02100 基层技术工作实务训练安排 案例六:沪蓉西高速公路谭家坝隧道TSP预报	6
任务二:隧道开挖	掌握:开挖断面放线方法; 掌握:断面超欠挖检查方法	1. 根据围岩级别确定施工开挖断面轮廓线; 2. 用五寸台法计算施工开挖断面放线数据; 3. 计算开挖工程数量; 4. 填写开挖断面检查记录表及绘制断面超欠挖图	施工录像2、3、4 PPT课件007.1 案例一:西康铁路秦岭隧道开挖断面尺寸确定	10
	理解:开挖方法选择原则; 掌握:硬岩隧道爆破开挖方法; 掌握:出渣运输组织原则及方法	1. 完成钻眼爆破设计; 2. 完成开挖作业循环设计; 3. 填写开挖断面尺寸检查与质量评定表; 4. 编制开挖施工技术交底书	施工录像5、6、7、8、9、10、12、24 PPT课件007.2、007.3 案例二:合武铁路大别山隧道开挖施工 案例三:西康铁路秦岭隧道钻眼爆破施工	20
任务三:初期支护	掌握:初期支护施工过程和施工方法; 掌握:初期支护施工质量检查方法与评定标准; 了解:超前支护施工过程、施工方法;施工质量检查方法与评定标准	1. 编制初期支护施工技术交底书 2. 填写锚杆质量检查表 3. 填写钢筋质量检查表 4. 填写喷射混凝土质量检查表 5. 填写钢拱架质量检查表	施工录像13 PPT课件008.1、008.2 案例四:厦门翔安海底隧道初期支护施工 案例五:厦门翔安海底隧道超前支护施工 案例十:武广高速铁路隧道工程检验批质量报告	16

续上表

实训任务	能力目标	学习任务	分情境、配资源	学时
任务四:防排水及衬砌	掌握:排水管安装、防水板挂设施工过程和施工方法; 掌握:内层衬砌洞内模筑混凝土施工方法	1. 编制防排水施工技术交底书; 2. 填写防排水施工质量检查表; 3. 编制内层衬砌施工技术交底书; 4. 填写模板检查记录表; 5. 填写内层衬砌钢筋质量检查表; 6. 填写内层衬砌混凝土质量检查表	施工录像19,PPT课件009 案例七:合武高速铁路大别山隧道防排水施工 案例八:湖北沪蓉西高速公路马尾井隧道内衬施工 案例十一:湖北大广高速公路隧道工程质量检验报告	8
任务五:辅助作业	掌握:隧道施工用风、水、电供应方式、设备;管线布置、安装; 掌握:隧道施工排水组织; 掌握:隧道施工通风防尘方法、设备与管理	认读案例: 14. 湖南常吉高速岩门界隧道施工组织设计 15. 厦门翔安海底组织设计	施工录像25,PPT课件010 案例: 14. 湖南常吉高速岩门界隧道施工组织设计 15. 厦门翔安海底隧道A2标施工组织设计	6
任务六:洞口施工	掌握:洞口边、仰坡开挖方法; 掌握:进洞方法	1. 填写洞口边、仰坡开挖质量检查表; 2. 填写洞口支护质量检查表; 3. 填写明洞施工质量检查表	施工录像,PPT课件011 案例十:武广高速铁路隧道工程检验批质量报告 案例十一:湖北大广高速公路隧道工程质量检验报告	4
合计学时				70

注:1. 主讲教师可根据专业人才培养方案给定的学时数适度增减实训任务量。
 2. 教学过程可参照以下流程进行:

观看施工录像 → PPT课件讲解 → 布置实训任务 → 阅读隧道设计图 → 阅读理解案例 → 模仿并完成任务

参 考 文 献

[1] 中华人民共和国国家标准.GB 50086—2001 锚杆喷射混凝土支护技术规范[S].北京:中国计划出版社,2001.
[2] 铁道部.TB 10204—2002 铁路隧道施工规范[S].北京:中国铁道出版社,2002.
[3] 铁道部.TB 10108—2002 铁路隧道喷锚构筑法技术规范[S].北京:中国铁道出版社,2002.
[4] 铁道部.铁路隧道超前地质预报技术指南[铁建设(2008)105号].
[5] 铁道部.京沪高速铁路设计暂行规定[铁建设(2004)157号].
[6] 铁道部.秦沈客运专线设计指南——隧道.
[7] 铁道部.TB 10109—1995 铁路隧道辅助坑道技术规范[S].北京:中国铁道出版社,1995.
[8] 铁道部.TB 10119—2000 铁路隧道防排水技术规范[S].北京:中国铁道出版社,2001.
[9] 铁道部.TB 10120—2002 铁路瓦斯隧道技术规范[S].北京:中国铁道出版社,2002.
[10] 铁道部.TB 10121—2007 铁路隧道监控量测技术规程[S].北京:中国铁道出版社,2007.
[11] 铁道部.TB 10223—2004 铁路隧道衬砌质量无损检测规程[S].北京:中国铁道出版社,2004.
[12] 铁道部.TB 10417—2003 铁路隧道工程施工质量验收标准[S].北京:中国铁道出版社,2004.
[13] 铁道部.TB 10068—2000 铁路隧道运营通风规范[S].北京:中国铁道出版社,2001.
[14] 第二勘测设计院.铁路工程设计技术手册——隧道[M].北京:中国铁道出版社,1995.
[15] 第二工程局.铁路工程施工技术手册——隧道[M].北京:中国铁道出版社,1995.
[16] 隧道工程局.隧道与地铁浅埋暗挖工法汇编(TLEJGF-91-09)[M],1991.
[17] 科技情报中心.铁路隧道及地下工程科技动态报告文集[M],1993.
[18] 铁道部建设司.铁道部部级工法汇编(第二册)[M],1992.
[19] 铁道部.铁路隧道光面爆破技术规则[M].北京:中国铁道出版社,1982.
[20] 中华人民共和国交通运输部.JTG F60—2009 公路隧道施工技术规范[S].北京:人民交通出版社,2009.
[21] 中华人民共和国交通运输部.JTG D70—2004 公路隧道设计规范[S].北京:人民交通出版社,2004.
[22] 中华人民共和国交通运输部.JTG B01—2003 公路工程技术标准[S].北京:人民交通出版社,2003.
[23] 陈小雄.现代隧道工程理论与隧道施工[M].成都:西南交通大学出版社,2006.
[24] 陈小雄.新奥法与现代隧道工程理论之我见//铁道部基建科技信息网2001年地下工程新技术研讨会论文集[C].

[25] 王梦恕.地下工程浅埋暗挖技术通论[M].合肥:安徽教育出版社,2004.
[26] 王梦恕.浅埋暗挖法设计——施工问题新探[J].隧道建设,1992.
[27] 王梦恕,等.工程机械施工手册——隧道机械施工[M].北京:中国铁道出版社,1992.
[28] 郑颖人.地下工程锚喷支护设计指南[M].北京:中国铁道出版社,1988.
[29] 白井庆治.新奥法讲座.隧道译丛,1982-1983.
[30] 易萍丽.现代隧道设计与施工[M].北京:中国铁道出版社,1997.
[31] 齐景岳,等.隧道爆破现代技术[M].北京:中国铁道出版社,1995.
[32] 日本隧道标准规范(山岭篇)[M].关宝树,麦倜曾,译.成都.西南交通大学出版社,1988.
[33] 中国土木工程学会隧道及地下工程学会.隧道及地下工程学报专刊.第八届年会论文集.
[34] 中国土木工程学会隧道及地下工程学会.第11届隧道及地下工程科技报告会论文集,2004.
[35] 中国土木工程学会隧道及地下工程学会.特长铁路隧道设计施工技术交流会(兰州).现代隧道技术期刊论文集,2004.
[36] 中国科学院地质研究所铁道部隧道工程局.军都山隧道快速掘进超前地质预报[M].北京:中国铁道出版社,1990.
[37] 中铁一局集团公司.西康铁路秦岭隧道Ⅱ线隧道施工技术总结,1995.
[38] 上海市隧道工程公司.延安东路隧道施工技术文集[M].上海:上海科学技术文献出版社,1993.
[39] 朱忠节,何广沂.岩石爆破新技术[M].北京:中国铁道出版社,1986.
[40] 李斌.特殊地区、膨胀土地区公路[M].北京:人民交通出版社,1993.
[41] 洪开荣.对岩爆问题的分析与研究[J].隧道建设,1995.
[42] 工程地质手册编写组.工程地质手册[M].北京:中国建筑工业出版社,1975.
[43] 成濑清(日).日本安房隧道正洞贯通——通过高压含水火山喷出物层和高温带[J].世界隧道,1997.
[44] MikePage.生产厄勒海峡隧道大型沉埋单元的工厂液压传动模板系统[J].国际隧道与隧道工程,1997.
[45] 日本隧道标准规范(盾构篇)及解释[M].刘铁雄,译.成都:西南交通大学出版社,1988.
[46] 刘建航,侯学渊.盾构法隧道[M].北京:中国铁道出版社,1991.
[47] 沉管隧道专辑[J].世界隧道,1996.
[48] 故安邦.桥梁施工及组织管理(下册)[M].北京:人民交通出版社,1992.
[49] 孔德普.浅谈施工企业生产成本管理[J].铁路建设报,1998.
[50] 鲥福安.隧道与地下工程施工技术安全管理和操作控制要点[M].北京:中国铁道出版社,1993.
[51] 邵根大.进一步提高我国修建铁路长隧道的能力和水平.走向二十一世纪的铁路.铁道部科学技术司、铁道部科学技术信息研究所.
[52] 唐泽民.地下连续墙在上海地铁(北段)工程中的应用//铁路工程建设科技动态报告文集.铁路隧道及地下工程分册,1987.
[53] 张蓉康.地下连续墙施工机具述评//铁路工程建设科技动态报告文集.铁路隧道及地下工程分册,1988.
[54] 王元湘.盖挖法在浅埋地铁车站施工中的应用.世界隧道[J],1995.